电子科技大学马克思主义学院“金课”建设实施项目（院办〔2020〕3号）
电子科技大学研究生精品课程及配套教材建设项目（JPKC20203-33）
电子科技大学2023—2025年本科教学改革面上项目（2023JGXM25）

新时代思想政治教育丛书

《新时代中国特色社会主义理论与实践》案例分析

刘强 主编　刘红芹 副主编

天津出版传媒集团
天津人民出版社

图书在版编目(CIP)数据

《新时代中国特色社会主义理论与实践》案例分析 / 刘强主编 ; 刘红芹副主编. -- 天津 : 天津人民出版社, 2023.11
(新时代思想政治教育丛书)
ISBN 978-7-201-19441-7

Ⅰ. ①新… Ⅱ. ①刘… ②刘… Ⅲ. ①中国特色社会主义—研究生—教学参考资料 Ⅳ. ①D616

中国国家版本馆 CIP 数据核字(2023)第 087240 号

《新时代中国特色社会主义理论与实践》案例分析

XINSHIDAI ZHONGGUOTESESHEHUIZHUYI LILUN YU SHIJIAN ANLI FENXI

出　　版　天津人民出版社
出 版 人　刘　庆
地　　址　天津市和平区西康路35号康岳大厦
邮政编码　300051
邮购电话　(022)23332469
电子信箱　reader@tjrmcbs.com

责任编辑　武建臣
装帧设计　汤　磊

印　　刷　天津海顺印业包装有限公司
经　　销　新华书店
开　　本　710毫米×1000毫米　1/16
印　　张　27.5
插　　页　2
字　　数　400千字
版次印次　2023年11月第1版　2023年11月第1次印刷
定　　价　99.00元

序 言

新时代催生新思想,新思想引领新实践。中国特色社会主义新时代,是社会主义中国的新时代,也是世界社会主义发展的新时代,是世界马克思主义发展的新时代。这个新时代,标志着当代中国的发展已经超越了国家地理边界而进一步具有了世界历史意义,标志着中国已经有资格成为引领世界马克思主义创新发展的思想理论高地。新时代是中国从大国走向强国的时代,也应当是中国理论自立自强的时代;新时代是中国不断向世界舞台中央挺进的时代,也应当是中国理论超越地域性不断世界化的时代。中国特色社会主义进入新时代这一重大政治判断的理论标志,是习近平新时代中国特色社会主义思想的形成。习近平新时代中国特色社会主义思想之"新",主要体现在它形成于新时代中国特色社会主义的伟大实践中。

我们推出这本《〈新时代中国特色社会主义理论与实践〉案例分析》,正是要以全新的理念、扎实的行动将习近平新时代中国特色社会主义思想学懂、弄通、做实,往深里走、往心里走,坚定不移进教材、生动活泼进课堂、融会贯通进学生头脑,使党的创新理论全面融入高校思想政治理论课,引导学生立足当前、着眼未来,以历史发展的眼光,深入思考习近平新时代中国特色社会主义思想的核心要义、价值取向、理论品格和思想方法,真正学深悟透、研机析理，不断提高马克思主义理论水平，自觉运用这一思想武装头脑、指导实践；引导学生自觉运用马克思主义基本立场、观点和方法分析当代中国基本国情和世界形势，学、思、用贯通，坚定信心、强化自觉、提升素质，投身民族复兴的伟大事业。

我们在编写案例的过程中，严格按照《新时代中国特色社会主义理论与实践（2021 年版）》教材的设置方案及目标要求，坚持以马克思主义理论为指导，在当代中国和世界背景下，围绕中国特色社会主义新时代，新时代坚持和发展中国特色社会主义，新时代中国特色社会主义的经济、政治、文化、社会、生态文明建设，新时代坚持和发展中国特色社会主义的重要保障，新时代中国特色大国外交与构建人类命运共同体，新时代坚持和加强党的全面领导与全面从严治党等专题，不断对教学案例进行纵向挖掘与横向整合，突出了案例选材的新颖性、时效性和针对性，进而提升思政课的吸引力，增强学生的学习积极性。以教学案例为基本载体，主要阐释新时代中国特色社会主义理论与实践中的重大问题，以教师着意引导学生分析案例文本为主要教学结构，以凸显学生的主体地位，提高学生分析和解决实际问题之综合能力为首要目标。该教材在教学实践中运用，有助于激发学生的理论兴趣，拓展学生的理论视野，撞击学生的理论思维；有助于确立学生的主体地位，增进师生之间基于平等关系的交流沟通；有助于提升课堂教学现实针对性，使理论课教学更加贴近实际、贴近生活、贴近学生。在课程开展专题教学基础上，有针对性地选取部分内容开展案例教学与之相衔接，将有助于本门课程教学实效性的整体提升。

该教材为把“新时代中国特色社会主义理论与实践”（以下简称“新中特”）课程案例教学的潜在优势转化成实实在在的教学效果，有以下突破：

第一，以提升案例教学理念为出发点。“新中特”课的课程性质、教学要求以及教学对象的特殊性，决定了“新中特”课案例教学理念要定位于“从实践出发上升到理论最终回归实践”的引导性教育观念。因此，该教材案例设计紧紧围绕提升这一主线进行。将这一理念具体落到实处，打破本科思想政治理论课教学案例的思维惯性，从内涵深化和外延拓展两个维度加强教学案例各个环节的优化提升方略研究，突破为了方法创新而创新的线性思维模式，着意探寻中国特色社会主义理论与实践和教学案例法深层次整合的途径方法。

第二,以激活课堂教学活动为切入点。该教材自觉服务于案例教学的这一本质要义。除了精心提炼教学内容外,有意识地在导读、案例主题、思考讨论题的设计、案例的分析与启示、知识链接与特别关注和内化提升以及教学反思等环节下功夫,精心布局,统筹规划,凸显教学目标的特殊性;突出案例教学的特质,认真考虑在教学的各个环节该如何组织、引导学生;在备课阶段充分想象学生在讨论中可能会提出的问题，以及如何提高他们参与讨论的积极性和主动性等,以形成最佳教学活动组织结构,使课堂教学呈现鲜活有机的状态。

第三,以优化案例教学模式为着力点。按照目前教学案例能够起到的作用和表现形式,思想政治理论课教学案例大体形成了两种最基本的案例教学模式:一是教师主导型案例教学模式,二是学生主导型案例教学模式。前者注重“以案论理”,重在引导学生对马克思主义理论的心理认知和认同,后者着意“内化提升”,旨在提升学生运用所学理论、方法分析现实问题的能力和素养。该教材案例设计自觉服务于这两种教学模式的优化,既强调凸显教师主导作用的发挥,选准教学目标与教学案例“案情”展示流程的契合点,又注重凸显学生主体地位的确立,正视学生的需求、认知和思维惯性,既满足课程理论本身所具有的逻辑序列,又合乎学生的心理特点、认知规律和思想理论素养需求。

第四,以提高教育教学实效性为落脚点。该教材充分发挥教师教学的想象力,创造性地发掘案例教学活动的多种可能性,通过语言载体让学生与案情之间的亲和力得以提升,并在受教过程中触摸到中国特色社会主义道路、理论体系和制度的独特魅力和影响，将中国特色社会主义理论最新成果所倡导的价值观念、基本立场、基本方法等内化为一种文化自觉、文化自信和文化自强；同时努力提升中国特色社会主义理论自身与学生的政治理论素养需求之间的一致性和衔接性,更好地突出教学主题,努力做到“新中特”课案例教学内容更加贴近实际、贴近生活、贴近学生，体现时代感，富有感染力；注重将“案例语言”转化为研究生易于接受的“生活语言”，善于运用学生易于接受且条理化的语言，清晰流畅地传递案情；运用简洁而规范的描述，有条不紊地呈现案情；运用简练而适时调谐的语言，生动形象地展示案情。

习近平新时代中国特色社会主义思想主题鲜明、内容丰富，但并非所有内容都适合开展案例教学，有些重大理论问题或理论难题是教学案例这种形式不能完全“承载”和“驾驭”的，要靠理论自身的魅力来解答。因此，每个案例所对应的思想观点，我们尽可能在案例分析与启示环节结合案例详情展开论述。同时，为体现习近平新时代中国特色社会主义思想深邃的理论视域，把案例教学的潜在优势转化成实实在在的教学效果，在分析案例时我们以某一个主题为主线并有所兼顾，以突出思想政治理论课案例教学独有的综合性、贯通性和一体化的教学特点。在运用该教材的过程中我们的建议是：

首先，从“学得懂”入手，“新中特”学习要“能下得功夫”，厚植“理论优势”。在“新中特”学习上，要能“深潜”，在悟出真理、掌握精髓上多下功夫，习近平新时代中国特色社会主义思想，是在具体实践中总结出的理论经验，形成系统完备的理论体系，是一脉相承、相互联系的。因此，我们在学习理论的时候，要注重“全面学”才能“学系统”，要注重“联系学”才能“学深入”，将理论知识与特定的历史条件、历史人物和历史故事相互联系，从国家发展的战略目标、发展方位以及顶层设计进一步加深思想认识，夯实“理论基础”，厚植“理论优势”，让理论为我们的实际工作提供指引、注入力量。

其次，从“弄得通”着力，“新中特”学习要“能联系现实”，把握“时势变化”。事物在变化发展，我们的时代形势和所面对的问题也在不断变化。我们强调在“新中特”学习上要“及时跟进学”，这里的“及时跟进”就是指要紧随时代大势变化和外部环境变化，不断丰富并且推动理论创新。在新的历史起点上，面对新情况和新问题，我们要善于抓牢事物的发展变化规律，在实践中做到具体问题具体分析，具体情况深入研析，这样我们在运用理论时就不是“生搬硬套”而是“活学活用”。因此，“新中特”学习要重“实效”，切不可和实践“脱轨”，我们要发扬理论联系实际的优良作风，只有紧密联系实际、善于抓牢问题，这样才能跳出“老生常谈”的窠臼，总有“新观点”要说，总有“新方法”要用，“新中特”学习要做到时间上跟进、思想上跟进、方法上跟进，在“跟进”中不断“推进”。

最后，从“做得实”落脚，“新中特”学习要“能转换视角”，激发“思维活度”。“横看成岭侧成峰，远近高低各不同。”同样的一件事我们从不同的角度去看待、认识，就会得到不同的结论，“新中特”学习也是如此。这就好比不同的“矢”，会射中不同的“的”，在“新中特”学习上我们不能只学习、不思考，也不能“一根筋”，要善于吸纳其他人好的观点与想法，在理论认识上更深一层、更进一步，让“新中特”学习为工作的开展提供参考，推进工作的开展、助益工作的落实。工作中开拓的思路、创新的动能由此而来。在“新中特”学习上，要从多角度、多层面去加深理解，“横看”“侧看”且“远近高低看”，从中看到不同的“四时风景”，看到理论知识中更多的风景，主动拓宽视野、转变思路，给思维“插上翅膀”，将理论的“源泉活水”注入工作中，让”新中特”学习出“干货”，更出“新货”。

另外，本书将持续改进更新案例，使教材中的案例始终与时俱进，始终保持“精品”状态。

第一，该教材将继续深度探究，以案例学习和理论探究的方式，引导学生立足当前、着眼未来，以历史发展的眼光，深入思考习近平新时代中国特色社会主义思想的核心要义、价值取向、理论品格和思想方法，真正学深悟透、研机析理，不断提高马克思主义理论水平，自觉运用这一思想武装头脑、指导实践；引导学生自觉运用马克思主义基本立场、观点和方法分析当代中国基本国情和世界形势，学、思、用贯通，坚定信心、强化自觉、提升素质，投身民族复兴的伟大事业。

第二，该教材将组建以从事习近平新时代中国特色社会主义思想研究与教育的专家为主的指导组，加强统筹、指导，结合“新中特”课程教材特点，项目编写组将制定习近平新时代中国特色社会主义思想案例进课程教材落实细则，以习近平新时代中国特色社会主义思想为根本遵循，将政治立场、政治方向、政治标准有机融入教材建设始终，注重教材内容的系统化、专业化，使其充分体现国家意志、民族精神、时代价值。

第三，该教材将组织开展课程教材编修团队专题培训，确保习近平新时代中国特色社会主义思想进课程教材的系统性、准确性与适宜性。紧密结合思想政治理论课建设工作，借鉴国家课程教材做法，落实习近平新时代中国特色社会主义思想进课程教材要求，做好案例转化，增强吸引力、感染力，促进课程内容体系、教学体系与课程思政体系的不断完善、整体贯通，及时总结课程教材实施习近平新时代中国特色社会主义思想典型案例经验，交流互鉴，引领示范。

本书得到了电子科技大学马克思主义学院“金课”建设实施项目（院办〔2020〕3 号）、电子科技大学研究生精品课程及配套教材建设项目（JPKC20203-33）和电子科技大学 2023—2025 年本科教学改革面上项目（2023JGXM25）的立项资助，也得到了天津人民出版社的大力支持。天津人民出版社武建臣编辑经常督促和关注此书的编写、出版事宜，为本书的出版付出了艰辛的劳动。马克思主义学院徐守仁书记、吴满意院长对本书的出版给予了大力帮助和支持，在此，一并表示诚挚的感谢。

电子科技大学马克思主义学院　刘　强

2023 年 6 月

目 录

第一章 中国特色社会主义进入新时代

第二章　新时代坚持和发展中国特色社会主义

第三章 新时代中国特色社会主义经济建设

第四章　新时代中国特色社会主义政治建设

第五章 中国特色社会主义文化建设

第六章　新时代中国特色社会主义社会建设

第七章　新时代中国特色社会主义生态文明建设

第九章　新时代中国特色大国外交与构建人类命运共同体

第十章 新时代坚持和加强党的全面领导与全面从严治党

第一章
中国特色社会主义进入新时代

中国特色社会主义进入新时代这一重大政治判断，是在科学把握时代趋势和国际局势重大变化，科学把握世情国情党情深刻变化，科学把握实现"两个一百年"奋斗目标历史交汇期已经遇到、将要遇到、可能遇到和难以预料的新情况新问题新矛盾基础上作出的。这一判断，符合中国特色社会主义实际，是改革开放以来我国社会发展进步的必然结果，是我国社会主要矛盾运动的必然结果，更是党的十八大以来全党全国人民推进党和国家事业发生历史性变革的必然结果，也是我们党团结带领全国各族人民开创光明未来的必然要求。这一判断，明确了我国发展新的历史方位，赋予党的历史使命、理论遵循、目标任务以新的时代内涵，为我们深刻把握当代中国发展变革的新特征，增强贯彻落实习近平新时代中国特色社会主义思想的自觉性和坚定性，提供了时代坐标和科学依据。

中国特色社会主义进入新时代，在中华人民共和国发展史上、中华民族发展史上具有重大意义，在世界社会主义发展史上、人类社会发展史上也具有重大意义。这意味着近代以来久经磨难的中华民族迎来了从站起来、富起来到强起来的伟大飞跃，迎来了实现中华民族伟大复兴的光明前景；意味着科学社会主义在21世纪的中国焕发出强大生机活力，在世界上高高举起了中国特色社会主义伟大旗帜；意味着中国特色社会主义道路、理论、制度、文化不断发展，拓展了发展中国家走向现代化的途径，给世界上那些既希望加快发展又希望保持自身独立性的国家和民族提供了全新选择，为解决人类问题贡献了中国智慧和中国方案。

案例主题一：我国社会主要矛盾的变化

习近平总书记在党的十九大报告中指出，中国特色社会主义进入新时代，我国社会主要矛盾相应地呈现出新的阶段性变化，即已经转化为“人民日益增长的美好生活需要和不平衡不充分的发展之间的矛盾”。这一新论断，是以习近平同志为核心的党中央立足我国新的历史方位而作出的对社会主要矛盾的精准研判，具有历史的、理论的和实践的科学依据。我国社会主要矛盾的变化是关系全局的历史性变化，对党和国家工作提出了许多新要求。

认识社会主要矛盾是把握社会发展阶段的“钥匙”。社会主要矛盾既是社会基本矛盾在一定社会历史阶段的具体表现，又是各种社会矛盾的主要根源和集中反映，体现了这种社会形态在一定发展阶段存在的最突出问题。抓住主要矛盾带动全局工作，是唯物辩证法的要求，也是中国共产党一贯倡导和坚持的方法。推动党和国家事业不断向前发展，必须找准我国社会主要矛盾。以习近平同志为核心的党中央，坚持辩证唯物主义和历史唯物主义世界观和方法论，从新的时代特点和具体实际出发，作出了我国社会主要矛盾已经转化为人民日益增长的美好生活需要和不平衡不充分的发展之间的矛盾的重大论断，为我们认识新时代基本国情提供了根本依据和基本遵循。

案例 1，2019 年我国全年国内生产总值（GDP）990865 亿元，按可比价格计算，比上年增长 6.1%，符合 6%~6.5%的预期目标。我国人均国内生产总值 70892 元，按年平均汇率折算达到了 10276 美元，突破了 1 万美元大关，实现了新的跨越，说明“落后的社会生产”已经不能真实反映我国的状况，我国社会生产力水平总体上实现了显著提高，综合国力和人民生活质量进一步增强;案例2,南宁市高度重视全民健身工作开展,坚持以人民为中心,广泛开展群众体育活动,得到了社会各界的广泛关注和积极参与,人民群众的幸福感和获得感不断增强,说明人民群众在解决了温饱问题之后,其需求的更高层次,体现了为满足人们日益增长的美好生活需要而采取的具体举措。

案例1:2019年我国GDP近百万亿元,增长6.1%:人均1万美元,了不起

又一个巨大的飞跃!

1月17日,2019年中国经济数据火热出炉。初步核算,2019年我国国内生产总值为99.0865万亿元,比上年增长6.1%;按年平均汇率折算,人均GDP突破1万美元大关,达到10276美元。

“中国经济增长连续18个季度保持在6%~7%之间,经济发展的韧性持续显现。这不仅表明2019年全面建成小康社会在经济总量上取得了新的进展,也表明2019年经济发展为2020年决胜全面建成小康社会提供了坚实保障。”国家统计局局长宁吉喆在国新办新闻发布会上说。

1万美元:人均GDP大致相当于世界平均水平的90%

新中国成立70年来,从一穷二白成长为一个体量近百万亿元的经济体,“这不仅意味着我国经济总量不断扩大,而且表明我国经济发展的质量在稳步提升,人民生活在持续改善;不仅为今年实现全面小康打下坚实基础,而且为全人类的发展进步事业作出了我们应有贡献,具有重要的标志性意义。”宁吉喆说。

中国综合国力进一步增强,“家底”更殷实。

2019年,我国GDP接近100万亿元,按照年平均汇率折算达到14.4万亿美元,稳居世界第二。回望历史,挣下如此丰厚的家底,着实不易。

1952年,中国GDP仅为679亿元。1986年,中国经济总量突破1万亿元,从新中国成立时的百废待兴到迈上1万亿元台阶,我们花了37年;从1万亿元到2000年突破10万亿元大关,我们花了14年;从10万亿元到2019年近百万亿元,我们只用了19年。

国家信息中心经济预测部副主任王远鸿表示,2020年是全面建成小康社会和“十三五”规划收官之年。中国综合国力持续增强,人均GDP

稳步提升，为决胜全面建成小康社会、决战脱贫攻坚打下坚实基础。“从长期看，这也为我们进入中等发达国家行列提供了有利条件。”

全世界“万元户”增加约一倍，中国贡献更大。

根据世界银行数据，2018 年人均 GDP 在 1 万美元以上的经济体人口规模近 15 亿人。随着总人口达 14 亿的中国步入人均 GDP1 万美元的行列，相当于人均 GDP 超过 1 万美元的世界人口翻了一番。

宁吉喆介绍，2019 年中国 GDP 占世界的比重预计将超过 16%，中国经济增长对世界经济增长的贡献率预计将达到 30%左右。中国仍然是世界经济发展动力最足的火车头，中国人均 GDP 稳居世界上中等收入国家行列，人文发展指数地位也进一步上升。

“人均 GDP 突破 1 万美元，意味着我们的经济规模更大，塑造更有利于我们的国际发展环境的能力增强，中国作为世界第二大经济体地位更加巩固。14 亿人口的巨大国内市场，也为世界各国拓展商机提供了重要机遇。”国务院发展研究中心宏观经济研究部副部长许伟说。

虽然与高收入国家的差距在缩小，但中国仍处在中等收入国家的行列。

数据显示，1980 年，我国人均 GDP 约 300 美元，相当于世界平均水平的 12%左右；2019 年，按照现价美元估算，我国人均 GDP 大致相当于世界平均水平的 90%。

“用人均水平考察，我国发展中国家特征没有根本改变。”王远鸿介绍，从投资水平看，目前我国基础设施人均资本存量只有发达国家的 20%~30%。从消费结构看，2019 年我国居民消费恩格尔系数为 28.2%，仍高于发达国家的水平，说明中国百姓还需要用较大比重的支出来满足吃饭穿衣等基本需要。许伟也表示，中国离高收入国家的门槛还有差距，需要集中精力推动高质量发展。

6.1%：经济增速在世界主要经济体中名列前茅

去年，我国经济增速为 6.1%，符合年初提出的 6%~6.5%的预期目标，在 1 万亿美元以上的经济体中位居第一。

宁吉喆介绍，2019 年美国经济增速约为 2.3%，日本和欧元区的增速略高于 1%，印度增速逾 5%。“中国的 6.1%明显高于全球经济增速，在世界主要经济体中名列前茅。”

这个6.1%的含金量不低。

“菜篮”稳，物价总体保持稳定。2019年，居民消费价格（CPI）比上年上涨2.9%，符合年初提出的3%左右的预期目标。扣除食品和能源的核心CPI比上年上涨1.6%，涨幅比上年回落。

“饭碗”牢，就业质量明显提升。2019年，月度全国城镇调查失业率都在5.0%~5.3%之间，低于年初提出的5.5%左右的预期目标。12月份全国城镇调查失业率是5.2%，全年城镇新增就业1352万人，明显高出1100万人以上的年度预期目标，已连续第七年保持在1300万人以上。

“荷包”鼓，百姓收入稳步增加。去年，中国居民人均可支配收入首次突破3万元，达30733元。在收入增长与经济增长基本同步，与人均GDP增长大体持平的同时，农村居民人均可支配收入实际增长6.2%，继续快于城镇居民，城乡居民收入差距又有所缩小。

“收入决定消费，居民可支配收入持续增加，意味着中国消费规模的持续扩大，消费升级的持续推进，以及经济结构的持续优化。”王远鸿说。

去年，消费作为经济增长“主引擎”作用进一步巩固，最终消费支出对国内生产总值增长的贡献率为57.8%，高于资本形成总额26.6个百分点。全年全国居民人均消费支出中，服务性消费支出占比为45.9%，比上年提高1.7个百分点。

“只要居民收入能保持这样的增长，人口大国就是具有持续购买力的超大规模市场，经济运行将更有韧性，不仅能更好解决发展中不平衡不充分的问题，也为全面建设社会主义现代化强国提供重要支撑。”王远鸿说。

1109万人：去年农村贫困人口继续减少，连续七年脱贫人数在1000万人以上

稳中有进的成绩单，得来不易。

去年以来，世界经济中不稳定不确定因素明显上升，国内外风险挑战明显上升，中国经济下行压力加大。面对这样的复杂局面，以习近平同志为核心的党中央高瞻远瞩、审时度势，坚持稳中求进工作总基调，保持战略定力，积极作为，把外部压力转化为深化改革、扩大开放的强大动力，集中精力办好自己的事。

——2019年，“六稳”工作扎实推进，高质量发展蹄疾步稳

“过去一年‘六稳’取得了明显的成效，6.1%的经济增速很了不起。而且，我国经济已经从高速增长阶段转向高质量发展阶段，我们并不刻意地追求经济增速，而是追求有质量、有效益的合理增速。”宁吉喆说。

产业结构在升级。2019年，服务业增加值比上年增长6.9%，快于第二产业1.2个百分点，占国内生产总值的比重达到53.9%，是经济增长重要的稳定器。

城乡差距在缩小。2019年末，我国城镇常住人口占总人口比重第一次超过60%，达60.6%，这是我国工业化、城镇化取得重要进展的标志性数据。

创新驱动更强劲。嫦娥登陆月背、雪龙2号首航南极、5G商用加速推出……2019年，我国每天约有2万家企业诞生，每万人口发明专利拥有量达到13.3件，创新成果正奔涌而出，中国在全球创新指数排行榜上攀升到第十四位。

——2019年，三大攻坚战取得关键进展，为全面建成小康社会奠定胜局

脱贫攻坚成效突出。2019年，全国贫困县又摘帽了340个左右，1109万农村贫困人口实现了脱贫，连续七年脱贫人数在1000万人以上。

生态环境持续好转。去年，全国337个地级及以上城市的空气质量平均优良天数比例为82%，地表水Ⅰ—Ⅲ类水质断面的比例比上年上升3.9个百分点，劣Ⅴ类的比例下降3.3个百分点。

财政金融风险可控。2019年，我国宏观杠杆率基本稳定，微观杠杆率稳步下降，11月末全国地方政府债务余额21.3万亿元，控制在全国人大批准的限额之内。防范化解重大风险取得积极成果。

“中国经济稳中向好、长期向好的基本趋势没有改变。”宁吉喆表示，“只要我们发挥优势、攻坚克难，希望总比困难多，相信中国经济一定能应对好风险挑战，继续砥砺前行！

（陆娅楠：《人民日报》，2020年1月18日）

1.1 案例思考讨论

（1）2019 年我国国内生产总值为 99.0865 万亿元，比上年增长 6.1%，按年平均汇率折算，人均 GDP 突破 1 万美元大关，达到 10276 美元，如何理解这些数据的标志性意义？

（2）2019 年国民经济继续保持了总体平稳、稳中有进的发展态势，我国经济从高速增长阶段转向高质量发展阶段，如何解决好发展中不平衡不充分的问题？

1.2 案例分析启示

中国社会经过 40 多年改革开放的高速发展，经济建设取得了长足发展，中国人民的温饱问题基本解决，短缺经济时代已经过去，社会生产能力在许多方面进入世界前列，社会生产发生了根本性的变化。根据国家统计局发布的 2019 年国民经济和社会发展统计公报，2019 年全年国内生产总值 990865 亿元，比上年增长 6.1%。其中，第一产业增加值 70467 亿元，增长 3.1%；第二产业增加值 386165 亿元，增长 5.7%；第三产业增加值 534233 亿元，增长 6.9%。这反映出我国人民在党的领导下奋发进取，社会生产力和人民物质生活水平显著提高。

第一，这标志着我国综合国力进一步增强。2019 年，我国经济总量按照年平均汇率折算达到 14.4 万亿美元，稳居世界第二。这与 2018 年世界排名分别在第三、第四、第五、第六位的日本、德国、英国、法国四个主要发达国家的 2018 年国内生产总值之和（14.7 万亿美元左右）大体相当。中国经济发展、政治稳定、文化进步、社会和谐、生态改善、国防巩固，前进的步伐不可阻挡。

第二，这标志着我国社会生产力水平进一步提升。农业基础地位巩固，2019 年全国粮食总产量 6.6 亿吨，是世界第一大产粮国，也实现了中国历史上最高的粮食产量。工业体系日益完善，基础设施更加健全，年末高速铁路营业总里程达 3.5 万公里，占全球高铁里程超过 2/3；高速公路里程超过 14 万公里，居世界第一。

第三，这标志着我国人民生活质量进一步提高。2019 年城镇就业人员 4.4 亿人，占全部就业人员比重达 57.1%，同比提高了 1 个百分点。有房有车、外出旅游的居民都在增加，城镇居民人均住房建筑面积近 40 平方米，全国私人轿车保有量达两亿辆，国内旅游 58 亿人次，出境旅游 1.4 亿多人次，反映了中等收入群体规模在进一步扩大。

第四,这标志着中国为人类发展进步作出的贡献进一步加大。2018 年人均 GDP 在 1 万美元以上的国家人口规模近 15 亿人。2019 年，全球约 70 亿人当中,由于中国的加入,有 30 亿人人均 GDP 都达到了 10000 美元以上。

当前我国是世界最大发展中国家的国际地位仍然没有改变,虽然我们人均 GDP 与高收入国家的差距在缩小,但我们仍处在中等收入国家的行列。要把我国建设成为社会主义现代化国家,实现中华民族伟大复兴,需要久久为功、艰苦奋斗。我们也要清醒地看到,我国处于并将长期处于社会主义初级阶段的基本国情仍然没有改变,中国人口多,生产力总体还不发达,发展不平衡不充分的问题依然突出。

改革开放以来,尤其是党的十八大以来,我国经济社会发展取得历史性成就、发生历史性变革。在我国经济社会实现跨越式发展的同时,发展不平衡不充分问题更加凸显。这不仅成为满足人民日益增长的美好生活需要的主要制约因素,也成为如何推动高质量发展、实现经济持续健康发展而亟待破解的难题。面对新的社会主要矛盾,我们应当怎样认识、怎样解决?

第一,处理好“量变”和“质变”的关系。发展不平衡不充分问题,存在于我国经济社会发展的各个领域。比如,经济发展一马当先,而民主法治、文化教育、环境保护等方面的发展虽稳步推进,但与经济发展的协同共进性还有待加强。即使在经济领域,不同产业、不同区域、实体经济与虚拟经济等之间也存在发展不平衡不充分问题。其实,不平衡发展与不充分发展是推动高质量发展的一体两面,不平衡发展多是从横向比较来分析的,而不充分发展多是从纵向比较来分析的。因此,着力解决好发展不平衡不充分问题,归根结底是实现高质量发展问题,不仅要有量的明显增加,更要有质的显著增强。

第二,解决问题要遵循客观规律。着力解决好发展不平衡不充分问题,必须深入贯彻习近平新时代中国特色社会主义经济思想,以新发展理念为指引,遵循客观规律,坚持发展必须是遵循经济规律的科学发展,必须是遵循自然规律的可持续发展,必须是遵循社会规律的包容性发展。首先,遵循经济规律,不断增强我国经济创新力和竞争力,坚持质量第一、效益优先,以供给侧结构性改革为主线,推动经济发展质量变革、效率变革、动力变革,把发展经济的着力点放在实体经济上。其次,遵循自然规律,走可持续发展之路，坚持节约资源和保护环境的基本国策，坚决摆脱“先污染后治理”的发展老路，将绿色发展嵌入经济发展中，在可持续发展中孕育打造经济发展的新空间新前景。最后，遵循社会规律，进一步提升人民群众的获得感、幸福感、安全感。实现包容性发展，核心就是要让改革发展成果更多更公平惠及全体人民，朝着实现全体人民共同富裕不断迈进。

中国特色社会主义进入了新时代，我国经济发展也进入了新时代。新时代化解我国社会主要矛盾，解决好发展不平衡不充分问题，必须以新发展理念为引领，坚定不移地把发展作为党执政兴国的第一要务，紧紧围绕高质量发展，坚持解放和发展社会生产力，推动经济持续健康发展。一方面，我国社会主要矛盾的变化，没有改变我们对我国社会主义所处历史阶段的判断。我国仍处于并将长期处于社会主义初级阶段的基本国情没有变，我国是世界最大发展中国家的国际地位没有变。发展仍然是我们党执政兴国的第一要务。必须牢牢把握社会主义初级阶段这个基本国情，牢牢立足社会主义初级阶段这个最大实际，牢牢坚持党的基本路线这个党和国家的生命线、人民的幸福线。另一方面，随着我国社会主要矛盾的变化，发展的内涵和重点、理念和方式、环境和条件、水平和要求与过去有很大不同，这就必须更好地贯彻落实新发展理念，针对发展不平衡不充分问题提出新的思路、新的战略、新的举措，努力实现更高质量、更有效率、更加公平、更可持续的发展。最根本的，是要全面坚持党在社会主义初级阶段的基本理论、基本路线、基本方略，不断增强工作的原则性、系统性、预见性、创造性，按照新时代要求在以新的理念举措不断推动发展的基础上，更好解决我国社会出现的各种问题，更好实现各项事业全面发展，更好发展中国特色社会主义事业。

案例 2：南宁：推动全民健身广泛开展

2020 年，南宁市全面落实强首府战略，进一步解放思想、改革创新、扩大开放、担当实干，着眼于满足人民群众健身需求，加强体育设施建设、丰富赛事活动供给、提升健身服务水平，努力破解健身难题，推动全民健身广泛开展。

打造城市社区“10 分钟健身圈”

南宁实施市、县（区）、乡镇（街道）、行政村（社区）四级公共体育设施提升工程，加强全民健身中心、多功能运动场、村屯级篮球场等场地设施建设，着力打造“百里秀美邕江”运动健身长廊及南湖公园、广西体育中心、李宁体育园等运动集聚区，构建便民、利民、惠民的城市社区“10分钟健身圈”。2020年中央、自治区、南宁市共投入资金2061.33万元，建设体育场地和设施项目65个，其中包括南宁市为民办实事项目建设40套健身路径；申请大型体育场馆免费低收费开放中央补助资金1188万元，支持免费低收费开放大型体育场馆9个；设立社区全民健身活动中心6个，推动中小学校体育设施向社会开放16所。全市人均体育场地面积1.878平方米。积极稳妥、安全有序推动各类体育场馆复工复产：广西体育中心推出“夜健”活动，发放体育消费券4.3万元，市民参与“夜健”活动约6.63万人次；南宁市体育场共接待体育锻炼及各类体育培训人数超27万人次；李宁体育园举办各类主题活动，接待市民超过180万人次。

丰富线上线下体育赛事活动

南宁推出“体育＋互联网＋居家健身”线上健身模式，倡导居家健身、推广科学健身方法，引导市民群众因地制宜、因时制宜开展运动健身。推出“云赛事”线上办赛模式，举办2020南宁国际马拉松暨解放日长跑线上赛，截至目前，参与人数达11.6万人，是2019年参与人数的4倍；举办“酷动先锋 跃动绿城”全民健身网络运动会，关注量达1万多人；发动市民群众参加自治区2020年“壮族三月三·民族体育炫”系列线上活动，让群众足不出户就能参加体育竞技、进行健身锻炼、享受赛事嘉年华。同时，组织举办元旦冬游邕江活动、2020南宁LYB全球业余羽毛球锦标赛、南宁市社区全民健身运动会、“飞跃大明山”户外运动大会以及各县区、各行业的群众性体育赛事。全市年内共举办县级以上线上线下赛事活动160多项，有效满足市民群众健身需求，增强了人民群众的获得感。

健全群众身边健身服务体系

南宁推动“智慧健身”发展，完善“运动绿城”App功能，突出“运动绿城”App在全民健身中的引领、支撑和保障作用。强化体育社会组织建设，全市单项体育协会42个，俱乐部174个，社会体育指导员23000多人，解决“谁来科学指导群众健身”问题。南宁率先开展并完成第五次国民体质监测工作。积极推进“体医融合”，开展科学健身健康讲座、举办培训班，积极培养人才，打造南宁市“体医”融合复合型人才队伍；开展“儿童功能性姿势不良评估及训练干预”活动，推动从“医疗健康干预”向“非医疗健康干预”的转变，从“以治疗为中心”向“以健康为中心”的转变，发挥科学健身在健康促进、慢性病预防和康复等方面的积极作用。

〔《人民日报》(海外版)，2020 年 12 月 11 日〕

2.1 案例思考讨论

(1)南宁市着眼于满足人民群众健身需求，加强体育设施建设、丰富赛事活动供给、提升健身服务水平，努力破解健身难题，推动全民健身广泛开展，如何体现 “以人民为中心”的发展理念？

(2)从南宁市实施市、县(区)、乡镇(街道)、行政村(社区)四级公共体育设施提升工程的建设中，如何更好满足人民对美好生活的需要？

2.2 案例分析启示

从解决温饱到全面小康，人民群众不仅对物质文化生活提出更高要求，而且对民主、法治、公平、正义、安全、环境等方面的要求也日益增长。从案例 2 广西南宁市全民健身运动如火如荼地开展，进一步印证了人民对美好生活的向往更加强烈，人民群众的需要已经超出纯物质的范畴和层次，人民的生活水平已经获得显著提高。习近平总书记指出“江山就是人民，人民就是江山”“人民对美好生活的向往就是我们的奋斗目标”。为人民而生，因人民而兴，始终同人民在一起，为人民利益而奋斗，是我们党立党兴党强党的根本出发点和落脚点。我们必须更加自觉、更加坚定地将人民对美好生活的向往作为奋斗目标，不断提高人民群众获得感、幸福感、安全感，推动人民生活水平实现历史性跨越。

南宁市推出“体育+互联网+居家健身”线上健身模式，倡导居家健身、推广科学健身方法，引导市民群众因地制宜、因时制宜开展运动健身，有效满足市民群众健身需求，增强了人民群众的获得感。聚焦和紧扣新时代人民日益增长的美好生活需要(坚持以人民为中心)，着力解决好发展的不平衡不充分问题(使发展更加平衡、更为充分)，坚持以人民为中心、努力满足人民美好生活的向往，党的十九大“人民日益增长的美好生活需要”的表述和过去“人民日益增长的物质文化需要”表述相比，最重要的一点区别，一个是“物质文化需要”，一个是“美好生活需要”。那么，“美好生活需要”指的是什么呢？

一是“美好生活需要”指的是一个整体的概念。这里首要的是基本生活需要，这是整体的概念；同时，更高一层的“需要”里，也是“人民”中所有组成部分都认同的、共同的需要，不完全是某一地域、某一群体和阶层、某一个别人狭隘的需要，更不是影响大局、影响别人、影响其他群体利益、影响科学发展的需要。当今时代，由于社会经济成分、组织形式、就业方式、利益关系和分配方式多样化，文化背景和爱好、生活习惯等存在差别。在复杂的“人民”群体中，他们的需要有很大差别。正因为如此，把人民中的个别群体、个体、派别等的需要当作整体需要是不严谨的。人民中个别群体需要不一定代表人民整体的需要。

二是“美好生活需要”指的是正当的、与社会发展规律相协调的需要。包括物质生活、精神生活、文化生活、生活理念和生活方式的追求等诸多方面。按照马斯洛需求层次理论，人的需要是由低级向高级发展的。“美好生活需要”是在基本需要基础上的高一级追求。“需要”和人的欲望密切相关，“需要”不是随心所欲；对物质文化生活的需要，也不一定完全是美好的。“美好生活需要”是克制不合理欲望的“需要”，是节制某些欲望条件下的“需要”，是人的健康生活方式的需要，是符合人类社会发展规律、推动社会发展的需要，是遏制随心所欲的需要，遏制人的贪婪、不道德、不理性、以邻为壑、见利忘义等各种非理性生活的需要，是我们倡导的共产主义道德条件下的需要。

三是“美好生活需要”是在对“需要”作出分析判断后的需要，是经过抽象概括、经过存善去恶选择后的需要，不是自然的、简单化的需要。由于人的欲望是无限的，是否是美好的需要，也不是人人都能够分辨和遵循的，这个抽象和选择过程，也是对人民进行教育的过程。人的欲望有理性的，也有非理性的。如果不加以节制，欲壑难填，生活就可能偏离正确的方向。因此，在不断满足人民美好生活需要的过程中，作为先锋队的共产党组织还有责任对人民施加良好的教育，提高人民的选择能力，保持理性，克服非理性，顾全大局，扶危助困，弘扬中华传统美德，不断提高人民的道德水平，提高人民的自由程度,这也是共产党引领社会发展、提高人民的幸福指数的基本任务。

正如习近平总书记强调的:“以人民为中心的发展思想,不是一个抽象的、玄奥的概念,不能只停留在口头上、止步于思想环节,而要体现在经济社会发展各个环节。”在促进经济持续健康发展过程中,坚持以人民为中心的发展理念,更加注重包容性发展,进一步提升人民群众的获得感、幸福感、安全感,让改革发展成果更多更公平惠及全体人民。

知识链接和特别关注

我国社会主要矛盾的变化

1956 年,《中国共产党第八次代表大会关于政治报告的决议》提出我国社会的主要矛盾:“我们国内的主要矛盾,已经是人民对于建立先进的工业国的要求同落后的农业国的现实之间的矛盾,已经是人民对于经济文化迅速发展的需要同当前经济文化不能满足人民需要的状况之间的矛盾。”

1981 年,党的十一届六中全会通过的《关于建国以来党的若干历史问题的决议》对此矛盾的界定做了调整:“在社会主义改造基本完成以后,我国所要解决的主要矛盾,是人民日益增长的物质文化需要同落后的社会生产之间的矛盾。”

1987 年,党的十三大报告第一次明确指出我国社会主义初级阶段的主要矛盾:“我们在现阶段所面临的主要矛盾,是人民日益增长的物质文化需要同落后的社会生产之间的矛盾。”

2017 年,党的十九大报告作出了该矛盾已经发生转变的新概括:“中国特色社会主义进入新时代,我国社会主要矛盾已经转化为人民日益增长的美好生活需要和不平衡不充分的发展之间的矛盾。”

党的十九大报告亦指出,“我国社会主要矛盾的变化,没有改变我们对我国社会主义所处历史阶段的判断,我国仍处于并将长期处于社会主义初级阶段的基本国情没有变”。

案例主题二：中国特色社会主义进入新时代的内涵和意义

中国特色社会主义进入新时代，这是党的十九大报告作出的一个重大政治判断。这一判断，明确了我国发展新的历史方位，赋予党的历史使命、理论遵循、目标任务以新的时代内涵，为我们深刻把握当代中国发展变革的新特征，增强贯彻落实习近平新时代中国特色社会主义思想的自觉性和坚定性，提供了时代坐标和科学依据。在当代中国，坚持和发展中国特色社会主义，必须把握时代特点、直面时代课题，在体现时代性、把握规律性、富于创造性中不断展现蓬勃的生机活力。中国特色社会主义进入新时代这一重大政治判断，正是在准确把握我国发展所处新的历史方位基础上作出的，具有充分的时代依据、理论依据和实践依据。

党的十八大以来，以习近平同志为核心的党中央科学把握国内外发展大势，顺应实践要求和人民愿望，以巨大的政治勇气和强烈的责任担当，举旗定向、开拓进取，取得改革开放和社会主义现代化建设的历史性成就，推动党和国家事业发生历史性变革。这些变革力度之大、范围之广、效果之显著、影响之深远，在党的历史上、在新中国发展史上、在中华民族发展史上都具有开创性意义。这表明，在新中国成立以来，我国各项事业发展取得重大成就的基础上，中国特色社会主义进入新的发展阶段。它标志着中国特色社会主义正在踏上新进程，走向新高度，开拓新局面，进入新阶段。

案例 3 以太行山深处的河北省阜平县骆驼湾村的变迁揭示了新时代是决胜全面建成小康社会，是全国各族人民人民团结奋斗、不断创造美好生活的时代；案例 4 以网友对国庆 70 周年盛典的感悟，体现出新时代中国特色社会主义是适应中国和时代发展进步的科学社会主义，是引领中国走向繁荣富强的旗帜。

案例3:太行革命老区:幸福新生活,美好新画卷

抗日战争时期,中国共产党在这里建立第一个抗日敌后根据地;解放战争时期,党中央在这里指挥“三大战役”取得决定性胜利,从西柏坡出发进京“赶考”……这里,就是位于晋冀两省交界地带的太行革命老区。

2012年12月,习近平总书记来到太行山深处的河北省阜平县骆驼湾村、顾家台村看望慰问困难群众,并在这里向全党全国发出了脱贫攻坚的动员令。

今年“五一”前夕,记者来到阜平县骆驼湾村,村党支部书记顾瑞利正带领村民整理山坡荒地、种植玫瑰百合、打造百亩花海景观。“未来雄忻高铁通车后,我们准备组织摆渡车接送游客,让骆驼湾乡村旅游发展得更好。”

骆驼湾村山高路远、交通不便,曾经经济落后。这些年经过改造提升,村民们住进干净整洁的“青水瓦、滴水檐、花格窗”式的太行山新民居,水泥路、石板路通到家门口,用上了彩电、冰箱,通了自来水。村里发展起乡村旅游、现代食用菌、高效林果等多种产业,每户村民都能获得租金、薪金或股金等收入,村人均可支配收入由2012年的950元,增长到2021年的17480元,增长17.4倍。

骆驼湾村的变迁,反映了太行革命老区的快速发展。党的十八大以来,老区广大干部群众牢记习近平总书记的嘱托,真抓实干,依托太行山自然生态、人文历史等资源,因地制宜发展山地特色农业、文化旅游、健康养老等产业,改造提升基础设施,推动脱贫攻坚与乡村振兴有效衔接。

加强生态保护,坚持绿色发展。太行山矿产资源丰富。过去,部分山体因粗放型采掘而遭到破坏。为此,太行革命老区加强环境保护和生态修复,推动转型升级。位于山西省长治市长子县的霍尔辛赫煤矿,黑黝黝的精煤通过皮带不断输送到地面,与之相伴的煤矸石则在井下“就地消化”。“以前露天堆存煤矸石,成本高还污染环境。如今通过采用矸石充填采煤技术,实现了新产生矸石完全回填,有效控制了地面沉陷、杜绝了地面污染。”煤矿负责人李建功说。

河北省邯郸市峰峰矿区曾是全国第二大主焦煤产地和国内闻名的陶瓷、建材、电力工业基地，近年来深入推进老工矿区生态修复和环境治理。如今，102处裸露矿山得到修复，11座煤矸石山被综合治理，矿区的林木覆盖率由2016年的17%上升到如今近50%。家住峰峰矿区的杨元杰说："经过修复，采煤沉陷区变成了湿地公园，矸石山上长出了绿植，天鹅、夜鹭、黑鹳等鸟类越来越多。"

"十三五"时期，河北在太行革命老区大力实施山水林田湖草生态保护修复工程，27个太行革命老区县完成营造林绿化面积387.6万亩；山西以太行革命老区为重点，通过"三北"防护林工程造林314.94万亩。

发展红色旅游，老区人气旺起来。西柏坡纪念馆展厅内，江苏游客袁显卫说："仿佛身临其境，科技手段让红色故事的讲述更打动人心。"近年来，河北投资4600多万元，对西柏坡中共中央旧址基础设施、展览设备等方面进行了全面提升。西柏坡纪念馆用新科技提升展示水平，开发制作了半景画、VR全景游览系统等，提升游客体验。

近年来，太行革命老区充分运用红色资源，积极培育红色精品景区，大力弘扬红色精神。山西出台《山西省红色文化遗址保护利用条例》，形成"烽火太行地·抗战脊梁"等10条红色旅游精品线路；河北打造西柏坡、前南峪抗日军政大学旧址、涉县一二九师司令部旧址等精品景区，让广大干部群众深刻了解革命先辈事迹。

如今，雄忻高铁即将开工，线路自河北雄安新区出发，途经阜平县、五台县等地，抵达山西忻州，带动太行革命老区融入京津冀协同发展、雄安新区建设等重大战略。太行革命老区，更美丽的画卷正在展开。

（张腾扬、乔栋：《人民日报》，2022年6月7日）

3.1 案例思考讨论

（1）从晋冀两省交界地带太行革命老区的快速发展进程中，怎样体现出中国特色社会主义新时代之"新"？

（2）阜平县骆驼湾村真抓实干，依托太行山自然生态、人文历史等资源，如何推动脱贫攻坚与乡村振兴有效衔接，小康路上大步走？

3.2 案例分析启示

巍峨雄伟的太行山脉绵延八百里，抗战时期中国共产党领导的八路军和太行人民谱写了英雄篇章，铸就了伟大的太行精神。如今，在全面建设社会主义现代化国家的新征程上，老区干部群众汲取磅礴力量，传承红色基因，赓续精神血脉，大力弘扬太行精神，埋头苦干、攻坚克难，甘于奉献、开拓进取，绘就了一幅路网纵横交错、产业布局合理、乡村宜居宜业、百姓生活幸福的美丽画卷。

社会主义从来都是在奋勇开拓中前进的，必定随着形势和条件的变化而不断向前发展。抗日战争时期，中国共产党在太行山脉开辟了晋察冀、晋冀鲁豫等抗日根据地。由于历史原因，太行山部分沿线地区长期发展受限，曾被列为燕山—太行山集中连片特困地区。如今斗转星移，老区已换新颜，从红色精神传承到绿色发展，再到产业振兴，“红绿交织”绘就太行新画卷。曾经是“贫中之贫”的河北省阜平县，近年来大力发展现代食用菌、中药材等6大产业，于2020年2月实现脱贫。阜平县正将产业振兴作为乡村振兴的出发点，全力推动富民产业提档升级。当下，太行山革命老区的干部群众正依托红色资源，做强绿色产业，大力推进产业协同协作，力求在新时代谱写更加华丽的篇章。太行山革命老区的变迁表明了新时代从历史纵深处走来，产生于中华民族从站起来、富起来到强起来的波澜壮阔的历史进程中，奠基于中国共产党长期奋斗的伟大成就之上。

中国特色社会主义新时代是一个什么样的时代？党的十九大报告从五个侧面勾绘了新时代的基本轮廓。这“五个是”包含了中国特色社会主义、国家、人民、民族、世界等方面的要求。第一，新时代是承前启后、继往开来，在新的历史条件下继续夺取中国特色社会主义伟大胜利的时代。中国特色社会主义事业是一以贯之的，不是时代的转折，而是时代的提升，必将在既有成就基础上，取得更大的胜利。第二，新时代是决胜全面建成小康社会、进而全面建设社会主义现代化强国的时代。新时代任务光荣而艰巨，目前是要全面建成得到人民认可、经得起历史检验的小康社会。在此基础上，开启全面建设社会主义现代化国家新征程，向全面建设社会主义现代化强国进军。第三，新时代是全国各族人民团结奋斗、不断创造美好生活、逐步实现全体人民共同富裕的时代。新时代不仅要国家富强，而且要人民幸福。在解决人民

“从无到有”的需求之后，注重解决“从有到优”的需求，尤其要解决发展不平衡不充分问题，朝着共同富裕的目标前进。第四，新时代是全体中华儿女勠力同心、奋力实现中华民族伟大复兴中国梦的时代。我国是个多民族国家，各民族要在中华民族大家庭中手足相亲、守望相助、共同发展，致力于实现祖国的完全统一，完成海内外全体中华儿女的共同心愿。梦想在前，吾辈当同心奋力。第五，新时代是我国日益走近世界舞台中央、不断为人类作出更大贡献的时代。作为世界人口最多的国家，作为世界第二大经济体，作为安理会常任理事国，新时代的中国既有能力，也有责任为世界作出更大贡献。

案例 4：中华人民共和国 70 华诞网络热议

网友“@ 吴灵犀”：看着五星红旗冉冉升起，亿万人民唱响心中赞歌，60 周年大庆典恍如昨天，70 周年大庆再次让我老泪纵横。看着祖国越来越强大，作为中国人，我幸福、我骄傲，为祖国打 call。

网友“@ 追影”：创新驱动发展，科技助力兴军。军事核心技术买不来，军队院校“为战而研”，推动中国军队加速向现代化奔跑。中国梦、强军梦，梦想可期，梦想必成！

网友“@ 诺言”：“为什么战旗美如画，英雄的鲜血染红了它”，当荣誉功勋部队的战旗在天安门广场迎风飘扬，我们才深知《英雄赞歌》的含义。一面战旗就是一部史诗，相信新时代战旗将更加壮美。

网友“@ 冷楼巷”：冲上天台，看着北京的天空被各式各样的战机“霸屏”，近距离感受中国战鹰的高光时刻，顿时眼眶湿润。70 年弹指一挥间，中国战机从进口到仿造再到创新研发、战鹰列列。新中国国富兵强，此时此刻，我们足以告慰先烈：这盛世，如您所愿。

网友“@ 晴川”：为了世界和平，我们的维和部队官兵舍小家为大家，向世界展现大国担当。轮换的是队伍，交接的是任务，传递的是使命，致敬中国英雄，我们等你们平安归来。

网友“@ 小峰峰”：马达轰鸣，震天动地，一个个装备方队接受检阅。点赞中国制造，点赞大国重器！

网友“@Annie- 明”：预备役方队步伐矫健、钢枪锃亮，朝气蓬勃地走过天安门城楼，展示了独特风采。不同的方队，同样的誓言！

网友“@ 尔东”：我为自己曾经是一个兵而骄傲，若有战，召必回，为祖国繁荣昌盛披荆斩棘。

网友“@ 筑梦”：千人队伍，一个声音，联合军乐团用精彩的乐音献上一场视听盛宴。多首曲子无缝衔接，全程高能。厉害了，我的“团”！

网友“@ 米粒儿”：观礼台上，时代楷模、大国工匠耀眼夺目，他们荣誉加身，成为一道亮丽风景，他们的付出值得这份殊荣。10 年、20 年后，奋力拼搏的你、我、TA，但愿也能登上观礼台，共享这份辉煌荣耀。

网友“@w 橙 w”：迎风飘扬的国旗、刷爆网络的《我爱你中国》、各式表白祝福语……这些，成为华夏儿女家国情怀最生动的注脚。

网友“@ 灵灵”：砥砺奋进 70 年，艰辛探索 70 年，多少风吹浪打，多少艰难险阻。70 年，是一次总结，也是新的开始，让我们在新时代勇担使命、筑梦前行。

（邱晓琴：《光明日报》，2019 年 10 月 3 日）

4.1 案例思考讨论

（1）中华人民共和国迎来 70 华诞之际，习近平总书记发表重要讲话，回顾新中国 70 年奋进历程，展望民族复兴的光明前景，凝聚团结奋斗的磅礴力量。而后举行了盛大的阅兵式和群众游行，从各位网友们振奋、激动的热议中，体现了什么？

（2）新中国 70 年，也是走向世界、造福人类的 70 年，我们已经走过“雄关漫道真如铁”的昨天，正在立于“人间正道是沧桑”的今天，将要迈向“长风破浪会有时”的明天，根据各位网友的网络热议，中国特色社会主义进入新时代的鲜明特征和重大意义是什么？

4.2 案例分析启示

庆祝新中国成立 70 周年是 2019 年最受关注的时事议题。据企鹅智库最新发布的《2019 中国网民新闻资讯偏好报告》显示，超过 96%的用户认为“建国 70 周年这件事和自己有关”，而年轻人对这一议题的关注和表达更丰富多元。新中国成立 70 周年，风雨兼程、砥砺前行，成为世界舞台上不可忽视的力量。新中国 70 年，在人类历史长河中只是短暂一瞬，在中华民族发展史上也是弹指之间，却如此深刻地改变了中华民族和中国人民的命运。我们的祖国从来没有像今天这样欣欣向荣、蒸蒸日上，我们的民族从来没有像今天这样扬眉吐气、自信满怀，我们的人民从来没有像今天这样幸福安康、意气风发。新中国砥砺前行，深刻改变了中国的面貌、中华民族的面貌、中国人民的面貌、中国共产党的面貌，也深刻影响了全球发展的格局和世界历史的走向。我们回味这段尚带温度的历史时深深感到，中国人民用双手创造的国家和民族发展的奇迹，无论是在中华民族发展史、世界社会主义运动史上，还是在世界文明史上，都是一部感天动地的奋斗史诗。

从中华民族发展史来看，中华民族是世界上伟大的民族，曾经创造了5000多年灿烂文明。但近代以来，中华民族滑到了历史的低谷，陷入了长达100多年的黑暗境地。新中国诞生以及之后70年发展，从根本上扭转了中华民族不断衰落的历史颓势，迎来了持续走向繁荣富强的伟大飞跃，中华民族伟大复兴的目标从来没有像今天这样清晰可见。可以说，这70年是彻底改变中国和亿万人民命运的70年，在中华民族发展史上矗立起一座光彩熠熠的里程碑。

从世界社会主义运动史来看，社会主义从空想到科学、从理论到实践、从一国到多国，演绎了一幕幕兴衰成败的历史活剧。20世纪八九十年代苏联解体、东欧剧变后，世界社会主义运动陷入低潮，有人对社会主义的前途产生了悲观情绪，担心红旗到底还能打多久。今天，社会主义中国以巨大的发展成就成功续写了世界社会主义运动的恢宏篇章，以无可辩驳的事实证明了科学社会主义的强大生命力。

从世界文明史来看，实现现代化是近代以来世界各国特别是发展中国家孜孜以求的目标。新中国打破了对其他路径的依赖，坚持自己的路自己走，用几十年时间走完了发达国家几百年走过的工业化历程，走出了一条独具特色的现代化道路。中国的巨大成功，拓展了发展中国家走向现代化的途径，给世界上那些既希望加快发展又希望保持自身独立性的国家和民族提供了全新选择，为解决人类问题贡献了新方案。

党的十八大以来，以习近平同志为核心的党中央科学把握国内外发展大势，顺应实践要求和人民愿望，以巨大的政治勇气和强烈的责任担当，举旗定向、谋篇布局，迎难而上、开拓进取，取得改革开放和社会主义现代化建设的历史性成就，推动党和国家事业发生历史性变革。这些变革力度之大、范围之广、效果之显著、影响之深远，在党的历史上、在新中国发展史上、在中华民族发展史上都具有开创性意义。这表明，在新中国成立以来，特别是在改革开放以来我国发展取得的重大成就基础上，我国发展站到新的历史起点上，中国特色社会主义进入新的发展阶段。这个新的发展阶段，既同改革开放四十多年来的发展一脉相承，又有很多与时俱进的新特征，比如党的理论创新实现了新飞跃，党的执政方式和执政方略有重大创新，党推动发展的理念和方式有重大转变，我国发展的环境和条件有重大变化，对发展水平和质量的要求比以往更高，等等。科学认识和全面把握中国特色社会主义新的发展阶段，需要从新的历史方位、新的时代坐标来思考来谋划。

知识链接和特别关注

中国特色社会主义进入新时代“三个意味着”

中国特色社会主义进入新时代，这在中华人民共和国发展史上、中华民族发展史上具有重大意义，在世界社会主义发展史上、人类社会发展史上也具有重大意义。

第一，中国特色社会主义进入新时代，意味着近代以来久经磨难的中华民族迎来了从站起来、富起来到强起来的伟大飞跃，迎来了实现中华民族伟大复兴的光明前景。

第二，中国特色社会主义进入新时代，意味着科学社会主义在21世纪的中国焕发出强大的生机活力，在世界上高高举起了中国特色社会主义伟大旗帜。

第三，中国特色社会主义进入新时代，意味着中国特色社会主义道路、理论、制度、文化不断发展，拓展了发展中国家走向现代化的途径，给世界上那些既希望加快发展又保持自身独立性的国家和民族提供了全新选择，为解决人类问题贡献了中国智慧和中国方案。

案例主题三：新发展阶段和社会主义现代化强国建设

党的十九届五中全会审议通过了《中共中央关于制定国民经济和社会发展第十四个五年规划和二〇三五年远景目标的建议》(以下简称《建议》)。全会提出，全面建成小康社会、实现第一个百年奋斗目标之后，我们要乘势而上开启全面建设社会主义现代化国家新征程、向第二个百年奋斗目标进军，这标志着我国进入了一个新发展阶段。这一重大判断，明确了我国发展的历史方位，为当前和今后一个时期我国社会主义现代化建设标注了战略基点。

新发展阶段是未来30年实现全面建设社会主义现代化国家历史宏愿的阶段。新中国成立初期，中国共产党就明确提出建设社会主义现代化国家的目标和任务。经过70多年特别是改革开放40多年的不断积累，我们走完了现代化的“前半程”，迈上了一个更高的发展台阶。今后30年，将是我们走完“后半程”的关键阶段，也是实现这个宏伟目标的新发展阶段。用3个五年规划期，到2035年基本实现社会主义现代化；再用3个五年规划期，到21世纪中叶把我国建成富强、民主、文明、和谐、美丽的社会主义现代化强国。可以说，新发展阶段是实现第二个百年奋斗目标、把民族复兴伟业推向新境界的阶段。

我国进入新发展阶段是当前基本国情和历史方位的新变化。新发展阶段是社会主义初级阶段中的一个新阶段，是全面建设社会主义现代化国家、推动中华民族强起来、使中国特色社会主义更加完善的阶段，也是社会主义初级阶段向更高阶段过渡的准备阶段。在新发展阶段，党和国家事业必须贯彻新发展理念，构建新发展格局，实现高质量发展。习近平总书记关于新发展阶段的重要论述进一步深化了社会主义初级阶段理论，是新时代党的理论创新的重要成果,具有重大指导意义。

案例5,从“十三五”规划现实依据出发,我们聚焦全面建成小康社会目标,固根基、补短板、强弱项,脱贫攻坚战取得全面胜利,污染防治攻坚战效果显著,防范化解重大风险攻坚战取得成效,表明我国已经拥有开启新征程、实现新的更高目标的雄厚物质基础、丰富人力资源、广阔市场空间、强劲发展韧性和稳定社会大局;案例6,从“双奥之城”到“大运之城”,成都市以创建世界赛事名城为契机,以世界大运会为依托,激发了成都办赛营城新动能,在大美公园城市的美好建设中,体现了我国新发展阶段与社会主义现代化强国建设的实际举措。

案例5:三大攻坚战取得决定性成就:“十三五”,我们这样走过

近1亿人!历经8年,人类历史上规模最大、力度最强、惠及人口最多的脱贫攻坚战,让我国现行标准下近1亿农村贫困人口全部脱贫,832个贫困县全部摘帽。

33微克/立方米!2020年,全国地级及以上城市$PM_{2.5}$浓度达到国家空气质量二级标准,黑臭水体消除比例达到98.2%,蓝天、碧水、净土保卫战取得显著成效。

1.5万亿元!2020年,金融系统向实体经济让利1.5万亿元,实体部门获得感明显增强。

坚决打好防范化解重大风险、精准脱贫、污染防治三大攻坚战,是全面建成小康社会的必然要求。习近平总书记强调:“防范化解金融风险,事关国家安全、发展全局、人民财产安全,是实现高质量发展必须跨越的重大关口。精准脱贫攻坚战已取得阶段性进展,只能打赢打好。环境问题是全社会关注的焦点,也是全面建成小康社会能否得到人民认可的一个关键,要坚决打好打胜这场攻坚战。”

“十三五”期间,我们聚焦全面建成小康社会目标,固根基、补短板、强弱项,脱贫攻坚战取得全面胜利,污染防治攻坚战效果显著,防范化解重大风险攻坚战取得成效,三大攻坚战取得决定性成就。

脱贫攻坚战取得全面胜利

“现在平均每天有上百个订单,多的时候上千单,连过年都没闲着!”全国人大代表、甘肃省陇南市徽县“陇上庄园”生态农业有限公司总经理梁倩娟是电商助农达人,在她的带动下,大山深处的绿色农产品通过电商平台远销各地,100多户乡亲脱了贫。

在陇南,类似的网店已“长”出1.4万多家,销售总额达180多亿元,带动22万人就业。梁倩娟代表说:“下一步要引导乡亲们延长产业链条,推出更多深加工农产品,提高产品附加值,带动更多乡亲增收。”

全面建成小康社会、实现第一个百年奋斗目标,脱贫攻坚是必须完成的硬任务。可喜的是,经过全党全国各族人民共同努力,在迎来中国共产党成立一百周年的重要时刻,我国脱贫攻坚战取得了全面胜利。

位于太行山南麓的裴寨村,村路干净整洁,750余座日光温室错落分布。在村蔬菜花卉种植专业合作社的带动下,350多户村民发展起了高效农业。“去年,村民人均年收入将近2万元哩。”全国人大代表、河南省辉县市张村乡裴寨村党支部书记裴春亮说。

“咱不仅要让大伙脱贫,还要把日子越过越红火。”裴春亮代表说。目前,全乡11个行政村,共同建成了公共设施配套齐全的裴寨社区,与省职工医院签订了村民家庭保健协议,还引入3家服装企业入驻,村民实现家门口就业,美丽乡村一派生机。

“十三五”期间,我国建档立卡贫困人口人均纯收入从2015年的2982元增加到2020年的10740元;960多万人通过易地搬迁“拔掉穷根”;2568万贫困群众的危房得到改造;10.8万所贫困地区义务教育薄弱学校得到改造;2889万贫困人口饮水安全问题全部解决……不愁吃、不愁穿,义务教育、基本医疗、住房安全和饮水安全有保障,脱贫群众获得感、幸福感、安全感显著增强。

决战脱贫攻坚,全党全社会凝聚起磅礴力量。通过贫困县涉农资金整合,从2016年到2020年前三季度,全国832个贫困县统筹整合各级财政涉农资金规模超1.5万亿元。“多个龙头放水、一个龙头出水”的扶贫投入新格局,为打赢脱贫攻坚战提供了资金保障。

“脱贫攻坚成果来之不易,要千方百计巩固好。”中国人民大学中国扶贫研究院院长汪三贵表示,要健全防止返贫动态监测和帮扶机制,确保监测精准到户到人,特别是要对易返贫致贫的边缘脱贫人口实施常态化监测。要保持扶贫政策延续性，强化产业扶贫、就业帮扶、生态补偿等方式，确保脱贫户能够持续稳定增收。

脱贫摘帽不是终点，而是新生活、新奋斗的起点。“接下来，要切实做好巩固拓展脱贫攻坚成果同乡村全面振兴有效衔接各项工作。”全国政协委员、中国扶贫开发协会副会长郭文圣认为，加快完善脱贫地区交通、物流、通信等配套基础设施，为产业进一步发展创造良好条件。同时，推动基本公共服务资源下沉，引导涵养文明乡风，让乡村成为人人向往的家园。

污染防治攻坚战全面开展，生态环境质量明显改善

“蓝天多了”“环境美了”“家乡的河清了”，成为“十三五”期间广大人民群众的切身感受。

小康全面不全面，生态环境很关键。“‘十三五’这五年是迄今为止生态环境质量改善成效最大、生态环境保护事业发展最好的五年。”全国人大代表、生态环境部环境规划院院长王金南说，“污染防治攻坚战全面开展，主要污染物排放量大幅减少，人民群众对美好生态环境的期待，正在一步步变为现实。”

强制度、严法律，搭建“四梁八柱”

打好污染防治攻坚战离不开坚实的法律和制度保障。2020 年 9 月，中央生态环境保护督察，利剑再出鞘！在对地方、中央企业开展督察的同时，首次把国务院有关部门纳入督察范围。

从中央生态环境保护督察到生态环境损害赔偿，从生态环境机构监测监察执法垂直管理到生态文明建设目标评价考核……近年来，生态文明建设顶层设计逐步完善，为守护绿水青山、蓝天白云提供坚实保障。

“正是有了法律和制度保障，污染防治攻坚战从源头到末端的一系列措施才得以有效实施。”国务院发展研究中心资源与环境政策研究所副所长李佐军表示。

治污染、调结构，紧盯问题攻坚

作为岷江支流的锦江，其黄龙溪断面是岷江流域最后一个水质不达标的国考断面。“最大难点就是成都超千万人口的生活污水排放。”全国人大代表、四川省生态环境厅厅长王波表示，盯住突出问题，狠抓结构调整，2020 年初，成都市实施黄龙溪断面达标攻坚行动，努力不让污水溢流。20 年来黄龙溪断面首次达到Ⅲ类水质，岷江流域首次实现全面达标。

不仅在四川，5 年来，蓝天保卫战、长江保护修复等七大标志性战役全面实施，成为打好污染防治攻坚战的突破口和“牛鼻子”。2020 年，地表水优良水质断面比例提高到 83.4%，劣Ⅴ类水体比例下降到 0.6%……“十三五”规划纲要确定的生态环境保护 9 项约束性指标和污染防治攻坚战阶段性目标任务全面超额完成。

送技术、解困忧，坚持科技治污

“执法人员上门答疑解难，解决了我们的大问题。”浙江杭州一末家具有限公司负责人吴杨说。2020 年上半年，杭州市生态环境局富阳分局执法人员上门服务，对企业危废处置进行了详细指导，企业环境面貌有了很大提升。

8.4 万余家企业被纳入监督执法正面清单管理，国家生态环境科技成果转化综合服务平台汇聚 4000 多项各类环境治理技术，各地对各类企业帮扶 19.8 万余次，为精准、科学、依法治污提供有力支撑。

“我国生态环境质量虽已明显改善，但要清醒认识到，我国生态环境保护仍然任重道远，生态环境质量从量变到质变的拐点还没有到来。”王金南代表表示，“十四五”要继续保持战略定力，坚持以改善生态环境质量为重点，进一步推动源头治理，深入打好污染防治攻坚战。

金融风险总体可控，守住了不发生系统性金融风险的底线

“今年 1 月，我们已经按计划还清 150 万元贷款，企业的生产经营也迈上了正轨，这下可以松口气了。”浙江温州银泰化工有限公司负责人孔建国说，为缓解企业资金压力，温州银保监分局指导债权银行组成债委会，制定合理的贷款重组方案，助力公司渡过难关。

打好防范化解重大风险攻坚战，重点是防控金融风险

“总体看，经过治理，中国金融体系重点领域的增量风险得到有效控制，存量风险逐步化解，金融风险总体可控，守住了不发生系统性金融风险的底线。”全国人大代表、中国人民银行广州分行行长白鹤祥说。

严监管，防范风险守住底线

“十三五”期间，监管部门有效遏制宏观杠杆率过快上升势头，有序处置高风险金融机构，集中整治影子银行、互联网金融……防范化解金融风险攻坚战取得重要阶段性成果。数据显示，2017 年至 2020 年，银行业处置不良资产超过前 12 年总和。截至 2020 年，全国实际运营的 P2P 网贷机构已全部清零。

“下一步，在巩固成果的基础上，应保持宏观杠杆率基本稳定，处理好发展和安全的关系，稳妥推进各项风险化解任务，确保风险总体可控、持续收敛。”白鹤祥代表说。

引“活水”，增强实体经济活力

陕西精化快车生物科技有限公司是一家小微企业，去年 9 月底，企业打算扩大生产规模，但缺资金。全国人大代表、工商银行陕西铜川长虹路支行客服经理郭晓燕了解情况后，积极协调，仅用 2 天时间就帮企业拿到了 300 万元“税务贷”。

数据显示，2020 年，我国普惠小微贷款余额增长 30.3%，比上年高 7.2 个百分点。近 5 年，贫困人口及产业精准扶贫贷款累计发放超过 6.5 万亿元。

“近年来，金融服务实体经济的质量效益持续提升，金融活水源源不断流向小微企业、制造业等重点领域和薄弱环节。”郭晓燕代表说，“十四五”期间，应进一步改善对民营、小微企业等实体经济的金融服务，使其贷款可获得性继续提高，综合融资成本稳中有降。

强机制，监管之手更加有力

扎牢制度篱笆，“十三五”期间，一系列金融改革深入推进：出台资管新规相关配套细则，初步建立系统重要性金融机构、金融控股公司、金融基础设施等统筹监管框架，全面深化资本市场改革，为防风险筑牢更加持久稳固的“防火墙”。

“当前，我国金融业总体平稳健康发展。”全国政协委员、申万宏源证券研究所首席经济学家杨成长说：“面对新形势新挑战，仍需保持战略定力，增强金融风险防控能力、提高金融监管质效，坚决遏制各类风险反弹，牢牢守住不发生系统性金融风险的底线。”

回望“十三五”，三大攻坚战在不断闯关夺隘中取得了决定性成就；展望“十四五”，在以习近平同志为核心的党中央坚强领导下，我们必将赢得新的更大胜利！

（朱隽、寇江泽、郁静娴、葛孟超：《人民日报》，2021 年 3 月 1 日）

5.1 案例思考讨论

（1）“十三五”期间，我们聚焦全面建成小康社会目标，固根基、补短板、强弱项，脱贫攻坚战取得全面胜利，污染防治攻坚战效果显著，防范化解重大风险攻坚战取得成效。从三大攻坚战取得决定性成就中，如何理解新发展阶段的内涵和依据？

（2）坚决打好防范化解重大风险、精准脱贫、污染防治三大攻坚战，是全面建成小康社会的必然要求，从三大攻坚战取得决定性成就中回望“十三五”，如何把握新发展阶段的新机遇和新挑战？

5.2 案例分析启示

回望“十三五”，三大攻坚战在不断闯关夺隘中取得了决定性成就，展望“十四五”，我们进入了新发展阶段，新发展阶段是未来 30 年实现全面建设社会主义现代化国家历史宏愿的阶段。新中国成立初期，中国共产党就明确提出建设社会主义现代化国家的目标和任务。经过 70 多年特别是改革开放 40 多年的不断积累，我们走完了现代化的“前半程”，迈上了一个更高的发展台阶。今后 30 年，将是我们走完“后半程”的关键阶段，也是实现这个宏伟目标的新发展阶段。用 3 个五年规划期，到 2035 年基本实现社会主义现代化；再用 3 个五年规划期，到 21 世纪中叶把我国建成富强、民主、文明、和谐、美丽的社会主义现代化强国。可以说，新发展阶段是实现第二个百年奋斗目标、把民族复兴伟业推向新境界的阶段。

进入新发展阶段，是中华民族伟大复兴历史进程的大跨越，在我国发展进程中具有里程碑意义。新发展阶段之“新”，不仅在于发展之“新”、阶段之“新”，而且在于理念“新”、格局之“新”，更在于气象之“新”、前景之“新”。对于新发展阶段之“新”，我们要从历史和现实相统一、理论和实践相结合的角度去理解。

第一，新发展阶段实现了从全面小康到现代化强国的大跨越。任何国家的现代化进程，都与其经济社会发展水平密切相关，不可能毕其功于一役。从我国现代化进程来看，由摆脱贫穷落后状态起步，经过几十年的努力，全面小康终于在我们这一代人手中实现了，中国人民正朝着全面建成社会主义现代化强国的目标奋进。立足新发展阶段，“四个全面”战略布局的内涵也与时俱进，将“全面建成小康社会”调整为“全面建设社会主义现代化国家”，为中国特色社会主义事业提供新的战略指引。

第二，新发展阶段实现了从追赶到引领的大跨越。万丈高楼平地起。新中国发展是从“一穷二白”的烂摊子上起步的，可以说当时就是现代化的“小白”，很长时间内是在奋起直追，缩小同发达国家之间的差距。时至今日，我国在若干领域实现了从“跟跑”到“并跑”“领跑”的跃升，5G、超级计算机、量子通信、特高压输电、民用无人机、高铁等技术当之无愧地处于世界领先地位。对我国来说，这个发展阶段利用得好，就能抢占先机；利用得不好，就有可能误入歧途。

第三，新发展阶段实现了从高速增长到高质量发展的大跨越。改革开放以来，我国以世界少有的速度迅猛发展，创造了人类历史上“快”的奇迹。1978 年至 2020 年，我国 GDP 由 3679 亿元增长到 101.6 万亿元，年均增长超过 9%，是同期世界经济年均增速的 3 倍多，远高于世界其他主要经济体的增长率。但同时，我国发展的质量和效益还不高，这就要求我们必须把发展质量问题摆在更为突出的位置。因此，高质量发展这个关键词，成为贯穿“十四五”时期经济社会发展的主题。

第四，新发展阶段实现了从尽快摆脱贫穷落后状况到扎实推动共同富裕的大跨越。我国是在经济文化比较落后的基础上建设社会主义的，当时可谓“百废待兴”。1949 年，我国钢产量只有 15.8 万吨，不足世界总产量的0.1%，居民人均可支配收入仅为 49.7 元。要摘掉“穷帽子”，坚持和巩固社会主义，显示出比资本主义更大的优越性，最根本的任务就是加快发展，提高生产力水平，使国家经济实力和综合国力得到迅速提升。经过长期奋斗，我国实现了从积贫积弱到繁荣富强的转变，人民生活水平实现了从温饱不足到殷实富裕的转变，贫穷落后的日子一去不复返了。这是我国经济社会发展的总体状况，但内部仍然有发展不平衡不充分的问题，不同地区发展程度、不同人群收入水平还存在一定差距。随着我国进入新发展阶段，实现共同富裕更加突出地摆在我们面前，成为推动经济社会发展向更高层次跃升的必然要求。

新发展阶段是社会主义初级阶段发展到一定程度的阶段。任何事物的发展，都是一个阶段接着一个阶段不断演进的，每一个阶段是有边界的，不承认这一点，就是否认质变或部分质变。社会主义初级阶段也是由不同发展阶段构成的，不是一个静态、一成不变、停滞不前的阶段，也不是一个自发、被动、不用费多大气力自然而然就可以跨过的阶段，而是一个动态、积极有为、始终洋溢着蓬勃生机活力的过程，是一个阶梯式递进、不断发展进步、日益接近质的飞跃的量的积累和发展变化的过程。新发展阶段，是社会主义初级阶段中一个更高层次的发展阶段，也是我国社会主义从初级阶段向更高阶段迈进的历史阶段。

案例6：一起向未来，成都成就梦想：从“双奥之城”看“大运之城”

第24届冬奥会昨晚圆满落下帷幕，中国体育健儿奋勇拼搏，用一次次突破推动中国冰雪运动实现新跨越。带着中国式浪漫和“双奥情怀”，北京冬奥会向全世界展现了中国风采，赢得了广泛赞誉。

在成都，第31届世界大学生夏季运动会各项筹备工作正在有序推进之中。今年6月，“雪山下的公园城市”成都将迎来一场全世界最青春的体育比拼，向世界呈现一场“国际范、中国风、巴蜀味”的体育盛事。20天来，本报记者在北京见证了冬奥会给这座城市带来的改变。相隔2000公里，成都在建设世界赛事名城、推进大运会筹备过程中，也正经历着类似的变化与发展。

办赛营城尽展文化魅力

在北京王府井大街冬奥会特许商品专卖店门口，抢购“冰墩墩”的人群，直到冬奥会闭幕依然络绎不绝。走在北京的大街小巷，浓浓的冬奥氛围让史上首座“双奥之城”散发着新的活力。北京冬奥会不仅是展示冰雪运动员竞技水平的舞台，也成为展示中国文化魅力的窗口。今年6月，成都大运会将接棒北京冬奥会。古蜀文明和天府文化将借着大运会的青春翅膀，又一次传遍全世界，为世界文化名城建设写下厚重的一笔。

美国单板滑雪运动员特莎·莫德结束冬奥会征程后已返回美国，但开始想念在北京的生活，“我非常喜欢中国人和中国美食及文化。”在她的社交媒体上，有很多充满中国文化元素的照片。历史悠久的中国传统文化让很多外国运动员着迷。从北京冬奥会会徽、吉祥物、火种灯、奖牌、制服，到冬奥会场馆设计，每一处细节都展示着中华文明的深厚底蕴，彰显着中国元素的魅力。

北京冬奥会各个比赛场馆都有独特的文化印记。“雪如意”“雪飞天”“雪游龙”……这一个个场馆的名字凸显匠心独运的文化底蕴；冬奥赛场上，运动员服装和装备上展示着中国龙、山水画，这也成为一道道亮丽的风景线；冬奥会与农历春节相遇，赛场内外充满浓郁的年俗，很多运动员都学会了用中文说“新年快乐！”；在颁奖仪式上，礼仪人员的“瑞雪祥云”“鸿运山水”“唐花飞雪”服饰更是让人忍不住多看几眼……“中国风”几乎贯穿整个北京冬奥会的点点滴滴，运动之美与文化之美完美结合。

在赛场外，很多非注册记者活跃在2022北京新闻中心。他们逛故宫、爬长城、包饺子、感受传统的北京胡同生活，北京的独特文化魅力借着冬奥会又一次传向全世界。在北京冬奥会期间，成都大运会主题展览也亮相2022北京新闻中心。富含天府文化元素的火炬“蓉火”、吉祥物“蓉宝宝”受到追捧，成都非遗“五朵金花”让人赞不绝口，成都木偶戏变脸更让人大开眼界……这些都是成都深厚历史文化积淀的缩影。

2022年6月，世界各地的朋友来到成都后，将可在东安湖体育公园主体育场顶端发现“太阳神鸟”的踪迹。具有唐代风格的东安阁与体育场呼应，同样萃取了成都文化元素进行点缀。以大熊猫为原型设计的吉祥物“蓉宝宝”已提前出圈，广受追捧，

此外，成都大运会众多特许商品都蕴含着天府文化特色，蜀锦、蜀绣、川茶等成都特色产品向全球展现着成都的生活美学。杜甫草堂、武侯祠、宽窄巷子、大熊猫繁育研究基地等文化地标早已是很多人来成都后必去的打卡地。同时，各文化旅游景点的“大运集市”将为八方来客提供非遗产品和大运文创……

北京冬奥会让世界领略了中华文化的独特魅力，成都大运会也将让世界又一次看见中国之美、天府之美。成都有着4000多年的文明史、2300多年的建城史。正如奥运会冠军、成都大运会形象大使冯喆所说，成都大运会将以天府文化为依托，让成都以崭新的城市面貌面向世界。

社区体育助推全民健身

在北京冬奥会开幕式举行当晚，北京石景山区高井路冬奥社区文化广场的大屏幕前，社区居民早早来到这里，一起观看开幕式。自 2019 年 5 月高井路社区被北京冬奥组委授牌成为“冬奥社区”以来，不到 3 年时间，曾经的老旧小区发生了翻天覆地的变化，让社区居民实实在在地体会到“冬奥让城市更美好”。伴随着成都世界赛事名城建设的深入推进，以成都大运会为依托，成都同样在社区用共建共治共享行动为广大居民带来生活的改变。市民身边的社区运动角越来越多，城市绿道成为人们日常健身的首选，正如很多成都市民所说：“大运让我们生活更幸福！”

“举办一届奥运会，其目的不仅是要实现办赛精彩，为广大运动员公平竞技、实现自我价值搭建平台，更大价值还在于为公众、主办城市、国家以及奥林匹克运动带来更多可以长期受益的有形或无形的奥运遗产。”这是《北京 2022 年冬奥会和冬残奥会遗产报告（2020）》中的一段话。在北京冬奥会期间，记者也走访了石景山区高井路冬奥社区，很难想象一切变化都是在过去 3 年里发生的。“这里原来是老旧小区，面积小、基础设施薄弱，现在方方面面都进行了改造。环境变好了，让孩子们能够在冰雪基地体验运动的乐趣。”社区居民赵先生说。

位于北京东城区的东四奥林匹克社区公园，是全世界首个“双奥社区”。顾拜旦、萨马兰奇、罗格和巴赫的一组奥林匹克人物塑像，让这里充满奥运气息。这片有着 700 多年历史的文化街区与奥运结缘，修建了服务于周边居民的体育文化中心和社区公园。群众体育活动随处可见，打太极、广场舞、跑步……古老社区散发出运动的活力。此外，借助冬奥会，北京城内很多社区都利用自身微小空间进行了改造，让市民有了更多进行文体活动的空间。这些都是冬奥会留给北京的重要遗产。

成都举办大运会，同样体现着办赛、营城、兴业的综合成效。以创建世界赛事名城为契机，以成都大运会为依托，成都也制定了《社区“爱成都·迎大运”共建共治共享行动方案》，凝聚社区发展治理新优势，激发办赛营城新动能。

成华区府青路三段立交桥下，原本的闲置空地被改造成总面积约

1.8 万平方米的府青运动空间。这里不仅成为周围社区居民的健身场所,也成为成都又一处网红运动打卡地;武侯区浆洗街街道七道堰社区的“社区运动角”改变了当地居民的生活,让很多居民主动走出家门……“15 分钟健身圈”正慢慢成为现实。

2021 年 7 月，成都发布全国首个《家门口运动空间设置导则》,为“家门口”运动空间的规划打造,提供了科学的标准指南。城市“金角银边”新建、改造的运动空间不断涌现,仅 2021 年新增社区运动空间就超过 50 处。此外,伴随着基础设施的提升和人民健康水平的提高,成都社区运动节活动也覆盖全年,一个个全民健身新场景展现在市民眼前,这些都将是成都大运会留给市民的宝贵遗产。

科技赋能造福市民生活

北京冬奥会不仅是一场体育盛会,也是一场科技盛会。一系列高科技在冬奥会上的成功应用,呈现了一届让世界为之惊叹的精彩盛会,这些高科技在赛后的推广应用,将惠及每一个普通人。作为大运会的举办地,成都频频吸引着世界的目光,以“科技 +”助力体育创新资源配置,推动科技创新与体育产业深度融合,为“智慧大运”提供科技支撑,这同样将在未来造福市民生活。

人工智能、虚拟现实、5G、8K、裸眼 3D 等一系列数字技术的支撑,为全世界呈现了一场美轮美奂、精彩绝伦的北京冬奥会开幕式;全世界的客人都记住了奥运村餐厅里自主炒菜机器人带来的美味;“智能防疫员”一秒内可完成身份识别、智能测温等 8 个查验环节,实现安全、便捷、快速通行;“冰丝带”的建设者创新性地采用了二氧化碳跨临界直冷制冰系统,使“冰丝带”不断刷新着各项竞技纪录,成为“最快的冰”;云顶滑雪公园里一套极具科技含量的防风系统（室外雪上项目场地防风网技术),为运动员提供了更优越的比赛环境;中国代表团在冬奥会赛场上的出色表现，也离不开科技对训练的强有力支撑。在 2 月 16 日 2022 北京新闻中心召开的科技冬奥相关发布会上，北京市科委主任许强介绍,本届冬奥会先后测试和使用了 200 多项技术,涉及 60 多个细分应用场景,充分彰显了科技创新的力量。

科技创新成果深度融入北京冬奥会，一大批我国自主创新的科技成果得到充分展示和应用，使一场精彩、非凡、卓越的冬奥会展现在世界面前。在这场科技盛宴中，也离不开成都力量。比如，北京冬奥会开幕式舞台设备控制系统就是成都炎兴自动化工程有限公司开发设计的；四川华体照明科技股份有限公司提供的智慧路灯也成为张家口崇礼赛区的有力保障。这些在北京冬奥会上得到实践验证的科技创新项目，在即将到来的成都大运会上也将一展身手。

围绕“智慧大运”的理念，成都发布了《成都大运会智能智慧十大应用场景清单》，10组智能应用场景包括智能环境清洁、智能消杀服务、智能测温防护、智能颁奖礼仪、智能体育展示、智能安防系统、智能导览系统和智能保健医疗，每个场景聚焦大运会需求，借助5G、大数据、人工智能、物联网等先进技术，将加快赛事资源的场景化、数字化、IP化，实现智慧办赛。

成都大运会将同样是展示成都科技力量的一次盛会。科技与体育的深度融合，不但能够让体育赛事更加精彩，也能够推动成都体育科技的创新探索，带动体育产业全新发展。而这一切，归根到底都是为了今后能够服务广大市民，让人们的生活更加幸福美好。

绿色理念成就公园城市

“水立方”变成“冰立方”、首钢工业遗产化身“雪飞天”、千余辆氢能大巴穿梭于各个赛场、三大赛区26个场馆实现100%绿电供应……北京冬奥会的绿色低碳实践，已成为美丽中国亮丽底色的实践典范，为后代留下了丰富而宝贵的可持续性奥运遗产。国际奥委会北京冬奥会协调委员会主席小萨马兰奇在接受采访时认为，北京冬奥会将成为“最绿色”的奥运会。而成都大运会作为目前全球规模最大、水平最高、影响最深的世界级青年运动盛会，也将吸引全球青年群体共同加入绿色大运的减碳行动中。东安湖体育公园被国际大体联命名为世界大运公园，不仅完美体现了成都建设践行新发展理念的公园城市示范区的探索成果，也和成都大运会“绿色”理念相互呼应。

北京的天很蓝，这是前来采访的记者们总会谈论的一个话题，这也是“绿色冬奥”带给我们最直观的感受。从场馆设计到基础设施建设，从能源供应到生活服务，“绿色办奥” 理念贯穿冬奥筹备举办全过程。2月

8日，谷爱凌在首钢大跳台夺得自由式滑雪女子大跳台金牌。老旧工业厂房变身现代化冰场，冷却塔与奥运五环标志交相辉映，冬奥会促成了首钢园区的华丽转身。冬奥会结束后，首钢滑雪大跳台将成为世界上第一个永久保留的滑雪大跳台场地。除了冬季用于雪上竞赛外，在其他三个季节它还可以根据实际需求改造成为滑水、滑草甚至小轮车等运动的场地。这里也将作为北京冬季奥林匹克公园而成为冬奥遗产，让"绿色办奥"经典永留存。"北京冬奥会的绿色理念，有中国意义也有世界意义。"北京冬奥会可持续性咨询和建议委员会副主任杜少中说。

远在2000公里之外的成都，同样在为办好一届"绿色大运会"而加紧筹备着。成都大运会正在积极推进各项碳减排措施，努力将成都大运会打造为碳中和"先锋赛会"，绿色健康低碳已成为市民生活的新方式；在大运会场馆高新体育中心周边的中和片区，环境绿化打造造福市民；通过拆违增绿、拆墙透绿、增花筑景，形成布局合理、空间通透、植被丰富、景观多元、功能复合的公园城市新场景，"开门见绿"正逐步实现；锦江公园、青龙湖公园、江滩公园等10个成都大运会主题公园不断提升着市民幸福感。

北京冬奥会举办期间，国务院正式批复同意成都建设践行新发展理念的公园城市示范区，提出要坚持以人民为中心，统筹发展和安全，将"绿水青山就是金山银山"理念贯穿城市发展的全过程，充分彰显生态价值，推动生态文明建设与经济社会发展相得益彰，促进城市风貌与公园形态交织相融。

用生态底色拼合城市空间，营造健康运动新场景，一座大美公园城市的美好形象已经跃然画卷之上！

（陈浩：《成都日报》，2022年2月21日）

6.1 案例思考讨论

（1）从"双奥之城"到"大运之城"，成都市以创建世界赛事名城为契机，以世界大运会为依托，激发了成都办赛营城新动能，从成都办赛、营城、兴业的综合成效中如何深入认识和理解新发展阶段？

（2）从成都大美公园城市的美好建设中，如何深入把握新发展阶段与社会主义现代化强国建设的关系？

6.2 案例分析启示

成都大运会是继2001年北京大运会、2011年深圳大运会之后，中国大陆第三次举办世界大学生夏季运动会。办好大运会，是成都跻身世界赛事名城的关键一步。2021年底，成都印发《成都市体育赛事体系规划（2021—2035年）》，并以5年为一阶段，提出阶段性目标。规划提出，截至2025年，成都将完成世界赛事名城建设；到2030年，将完成世界体育名城建设；到2035年，将完成世界生活名城建设。一场大运会，正推动成都走向世界，并让更多人爱上这座城。

"十四五"时期，成都将进入新发展阶段，处于新一轮科技革命和产业变革加速演进、世界经济新旧动能加速转换的关键时期，面临"一带一路"建设、长江经济带发展、西部陆海新通道建设、新时代推进西部大开发、成渝地区双城经济圈建设等国家战略复合叠加带来的发展机遇。成都新经济"十四五"规划提出以推动高质量发展、创造高品质生活、实现高效能治理为发展导向，以重点布局新赛道、创新营造新场景、深化培育新主体、着力建设新载体、协同构建新生态、优化保障新机制为核心，全面推进产业链、要素链、供应链、价值链和创新链深度融合，打造有全球影响力的新经济策源地和活力区，为建设践行新发展理念的公园城市示范区贡献新经济力量。

"我国进入新发展阶段"，是以习近平同志为核心的党中央作出的一个重要论断。新发展阶段既是在全面建成小康社会、实现第一个百年奋斗目标之后，乘势而上开启全面建设社会主义现代化国家新征程、向第二个百年奋斗目标进军的新阶段，也是中国共产党带领人民迎来从站起来、富起来到强起来历史性跨越的新阶段。习近平总书记在庆祝中国共产党成立100周年大会上的重要讲话中指出，我们"在中华大地上全面建成了小康社会，历史性地解决了绝对贫困问题"；新的征程上，我们要"推动人的全面发展、全体人民共同富裕取得更为明显的实质性进展"。

新发展阶段之"新"，体现在发展目标的阶梯式递进上。新发展阶段是在全面建成小康社会、实现第一个百年奋斗目标之后，乘势而上，全面建设社会主义现代化国家、向第二个百年奋斗目标进军的阶段。相对于"全面建成小康社会"，"全面建设社会主义现代化国家"是站在新的更高起点上所确立的更高发展目标。进入新发展阶段，意味着我们将实现从高速增长到高质量发展的大跨越、从追赶到引领的大跨越、从全面小康到现代化强国的大跨越。

新发展阶段之“新”，体现在发展环境所发生的深刻复杂变化上。从国际来看，当今世界正经历百年未有之大变局。相对于前些年相对平稳的大环境，现在世界形势动荡复杂；相对于前些年我国产业同发达国家互补性较多的发展实际，现在竞争性多起来了。再加上世界百年变局和世纪疫情交织影响，国际环境日趋复杂，不稳定性不确定性明显增加。从国内来看，我国正处于实现中华民族伟大复兴的关键时期。与发展水平较低时人民需要和满足人民需要的制约因素主要体现在物质条件上不同，发展水平提高后，人民对美好生活的需要日益广泛，经济发展质量不高已经成为满足人民美好生活需要的制约因素。这就要求我们必须把发展质量问题摆在更为突出的位置。

新发展阶段之“新”，体现在我们面临的机遇和挑战所发生的新变化上。进入新发展阶段，我国发展仍处于重要战略机遇期，但无论机遇还是挑战都有新的发展变化。相对于既往可以顺势而上，现在则要顶风而上。相对于既往机遇容易把握、风险挑战也容易识别，现在把握机遇和识别风险挑战的难度则明显加大。这种危和机并存、危中有机、危可转机的新形势、新变化，意味着新发展阶段面临的机遇更具战略性和可塑性，面临的挑战更具复杂性和全局性。

新发展阶段之“新”，体现在对新发展理念的完整、准确、全面贯彻上。在新发展阶段贯彻新发展理念，必须坚持系统观念，深刻认识到新发展理念是一个系统的理论体系，创新、协调、绿色、开放、共享高度耦合、不可分割。要从根本宗旨把握新发展理念、从问题导向把握新发展理念、从忧患意识把握新发展理念，把新发展理念贯穿发展全过程和各领域。有别于既往，新发展阶段贯彻新发展理念的目标，在更高质量、更有效率、更加公平、更可持续发展的基础上增加了“更为安全”。新发展阶段贯彻新发展理念的行动不仅要与时俱进，而且要更加精准务实，确保落实落细。所有这些都意味着，新发展阶段要努力实现更高质量、更有效率、更加公平、更可持续、更为安全的发展，统筹好发展和安全。

新发展阶段之“新”，体现在构建新发展格局上。与既往聚焦于宏观调控的谋划布局有所不同，构建新发展格局最本质的特征是实现高水平的自立自强。因此，这绝非局限于经济视角、止步于宏观调控层面的宏观政策调整，而是着眼于实现发展和安全的动态平衡。同时，与既往聚焦于经济工作的决策部署有所不同，构建新发展格局是一项事关全局的系统性、深层次变革，并非局限于经济领域、止步于经济体制层面的部署，而是要实现高质量发展和高水平安全的良性互动。这说明，构建新发展格局体现出统筹发展和安全的战略考量。

从发展目标的阶梯式递进到深刻复杂变化的发展环境，到更具战略性和可塑性的新机遇、更具复杂性和全局性的新挑战，再到必须完整准确全面贯彻新发展理念以及体现统筹发展和安全战略考量的构建新发展格局，这一系列体现于新发展阶段的突出变化，深刻表明安全在发展中的意义凸显、安全在发展中的分量加大，必须在更高层面、更广范围统筹发展和注重安全。

知识链接和特别关注

“三步走”发展战略的内容

1987 年 10 月，党的十三大指出，我国经济发展战略部署大体分“三步走”：第一步，从 1981 年到 1990 年实现国民生产总值比 1980 年翻一番，解决人民的温饱问题；第二步，从 1991 年到 20 世纪末，使国民生产总值再翻一番，达到小康水平；第三步，到 21 世纪中叶，国民生产总值再翻两番，达到中等发达国家水平，基本实现现代化。然后在这个基础上继续前进。

“新三步走”发展战略的内容

党的十五大把第三步战略目标进一步具体化，提出了三个阶段性目标：21 世纪第一个 10 年，实现国民生产总值比 2000 年翻一番，使人民的小康生活更加富裕，形成比较完善的社会主义市场经济体制；再经过 10 年的努力，到建党 100 周年时，使国民经济更加发展，各项制度更加完善；到 21 世纪中叶建国 100 周年时，基本实现现代化，建成富强、民主、文明、和谐、美丽的社会主义国家，从而使“三步走”的战略和步骤更加具体明确。

新时代“两步走”战略的内容

党的十九大报告提出，分两个阶段全面建设社会主义现代化国家。第一阶段，从2020年到2035年，在全面建成小康社会的基础上，再奋斗15年，在2035年基本实现社会主义现代化。第二阶段，从2035年到本世纪中叶，在基本实现现代化的基础上，再奋斗15年，把我国建成富强、民主、文明、和谐、美丽的社会主义现代化强国。

2035年基本实现社会主义现代化远景目标

展望2035年，我国经济实力、科技实力、综合国力将大幅跃升，经济总量和城乡居民人均收入将再迈上新的大台阶，关键核心技术实现重大突破，进入创新型国家前列；基本实现新型工业化、信息化、城镇化、农业现代化，建成现代化经济体系；基本实现国家治理体系和治理能力现代化，人民平等参与、平等发展权利得到充分保障，基本建成法治国家、法治政府、法治社会；建成文化强国、教育强国、人才强国、体育强国、健康中国，国民素质和社会文明程度达到新高度，国家文化软实力显著增强；广泛形成绿色生产生活方式，碳排放达峰后稳中有降，生态环境根本好转，美丽中国建设目标基本实现；形成对外开放新格局，参与国际经济合作和竞争新优势明显增强；人均国内生产总值达到中等发达国家水平，中等收入群体显著扩大，基本公共服务实现均等化，城乡区域发展差距和居民生活水平差距显著缩小；平安中国建设达到更高水平，基本实现国防和军队现代化；人民生活更加美好，人的全面发展、全体人民共同富裕取得更为明显的实质性进展。

第二章
新时代坚持和发展中国特色社会主义

中国共产党团结和带领中国人民在长期实践探索中，坚持独立自主走自己的路，开创和发展了中国特色社会主义，从根本上改变了中国人民和中华民族的前途命运。中国特色社会主义具有深厚的历史基础和历史根基。第一，中国特色社会主义是在改革开放40多年的伟大实践中得来的；第二，中国特色社会主义是在中华人民共和国成立70多年的持续探索中得来的；第三，中国特色社会主义是在中国共产党领导人民进行伟大革命100多年来的实践中得来的；第四，中国特色社会主义是在世界社会主义500多年波澜壮阔的发展历程中得来的；第五，中国特色社会主义是在对中华文明5000多年的传承发展中得来的。

中国特色社会主义是当代中国发展进步的根本方向。改革开放以来，我们取得的一切成绩和进步的根本原因归结起来就是：开辟了中国特色社会主义道路，形成了中国特色社会主义理论体系，确立了中国特色社会主义制度，发展了中国特色社会主义文化。中国特色社会主义道路是实现途径，中国特色社会主义理论体系是行动指南，中国特色社会主义制度是根本保障，中国特色社会主义文化是精神力量，四者统一于中国特色社会主义伟大实践，共同彰显出中国特色社会主义的强大力量。

案例主题一：当代中国发展进步的根本方向

江河万里总有源，树高千尺也有根。坚持和发展中国特色社会主义是改革开放以来党的全部理论和实践的主题，是习近平新时代中国特色社会主义思想的核心要义，也是当代中国发展进步的根本方向。中国特色社会主义是科学社会主义理论逻辑和中国社会发展历史逻辑的辩证统一，是根植于中国大地、反映中国人民意愿、适应中国和时代发展进步要求的科学社会主义，具有深厚的历史渊源和广泛的现实基础。中国特色社会主义包含道路、理论、制度、文化不可或缺的内容，必须坚定道路自信、理论自信、制度自信、文化自信。坚定“四个自信”，我们就能毫无畏惧地面对一切困难和挑战，就能坚定不移开辟新天地、创造新奇迹。

中国特色社会主义是社会主义，不是别的什么主义。过去，我们有过迷茫，也有过挫折，一次次碰壁、一次次觉醒，一次次实践、一次次突破，最终走出了一条中国特色社会主义成功之路。中国特色社会主义这条道路，我们看准了、认定了，必须坚定不移走好这条道路，与时俱进拓展这条道路。要始终保持政治定力，既不走封闭僵化的老路，也不走改旗易帜的邪路，坚决反对一切削弱、歪曲、否定党的领导和我国社会主义制度的言行，真正做到“千磨万击还坚劲，任尔东西南北风”。

案例7，以疫情防控期间全国人大代表王岚：以初心守护健康防线，刘香莲：当好群众贴心人、代言人，全国政协委员陈薇：抗疫战场上履职尽责，池慧：为人民群众科普防疫等为人民服务的事迹为例，见微知著，展现了在疫情面前，中国特色社会主义制度背景下的人民担当和党员风采，再次印证了中国特色社会主义为什么会是历史的结论和人民的选择，为什么不是什么其他的主义。中国特色社会主义道路是实现社会主义现代化、创造人民美好生活的必由之路，是实现中华民族伟大复兴的必由之路，是具有鲜明中国特色的、符合中国实际的社会主义道路。案例8，由参加国庆70周年阅兵的记者所写，该记者以个人35年来参加了两次国庆阅兵的亲身经历，表达了对中国特色社会主义事业发展的强烈认同和自信，以群众视角印证了中国特色社会主义道路、理论、制度、文化带领中国走向强盛，印证"中国特色社会主义道路走得对、走得好"。中国特色社会主义文化积淀着中华民族最深沉的精神追求，代表着中华民族独特的精神标识，是激励全党全国各族人民奋勇前进的强大精神力量。案例9，以江西景德镇传统文化的发展："群众唱主角，古戏台变新舞台"，体现了我国对传统文化进行创造性转化和创新性发展，为激发民族文化的活力提供了优良指引，也是新时代坚定文化自信的底气和根据，表明新时代必须坚持"四个自信"。

案例7：抗疫有担当，大考展风采

王岚代表：以初心守护健康防线

来北京参会前，全国人大代表、武汉血液中心主任王岚依然在四处奔走，一方面协调开展无偿献血的组织宣传工作，一方面对疾病防控与临床诊治有机衔接的问题开展调研，这是她过去一年多来一直在潜心研究的课题。

新冠肺炎疫情发生后，王岚带着同事紧急启动应急预案，全力保障抗疫中的血液供应和血液安全。去年2月29日，王岚转战武汉火神山医院。"在火神山医院的45天是我永生难忘的经历。战友们脸上被口罩压出深深的印痕、穿着防护服全身湿透，无不令人动容。同时，为打赢疫情防控阻击战，我一直在观察和思考公共卫生领域尤其是医防结合方面还存在哪些需要改进的地方。"王岚说。

以初心守护健康防线，用脚步书写责任担当。武汉疫情好转后，王岚便深入医疗机构、社区实地调研，广泛搜集意见建议。疫病预警、筛查诊断、转运救治……通过对每个环节进行深入观察与思考，王岚收获颇丰："合理配置医疗资源，科学构建'医防结合'体系，是公共卫生体系补短板的重要一环。"

社区卫生服务中心与群众接触最广泛、最密切，在疾病防控、医疗救治转诊服务中具有关键性作用。“资源下沉、夯实社区卫生服务中心这个最基层的医防结合点，是改进工作、完善体系的关键举措。”王岚说。

这两天，王岚在认真整理调研成果。“我建议尽快建立疾病预防控制、临床诊疗等多部门在内的‘医防结合、防治一体化’协同机制。同时，希望国家加大投入，夯实基层卫生服务公共平台，促进预防、临床、社区三者有机融合。”王岚说。

陈薇委员：抗疫战场就是履职现场

近日，我国首个腺病毒载体新冠疫苗获批附条件上市。该疫苗是目前国家批准上市的新冠疫苗中，唯一可采取单针接种程序的疫苗。“疫苗年产能将达到5亿剂，截至目前，接种的人群没有发现与疫苗相关的严重不良反应。”作为该疫苗的研发者，全国政协委员、中国工程院院士、军事科学院军事医学研究院研究员陈薇难掩激动。

疫苗是目前抗击新冠肺炎疫情最有力的科技武器。疫情发生后，陈薇带领团队第一时间奔赴武汉，与多方联合作战，争分夺秒开展疫苗研究工作。2020年3月16日，陈薇团队研制的新冠病毒疫苗成为国内第一个获批正式进入临床试验的疫苗；2020年4月12日，该疫苗开展二期临床试验……疫情就是命令，抗疫战场就是履职现场。陈薇说：“几十年积累的‘十八般武艺’，在这个时候都用上了。”

长期以来，从抗击非典时研制出预防性药剂，到远赴西非研制出世界首个2014基因型埃博拉疫苗，再到抗击新冠肺炎疫情，陈薇的研究对象都是常人避之不及的病毒。陈薇表示：“人民至上，生命至上，除了胜利，别无选择！”

陈薇一直希望在生物安全领域做出更多创新性成果，并让成果惠及广大群众。今年全国两会，陈薇准备提交的提案聚焦生物安全体系建设。她建议，进一步完善顶层设计，整合各方力量，加快人才培养，建立健全国家生物安全体系，进而为科研攻关、维护群众生命健康发展提供更有力的保障。

“我特别希望我们这艘科研‘战舰’能够乘风破浪、行稳致远。”陈薇说：“这是一份责任，我们将为此继续奋发努力，不负这个时代，不负我们的使命。”

刘香莲代表：当好群众贴心人、代言人

“过去一年不容易，但我们经受住了考验。”回忆去年在村里疫情防控执勤的点点滴滴，全国人大代表、河南西平县宋集村党支部书记刘香莲眼眶湿润。

疫情防控期间，刘香莲冲在一线，白天巡逻检查、宣传教育，晚上查缺补漏、总结工作。她还成立了“巾帼志愿者抗疫服务队”，织密织牢疫情防控网。“当时受疫情影响，村民外出务工难、收入减少。我就一边统计村民就业需求，一边对接企业用人需求。等到疫情形势好转，我带着60多名村民去用工企业现场应聘，就地解决了就业问题。”刘香莲说。

统筹做好疫情防控和经济社会发展，既是一次大战，也是一次大考。刘香莲深刻感受到，“作为一名村干部、全国人大代表，必须与群众同呼吸共命运，用心解决群众‘急难愁盼’问题，真正当好群众的贴心人、代言人”。

同时，通过这次疫情，刘香莲认识到，村里企业壮大起来，农民专业技能强起来，才能提高农村抵御风险的能力，才能让村民年年都有好光景。去年以来，从聘请能人参与村集体经济工作，推动农产品产业发展，到鼓励引导农民土地流转入股集体经济组织，再到协调有关单位对返乡农民工创业给予补助和贷款支持……刘香莲广泛调研，积极履职，为村庄谋发展，帮村民谋出路。

人大代表人民选，人大代表为人民。结合平时工作，刘香莲把群众的期盼写进建议、带到全国两会。今年，她带来“进一步促进农村集体经济发展”和“创新体制机制支持新型农业经营主体发展”两份意见建议。希望国家提供更多的政策支持，帮助农民增收、农业增效，夯实乡村振兴的基础。

池慧委员：防疫科普也是重要责任

“新冠肺炎症状不一，免疫系统一语道破天机”“有关口罩的那些不知道”……去年2月，当大家对新冠肺炎疫情还很陌生时，这几则动画小视频出现在公众的视野，介绍了传染病的传播途径和预防措施。这些视频的制作者是全国政协委员、中国医学科学院医学信息研究所所长池慧和她的团队。在池慧看来，疫情防控中，防疫科普也是一场硬仗。

早在2003年抗击非典期间，池慧就受邀参加过一档科普节目。“当时，我向观众介绍非典时，第一张病毒示意图是自己手绘的。现在，我们已经可以第一时间获得显微镜下的病毒照片，并且通过信息化手段，更直观地讲清病毒的结构和传染性了。”池慧说。

池慧认为，今天人们获取信息更多元、更便捷，但也存在断章取义、夸大造谣等情况，误导社会公众。因此，作为一名全国政协委员、医学专业研究人员，有责任有义务精准专业地传播科学知识，回应群众关切。为此，这几年，池慧着力加强健康信息新媒体建设，组织成立了健康信息传播部，还搭建了虚拟演播室。

池慧和她的团队还承担着收集整理医学信息的职能。一段时间以来，池慧团队共编发完成新冠肺炎疫情信息报告186期，累计150万余字，为疫情防控提供了有效信息支撑。

“医学信息在医学研究中具有重要地位，在抗击疫情等关键时期发挥重要作用。因此，我希望下一步国家在医学信息系统建设上加大支持力度，从而使其能为社会提供更好的引导，为党和国家决策提供更有力的参考。”池慧说。

（《人民日报》，2021年3月4日）

7.1 案例思考讨论

（1）从疫情防控期间，全国人大代表、河南西平县宋集村党支部书记刘香莲代表冲在一线，用心当好群众贴心人、代言人的事例中，如何理解“人大代表人民选，人大代表为人民”？

（2）结合王岚代表、陈薇委员、刘香莲代表，以及池慧委员抗疫时的行为实践，谈谈我国为何能够在2020年新冠肺炎疫情这场“大考”中以初心守护健康防线，用行动书写责任担当？

7.2 案例分析启示

2020年，新冠肺炎疫情席卷全球。在这次疫情中，王岚代表以初心守护健康防线，陈薇委员则把抗疫战场作为履职现场，刘香莲代表积极当好群众的贴心人、代言人，以及池慧委员把防疫科普作为自己最重要的责任。人大代表和政协委员们积极履行职责，关心人民群众生命安全、身体健康，关注人民群众根本利益的得失，提出能够代表人民群众呼声的议案，体现了人民代表大会制度的贯彻和落实。人民代表大会制度是我国的根本政治制度，人民当家作主是我国社会主义民主政治的本质与核心，以人民为中心是党和国家始终坚持的发展思想。

中国共产党发扬“临大事而不乱，临利害之际不失故常”的精神，面对国内外一些质疑中国特色社会主义是不是社会主义、防控措施是否违背“人权”等在政治体制上贩卖“西方宪政”和社会民主主义、民主社会主义，攻击我国人民民主专政等的舆论与行为，我党始终保持清醒头脑，坚定战略定力，驳斥和反击这些常用手段和惯用伎俩，坚定不移全心全意为人民服务，用实际行动捍卫人民的利益，一以贯之地坚持和发展中国特色社会主义。

首先，中国特色社会主义具有深厚的历史基础和历史根基。中国特色社会主义是在改革开放 40 多年的伟大实践中得来的，是在中华人民共和国成立 70 多年的持续探索中得来的，是在中国共产党领导人民进行伟大社会革命 100 多年的实践中得来的，是在近代以来中华民族由衰到盛 180 多年的历史进程中得来的，是对中华文明 5000 多年的传承发展中得来的。

其次，秉承“以史为鉴、开创未来”的价值追求，中国式现代化新道路以及中国践行的人类文明新形态，实现了物质文明、政治文明、精神文明、社会文明、生态文明的协调发展，印证了只有社会主义才能救中国，只有坚持和发展中国特色社会主义才能实现中华民族伟大复兴和全人类的共同发展。

最后，坚持和发展中国特色社会主义的成效表明，依靠中国特色社会主义制度的优势，“中国之治”的治理效能不断彰显，人民安居乐业，社会和谐稳定，在以习近平同志为核心的党中央领导下，我国已成为国际社会公认的最有安全感的国家之一，也是为什么我国能在这场疫情“大考”中展现风采的重要原因。

中国特色社会主义是根植于中国大地、反映中国人民意愿、适应中国和时代发展进步要求的科学社会主义。在领导制度上，强调中国共产党领导是中国特色社会主义最本质的特征，是中国特色社会主义制度的最大优势，党是最高政治领导力量；在国体和政体上，实行人民民主专政和人民代表大会制度；在根本立场上，坚持以人民为中心，不断促进人的全面发展，实现全体人民共同富裕。随着中国特色社会主义不断发展，我们的制度必将越来越成熟，我国社会主义制度的优越性必将进一步显现，我们的道路必将越走越宽广，我国发展道路对世界的影响必将越来越大。

案例 8：为共和国事业发光发热

当花车伴随一阵高过一阵的欢呼声进入天安门广场受阅区，当逐渐清楚地看到习近平总书记等党和国家领导人站在天安门城楼上挥手致意时，不知不觉，我已泪流满面。

此时此刻，每个人的感情都彻底迸发出来。"团结起来，振兴中华！团结起来，振兴中华！"我仿佛看到 1981 年，中国女排取得世界冠军时的场景，切身感受到当年北大学子喊出"团结起来，振兴中华"时的豪迈心情。

回想起来，这并不是我头一次参加国庆阅兵。上一次，还是在 35 年前。那时我是一个年轻的战士，作为一名排头兵参加了新中国成立 35 周年阅兵；35 年后，坐在缓缓前行的彩车上，恍惚间时光倒流，仿佛做了一个梦，什么梦？我想，我的答案是中国梦，是我切身感受到的这 35 年间国家的富强、民族的振兴和人民的幸福。

出身山西农村的我，幼年缺吃少穿的日子刻骨铭心，后来参军去了新疆，再后来从新闻干事考入光明日报新疆记者站，开始了梦寐以求的记者生涯。从海口到乌鲁木齐的八千里路云和月，从新疆记者站到江苏记者站几十年新闻一线的坚守，从一穷二白打滚吃土的农村娃到老母亲心中最大的骄傲，时代造就了今天的我，我也用一支笔在时代中留下了自己的文章。

游行时，一张又一张熟识的面孔在我脑海中浮现：人民的好干部孔繁森，把一生献给党的事业；守岛英雄王继才，将生命永远留在坚守 32 年的开山岛；英雄机长邱光华，光荣牺牲在抗震救灾第一线；一辈子教书育人的老教授景荣春，病榻上指导论文，治疗中完成书稿，将教书育人做到极致；全国模范教师彭世彰，用生命坚守三尺讲台……他们的名字，永远铭刻在共和国的丰碑上。这些身影里，还有依然奔忙在一线的"大地活雷锋"赵亚夫、敬老院院长李银江、"改革先锋"胡福明、"火炸药大王"王泽山……他们都是共和国的脊梁。

与这些面孔交相辉映的，是广场上一眼望不到边的一张张年轻脸庞，风华正茂，未来可期。“你所站立的地方，就是你的中国。你怎么样，中国便怎么样；你是什么，中国便是什么。”我想，如果每个人都活成一束光，中国，就必将是一轮闪耀的太阳！

（《光明日报》，2019 年 10 月 2 日）

8.1 案例思考讨论

（1）当花车伴随一阵高过一阵的欢呼声进入天安门广场受阅区，当逐渐清楚地看到习近平总书记等党和国家领导人站在天安门城楼上挥手致意时，如何理解“我已泪流满面”？

（2）结合“我切身感受到的这 35 年间国家富强、民族的振兴和人民的幸福”，谈谈中国特色社会主义“好”在哪里？

8.2 案例分析启示

庆祝中华人民共和国成立 70 周年阅兵式是中国特色社会主义进入新时代的首次国庆阅兵，彰显了中华民族从站起来、富起来迈向强起来的雄心壮志。国庆阅兵式不仅是一种国家荣耀的展现，也是表明没有任何力量可以阻止中国走向伟大民族复兴的自信和决心。35 年来，作者参加了两次国庆阅兵，感受到 35 年间祖国发生的深刻变化。作者从一穷二白的农村娃到成为老母亲的骄傲，再一次参加阅兵的激动和振奋，感受祖国变得更加强大，抒发时代不断进步的感叹等充分证明了，中国特色社会主义道路走得对、走得通、走得好。方向决定前途，道路决定命运。

从作者的个人成长故事中，不难发现在党的领导下和人民的团结奋斗中，中国特色社会主义事业不断取得进步胜利，国家富强、民族振兴和人民幸福的中国梦越来越清晰。新时代以来，我国在中国特色社会主义这条康庄大道上，不仅实现了人民生活水平不断提高，并且创造了世界所罕见的“两大奇迹”。归根到底是中国特色社会主义“好”。那么中国特色社会主义“好”在什么地方呢？

一方面，好在“主义真”。恩格斯说过：“我们党有个很大的优点，就是有一个新的科学的世界观作为理论的基础。”中国共产党一经成立，就把马克思主义写在自己的旗帜上，为振兴中华、建设社会主义中国而奋斗，领导中国人民成功进行新民主主义革命、社会主义革命、改革开放新的伟大革命。中国特色社会主义的辉煌成就，深刻诠释了主义“因为真，所以好”的道理。

另一方面，好在“道路新”。中国特色社会主义在新的历史条件下赓续了科学社会主义基因血脉，开创了科学社会主义的“中国版本”。当代中国的伟大社会变革，不单是延续我国历史文化的“母版”，不是简单套用马克思主义经典作家设想的模板，不是其他国家社会主义实践的“再版”，也不是国外现代化发展的“翻版”，而是中国人民独立自主创造的“新版”。中国特色社会主义是根植于中国大地、反映中国人民意愿、适应中国和时代发展进步要求的科学社会主义。

中国特色社会主义管不管用、有没有效，实践是最好的试金石。中国特色社会主义道路走得怎么样，人民最有发言权，人民的获得感、幸福感、安全感最有说服力。中国共产党团结和带领中国人民在长期实践探索中，坚持独立自主走自己的路，开创和发展了中国特色社会主义，从根本上改变了中国人民和中华民族的前途命运。可见找到一条好的道路不容易，走好这条道路更不容易。实践充分证明，中国特色社会主义道路走得对、走得通、走得好。中国特色社会主义，既是我们必须不断推进的伟大事业，又是我们开辟未来的根本保证，是当代中国发展进步的根本方向。作为新时代的青年人我们应该将个人的青春梦想融入中国特色社会主义建设中来，积极为党和国家事业拼搏奋斗、发光发热。

案例 9：丰富群众文化生活，培育志愿服务品牌：景德镇盛开文明花

到珠山区里弄听“小巷讲堂”，在乐平古戏台看“大锅戏”，到浮梁观摩一场村民议事会——走进江西景德镇城乡，“瓷都”新时代文明新风扑面而来。

群众唱主角，古戏台变新舞台

“妈，您快点，戏马上就要开演啦，这可是您最爱看的《李二嫂和二牛的故事》。”晚上 7 点，景德镇乐平市乐港镇陈高村的程春兰和婆婆高和莲往村中心的戏台赶。

“春兰，你不打麻将了？”身旁的熊大娘打趣道。“有戏看，谁还打麻将？”高和莲说，“赣剧比我这个妈管用多了，帮我教育了儿媳妇，她现在变了个样。”

乐平市委宣传部副部长余昭勇说，乐平市是赣剧文化发源地之一，数百年不曾中断的锣鼓声，培育了一代代铁杆戏迷，更滋养出勤勉、上进、善良、互助的价值观。

文化生活，群众唱主角。近年来，乐平市积极发挥众多乡贤、文艺骨干的作用，建队伍、给平台、强活动、抓项目，培养“热心人”成为“志愿者”。该市洎阳街道的丁冬娥酷爱戏曲，退休后充分发挥自己特长，2019年自编自导自演的《李二嫂和二牛的故事》在18个乡镇演出，到场观众达数万人次，丁冬娥的家庭也被省妇联评为2019全省最美家庭。由赣剧戏迷组成的志愿服务队在城区就有上万人，呈现出“好戏连台久看越好，文明实践蔚然成风”的生动局面。

乐平市充分利用全市458个古戏台这一独特历史文化资源，把“古戏台”变成传播党的方针政策和创新理论的“新舞台”，乐平古戏台讲堂宣讲团因此荣获全国基层理论宣讲先进集体荣誉称号。

组织志愿者，增强社区凝聚力

在景德镇市昌江区鲇鱼山镇关山村，有位89岁的失独老人吴美英。关山村的志愿服务群体“嫂子帮帮团”得知老人情况后经常上门慰问，为她剪指甲、洗衣服，陪她聊家常。久而久之，每次“嫂子帮帮团”来看望，她都不舍得大家走，而“嫂子帮帮团”的成员们也早已把吴美英当作自己的家人。

像“嫂子帮帮团”一样暖心的，还有景德镇市主城区珠山区热心的“青花姐姐”。“阿姨，做好疫情防控，出门在外要佩戴好口罩”“大叔，来买东西要量体温”……珠山区的“青花姐姐”主动到辖区各企业、饭店、超市、农贸市场等重点场所协助开展疫情防控，为守护“瓷都”贡献力量。

景德镇市委宣传部因势利导，引领社区文明实践活动，培育“妈妈防火团”“爱心瓷娃”等志愿服务品牌，组织实施“志愿有我文明有你”等十大行动。目前，全市志愿者达22万人，遍布珠山、昌江、乐平、浮梁和昌南新区。

村民调解员，引领乡村新风尚

“老朱党员志愿服务队的调解我服气，要不我们兄弟俩的心结就解不开了。”景德镇市浮梁县勒功乡沧溪村村民朱德申说。

去年4月，为了祖上留下的3亩茶叶地，沧溪村的朱德录、朱德申亲哥俩闹得不可开交。老朱党员志愿服务队知道后，多次上门调解，动之以情、晓之以理，几番来回终于让兄弟俩达成和解，在村里传为美谈。

近年来，结合新时代文明实践工作，沧溪村依托老教师、老党员、老干部、老战士、老劳模等成员成立了党员志愿服务队，帮游客介绍村内文化、照顾孤寡老人日常起居、调解邻里矛盾纠纷。因村里人大多姓朱，大家就纷纷叫他们“老朱”。在村党支部带领下，更多老党员参与其中，老朱党员志愿服务队应运而生。

“一县一品牌，一区一特色，老朱党员志愿服务队、‘嫂子帮帮团’、‘青花姐姐’等志愿服务团体的队员们初心不改，令人感动。”景德镇市委书记刘锋说，“我们要进一步完善村民共建共治共享的重要平台，让文明之花盛开在‘瓷都’大地。”

（《人民日报》，2022年6月7日）

9.1 案例思考讨论

（1）把“古戏台”变成传播党的方针政策和创新理论的“新舞台”，传递出怎样的新时代文明实践理念？

（2）结合景德镇“一县一品牌，一区一特色”的新时代文明实践，谈谈为什么要坚定文化自信？

9.2 案例分析启示

中华优秀传统文化是中华民族在古老的华夏大地上经过五千多年的发展所创造出来的具有恒久生命力的文明成果，是中国古代社会物质成果和精神成果的总和。中华优秀传统文化是中华民族核心的思想观念和价值追求，是中国人的精神和灵魂，是现代文化的根基。景德镇把“古戏台”变“新舞台”体现了对中华优秀传统文化的创造性转化和创新性发展。赣剧作为中华优秀传统文化代表之一，蕴含着丰富的思想道德以及学术资源，无论是对社会发展，还是对个人三观的塑造都具有重要的现实价值。古戏台这一文化资源，很好地体现了将优秀文化服务于人民群众需求，以及实现文化的传承、教育等功能。此外，景德镇市委宣传部因势利导，积极发挥众多乡贤、文艺骨干的作用，建队伍、给平台、强活动、抓项目，培养“热心人”成为“志愿者”，引领社区文明实践活动，培育“妈妈防火团”“爱心瓷娃”等志愿服务品牌，组织实施“志愿有我文明有你”等行动，体现了该地充分发挥人民群众的主动性和创造性，积极挖掘传统文化中所蕴含的思想资源，将理论研究与传承实践并重，推动中华优秀传统文化继承与发展。

“一县一品牌，一区一特色”的新时代文明实践，体现了将历史与现实相结合，立足地方文化资源，以文化建设带动地方全面发展，是新时代坚定文化自信的突出表现。那么我们为什么要坚定文化自信呢？

第一，文化事业发展为中国特色社会主义事业建设提供了强大的精神动力。坚定文化自信就是要坚信中国特色社会主义文化积淀着中华民族最深沉的精神追求，是激励全党全国各族人民奋勇前进的强大精神力量。中国特色社会主义文化，源自中华民族5000多年文明历史所孕育的中华优秀传统文化，熔铸于党领导人民在革命、建设、改革中创造的革命文化和社会主义先进文化，植根于中国特色社会主义伟大实践。我们的文化自信从历史传承中来、从革命奋斗中来、从改革创新中来。中华文化博大精深、源远流长，为中华民族生生不息、薪火相传提供了丰富的精神滋养。革命文化和社会主义先进文化是在长期艰苦奋斗中不断淬炼的文化精华，是推动党和国家事业从胜利走向胜利的强大精神动力。

第二，文化自信与道路自信、理论自信、制度自信紧密相连。习近平总书记谈到“文化自信是更基础、更广泛、更深厚的自信，是一个国家、一个民族发展中更基本、更深沉、更持久的力量”。文化自信为道路自信提供精神支撑，为理论自信熔铸灵魂，为制度自信植根培土，中国道路、中国理论和中国制度根植于中国文化之中。没有高度的文化自信，没有文化的繁荣兴盛，就没有中华民族的伟大复兴。因此必须始终坚定文化自信，不断激发全民族文化创造活力，更好构筑中国精神、中国价值、中国力量。

第三，文化的本质是价值观，文化自信本质上是价值观自信。文化自信始于文化自觉，源自对中华优秀传统文化、革命文化和社会主义先进文化的深刻认同。新时代弘扬中华优秀传统文化，能为提升国家治理能力现代化提供历史借鉴，为提升全民道德素养提供不竭动力，为增强全民文化自信提供坚实支撑。因此，我们要重视传承、创新中华优秀传统文化，重视文化的发展与安全，为新时代道路自信、理论自信和制度自信提供精神动力和安全屏障。

随着中国特色社会主义事业的推进，不仅是文化，我们的道路、理论、制度也彰显出更加强大的真理力量。实践表明，中国取得一切成绩和进步的根本原因，归结起来就是：开创和发展了中国特色社会主义。中国特色社会主义道路，中国特色社会主义理论体系，中国特色社会主义制度，中国特色社会主义文化四者统一于中国特色社会主义伟大实践。因此新时代继续推进和发展中国特色社会主义事业，要更加坚定来源于实践、来源于人民、来源于真理的道路自信、理论自信、制度自信、文化自信。

知识链接和特别关注

抗疫精神

抗疫精神，是在抗击新冠肺炎中形成的众志成城抗击疫情的精神。2021 年 9 月，党中央批准了中央宣传部梳理的第一批纳入中国共产党人精神谱系的伟大精神，抗疫精神被纳入，伟大抗疫精神的内涵是：生命至上，举国同心，舍生忘死，尊重科学，命运与共。这种精神，不仅写在中国发展奋斗的篇章中，也将永远铭记在人类抗击新冠肺炎疫情的史册上。

中华人民共和国成立 70 周年阅兵式

中华人民共和国成立 70 周年阅兵式的全体受阅官兵由人民解放军、武警部队和民兵预备役部队约 15000 名官兵、580 台（套）装备组成的 15 个徒步方队、32 个装备方队；陆、海、空航空兵 160 余架战机，组成 12 个空中梯队。中华人民共和国成立 70 周年阅兵式是中国特色社会主义进入新时代的首次国庆阅兵，彰显了中华民族从站起来、富起来迈向强起来的雄心壮志。人民军队以改革重塑后的全新面貌接受习主席检阅，接受党和人民检阅，彰显了维护核心、听从指挥的坚定决心，展示了履行新时代使命任务的强大实力。

赣 剧

赣剧是一个兼唱高腔、乱弹、昆腔及其他曲调的多声腔的传统戏曲剧种，所用方言为赣语。其起源和前身为弋阳腔，为著名的古代四大声腔之一。弋阳腔饶河班、信河班两大流派于1950年相融合，随后进入省会南昌，1953年正式成立江西省赣剧团，弋阳腔于是更名为赣剧。

赣剧的弹腔，以二黄、西皮为主，其他还包括秦腔、高拨子、浙调、浦江调和文南词诸腔，其中优美动听的文南词腔调尤受群众的欢迎。新中国成立后，赣剧艺术进行改革，整理、改编演出了《梁祝姻缘》《还魂记》《窦娥冤》等优秀传统剧目。赣剧的发展对京剧、川剧、湘剧、秦腔等44个剧种的形成产生了巨大影响。2011年入选第三批国家级非物质文化遗产名录，编号Ⅳ-144。

案例主题二：新时代坚持和发展中国特色社会主义的奋斗目标

中国共产党诞生于中华民族的危难时刻，始终将民族的伟大复兴作为其历史使命，因而始终与广大人民的根本利益密切地联系在一起。初心和使命，涉及中国共产党立党执政的根本性问题。为中国人民谋幸福，为中华民族谋复兴，是中国共产党的初心和使命，是激励一代代中国共产党人前赴后继、英勇奋斗的根本动力。中国共产党成长的过程也是其同全中国人民历经风雨、艰苦奋斗、共筑梦想的过程。

习近平总书记提出实现中华民族伟大复兴的中国梦，是党的创新理论中具有引领作用、标志性意义的重要命题。中国梦的本质内涵是国家富强、民族振兴、人民幸福，反映了一代又一代中国人的美好夙愿，揭示了中华民族的历史使命和中国发展方向，指明了全党全国各族人民共同的奋斗目标，体现了中国共产党高度的历史担当和使命追求。一百年来，不管形势和任务如何变化，不管遇到什么样的惊涛骇浪，中国共产党都始终坚守初心和使命，锚定奋斗目标，沿着正确方向坚定前行。现在，中华民族伟大复兴曙光在前，实现伟大梦想，必须进行伟大斗争、建设伟大工程、推进伟大事业。我们中国共产党人要敢于担当，要担负起这个历史使命。只要我们勇担使命，紧密团结，万众一心，实现中国梦就有了坚强的保障。

案例 10，以“七一勋章”获得者——陈红军驻守喀喇昆仑，坚守高原边防 10 年，带领官兵完成各种急难险重任务的事迹为例，案例 11，以北京南火车站“润秋服务组”热心为群众解难和广州铁路公安局长沙公安处刑警五大队大队长宋鹏飞抓小偷等“最美铁路人”的故事为例，案例 12，以成电周明天教授的学习和科研经历为例，展现了中国共产党人坚守初心，践行使命，把个人的人生理想融入国家和民族的伟大梦想之中，激励当代青年不懈奋斗，牢记为人民谋幸福，为民族谋复兴，体现了要实现新时代坚持和发展中国特色社会主义的奋斗目标，必须牢记党的初心和使命。

案例 10：中国人民解放军某机步营原营长陈红军：铁拳尖兵永驻喀喇昆仑

巍巍喀喇昆仑，座座雪峰耸峙。这里是祖国的西部边陲，也是守卫和平安宁的一线。

在位于喀喇昆仑的中国人民解放军某机步营营区门口，矗立着一座由原营长陈红军和战士们亲手制作的雕塑，这座雕塑由拳头和战车组成，象征着“铁拳”永远守护在这片雪域高原。

陈红军，新时代革命军人的杰出代表，中国人民解放军某机步营原营长，坚守高原边防 10 年，带领官兵完成各种急难险重任务。2020 年 6 月，陈红军奉命带队前往一线执行紧急支援任务，在同外军战斗中英勇作战、誓死不屈，为捍卫祖国领土主权、维护国家核心利益壮烈牺牲。陈红军被中共中央授予“七一勋章”，被中央军委追授“卫国戍边英雄”荣誉称号。

“祖国山河寸土不让”

2020 年 6 月，有关外军公然违背与我方达成的共识，越线搭设帐篷。按照处理边境事件的惯例和双方之前达成的约定，某边防团团长祁发宝本着谈判解决问题的诚意，仅带几名官兵，蹚过齐腰深的河水前出交涉。交涉过程中，对方无视我方诚意，早有预谋地潜藏、调动大量兵力，企图凭借人多势众迫使我方退让。

赶到对峙点增援的陈红军，在得知团长祁发宝被围困的消息后，带人冲入人群营救，冒着敌人的“石头雨”“棍棒阵”，奋不顾身、英勇战斗，成功营救出祁发宝，而他自己却再也没有出来。

团长顶在最前面阻挡外军，营长救团长、战士救营长、班长救战士。回顾那场战斗，一名指挥员动情地说，我官兵上下同欲、生死相依是这次战斗以少胜多的关键所在。

翻开陈红军看过的一本书，一段被标注的话格外醒目:“党把自己放在什么岗位上,就要在什么岗位上建功立业。”

巍巍喀喇昆仑山,就是陈红军建功立业的地方。这里平均海拔数千米,年平均气温低至零下30摄氏度,是生命禁区中的禁区。有人说,选择这片高原,是既需要理想、更需要勇气的。

从军十余载,历经风与雪的洗礼、生与死的考验,陈红军用生命践行了自己对党和国家的铮铮誓言。

壮美的牺牲彰显忠诚的底色,陈红军为捍卫祖国领土,战斗至生命的最后一刻,精神可歌可泣、壮举动人心魄。他用生命践行的“铁拳尖兵忠诚守防、祖国山河寸土不让”誓言,激励着官兵们奋勇前行。

“营长,我还想做您手下的兵”

陈红军从西北师范大学毕业后，原本已通过了公安特警的招录考试,可听说要征兵,他毅然参军入伍。从条件优越的城市,跋涉3600多公里,奔赴清苦高寒的西陲边关,他一干就是10年。

从排长、连长再到作训股长、机步营营长,在战士的心中,陈红军一直是一名“老大哥”。野外驻训开饭时,他总是排在队尾最后一个打饭;日常巡逻中,他与战士们同住地窝子、同爬执勤点、同吃大锅菜、同站深夜哨;组织训练时,他亲自示范、手把手帮带基础薄弱的战士;每次蹚河时,为了防止战友摔倒,陈红军会先下河亲自试水深,哪里路好走就会给战友标记起来。

在一次执行任务的过程中,由于时间太晚,陈红军组织官兵就地休整。夜里,义务兵及有高原反应的官兵住进了运输车大厢,陈红军则带着干部骨干在空地上支起帐篷打地铺。

生活中团结友爱,而在工作中,陈红军总是身先士卒、带头冲锋。在他的卧室里,有一个装满训练教材的铁皮箱。每次查完岗后,陈红军都会在屋内查阅训练资料,直到深夜。

为了让部队能在高原站得住、打得赢,争当“昆仑铁拳”,陈红军带领全营下定决心全心备战,无论是共同课目还是专业训练,他总是和战士们一起铆在训练场上。每天早上操课时,陈红军就带着战友们一起练战术、瞄枪，并在石头地上示范出枪、卧倒、卧姿装退子弹。

平时战友情深同甘共苦，战时一往无前同生共死。谈到陈红军，官兵们都说："营长，我还想做您手下的兵！"

"你以后要以他为榜样"

"没能来得及跟他好好道个别。"说起陈红军，妻子肖嵌文的眼眶早已湿润。

陈红军几乎把全部心思精力投入营队建设和执行任务中，对妻子、对家人的牵挂只能深深藏在心底。平时只有在工作之余，陈红军才能通过视频与家人们说上几句话。

虽相隔万水千山，陈红军却总会在不经意间给肖嵌文特殊的惊喜。每年肖嵌文过生日，陈红军都会在网上买花、订蛋糕给她送去温暖祝福，陈红军还清楚记得他们认识的天数，每个月里给肖嵌文写去情书。

在艰苦的边防生活中，陈红军格外珍惜家人的礼物，即便只是一封信，一张照片。每当陈红军过生日的时候，肖嵌文都会写一张祝福卡片寄给他，而陈红军则会用胶带塑封起来，小心收藏、反复品味。

2020年10月25日，陈红军的儿子出生了，这天是中国人民志愿军抗美援朝出国作战纪念日。而这一切，陈红军再也看不到了。"墙上挂的照片里的人，就是你爸爸。你爸爸叫陈红军，是个解放军，你以后要以他为榜样……"陈红军的妈妈经常对宝宝念叨，长大后也要成为一名英雄。

英雄勇敢无畏，只因责任在肩。一线官兵常说，我们身后就是祖国，当国家受到侵犯时，义无反顾、冲锋向前。陈红军血洒边疆一年之际，战友们再次来到烈士们的牺牲地，加勒万河谷崖壁上"大好河山，寸土不让"的誓言越发醒目，年轻的边防战士依然像陈红军那样扎根在这里，以自己的血肉之躯，永远守卫着祖国的边防线，只因心中那团永不熄灭的火焰——

清澈的爱，只为中国。

大好河山，寸土不让！

（李龙伊、刘博通：《人民日报》，2021年7月19日）

10.1 案例思考讨论

（1）结合陈红军“从军十余载，历经风与雪的洗礼、生与死的考验，用生命践行自己对党和国家的铮铮誓言”的个人事迹，谈谈“英雄勇敢无畏，只因责任在肩”体现出的中国共产党人的精神品格？

（2）如何理解被陈红军标注在书上的“党把自己放在什么岗位上，就要在什么岗位上建功立业”？

10.2 案例分析启示

巍巍喀喇昆仑山，平均海拔数千米，年平均气温低至零下30摄氏度，是生命禁区中的禁区。有人说，选择这片高原，是既需要理想、更需要勇气的。33岁的营长陈红军，奉命带队前往一线紧急支援，在同外军战斗中，英勇作战、誓死不屈，为捍卫祖国领土主权、维护国家核心利益壮烈牺牲。从军十余载，历经风与雪的洗礼、生与死的考验，陈红军用实际行动诠释了对初心和使命的忠诚履行，用精神信念展现了共产党人的品格修养，彰显了新时代卫国戍边英雄官兵的昂扬风貌。

“祖国山河寸土不让”，体现了以陈红军为代表的卫国戍边英雄官兵们对党和国家的忠诚，对民族人民利益的坚定捍卫，体现了为中国人民谋幸福、为中华民族谋复兴的使命担当。“初心”是中国共产党的精神标识与价值追求，“使命”体现的是中国共产党人的责任担当及奋斗目标。纵观中华民族的发展史，中国共产党一经诞生，就把为中国人民谋幸福、为中华民族谋复兴确立为自己的初心使命。为了实现中华民族伟大复兴，中国共产党在百年发展进程中团结带领中国人民接力奋斗，书写了中华民族几千年历史上最恢宏的史诗，主要体现在：第一，中国共产党团结带领中国人民，浴血奋战、百折不挠，创造了新民主主义革命的伟大成就，为实现中华民族伟大复兴创造了根本社会条件；第二，中国共产党团结带领中国人民，自力更生、发愤图强，创造了社会主义革命和建设的伟大成就，为实现中华民族伟大复兴奠定了根本政治前提和制度基础；第三，中国共产党团结带领人民，解放思想、锐意进取，创造了改革开放和社会主义现代化建设的伟大成就，为实现中华民族伟大复兴提供了充满新的活力的体制保证和快速发展的物质条件；第四，中国共产党团结带领人民，自信自强、守正创新，统揽伟大斗争、伟大工程、伟大事业、伟大梦想，创造了新时代中国特色社会主义的伟大成就，为实现中华民族伟大复兴提供了更为完善的制度保证、更为坚实的物质基础、更为主动的精神力量。中华民族迎来了从站起来、富起来到强起来的伟大飞跃，实现中华民族伟大复兴进入了不可逆转的历史进程。因此我们只有不忘初心、牢记使命，才能在世界的浪潮中继续扬帆前进。2022 年 5 月 10日，习近平总书记在庆祝中国共产主义青年团成立 100 周年大会上发表重要讲话，讲到“青春孕育无限希望，青年创造美好明天”。作为新时代青年人，我们应该如何秉承初心，勇担使命呢？

为中国人民谋幸福，为中华民族谋复兴，是中国共产党的初心和使命，是激励一代代中国共产党人前仆后继、英勇奋斗的根本动力。新时代，中国共产党提出带领人民实现中华民族伟大复兴中国梦的奋斗目标，就是对初心和使命的笃信、坚守、践行。一代人有一代人的责任。新时代青年不忘初心、牢记使命就是要把个人的理想追求融入党和国家事业之中，为党为祖国为人民多做贡献。理想信念是精神之钙，只有树立远大的理想追求，我们的人生才有追寻的目标与方向，才能更好地实现自我人生价值。作为新时代的青年，作为国家未来的中流砥柱，我们不仅应该拥有理想追求并为之奋斗，更应该牢记共产党人的初心和使命，将个人理想追求与党和国家事业融合在一起，投身建设中国特色社会主义事业中去，为中华之崛起而不断奋斗。

案例 11：让“流动的中国”更加平安温馨：走近二〇一九“最美铁路人”

旅客的小事，就是服务组的大事

在北京南站的候车大厅，“润秋爱心服务区”十分显眼。这个“润秋”，就是北京局集团公司北京南站客运车间业务指导张润秋。

在川流不息的大厅巡视，推轮椅接送重点旅客进出站，抢救临产的孕妇，帮离家出走的孩子找父母，看护与家人走失的精神病人……在张润秋的带领下，“润秋服务组”的成员们成了旅客的贴心人。去年中秋节，正在值班的张润秋收到了一位老人亲手做的月饼。原来，2010 年 8 月，葛奶奶的妹妹病危，当时恰逢上海世博会，北京到上海的车票“一票难求”。看到在候车室里默默落泪的葛奶奶，张润秋主动“揽活”，前后往售票口跑了十几趟，终于帮老人家买到了一张退票，并亲自送她上车。从那以后，葛奶奶就把张润秋当成了亲人，娘俩常常互相看望。

如今,“润秋服务组”先后开设热线、博客、微博,实时为旅客排忧解难。润秋微博中经常会有这样的留言:“坐高铁有困难就找润秋服务组,太靠谱了!”

从2010年成立至今,“润秋服务组”收到表扬信8969封、锦旗815面。张润秋对此很是感恩,“旅客的小事,就是我们的大事,要把旅客的事当自家的事。这种彼此惦记的幸福感是别人无法体会的。”

为旅客出行护航的还有7.5万名铁警,广州铁路公安局长沙公安处刑警五大队大队长宋鹏飞就是其中一员。

反扒16年,宋鹏飞屡屡与死神擦肩而过。一次在娄底站抓小偷,小偷眼见无法逃脱,顺势拉他一起滚下站台。当听见开车铃响,小偷抓住车底发狠地说:“放开我,要不就一起死!”千钧一发,宋鹏飞一脚踹开他的手,一脚用力蹬钢轨,双手抱住小偷的腰,用尽全力从车底滚了出来。

有人问他,“抓个小偷,为啥这么拼命?”宋鹏飞回答,“我不只是在抓小偷,更是在守护旅客的安全和老百姓对中国铁路的信任。”

（陆娅楠:《人民日报》,2020年1月9日）

11.1 案例思考讨论

(1)以“润秋服务组”和铁路公安局刑警大队长宋鹏飞为代表的这些“最美铁路人”身上有哪些共同点?

(2)结合润秋服务组“旅客的小事,就是我们的大事,要把旅客的事当自家的事”和宋鹏飞“我不只是在抓小偷,更是在守护旅客的安全和老百姓对中国铁路的信任”的行为事迹,谈谈中国共产党为什么要坚持全心全意为人民服务?

11.2 案例分析启示

为深入贯彻落实习近平总书记对铁路工作的重要指示批示精神,大力实施时代新人铸魂工程,充分发挥先进典型示范引领作用,激励广大铁路干部职工不忘初心、牢记使命,努力在建设交通强国中当好先行者,中央宣传部、中国铁路总公司联合发布了2019年“最美铁路人”。“润秋服务组”将旅客的小事看作服务组的大事,为旅客们排忧解难,无论是推轮椅接送重点旅客进出站,抢救临产的孕妇,帮离家出走的孩子找父母,还是看护与家人走失的精神病人，时时刻刻将人民群众的安危冷暖放在心上，将人民群众的切身利益放在第一位，坚持以人民群众为中心；“抓个小偷都这么拼命”，宋鹏飞同志认为不只是在抓小偷，更是在守护旅客的安全和老百姓对中国铁路的信任。这些最美铁路人，是奋斗者的榜样，他们用实践展现出铁路人平凡而又靓丽的风采，他们用自己的汗水凝聚成了最美的画卷。他们不但是“最美铁路人”，更是“最美中国人”。“最美铁路人”用实际行动展现了党始终坚持全心全意为人民服务的宗旨，贯彻了党和国家以人民为中心的发展理念。有了这样的铁路人，我国的铁路事业会蒸蒸日上，有了这样的劳动者，实现中华民族伟大复兴的中国梦就在不久的明天。

习近平总书记指出：“江山就是人民、人民就是江山”，“必须紧紧依靠人民创造历史，坚持全心全意为人民服务的根本宗旨”。细细领悟，深深感受到中国共产党这一根本宗旨的强大力量。而这一强大力量来自哪里呢？

第一，源自马克思主义政党的本质要求。我们党作为一个马克思主义的新型政党，具有特殊的理论优势。它以工人阶级为阶级基础，以广大人民群众为社会基础。我们党来自人民，党的根基和血脉在人民。中国共产党的最高理想和最终目标是实现共产主义。因此，它能够摆脱以往一切政党追求自身特殊利益的局限，以无私无畏的博大胸怀，敢于做、能够做其他政党和政治力量做不了、做不到的事情。

第二，源自中国共产党的初心和使命。“为人民而生，因人民而兴，始终同人民在一起，全心全意为人民服务”，是我们党立党兴党强党的根本出发点和落脚点。全心全意为人民服务是有高度的。中国共产党自诞生之日起，就心怀为中国人民谋幸福的初心，勇担为中华民族谋复兴的使命，就把坚持“人民利益高于一切”鲜明地写在自己高高举起的旗帜上。全心全意为人民服务是有力度的。心中有人民，脚下就有动力；心中有责任，肩上就有担当。对党员干部而言，常怀爱民之心、为民之志、惠民之情，人生奋斗就有了更高思想起点、不竭精神动力。百年来，中国共产党之所以能够团结带领人民创造一个又一个彪炳史册的人间奇迹，根本原因就在于党始终坚持不忘初心、牢记使命。

新中国成立70余年来的持续建设，我们拥有了最现代化的铁路网和最发达的高铁网，高速铁路、重载铁路、高原铁路、高寒铁路技术世界领先，复兴号奔驰在祖国广袤的大地上，铁路打造了国之重器，擦亮了中国名片。实践证明，不忘初心，方得始终。一个忘记来路的民族必定是没有出路的民族，一个忘记初心的政党必定是没有未来的政党。党对初心使命的认识经历了一个不断认识和深化的过程，在这个过程中形成了以“为中国人民谋幸福、为中华民族谋复兴”的鲜明表达。中国共产党作为百年大党，如何永葆先进性和纯洁性、永葆青春活力，如何永远得到人民拥护和支持，如何实现长期执政，是党在新时代必须回答好、解决好的一个根本性问题。初心不会自然保质保鲜，稍不注意就可能蒙尘褪色，久不滋养就会干涸枯萎，很容易走着走着就忘记了为什么要出发、要到哪里去，很容易走散了，走丢了。

初心和使命，涉及中国共产党立党执政的根本性问题。初心要回答的是“我是谁”，我从哪里来、要到哪里去？使命要回答的是“为了谁”，我要干什么、应该干什么？习近平总书记指出：“一切向前走，都不能忘记走过的路、走得再远、走到再光辉的未来，也不能忘记走过的过去，不能忘记为什么出发。”百年来，中国共产党之所以能够团结带领人民创造一个又一个彪炳史册的人间奇迹，根本原因就在于中国共产党始终坚持不忘初心、牢记使命。在新的历史条件下，越是长期执政，越要牢记党的初心和使命，越要保持马克思主义政党的本色，确保党不改变性质和颜色，确保党在新时代坚持和发展中国特色社会主义的历史进程中始终成为坚强领导核心。

案例 12：把个人理想与民族复兴大业联系起来

讲述人：电子科技大学计算机科学与工程学院（网络空间安全学院）教授，周明天

1962 年，我从哈尔滨工业大学毕业，一心想用所学为我国的国防事业贡献力量。我看到了成都电讯工程学院（今电子科技大学）的国防背景，便来到成电自动控制专业任教。两年后，自动控制专业在上级要求下撤销，当时我国的计算机事业刚刚起步，想到这个领域存在短板，我就选择转到从未接触过的计算机专业。

踏足新的领域意味着许多东西都需要从头学起。为此，我基本每天都在实验室度过，反复地看书、演算，恶补各种计算机知识。我父亲当了 50 年中学校长，他告诉我，当老师要有老师的本事，不要耽误学生。这也

激励着我一定要对得起“老师”的称谓。

1981年，学校接到两项“六五”国家重点科技攻关项目。当时国内科研条件有限，我经过专业考试争取到公派留学的资格，赴计算机领域的世界顶尖学府美国伯克利大学做访问学者，这是国家给予我的机会，我一刻也不敢懈怠。回国后经过多年潜心钻研，我们相继攻克这两个项目，成功研制我国第一台0600微型机系统——紫金Ⅱ微型机系统，不仅在当时达到国际领先水平，成果也迅速实现转化，产值近亿元，并入选了“中国计算机事业30周年大事记”。

1993年12月，我国宣布实施“信息高速公路”计划，其中包括一项重大计算机应用工程项目——金卡工程。中间件是金卡工程中支撑银行业务必不可少的一个软件，但其技术长期以来被国外垄断。我和团队反复计算、实验，经过7年时间成功开发出一套具有自主知识产权的中间件系统软件，并迅速被几大银行采用，打破了美国长期的垄断。

我们的计算机研究虽然起步晚，但如果在新的时代潮流中抓住机遇，自力更生，加上科研人员的共同努力，特别是党和国家的大力支持，我相信我国在这个领域会越来越强。

作为一名老计算机人，我由衷地为今天学校在计算机领域取得的成绩感到自豪。计算机的数字编程不仅是一个个符号语言，还与国家命运紧密相连，我们的学习和研究要把个人理想与民族复兴大业联系起来，一代代地奋斗。

（李晓东：《光明日报》，2021年7月26日）

12.1 案例思考讨论

（1）如何理解周明天教授所说的“计算机的数字编程不仅是一个个符号语言，还与国家命运紧密相连”？

（2）结合周明天教授研究领域的转变与科研攻关经历，谈谈为什么要将“个人理想”与“民族复兴大业”联系起来？

12.2 案例分析启示

“初心”是中国共产党的精神标识与价值追求，“使命”体现的是中国共产党人的责任担当及奋斗目标。中国共产党人的初心和使命，就是为中国人民谋幸福、为中华民族谋复兴。在一百多年波澜壮阔的历史进程中，中国共产党团结带领中国人民进行了艰苦卓绝的伟大斗争，完成了一系列伟大革命，使中华民族迎来了从站起来、富起来到强起来的伟大飞跃。中国共产党的初心和使命是建立在马克思主义科学理论基础上的，是党的性质宗旨、理想信念、奋斗目标的集中体现，是激励中国共产党人砥砺奋进的根本动力。周明天教授在踏入计算机研究领域前，一心想将所学投入我国国防事业中，为国防建设贡献力量；后来为适应国家发展需求，选择转到从未接触过的计算机专业，克服重重困难，联合团队一起攻坚，经过7年时间成功开发出一套具有自主知识产权的中间件系统软件，并迅速被几大银行采用，打破了美国长期的垄断，这对于在科技领域相对处于短板的中国来说，意义非凡。

材料中“计算机的数字编程不仅是一个个符号语言，还与国家命运紧密相连”这句话揭示了我们应该如何处理个人与集体之间、个人理想和国家利益之间的关系。对个人而言，是计算机专业技能的突破，对国家而言，是国际地位和影响力的提升。研究领域的变更没有影响周明天教授坚定为国家事业奋斗的理念，科研的艰辛没有动摇周明天教授及其团队身负的责任担当。在各行各业还有很多周明天教授这样的人物，他们始终牢记初心，不忘使命，在个人的工作领域兢兢业业，用实际行动展现共产党人“不忘初心，勇担使命”的精神和品格。那么新时代为什么要坚持不忘初心、牢记使命呢？

第一，初心和使命能够凝聚起同心共筑中国梦的磅礴力量。在初心和使命的引领下，我们党团结带领人民不懈奋斗，创造了一个又一个彪炳史册的人间奇迹。党的十八大以来，在全党全国人民的共同努力下，党和国家取得了全方位、开创性的成就，社会发生了深刻的变革，中国人民迎来了中华民族“强起来”的伟大时代。初心和使命可以产生巨大的号召力、向心力、凝聚力，可以使十四亿多中国人民心往一处想、劲往一处使，从而凝聚起不可战胜的磅礴力量。中国特色社会主义进入新时代，新时代要有新气象、新作为，要用“不忘初心、牢记使命”教育全党、教育人民。

第二，初心和使命能够指引新时代党和国家前进方向。只有牢牢坚守中国共产党人的初心和使命，才能深刻理解中国道路的历史逻辑和现实逻辑。实践证明，只有社会主义才能救中国，只有中国特色社会主义才能发展中国。如今，中国特色社会主义进入新时代，中华民族伟大复兴开启了新征程。

只有不忘初心、牢记使命,才能永葆党的先进性、纯洁性以及自我革命精神。只有不忘初心、牢记使命,才能始终保持建党之初的使命感、责任感和危机感,无论顺境还是逆境,始终满怀信心,披荆斩棘,攻坚克难,激情满怀写好时代答卷。

第三,初心和使命能够不断强化党对人民的责任意识。责任是推动一个人、一个民族、一个国家不断前进的内在动力。中国共产党自诞生之日起,就自觉肩负起实现中华民族伟大复兴的重大责任。强调责任,不断增强使命感、责任感,是中国共产党的政治优势和优良传统。尽管我国已经实现第一个百年奋斗目标,但距离建成社会主义现代化强国的目标尚远,还需继续奋斗。我们决不能因已取得的成就而骄傲、懈怠,必须用初心和使命进一步强化中国共产党人对国家的责任意识,发扬彻底的斗争精神和百折不挠的奋斗精神,为建成社会主义现代化强国贡献自己的光和热。

初心和使命,涉及中国共产党立党执政的根本性问题。百年来,中国共产党之所以能够团结带领人民创造一个又一个彪炳史册的人间奇迹,根本原因就在于中国共产党始终坚持不忘初心、牢记使命。当然,坚守党的初心和使命绝不是空对空,而是必须同伟大的实践结合在一起。新时代,我们将坚持和发展中国特色社会主义伟大事业、实现中华民族伟大复兴的中国梦,然而我们面临的斗争形势是严峻的、长期的、复杂的,因此要在实现伟大事业、伟大梦想、伟大斗争中坚守初心和使命。此外,历史已经并将继续证明,如果没有中国共产党的领导,民族复兴就必然是空想。我们党要始终成为时代先锋、民族脊梁,始终成为马克思主义执政党,自身必须始终过硬,因此也要在建设伟大工程中坚守初心和使命。

知识链接和特别关注

中国共产党的初心和使命

中国共产党人的初心和使命,就是为中国人民谋幸福,为中华民族谋复兴。是由习近平总书记在作十九大报告时提出的。不断增进人民福祉、实现人民幸福,是党的初心使命的集中体现与现实反映。践行党的初心使命,就必须始终坚守人民立场。

马克思主义政党

马克思主义政党是社会主义革命和建设的领导核心，始终代表着最广大人民的根本利益，以服务人民群众，为人民群众谋利益作为自己的根本宗旨。为人民谋利益的根本宗旨与为实现共产主义而奋斗的根本目的是完全一致的。习近平总书记指出："人民立场是中国共产党的根本政治立场，是马克思主义政党区别于其他政党的显著标志。党与人民风雨同舟、生死与共，始终保持血肉联系，是党战胜一切困难和风险的根本保证。"

伟大民族精神

2018年3月20日，在十三届全国人大一次会议闭幕会上的讲话中，习近平总书记把中国人民在长期奋斗中培育、继承、发展起来的伟大民族精神定义为：伟大创造精神、伟大奋斗精神、伟大团结精神、伟大梦想精神。

案例主题三：
谱写新时代中国特色社会主义新篇章

坚持好、发展好中国特色社会主义，是无比崇高的事业，需要一代又一代中国共产党人带领人民接续奋斗。新时代中国共产党人的使命和任务就是要继续把坚持和发展中国特色社会主义这篇大文章写下去。党的十八大以来，以习近平同志为核心的党中央不断深化对社会主义建设规律的认识，提出统筹推进“五位一体”总体布局，协调推进“四个全面”战略布局，牢牢把握“三个一以贯之”的重大要求，是书写新时代坚持和发展中国特色社会主义优异答卷的重要举措。

不谋全局者，不足谋一域。中国特色社会主义是全面发展的社会主义。党的十八大以来，以习近平同志为核心党中央坚持战略思维，形成并推进经济建设、政治建设、文化建设、社会建设、生态文明建设“五位一体”的总体布局，进一步丰富了社会主义总布局的内涵，拓宽了社会主义建设理论与实践的道路，更通过全面、协调、可持续的“五位一体”总布局目标态势的明晰和以人为本为核心的确立，有效深化了社会主义制度形态建设目标与要求。“四个全面”战略布局的提出是党总结社会主义国家执政党治国理政正反两个方面的经验教训，吸收借鉴世界各国治国理政先进做法而形成的理论新成果和智慧新结晶，是对治国理政思想方略的新发展。“三个一以贯之”是对党的十八大以来我国改革发展稳定、内政外交国防等各方面创新实践和成功经验的深刻总结，是对党的十九大精神在更高层面、更深层次、更宽领域的精辟解读，是对党在新时代统揽“四个伟大”、开启全面建设社会主义现代化国家新征程的科学指引。

“五位一体”总体布局、“四个全面”战略布局、“三个一以贯之”的重大要求都是在我国当代社会主义建设的实践中马克思主义基本原理与中国具体实际相结合的产物，是中国特色社会主义制度形态发展的重要表现，对中国特色社会主义建设理论与实践的可持续发展具有重要的战略意义。新时代坚持和发展中国特色社会主义，必须深刻认识"五位一体"与"四个全面"之间的有机联系，做到相辅相成、相互促进。此外，保持历史与现实相贯通、国际和国内相关联、理论与实际相结合，保持高度的政治定力，牢牢把握"三个一以贯之"重大要求，在新的历史条件下把党和国家各项事业继续推向前进，才能交出新时代坚持和发展中国特色社会主义的优异答卷。

案例13，以贵州在经济建设、政治建设、文化建设、社会建设、生态文明建设五个方面的新发展，诸如新型工业化、新型城镇化、农业现代化、旅游产业化作为抓手，为"十四五"打开良好局面，体现了党和国家统筹推进"五位一体"总体布局落到实处，昭示出"五位一体"总体布局贯穿全面建成社会主义现代化国家的各项指标之中，是"四个全面"的现实基础，新时代坚持和发展中国特色社会主义事业需要深刻认识到"两个布局"之间的逻辑关系；案例14，以四川高考将不再分文理科，改为采用"3+1+2"模式的综合改革为例，讲述四川省将形成分类考试、综合评价、多元录取的高等学校考试招生模式，健全促进公平、科学选才、监督有力的高等学校考试招生体制机制，体现了四川省从实际出发，结合本地学生教育效果、高校招考情况、学习资源分配等，将新时代全面深化改革落到实处，以改革促发展，印证了全面深化改革是新时代中国特色社会主义发展的根本动力；案例15，以"中国崩溃论"为例，说明在新时代面临敌对势力攻击和更加复杂的形势与多变的环境时，要保持政治定力一以贯之地坚持和发展中国特色社会主义，增强忧患意识、防范风险挑战，推进党的建设新的伟大工程。

案例13：以新型工业化、新型城镇化、农业现代化、旅游产业化为抓手：贵州高质量发展开新局

2021年2月，习近平总书记来到贵州考察调研，看望慰问各族干部群众，对贵州发展提出新的要求：在新时代西部大开发上闯新路，在乡村振兴上开新局，在实施数字经济战略上抢新机，在生态文明建设上出新绩，努力开创百姓富、生态美的多彩贵州新未来。

眼下,黔贵大地洋溢着新春的气息:59 个重大工业项目在黔西南布依族苗族自治州集中开工;新一批老旧小区改造项目在铜仁市万山区全面启动;今年春节假期,冰雪旅游为省内文旅市场增添新活力……

贵州干部群众牢记习近平总书记殷殷嘱托,以高质量发展统揽全局,将新型工业化、新型城镇化、农业现代化、旅游产业化作为抓手,努力实现“十四五”良好开局。

新型工业化:高端制造,绿色集约

过去 10 年,贵州实施工业强省战略,规模以上工业增加值年均增长 10%以上。立足新发展阶段,贵州加速推进新型工业化。

新型工业化,意味着发展理念与时俱进。在六盘水市水城经济开发区铝及铝加工产业园,从铝板材等初级产品,到电子元件等高附加值产品,每年 14.5 万吨铝水化为超 60 亿元的产值,使得铝及铝加工产业成为当地重要工业支柱。六盘水市工业和信息化局党委书记沈建黔说,产业园延长了产业链,铝水就地多级转化,减少了铝锭重熔、长途运输等中间环节,“能耗降了下去,效益升了上来!”

新型工业化,意味着传统产业转型升级。在贵安新区恒力(贵阳)产业园的车间里,每台喷水织布机每天能产 300 米布,够织 200 件衣服,与传统织布机相比效率明显提升,还可以实现全流程信息化、数据化管理。产业园总经理吴国良介绍,园区未来 5 年将投资 260 亿元,瞄准高端制造持续发力。

新型工业化,意味着新兴产业快速集聚。去年底,总投资 70 亿元的宁德时代贵州项目集中在贵安新区开工。“我们将建设从储能电池材料开采、研发,到锂电池制造直至电池回收的全产业链。”贵安新区产业发展服务中心副主任魏怀瑞说。

去年,依托工业投资倍增行动,贵州全省 118 个重大工业项目集中开工,规模以上工业增加值同比增长 12.9%,工业经济占比达 27.3%,为贵州新型工业化注入强劲动能。

新型城镇化:以人为本,宜居宜业

“小区路面开裂、井盖损坏,雨天污水横流……”说起小区改造前的情形,贵阳市乌当区龙广路街道新都花园小区居民杨文强连连摇头。去年,老杨的烦心事得到了解决。

贵州提出加快推进以城市群为主体、大中小城市和小城镇协调发展、以人为核心的新型城镇化,在城镇承载能力、城镇品质、城镇经济、城镇治理能力、城乡融合发展等方面实现“五个大提升”。到2025年,省会贵阳、市(州)中心城市、县城分别新增城区常住人口100万以上。

贵阳市把“一圈两场三改”建设作为“强省会”的重点,通过打造15分钟生活圈,建停车场和农贸市场,加快推进棚户区、老旧小区和背街小巷改造,着力解决群众关切的民生问题。

新都花园小区现已完成改造,停车位、小花园、健身设施和养老扶幼活动中心等一应俱全,地下管网也进行了重新布局。截至去年底,贵州共实施老旧小区改造1400余个,惠及30余万户居民。

在毕节市大方县奢香古镇,“城市梯田”绿意盎然。依托资源禀赋和发展特点,贵州培育一批小而精、小而美、小而富、小而特的新型城镇。作为全县易地扶贫搬迁安置区,奢香古镇不仅配套了较为完善的基础设施和公共服务,还把田园风光融入城镇建设,让搬迁群众感受到家的温馨。

农业现代化:立足特色,融合发展

毕节市威宁彝族回族苗族自治县江楠现代农业物流园内,一辆辆冷链物流车正等候装车。

“这里有白菜、土豆、辣椒等几十个菜品,均为高山冷凉蔬菜,每天有近千吨销往粤港澳大湾区。”物流园总经理李效军表示,依托完善的交通网,特色黔货24小时内即可抵达市场,端上消费者餐桌。

近年来,贵州发挥山地特色和生态优势,发展现代山地特色高效农业,培育起茶叶、辣椒、刺梨等12个特色产业,推进农业现代化。铜仁市探索林菌、林药、林禽等林下经济模式;黔南布依族苗族自治州以退耕还林为契机,将刺梨打造成亮丽名片……

“遵义辣椒丰产、品质高。”贵州交投农业产业发展有限公司总经理付陆表示,遵义辣椒产业链长、附加值高、供应链全,“从品种研发、科技育苗,到大数据管理监测、研发深加工产品,我们致力三产融合发展,农业生产体系日渐完备”。

位于遵义市新蒲新区虾子镇的中国辣椒城2017年正式营业。“辣椒城可满足75万吨的交易量，普通仓库、冷链仓库年周转量达56万吨，年交易金额100亿元。”付陆介绍，“看好产业前景，老干妈、德庄等一批知名企业纷纷落户。”

立足特色，融合发展。去年贵州农产品加工转化率超过55%，农民人均可支配收入同比增长10.4%左右。

旅游产业化：丰富业态，提升品质

到贵州滑雪，正成为游客的新选择。抢抓冰雪运动发展机遇，六盘水市建成3个天然滑雪场，每天能容纳约1.5万人。

“不只是滑雪，我们这儿玩的多着呢！”梅花山旅游景区总经理张建平介绍，梅花山国际滑雪场将雪上运动与餐饮、观光以及民俗体验等融为一体，去年底开业当天就吸引了上千名冰雪爱好者。

依托独特的自然风光与民族风情，贵州推动旅游业态与文化、乡村、田园等旅游资源融合发展，打造“春赏花、夏避暑、秋风情、冬康养”旅游品牌。去年贵州旅游总收入增长15%以上，旅游及相关产业增加值超1000亿元。

为提升游客满意度，贵州在拓展旅游市场的同时持续开展综合整治，严厉打击旅游违法违规行为；搭建网络平台，公开征集旅游服务痛点及其解决方案，5年来收集有重要价值的意见建议2360余条。

去年“五一”假期，游客段紫薇带着家人到清镇市一家水上乐园游玩，休息时找不到空座椅。后来，她在贵州旅游痛点征集平台上提交了增设固定休息设施的建议。“建议很快被采纳，还给了我1000元奖励。”

“核查后确实存在问题的，我们会督促相关管理部门立行立改。”贵州省委宣传部副部长、省文化和旅游厅厅长谢念表示，下一步将继续把工作重心向经营管理倾斜，推动全省旅游业从扩张规模向提升品质转变。

（万秀斌、汪志球、程焕、苏滨：《人民日报》，2022年2月9日）

13.1 案例思考讨论

（1）贵州高质量发展新局中的“新型工业化、新型城镇化、农业现代化、旅游产业化”之间是如何体现“五位一体”总体布局的？

（2）从贵州高质量发展的“五位一体”总体布局中，透析“两个布局”之间的逻辑关系？

13.2 案例分析启示

“十三五”时期，在习近平新时代中国特色社会主义思想科学指引下，我国经济加快从速度规模型向质量效益型转变，在城镇化和区域协调发展、高质量发展体制机制建设等方面取得显著进展，为我国发展培育了新动力、拓展了新空间，有力推动我国发展朝着更高质量、更有效率、更加公平、更可持续、更为安全的方向前进。2020 年 10 月，党的十九届五中全会提出，“十四五”时期经济社会发展要以推动高质量发展为主题，这是根据我国发展阶段、发展环境、发展条件变化作出的科学判断。

贵州毕节牢记总书记嘱托，以新型工业化、新型城镇化、农业现代化、旅游产业化作为抓手，努力实现贵州“十四五”高质量发展良好开局。在经济建设上，贵州省在“工业强省”战略指引下，积极打造高端制造、绿色集约的新型工业化，立足特色，融合发展的农业现代化以及高品质的旅游产业化，其中以六盘水为例，每年 14.5 万吨铝水化为超 60 亿元的产值，表明贵州省工业、农业、旅游产业的发展为其开展全方位的高质量发展奠定经济基础，突出了经济建设的根本性；在生态文明建设上，依托资源禀赋和发展特点，贵州培育了一批小而精、小而美、小而富、小而特的新型城镇，打造以人为本，宜居宜业的新型城镇化，体现了将经济建设与生态文明建设协同推进；在政治和社会建设上，新型城镇化建设将“城镇治理能力、城乡融合发展等”纳入统筹规划建设，体现了重视经济建设、生态文明建设的同时，政治建设、社会建设也同等重要；在文化建设上，贵州推动旅游业态与文化、乡村、田园等旅游资源的融合发展，为地方经济发展注入了文化灵魂，既发展了特色产业，同时也发扬了优秀文化。贵州省以经济建设为中心、立足地方实际、依据特色资源优势，将政治建设、文化建设、社会建设、生态文明建设融入高质量发展中，从“五位一体”总体布局中展现了中国特色社会主义是全面发展的社会主义。

回溯历史，从党的十二届六中全会提出“三位一体”总体布局，到党的十六大以后将总体布局拓展为“四位一体”，再到党的十八大提出“五位一体”总体布局，我们党始终顺应历史大势、顺应人民需求，不断与时俱进完善中国特色社会主义事业布局。站在新的历史方位,党的十九大对我国社会主义现代化建设作出新的战略部署,制定了新时代统筹推进“五位一体”总体布局的战略目标。新时代“五位一体”总体布局是一个有机整体,经济建设是根本,政治建设是保障,文化建设是灵魂,社会建设是条件,生态文明建设是基础,统一于把我国建成富强、民主、文明、和谐、美丽的社会主义现代化强国的新目标。这是新时代推进中国特色社会主义事业的路线图,也是更好推动人的全面发展、社会全面进步的任务书,标志着党对中国特色社会主义建设规律的认识和把握达到新的高度。

统筹推进“五位一体”总体布局的同时,“四个全面”战略布局逐步形成、协调推进,重构了新时代中国发展的战略逻辑。从党的十八大提出“全面建成小康社会”,到党的十八届三中全会部署“全面深化改革”,再到党的十八届四中全会要求“全面依法治国”、党的群众路线教育实践活动总结大会部署“全面从严治党”,立足中国发展实际,坚持问题导向,“四个全面”战略布局清晰展现。2020 年 10 月,党的十九届五中全会明确,“四个全面”战略布局中的“全面建成小康社会”发展为“全面建设社会主义现代化国家”,既有战略目标,也有战略举措,“四个全面”相辅相成、相互促进、相得益彰,是我们党治国理政方略与时俱进的新创造, 是坚持和发展中国特色社会主义的战略抓手。

那么“五位一体”与“四个全面”的逻辑联系是什么呢?

一方面,从内涵而言,“五位一体”的方向性质和目标任务涵盖着“四个全面”,做到“四个全面”是实现“五位一体”的内在要求。坚持“五位一体”总体布局是一个漫长的历史过程,包含了全面建设社会主义现代化国家这个特定时段的建设任务,是一种整个历史时代与一个特定历史时段的关系,虽然后者是前者中的关键一步;也包含了“四个全面”中的三大战略举措,因为五大建设中的每个建设都离不开全面深化改革、全面依法治国和全面从严治党。反之,全面深化改革、全面依法治国、全面从严治党,归根到底也都是为了更好地推进五大建设,服从和服务于整个中国特色社会主义事业,它们之间是一种双向互动的而不是单向的关系。

另一方面,从层次而言,“四个全面”战略布局是推进“五位一体”总体布局的战略重点。“五位一体”是全面建设的总体布局,是中国共产党治国理政方面必须时刻关注的五个领域，客观存在于中国特色社会主义现代化过程之中，它不以人们的主观意志为转移。而“四个全面”战略布局则是指党和国家治国理政要抓的战略重点，从实践看是当前和今后一个时期各项工作的关键环节、重点领域、主攻方向，是总抓手、牛鼻子，两者不是一个层面的问题。

党的十八大以来，中国共产党形成并积极推进经济建设、政治建设、文化建设、社会建设、生态文明建设“五位一体”总体布局，形成并积极推进全面建成社会主义现代化国家、全面深化改革、全面依法治国、全面从严治党的战略布局。“四个全面”也是一种根本性的战略部署和顶层设计，它紧密联系于“五位一体”总体布局，并且来自这个总体布局。二者统一于民族复兴伟大梦想的实现，统一于中国特色社会主义伟大实践。开创伟大的事业，从事崭新的实践，需要理论的指导和思想的先行，明晰而深刻地理解“两大布局”之间的逻辑关系，对于增强实践的精准性、坚定“四个自信”、推进中国特色社会主义事业和实现中华民族伟大复兴具有重要意义。新时代、新阶段坚持和发展好中国特色社会主义，是无比崇高的事业，需要一代又一代中国共产党人带领人民接续奋斗。新时代中国共产党人的使命和任务就是要继续把坚持和发展中国特色社会主义这篇大文章写下去。要统筹推进“五位一体”总体布局，协调推进“四个全面”战略布局，牢牢把握“三个一以贯之”重大要求，在新的历史条件下把党和国家各项事业继续推进，不断交出新时代坚持和发展中国特色社会主义的优异答卷。

案例14：2025年“新高考”来了：取消文理分科改为“3+1+2”

2022年6月27日，《四川省深化普通高等学校考试招生综合改革实施方案》公布。记者从《方案》中获悉，本次措施囊括了考试科目、成绩构成、录取方式等多方面的变化。根据改革方案，2022年启动高考综合改革，2025年整体实施，形成分类考试、综合评价、多元录取的高等学校考试招生模式，健全促进公平、科学选才、监督有力的高等学校考试招生体制机制。

具体来说，从2025年起，四川高考不再分文理科，改为采用“3+1+2”模式。“3”为语文、数学、外语，“1”为首选科目，考生从物理、历史2门科目中自主选择1门,"2"为再选科目,考生从思想政治、地理、化学、生物4门科目中自主选择2门。

那么,"新高考"究竟有何不同?高校录取会跟着改变吗?高中学校如何应对"新高考"?四川省教育厅相关负责人进行了解读。

"新高考"怎么考?

与传统文理分科有何不同?

"新高考"到底怎么考?按照《方案》,四川高考将不再分文理科,改为采用"3+1+2"模式:"3"为语文、数学、外语(含英语、俄语、日语、法语、德语、西班牙语)3门全国统一考试科目;"1"为首选科目,考生从物理、历史2门科目中自主选择1门;"2"为再选科目,考生从思想政治、地理、化学、生物4门科目中自主选择2门。

考试安排方面,语文、数学、外语3门全国统一考试科目和思想政治、历史、地理、物理、化学、生物6门选择考试科目在每年6月进行。外语科目考试由听力和笔试两个部分组成。条件成熟时,外语科目提供两次考试机会。

"新高考"后,考生的成绩构成方面,文化总成绩由语文、数学、外语3门全国统一考试科目成绩和3门选择考科目成绩组成,总分为750分。其中,全国统一考试科目语文、数学、外语的分值均为150分,总分450分;选择考首选科目成绩以原始分呈现、再选科目成绩以等级转换分呈现,3门科目分值均为100分,总分300分。等级转换计分方法另行制定。

那么高考实施"3+1+2"模式和传统的文理分科有何区别?据介绍,主要有以下三个方面:

一是目标导向不同。"3+1+2"模式既体现了物理、历史学科的基础性作用,突出了高校不同学科专业选才的要求,也更加注重学生的全面发展,提高学生的综合素质。

二是选择科目组合不同。"3+1+2"模式,学生可根据个人爱好、兴趣、特长和拟报考高校及专业的招生要求以及高中学校的办学条件,在12种组合中自主选择,增大了考生的选择面。传统文理分科仅有2种固定的组合供考生选择,其中文科考生只能选择思想政治、历史、地理1

种固定组合，理科考生只能选择物理、化学、生物1种固定组合。

三是考试内容不同。“3+1+2”模式中，学生参加全国统一高考的语文、数学、外语3个科目考试时不分文理，所有考生的考试试卷完全一致。传统文理分科的数学考试科目，试卷的内容和难度则是有区分的。

学生怎么“选”考试科目？

高校录取会有什么变化？

“新高考”来了，考生家长最关注的莫过于“1”与“2”这里面的科目怎么选。按照《方案》，普通高等学校根据学校办学定位和专业人才培养对学生学科专业基础的需要，从思想政治、历史、地理、物理、化学、生物6门普通高中学业水平选择考科目中，分招生专业（或专业类）科学合理提出考生报考专业（类）的首选科目和再选科目要求，并提前向社会公布。这意味着，考生家长要时刻关注心仪院校专业的招生要求，及早开始进行生涯规划。

那今后普通高等学校招生录取方式、志愿设置会有什么变化？这里值得家长重点关注：

按照《方案》，从2025年起，高等学校将按物理科目类、历史科目类分列招生计划、分开划线、分别录取。按“院校＋专业组”，以平行志愿方式投档（提前批及特殊类型除外）。投档录取只分层次、不分批次，同一层次按照考生总成绩分时分段进行。

在志愿设置上：高考综合改革后，普通高考招生录取志愿设置将主要采用“院校＋专业组（专业）”的组合方式，适当增加志愿填报数量，满足考生志愿填报需求。考生志愿填报不分批次，按照考生总成绩分时分段进行。具体志愿数量及部分特殊类型招生志愿设置等将另行公布。

录取方式。普通高等学校统一考试招生按物理、历史两个类别分列计划、分开划线、分别投档，分本科、专科两个阶段进行录取。除提前录取的批次外，考生志愿由“院校＋专业组”组成，实行平行志愿投档的统一录取模式。

（赵子君：《成都日报》，2022年6月28日）

14.1 案例思考讨论

(1)党的十八大以来,我国以前所未有的决心和力度推进全面深化改革,高考改革也在向更深的层次迈进。四川省顺应社会发展,将实施高考不再分文理科的综合改革,改为采用“3+1+2”模式,谈谈这一转变对高考教育发展的影响?

(2)根据改革方案,四川省2022年启动高考综合改革,2025年整体实施,将形成分类考试、综合评价、多元录取的高等学校考试招生模式,结合“新高考”与传统高考的不同,谈谈四川省推进高考改革的理论和现实依据?

14.2 案例分析启示

教育是国之大计、党之大计。教育决定着人类的今天和未来,教育兴则国家兴,教育强则国家强。实现“两个一百年”奋斗目标、实现中华民族伟大复兴的中国梦,归根结底要靠人才、靠教育,因此要坚持深化教育改革创新。四川省将以“3+1+2”的高考模式代替传统的文理分科模式,旨在形成分类考试、综合评价、多元录取的高等学校考试招生模式,体现了在社会推进全面深化改革的时代背景下,四川省积极响应党和国家号召,结合四川当地的教育体制问题、学生学习以及学校教育等情况,与时俱进地推进教育改革、完善人才培养、推动社会发展。

实际上,除四川以外,目前内蒙古、陕西、宁夏等多地也陆续颁布了高考综合改革方案,普遍实行“3+1+2”模式。这一模式区别于传统文理分科模式的优点在于充分考虑地方原有高考模式、基础教育发展水平、高等教育和学科专业布局,学生可以根据个人志向、兴趣爱好、自身优势,做好生涯规划、选择考试科目,尊重学生的个性差异,扩大学生的学习自主选择权,体现了以学生发展为中心的改革导向,突出了新时代深化改革求创新,与时俱进促发展的理念。那么为什么要对高考模式进行改革呢?

第一,改革是教育事业发展的根本动力。全面深化改革是新时代中国特色社会主义发展的根本动力。高考模式的改革作为教育中的一个环节,不仅仅影响中国特色社会主义教育事业方面的发展,还对经济发展、政治发展、社会文明等产生重要影响。尤其是在新时代背景下,中国特色社会主义事业开启了新篇章,改革到了一个新的重要关头,推进改革的复杂程度、敏感程度、艰巨程度,一点都不亚于改革开放初期,需要更加及时地解决教育改革发展的重大问题和群众关心的热点问题，深化教育综合领域改革，以改革激发活力、以改革增添动力、以教育开放提升我国教育的世界影响力。

第二，改革是一项系统性工程。高考模式的改革，是涉及中国特色社会主义文化事业、政治建设、社会建设等多方面的系统性工程，因此更加注重教育改革的系统性、整体性、协同性，统筹谋划各个领域、各个层次、各个要素，注重推动改革过程中各个要素相互促进、良性互动、协同配合。因此在全面深化改革的过程中，面对复杂形势和繁重任务，要树立全局观，对各种矛盾做到心中有数，同时又要优先解决主要矛盾和矛盾的主要方面，以此带动其他矛盾的解决，以全面建成社会主义现代化国家为改革目标。

新时代坚持和发展中国特色社会主义，内在动力仍然是全面深化改革。新时代谋划全面深化改革，必须以完善和发展中国特色社会主义制度、推进国家治理体系和治理能力现代化的总目标为主轴，推动各方面制度更加成熟、更加定型，推进国家治理体系和治理能力现代化水平不断完善。随着“十四五”规划建设推进，面对复杂形势和繁重任务，要坚持全局观，不仅要在更高起点上全面深化改革，更要联合、统筹全面依法治国、全面从严治党，将其贯穿于全面建设社会主义现代化国家进程中，贯彻“四个全面”的战略布局。中国共产党站在新的历史起点上把握发展新特征提出的“四个全面”治国理政新方略，不仅内涵丰富、相互联系、逻辑严密，而且是一个整体战略部署的体现，是新时代继续谱写中国特色社会主义新篇章，创造让世界刮目相看的更大奇迹的战略指导。

案例 15：肯·默克：“中国崩溃论”为何是错的？

自邓小平在 20 世纪 70 年代末和 80 年代初开始经济改革以来，许多西方国家，特别是美国，一直在高唱“中国崩溃论”。然而，中国经济在过去 40 年的表现异常出色，国内生产总值从 1980 年的约 2000 亿美元增长到 2021 年的 16.5 万亿美元以上。

可是，高唱“中国崩溃论”的人将这一经济成就贬斥为会最终耗尽的运气。例如，美国新闻媒体就哀叹中国的经济增长是由债务驱动的。他们认为过度杠杆化会增加支付违约风险和金融系统风险，最终导致经济全面崩溃。

章家敦在 2001 年出版的《中国即将崩溃》一书也呼应了这种论调。据他说,到 2011 年,中国共产党和中国将陷入困境,主要原因是国有企业效率低下,政府无力或不愿建立民主社会,以及不良贷款无法偿还。

章家敦最近一次高喊“中国崩溃论”是在福克斯新闻的采访中,他认为新冠病毒德尔塔变种会毁灭中国共产党。时间会证明一切,鉴于中国政府成功控制住了这波变种疫情,章家敦的预测又要失败了。

西方专家经常在媒体上预言中国即将崩溃

通过封锁疫情蔓延的地区和进行大规模病毒检测及疫苗接种,中国可以在不封国不停工的情况下控制住德尔塔病毒的传播。这种处理方式似乎正在发挥作用:新感染病例的数量正在减少,而工业产量和出口额却在增加。

根据中国政府的统计数据, 预计 2021 年前七个月消费支出和国际贸易分别增长 7%和 24%,这些都提振了中国经济。事实上,中国的贸易额在此期间达到了 10 年来的最高水平。

在未来,这一经济增长势头即使不会加快也会延续下去,因为政府能够控制局势并推出有效的补救措施, 最好的实例就是中国政府推出了“双循环”战略。

由于消费在中国国民生产总值中的占比较低(低于 40%),以及非抵押个人债务规模较小(约 15%),储蓄额极高(占 GDP 的 45%),所以将扩内需指定为拉动经济增长的引擎是有道理的。从这个意义上讲,让私人消费成为驱动经济增长的动力是一项有效而实用的政策。

为了提高经济增长的质量和规模,中国对外开放的力度越来越大,中国正拓展本国与发展中国家的经贸联系, 尤其是那些参与“一带一路”倡议的国家。

中国通过进一步融入世界经济来促进本国经济增长, 这一举措正在取得成效。中国商务部透露,今年前 7 个月,中国的国际贸易额达到了 10 年来的最高水平,同比增长 24.5%。

在未来的许多年里, 中国很可能仍是全世界消费品和工业品的主要供应国。这是因为其他主要经济体正在努力控制德尔塔病毒变种的蔓延。例如,美国每天登记感染人数已超过 10 万,这促使一些州开始重新考虑是否要复工复产。

也许正是在这种背景下，国际货币基金组织和其他组织预测，中国经济将在2021年增长8%以上，在2021年至2025年的中国第十四个五年计划期间将增长6%左右。

然而，“中国崩溃论者”并没有放弃。他们的最新依据是新冠疫情卷土重来导致中国消费支出增长不如预期，这将拖累中国经济增长。但他们这次又错了，因为历史已经表明，中国政府有能力扭转颓势，中国在2008年成功推出经济刺激措施以应对金融危机就是明证。

每个人都有权利发表个人意见，但这个意见是否正确则取决于它所依据的假设和信息是什么。就拿高喊“中国崩溃论”的这些人来说，他们依据的是错误的假设、错误的信息和意识形态偏见，从而产生了错误的看法。

错误的假设

“中国崩溃论者”错误地认为，民主体制或新自由主义是促进经济发展和增长的“终极要素”。但事实证明，在施行民主体制的发展中国家，民主及其辉煌成就是阻碍而非促进经济增长的要素。印度就是一个很好的例子。

根据世界银行的数据，在1980年时中国和印度的经济规模相似，据估计都大约是2000亿美元。但到2021年，中国的经济规模已是印度的五倍多。

与其他发展中经济体一样，印度受困于众多的政党和利益诉求迥异的多元化社会，历届政府都被它们所阻而无法施行连贯的政策。最终，印度只能引入和实施不合时宜的法律。例如，实施高度保护国内产业的法律从而抑制了外国投资，破坏了生产效率，阻碍了就业岗位的大规模增长。

印度最近施行的改革并没有大幅改善印度的投资环境，因为这些改革并没有废除不利于投资流入的国内产业和就业保护政策。事实上，这是导致总理纳伦德拉·莫迪“印度制造”产业政策失败的主要原因。

印度总理莫迪的产业政策成效不大

人们甚至可以说，并不是民主创造了西方的财富。在殖民时代出现之前，中国和印度的GDP远高于欧洲国家。

征服和掠夺非洲、亚洲和美洲大大增加了西方的财富和权力。例如，美国在杀害了大量美洲土著居民后获得了免费的土地和资源。奴隶制给美国种植园主和其他企业主带来了免费的劳动力。

错误的信息

有人预测大量债务将摧毁中国经济，该预测在很大程度上是基于错误的信息。“中国崩溃论者”没有认识到，中国大部分企业债务是国有企业欠国有银行的。既然债权人和债务人均为国家所有，因此还款不过是“左手倒右手”而已。

其结果是，发生债务违约以及由此产生金融系统风险的可能性并不大。例如，中国大型国有银行在20世纪90年代的不良贷款率高达25%以上。但政府用4000多亿美元帮助这些银行摆脱了困境。

更严格的监管和救助措施帮助中国的银行能像西方银行一样稳定经营并获得利润。中国银行不良贷款占贷款总额的比率与西方银行相似。同样值得注意的是，中国的四大国有银行也位列世界十大银行之间。

根据中国央行中国人民银行的数据，中国家庭债务占GDP的62%，其中75%是抵押贷款。这一明显特征有助于解释为何家庭债务不会引发金融系统风险。

在中国，申请人要获得信用卡，必须证明他或她是有收入的企业雇员，并且其在银行的储蓄额要大于信用卡的审批额度。而在买房时，首次购房者必须支付不低于购房款30%的最低首付款。

对于那些想要购买两套或两套以上房屋的人，他们要么付现金，要么支付相当高比例的首付。如果借款人陷入财务困境，其家庭成员通常会出资偿还。因此，不断增长的消费者债务可能会减少消费，但不会引发金融系统崩溃。

赤裸裸的意识形态偏见

意识形态偏见导致“中国崩溃论者”无法进行理性或客观的分析，从而产生了有缺陷或错误的评估结论。一个典型的例子是，他们给中国领导人贴上了“僵化的共产主义理论家”标签，即中国领导人无法创造性地思考问题。

然而,中国领导人是既能干又灵活的。一个例子是在20世纪50年代,中国决定采用苏联的五年计划模式发展经济,但当这一模式产生了喜忧参半的结果时——增加了工业生产,但减少了农业生产——中国领导人迅速改变了方向。

他们实行了"两条腿走路"的政策,既关注农业改革也关注工业化。结果,这个政策奏效了:食品产量和工业生产都增加了。

而且,中国也不像西方学者描述的那样是一人专权。中国奉行集体领导制,领导集体会先讨论发展计划,再将其形成政策。

这一集体领导传统在今天仍然完好无损,因为领导集体内部仍会讨论政策建议。此外,公共舆论也会影响政策。中国政府在制定和实施政策的过程中经常会征求公众的意见。如有关气候变化的政策就是政府采纳公众意见而形成的政策之一。

世界应该感到高兴的是,"中国崩溃论者"对中国经济前景的看法是错误的。因为全球化,中国经济崩溃可能会对美国和世界经济造成严重破坏。

(作者/肯·默克,翻译/由冠群,观察者网,2021年9月7日)

15.1 案例思考讨论

(1)加拿大卡毕兰诺大学经济学教授肯·默克从哪些方面论证了"中国崩溃论"是错误的?

(2)西方兴起新一轮"中国经济崩溃论"的同时,有关"中国机遇论""中国威胁论""同舟共济论"等新的论调也不断出现,而2010年初以来,针对中国的对外政策,西方又接连出现了所谓"中国傲慢论""中国强硬论""中国必胜论"等各种奇谈怪论,面对这些论调,我们该如何正确理解和认知?

15.2 案例分析启示

1997年,很多人说中国要崩溃了;2002年,日本财相以及章家敦之类的外国学者抛出了"中国崩溃论";2008年、2009年,一些外国学者老调重弹,又抛出了"中国崩溃论";2013年,克鲁格曼、席勒等外国学者同样抛出了"中国崩溃论",由此发现一旦当中国经济有一定的波动和疲软,就会出现关于"中国崩溃论"的论调。在新冠肺炎疫情肆虐全球的今天,"中国崩溃论"声音再次出现。而这些“中国崩溃论者”认为的疫情将会拖垮中国经济、民主体制或新自由主义是促进经济发展和增长的“终极要素”、中国领导人是“僵化的共产主义家”等都被事实证明是站不住脚的，其背后借助的是错误的经济假设，并且显示出赤裸裸的意识形态偏见，实际上并没有抓住我国经济发展的本质，没有认识到我国在改革开放以来已经打下了一个雄厚的基础，并且他们也不了解我国社会主义市场经济的运行规律，而只是把我国经济当成一个简单的经济运行体。此外，他们没有综合看待我国经济的韧劲、发展空间，只是简单地把我国的统计数据拿去，套用一些简单的理论公式，便大惊四座地说中国要崩溃了。

从根本上而言，“中国崩溃论者” 之错在于没有认识到中国在复杂多变的国际环境中仍能保持平稳发展的根本原因在于我国始终坚持和发展走中国特色社会主义道路，始终坚持和拥护中国共产党的领导。面对“中国崩溃论者”的质疑和攻击，我们应始终保持政治定力，要以实事求是、时不我待的精神充分投入不断开创新时代中国特色社会主义事业的建设中去，要一以贯之地坚持和发展中国特色社会主义。

一是从历史发展比较来看。回溯历史，20 世纪 80 年代末 90 年代初，世界社会主义遭受严重挫折，但是社会主义中国并没有随着“多米诺骨牌效应”而倒下。随着社会主义中国的蓬勃发展，世界各国人民正在见证“历史终结论”的终结、“中国崩溃论”的崩溃、“社会主义失败论”的失败。当今中国特色社会主义道路越走越宽，使世界上正视和相信马克思主义和社会主义的人多了起来。通过比较世界范围内两种意识形态、两种社会制度的历史演进及其较量，可以发现全球范围内发生了有利于马克思主义、社会主义的深刻转变。

二是从我国发展前景来看。从总体形势上看，全球范围内发生的有利于马克思主义、社会主义的深刻转变对于我国进入新发展阶段是有利的，但是我们的奋斗目标不是轻轻松松、顺顺当当就能实现的。我们越发展壮大，遇到的阻力和压力就越大，面临的外部风险就会越多，除了国外敌对势力鼓吹“中国威胁论”等舆论泡沫，复杂的国际形势、动荡的国际格局也潜藏着危险。这是我国由大向强发展过程中无法回避的挑战，是新时代中国发展进步绕不过的门槛。这就是说，我们面临的各种斗争不是短期的而是长期的，至少要伴随我们实现第二个百年奋斗目标全过程。

保持政治定力，既不走封闭僵化的老路，也不走改旗易帜的邪路，是新时代坚持和发展中国特色社会主义的一条基本原则。因此新时代一以贯之地坚持和发展中国特色社会主义的同时，要一以贯之增强忧患意识、防范风险挑战，更要一以贯之推进党的建设这项伟大工程。中国共产党是一个在14亿多人口的大国长期执政的党，是中国特色社会主义事业的坚强领导力量，党的自身建设历来关系重大、决定全局。要把新时代坚持和发展中国特色社会主义这场伟大社会革命进行好，党必须勇于进行自我革命，一以贯之推进党的建设新的伟大工程。“三个一以贯之”充分体现了历史和现实相贯通、国际和国内相关联、理论和实际相结合的宽广视角，充分体现了党对新时代坚持和发展中国特色社会主义一系列重大理论和实践问题的深入思考和把握。

知识链接和特别关注

历史终结论

1989年，美国政治学者弗朗西斯·福山在《历史的终结》中提出了“历史终结论”。他认为，苏联解体，东欧剧变，冷战的结束，标志着共产主义的终结，人类政治历史发展已经到达终点，历史的发展只有一条路，即西方的市场经济和民主政治。

多米诺骨牌效应

在一个相互联系的系统中，一个很小的初始能量就可能产生一系列的连锁反应，人们把这种现象称为“多米诺骨牌效应”或“多米诺效应”。

“历史周期率”

“历史周期率”，是指世界上任何一个国家的政权都会经历兴衰治乱，往复循环呈现出的周期性现象。极端的不公导致社会的崩溃，从而达到新的相对公平，周而复始。中国历史“治乱循环”即中国的历史周期率问题，是1945年黄炎培先生在延安向毛泽东提出的问题。黄炎培先生问毛泽东同志，中国共产党能不能跳出历史上“其兴也勃焉，其亡也忽焉”的历史周期率。毛泽东同志回答说：“我们已经找到新路，我们能跳出这个周期率，这条新路，就是民主。只有让人民来监督政府，政府才不敢松懈。只有人人起来负责，才不会人亡政息。”

第三章
新时代中国特色社会主义经济建设

新时代中国崛起是世界经济发展史上最引人瞩目的事件之一。改革开放以来，中国共产党始终坚持以经济建设为中心，坚持以发展为第一要务，立足社会主义初级阶段基本国情，大力解放和发展社会生产力，为实现我国社会主义现代化和中华民族伟大复兴提供了坚实基础和根本保障。党的十八大以来，面对新的时代条件、新的发展阶段，习近平总书记在领导全党全国人民开展中国特色社会主义经济建设伟大实践中，创立了习近平经济思想。这一思想全面系统深刻地回答了关于中国经济发展的根本立场、历史方位、指导思想、制度基础、发展主线、根本要求、经济体系、发展道路、战略选择、对外开放、发展安全、根本保障等一系列理论和实践问题，揭示了蕴含其中的内在逻辑和客观规律，并在指导实践中彰显出其科学真理性和强大生命力。

当前，推进中国特色社会主义经济建设，要以习近平经济思想为指导，发挥好中国特色社会主义经济发展道路的特色和优势，做好经济建设各项工作，推动中国经济行稳致远。具体而言，要从以下方面展开：第一，要坚持新发展理念，明确好当前中国要实现什么样的发展、怎样实现发展的指导思想问题；第二，要构建新发展格局，解决好新发展阶段我国经济发展的战略选择问题；第三，要完善社会主义市场经济体制，解决好当前我国经济发展的主要任务；第四，要深化供给侧结构性改革，明确好当前中国经济发展和经济工作的主线；第五，要推动形成全面开放新格局，回答好中国经济发展的对外开放问题。

案例主题一：贯彻新发展理念

新发展理念是一个系统的理论体系，回答了关于发展的目的、动力、方式、路径等一系列理论和实践问题，阐明了党关于发展的政治立场、价值导向、发展模式、发展道路等重大政治问题。理念是行动的先导，一定的发展实践都是由一定的发展理念来引领的。发展理念是否对头，从根本上决定着发展成效乃至成败。党的十八大以来，以习近平同志为核心的党中央对经济形势进行科学判断，对经济社会发展提出了许多重大理论和理念，对发展理念和思路作出及时调整，其中新发展理念是最重要、最主要的，引导我国经济发展取得了历史性成就、发生了历史性变革。实践充分证明，新发展理念具有很强的战略性、纲领性、引领性，是指挥棒、红绿灯，是我国发展思路、发展方向、发展着力点的集中体现，是管全局、管根本、管长远的导向。“十四五”时期我国进入新发展阶段，继续发展具有多方面优势和条件，同时我国发展不平衡不充分问题仍然突出，发展中的矛盾和问题集中体现在发展质量上。只有坚定不移贯彻新发展理念，把发展质量问题摆在更为突出的位置，着力提升发展质量和效益，切实转变发展方式，推动质量变革、效率变革、动力变革，才能实现高质量发展。

案例 16，以成都高质量发展为例，突出了成都的高质量发展、绿色发展、协调发展、共享发展，回答了成都要“实现什么样的发展、怎样实现发展”这个重大问题。案例 17，展现了广东通过高质量发展，不断提升经济总量和发展质量，进一步缩小城乡差距，推动迈向共同富裕康庄大道的故事。

案例16:成都高质量发展综合指数居全国第六位

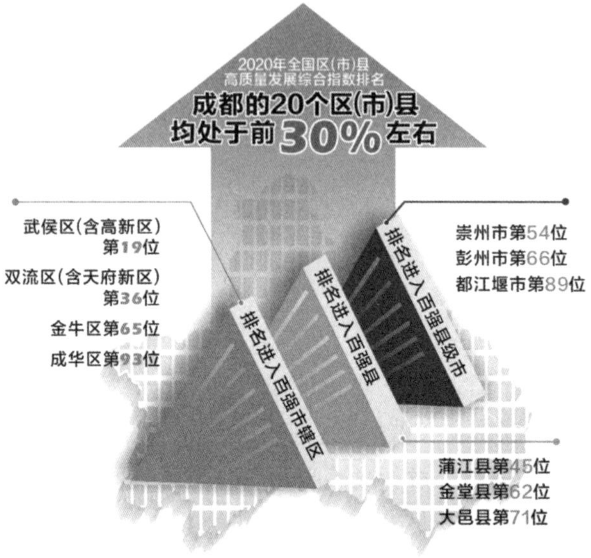

图1 2020年成都部分区(市)县高质量发展综合指数排名

今年是成都“高质量发展攻坚年”,成都将怎样加快打造带动全国高质量发展的重要增长极和新的动力源?

由清华大学公共管理学院发布的《2020年成都及各区市县高质量发展态势分析》研究报告,结果令人欣喜:成都各区(市)县高质量发展综合指数明显提速,区(市)县差距进一步缩小,撑起整个成都高质量发展态势进一步凸显。

本次研究报告基于全国337个城市2848个区(市)县大数据测评,数据显示,2018—2020年,成都高质量发展综合指数排名逐年稳步上升,2020年已升至第6位,反超重庆,高于南京、天津、武汉、西安等新一线城市,与杭州一起位于全国城市综合指数第二梯队的领头位置。

细看具体数据,动力一目了然:在全国区(市)县2020年高质量发展综合指数排名中,成都的20个区(市)县均处于前30%左右的位置,在目前新一线城市的区(市)县增速中处于较高水平,特别是武侯区(含高新区)由2019年第23位上升至2020年第19位,跻身全国区(市)县排名前20。

在全国977个市辖区排名中,除了武侯区(含高新区),还有位于第

36位的双流区(含天府新区)、位于第65位的金牛区、位于第93位的成华区进入百强区;在全国388个县级市排名中,位于第54位的崇州市、第66位的彭州市、第89位的都江堰市进入百强市;在全国1429个县级排名中,成都下属蒲江、金堂、大邑三县分别以第45位、第62位和第71位的排名列入百强县名单。

调研显示,与2019年相比,2020年成都区(市)县高质量发展综合指数平均增长7%,20个区(市)县中有17个实现正增长,尤其是绿色指数增速最快,20个区(市)县都呈现正增长趋势,且增速全部超过50%,大部分都超过100%。创新指数增速20个区(市)县大部分都超过50%。亮眼的数据背后,高质量发展动力何在?

通过对各项大数据分析,报告反映出成都区(市)县高质量发展呈现的明显特点:

彰显示范引领作用。从全国来看,区(市)县高质量发展综合指数分布具有明显的集群化特点,成渝地区已逐步成为高质量发展的又一重要增长极。在2020年,武侯区(含高新区)、双流区(含天府新区)、金牛区表现出了很强的发展韧性,表明了其长期以来的综合实力稳定性,支撑成都在建设成渝地区双城经济圈与推动西部地区高质量发展中发挥示范与引领作用。

厚植绿色发展底蕴。近年来,成都多措并举夯实生态环境基础,各区(市)县在积极践行"两山"理论推动生态价值转化上先行先试,践行新发展理念的公园城市示范区建设成效显著。2020年,成都各区(市)县都实现了绿色发展指数的正增长,有18个区(市)县绿色指数高于70,特别是双流区(含天府新区)将公园城市理念贯穿城市规划建设治理全过程,绿色指数位列全国前茅。

推进公共服务便利共享。从共享指数的排名来看,成都各区(市)县在排名中有一定优势且分差较小,反映了城乡差距逐步缩小,公共服务均等化与一体化建设成效卓著。据悉,目前成都已全面完成基本公共服务清单各项任务,健全基本公共服务制度体系,基本实现优质教育、社区养老、基本医疗保险等全覆盖,为实现城乡更加公平发展提供了有力保障。

统筹区域协调发展。从全国排名来看,成都市中心五城区及双流区

(含天府新区)多项指数已处于全国前列。成都近郊城区新型城镇化进程不断加快,与主城区齐头并进。在“一干多支、五区协同”新格局下,成都各区域总体上呈现协调发展的良好态势。

(陈泳:《成都日报》,2021年5月25日)

16.1 案例思考讨论

(1)成都各区(市)县高质量发展综合指数明显提速,区(市)县差距进一步缩小,成都在“高质量发展攻坚年”怎样加快打造带动全国高质量发展的重要增长极和新的动力源?

(2)2020年成都各区(市)县高质量发展综合指数平均增长7%,且增速全部超过50%,大部分都超过100%,创新指数增速20个区(市)县大部分都超过50%。在这些高质量发展的数据背后,高质量发展的动力何在?

16.2 案例分析启示

新发展理念深刻揭示了成都区(市)县实现更高质量、更有效率、更加公平、更可持续、更为安全发展的必由之路。贯彻落实新发展理念是关系成都区(市)县发展全局的一场深刻变革。把新发展理念贯穿发展成都区(市)县全过程和各领域,不断促进创新成为第一动力、协调成为内生特点、绿色成为普遍形态、开放成为必由之路、共享成为根本目的,不断破解发展难题、增强发展动力、厚植发展优势,加快构建新发展格局,成都区(市)县就一定能推动“十四五”时期高质量发展,确保全面建设社会主义现代化国家开好局、起好步。

“知之愈明,则行之愈笃。”如何完整、准确、全面贯彻新发展理念?习近平总书记从三个方面进行了深入阐述。一是从根本宗旨把握新发展理念。人民是党执政的最深厚基础和最大底气。为人民谋幸福、为民族谋复兴,这既是党领导现代化建设的出发点和落脚点,也是新发展理念的“根”和“魂”。只有坚持以人民为中心的发展思想,坚持发展为了人民、发展依靠人民、发展成果由人民共享,才会有正确的发展观、现代化观。实现共同富裕不仅是经济问题,而且是关系党的执政基础的重大政治问题。要统筹考虑需要和可能,按照经济社会发展规律循序渐进,自觉主动解决地区差距、城乡差距、收入差距等问题,不断增强人民群众获得感、幸福感、安全感。二是从问题导向把握新发展理念。我国发展已经站在新的历史起点上，要根据新发展阶段的新要求，坚持问题导向，更加精准地贯彻新发展理念，举措要更加精准务实，切实解决好发展不平衡不充分的问题，真正实现高质量发展。三是从忧患意识把握新发展理念。随着我国社会主要矛盾变化和国际力量对比深刻调整，必须增强忧患意识、坚持底线思维，随时准备应对更加复杂困难的局面。要坚持政治安全、人民安全、国家利益至上有机统一，既要敢于斗争，也要善于斗争，全面做强自己。

在经济进入新常态、适应新变化的情况下，我国经济转向高质量发展阶段，我们党提出了五大发展理念：创新、协调、绿色、开放、共享。创新主要是解决在新条件下经济发展新动能的问题，即从过去主要靠要素投入量的扩大转变为靠要素效率和全要素生产率提高驱动。协调主要是解决均衡增长和协调发展的问题，特别是结构性矛盾和克服短板的问题。绿色主要是解决发展和自然之间的关系问题。开放主要是解决新条件下内外联动的问题。共享主要是解决为什么发展的问题。共享是发展的动因和继续发展力量的动力和源泉，是对共同富裕的追求。

案例 17：广东：高质量发展引领全面小康之路

每天看着孩子们在火龙果园里欢快奔跑，是湛江遂溪县大家村村民陈国才最幸福的时光。自幼患有小儿麻痹症的他，借着农村电商东风，成长为火龙果种植达人，年收入超 10 万元，他和家人搬进了 120 平方米的新房子，走进了全面小康生活。

手机变“新农具”，直播成“新农活”。技术赋能，正进一步缩小城乡差距，推动迈向共同富裕的康庄大道，折射出广东不断跃升的经济总量和发展质量。

经济总量再上台阶，2020 年全省地区生产总值超过 11 万亿元，如期实现比 2010 年翻一番，连续 32 年居全国首位，五年年均增长约 6.0%；脱贫攻坚取得全面胜利，累计 161.5 万相对贫困人口全部脱贫，2277 条相对贫困村全部出列；新经济蓬勃发展，2020 年，先进制造业增加值占规模以上工业增加值比重达 56.1%，现代服务业增加值占服务业增加值比重达 64.7%……

新时代,新起点,广东重任在肩,前景无限。“以更大气魄在更高起点上推进改革开放,在全面建设社会主义现代化国家新征程中走在全国前列,创造新的辉煌。”沿着习近平总书记指引的方向,广东加快引领高质量发展,打造新发展格局的战略支点。

经济跃升

全面小康动力更强劲

6 月 29 日,广东省发展改革委发布《广东省 2021 年汽车以旧换新专项行动公告》和《广东省 2021 年汽车以旧换新专项行动购车补贴申请指南》,决定开展 2021 年汽车以旧换新专项行动,汽车以旧换新最高可补贴 1 万元。

汽车以旧换新,既能降低在用车辆污染物排放,也能进一步提振汽车消费市场、促进汽车产业发展。广东省统计局的数据显示,2020 年广东汽车销量达 229 万辆,占全国汽车销量的 9%。今年前 5 月汽车类零售额同比增长 44.0%,两年平均增长 5.7%。

消费结构优化升级,有赖于经济快速发展,居民消费能力持续增长。

改革开放以来, 广东经济总量连续 32 年居全国首位。“十三五”期间连续跨越 8 万亿、9 万亿、10 万亿元台阶,2020 年全省地区生产总值超过 11 万亿元, 如期实现比 2010 年翻一番的目标, 五年年均增长约 6.0%。人均地区生产总值(GDP)达 8.82 万元,按当年平均汇率计算达 1.28 万美元,超过世界银行高收入经济体标准。

经济实力在“量”上不断跃升背后,发展质量也不断提升。

——产业结构持续优化,产业链迈向中高端。2020 年,三次产业比重调整为 4.3∶39.2∶56.5,先进制造业增加值占规模以上工业增加值比重达 56.1%,现代服务业增加值占服务业增加值比重达 64.7%,新经济增加值占地区生产总值比重达 25.2%。

——全面深化改革成效显著,经济活力不断释放。“十三五”期间,全省实有各类市场主体总量达 1385 万户,五年净增 600 万户;规模以上工业企业总量突破 5.5 万家、居全国第一。

——城乡区域发展协调性明显增强,“一核一带一区” 区域发展格局渐次成形。“十三五”期间,21 个地级市地区生产总值均突破千亿元大关，沿海经济带石化、钢铁等产业支撑强化，清洁能源产业集群逐步形成，北部生态发展区绿色发展优势凸显。

——居民生活质量明显改善，人民群众获得感、幸福感、安全感不断提高。“十三五”期间，居民人均可支配收入由 2015 年的 27859 元增长至 2020 年的 41029 元，年均名义增长 8.0%，城镇累计新增就业 717.26 万人、占全国 1/10。

经济实力飞跃，支撑全面小康品质提升。党的十八大以来，广东着力推动经济发展质量变革、效率变革、动力变革，努力破解发展难题、厚植发展优势，在转变发展方式、优化经济结构、转换增长动力上取得重大突破，为全面建成小康社会提供了强有力保障。

创新驱动

产业升级活力更充沛

驱车行驶在广州南沙，时常会碰到一辆辆印有小马智行 Pony.ai 字样的自动驾驶车辆。“我们的自动驾驶车辆已进行超过 4 年的路测，累积了超过 600 万公里行驶里程。”小马智行联合创始人兼 CTO 楼天城认为，自动驾驶不再只是黑科技，已经开始在日常出行中落地应用，走进人们生活。

在格兰仕微波炉总装车间，数十条生产线高速运转，平均不到一秒钟就有一台微波炉出品。“中国是全球最大的消费市场之一，也是健康家电消费需求最旺盛的市场。”格兰仕集团执行总裁梁昭贤说，面对家电智能化的发展潮流，格兰仕首款家电物联网芯片“BF- 细滘”已批量应用到微波炉中。

新技术催动新产品，消费升级倒逼供给升级。在这背后，是广东产业逐步实现向创新驱动发展的重大转换，为全面建成小康社会、加快社会主义现代化建设提供强大动力。

2020 年，新冠肺炎疫情肆虐全球，与世界百年未有之大变局交叠，国际环境更趋复杂，广东提出培育发展十大战略性支柱产业集群和十大战略性新兴产业集群。

今年 4 月初，广东宣布建立“链长制”，以省长、制造强省建设领导小组组长为“总链长”的省领导定向联系负责 20 个战略性产业集群。

培育发展战略性产业集群是广东破解“卡脖子”问题、提升产业链供应链自主可控能力的重要突破口。在著名经济学家、国家发展改革委原副秘书长范恒山看来，产业发展直接关系到国民经济发展，产业迈向高端化、智能化、绿色化不仅保障经济发展的基本速度，更支撑经济发展的质量和水平，也关系着经济效益的提升。

过去，珠江水、广东粮、岭南衣、粤家电行销南北；此后，汽车、船舶、石化、机械设备走出国门；如今，智能手机、无人机、机器人引领世界潮流……广东制造日益占据产业链中高端，成长出华为、美的、格力、大疆等一大批世界级制造企业，以高质量的产品让人们对美好生活的向往变为现实。

区域协调

城乡融合发展更均衡

离清远市清新区浸潭镇桃源片区塘坑村青花梨种植基地不远，几座鸟笼民宿以及成片的小木屋，组成深山里一道独特的风景线。村民梁继汉说，村中建起民宿项目后游客爆棚，仅去年他一家四口凭借民宿项目分红就有5000多元。

在打赢脱贫攻坚战这场艰苦卓绝、波澜壮阔的伟大战役中，广东聚焦解决相对贫困，为全面建成小康社会奠定坚实基础；在东西部扶贫协作中担当实干，为全国脱贫攻坚大局贡献广东力量、广东智慧。

截至2020年底，省内现行标准下161.5万相对贫困人口和2277个相对贫困村全部脱贫出列；协助桂川黔滇4省（区）14个市（州）93个贫困县摘帽。

接续奋斗，乡村振兴。广东把全力做好巩固拓展脱贫攻坚成果与乡村振兴有效衔接，努力绘就更广阔的乡村振兴的壮美画卷，朝着共同富裕的目标稳步前行。

如今，越来越多现代农业产业园成了全省实施乡村振兴战略的“牛鼻子”。截至目前，全省已创建14个国家级、161个省级现代农业产业园，主要农业县实现省级现代农业产业园全覆盖，形成国家级、省级、市级现代农业产业园梯次发展格局。

“全面建成小康社会，强调的不仅是‘小康’，而更重要的也是更难做到的是'全面'。'小康'讲的是发展水平，'全面'讲的是发展的平衡性、协调性、可持续性。"习近平总书记赋予"全面小康"深刻、丰富的内涵——不能让任何一个领域滞后，不能让任何一个人掉队，不能让任何一个区域落下。

2018年6月，省委十二届四次全会创新性地提出全省"一核一带一区"区域发展新格局，部署和推动由珠三角核心区、沿海经济带、北部生态发展区构成的区域发展重大战略，开启了新时代广东区域协调发展新实践。

随着粤港澳大湾区和深圳先行示范区"双区"建设启动推进，广深双城联动、比翼双飞，"双区驱动效应"逐渐释放，双城引领推动"一核一带一区"协调发展的核心主引擎作用功能进一步显现。

"加快缩小城乡区域发展差距是实现全面小康、走向共同富裕的重要任务和难点。"国家发改委区域发展战略中心战略一室负责人张燕认为，广东尤其要在强化国家战略科技力量、推动产业高端化发展、数字赋能等方面突出产业引擎带动作用，推动高质量发展不断迈上新台阶。

小康故事

产业链数据上"云"

产品服务更优

"等我买房一定要装个洗碗机。"这是陈媛多年前的愿望，去年新房装修后她终于实现了。"爸妈来广州帮忙照看宝宝，洗碗机一定程度上减轻了家务的负担。不仅能洗干净，且自带消毒功能，在疫情下让人感到很安心。"

作为继洗衣机之后第二次解放双手的产品，洗碗机近年来正逐渐被消费者所认知和接受。消费升级背后不仅是全面小康建设的支撑，更倒逼着供给端的升级。

"洗碗机原本是舶来品，但我们从消费者需求出发，研发了与中国人的餐具使用习惯、家庭居住习惯、厨房设计规格等相匹配的产品，才能迅速获得市场认可。"美的集团是国内最早做洗碗机的企业之一，该公司相关负责人说，目前美的洗涤在市场份额上位列中国第一、全球第三。

走进顺德美的洗消数字工厂，大屏幕上显示着上下游5000个供应商的生产、库存、物流等数字产业链信息。美的洗消工厂负责人介绍说，从订单、排产到物料的采购、生产以及到最后的出货、交付，全价值链信息都已采集到“云”端，形成了“云”端数字化产业链，大大提高了效率，降低了库存。

“我们打造数字产业链，实现洗消工厂的数字化升级，从制造端出发提供给消费者更好的产品与服务；而落实到终端，我们也致力于用数字化、智能化的服务体系提升用户良好的体验感。”美的相关负责人说。

（吕道励、黄进、王彪：《南方日报》，2021年7月6日）

17.1 案例思考讨论

（1）改革开放以来，广东经济总量连续三十多年居全国首位，在全面建设社会主义现代化国家新征程中走在全国前列，其经济实力在“量”上不断跃升的背后，如何推动高质量发展？

（2）结合广东把全力做好巩固拓展脱贫攻坚成果与乡村振兴有效衔接，朝着共同富裕的目标稳步前行的经验，请谈谈如何进一步缩小城乡差距，以技术赋能推动迈向共同富裕的康庄大道？

17.2 案例分析启示

广东正加快引领高质量发展，打造新发展格局的战略支点，正以更大气魄在更高起点上推进改革开放，在全面建设社会主义现代化国家新征程中走在全国前列，其不断跃升的经济总量和发展质量，推动迈向共同富裕的康庄大道。习近平总书记在中央财经委员会第十次会议上强调：“共同富裕是社会主义的本质要求，是中国式现代化的重要特征。”中国式现代化是中国共产党领导的社会主义现代化，历经百年探索，中国共产党走出了一条中国式现代化新道路，创造了人类文明新形态。中国式现代化的共同富裕理论与马克思主义的共同富裕理论一脉相承，其中最为核心的是关于人的自由而全面发展，这也是中国共产党以人民为中心思想的重要源泉。

习近平总书记提出新发展理念，其核心在于使人民能够共同享受经济、政治、文化、社会、生态等实实在在的发展成果，从广东的高质量发展中我们能够从中体会到获得感、幸福感、安全感，还能实现和捍卫人的尊严、价值、追求等，强调共同富裕是社会主义的本质要求，是中国式现代化的重要特征。当然，我们也要认识到促进全体人民共同富裕是一项长期任务、现实任务，对共同富裕的长期性、艰巨性、复杂性要有充分的估计，对实现共同富裕要有坚定的信心。以“蛋糕”类比共同富裕，可归纳出中国式现代化共同富裕的路径。第一，“做大蛋糕”，牢牢把握和坚持社会主义初级阶段基本路线不动摇。人口多是我国的基本国情之一，要想实现中国式现代化的共同富裕，需要从数量上“做大蛋糕”，这有赖于坚持发展是硬道理、发展是执政兴国的第一要务的理念，同时要坚持全面和高质量发展，坚持以经济建设为中心，走经济、政治、文化、社会、生态全面发展的中国式现代化新道路。第二，“做实蛋糕”，完善公有制为主体、多种所有制经济共同发展的基本经济制度。中国式现代化的共同富裕依靠的是公有制为主体、多种所有制经济共同发展的基本经济制度，要通过调动和发挥公有制和多种所有制经济成分的力量来“做实蛋糕”。第三，“做优蛋糕”，不断坚持、巩固和完善社会主义市场经济体制。中国式现代化的共同富裕不仅体现在数量上，更要体现在质量上，“做优蛋糕”是应有之意。只有通过不断完善社会主义市场经济体制，推动经济实现高质量发展，才能“做优蛋糕”，使共同富裕的含金量更高。第四，“分好蛋糕”，完善按劳分配为主体、多种分配方式并存的分配制度。“做大蛋糕”“做实蛋糕”“做优蛋糕” 都是中国式现代化的共同富裕的必要不充分条件，“分好蛋糕”则是实现共同富裕的充分条件。我们更需要在“分好蛋糕”上下功夫，坚持和完善按劳分配为主体、多种分配方式并存的分配制度。

党的十九大对中国发展有一个新的方位把握，即中国特色社会主义进入新时代，推动我们进入新时代的很重要的一个变化是社会经济的变化。新发展理念的提出和贯彻落实，集中体现了党在领导发展方面达到了一种新的自觉。习近平总书记强调，新发展理念是一个系统的理论体系，回答了关于发展的目的、动力、方式、路径等一系列理论和实践问题，阐明了党关于发展的政治立场、价值导向、发展模式、发展道路等重大政治问题。必须把新发展理念贯穿发展全过程和各领域，实现更高质量、更有效率、更加公平、更可持续、更为安全的发展。新时代抓发展，必须坚定不移贯彻创新、协调、绿色、开放、共享的新发展理念，推动经济高质量发展。这五大发展理念相互贯通、相互促进，是具有内在联系的集合体，要统一贯彻，不能顾此失彼，也不能相互替代。

知识链接和特别关注

新发展理念

新发展理念是习近平新时代中国特色社会主义思想的重要理念之一，也是实现中华民族伟大复兴的核心理念和指导原则。2015 年 10 月 29 日，习近平总书记在党的十八届五中全会第二次全体会议上的讲话中提出了“创新、协调、绿色、开放、共享”的新发展理念。党的十八届五中全会通过的《中共中央关于制定国民经济和社会发展第十三个五年规划的建议》详细介绍了新发展理念。2016 年 1 月 29 日，习近平总书记在中央政治局第三十次集体学习时强调：新发展理念就是指挥棒、红绿灯。2018 年 3 月 11 日，第十三届全国人民代表大会第一次会议通过《中华人民共和国宪法修正案》，在宪法序言的“自力更生，艰苦奋斗”前增写“贯彻新发展理念”。2021 年 1 月 28 日，习近平总书记主持中央政治局集体学习时强调，完整准确全面贯彻新发展理念，确保“十四五”时期我国发展开好局起好步。

建设现代化经济体系

建设现代化经济体系是党中央从党和国家事业发展全局出发，着眼于实现“两个一百年”奋斗目标、顺应中国特色社会主义进入新时代的新要求作出的重大决策部署。建设现代化经济体系是中国特色社会主义进入新时代的背景下我国经济发展的战略目标，紧扣新时代中国社会主要矛盾转化、落实中国特色社会主义经济建设布局的内在要求，是决胜全面建成小康社会、开启全面建设社会主义现代化国家新征程的基本途径，也是适应中国经济由高速增长阶段转向高质量发展阶段，优化经济结构、转变经济发展方式、转换经济增长动力和全面均衡发展的迫切需要，其历史意义深远而重大。

案例主题二：构建新发展格局

加快构建以国内大循环为主体、国内国际双循环相互促进的新发展格局，是党根据我国发展阶段、环境、条件变化，特别是基于我国比较优势变化，审时度势作出的重大决策。2020 年 4 月 10 日，在中央财经委第七次会议上，习近平总书记首次提出构建以国内大循环为主体、国内国际双循环相互促进的新发展格局。自此以后，在多次会议和其他公开场合上，习近平总书记都提及加快构建新发展格局的要求，并将其逐步上升为党和国家发展全局的重大战略任务。2020 年 10 月 29 日，党的十九届五中全会将构建新发展格局作为《中共中央关于制定国民经济和社会发展第十四个五年规划和二〇三五年远景目标的建议》的“纲”提出；2021 年 3 月 11 日十三届全国人大四次会议通过的《中华人民共和国国民经济和社会发展第十四个五年规划和 2035 年远景目标纲要》，以《建议》为基础对构建新发展格局进行了规划部署，更加突出了构建新发展格局的政治意义、战略意义和时代意义。

一分部署、九分落实。习近平总书记指出：“构建新发展格局是一个系统工程，既要‘操其要于上’，加强战略谋划和顶层设计，也要‘分其详于下’，把握工作着力点。”对此，各地区各部门必须找准自己在国内大循环和国内国际双循环中的位置和比较优势，提高贯彻新发展理念、构建新发展格局的能力，制定具体的规划、政策和措施，使新发展格局变为现实、落到实处。在落实构建新发展格局的过程中，关键在于经济循环的畅通无阻。

案例 18，以山东省政府办公厅出台的《关于抓好保居民就业、保基本民生、保市场主体工作的十条措施的通知》“山东十条”为例，通过讲述清代山东淄博周村古商城大街“今日无税”的故事，展现出在新冠肺炎疫情防控大背景下，山东省政府积极作为，主动畅通经济循环，从而保持经济持续健康发展的重大意义。

案例 18："免税费"是畅通经济循环的"先手棋"

日前，山东省政府办公厅印发《关于抓好保居民就业、保基本民生、保市场主体工作的十条措施的通知》，受到广泛关注，"山东十条"成为网络热词。有网友跟帖：突然想起了周村古商街上的"今日无税"碑，当年的免税措施，成就了周村天下第一村商埠。

在山东淄博的周村古商城大街北段，有一座六角形石碑，正面刻着"今日无税"。

据载，周村古商城大街，始建于明永乐年间（约公元 1410 年）。清代早期，县里在这里设了"二公衙门"，派出专人收征市税，真个是"税如牛毛"。市场上有些恶人强行充当"驵侩"，向卖货者索要"介绍费"。许多客商只好下了门板，不敢贸易。有些外地客商只好降价销售，打算处理完存货离开周村。

一次，清朝刑部尚书李化熙回乡探亲，和客商、乡亲们聊天，得悉大街上这些事非常忧虑，回京后便向顺治帝禀告，建议皇帝下令，免除周村市税。顺治皇帝说，那就免一天的市税吧。于是，周村人刻了一块五尺石碑，立于市中，上书"今日无税"四个大字，并晓谕众人，奉谕立碑，违令者严办。"今日无税"没有说明哪一天是"今日"，周村街上无人再敢收税了，那些巧取豪夺者也不敢胡作非为了，"今日无税"越传越远，四面八方商人赶来设立铺号。

当然，"今日无税"是指"免一天市税"，李化熙最清楚这四个字的来历和内涵。为了不使周村街商家再受欺负，李化熙慷慨解囊，代替商家纳税，不再向商人征收一文，周村由"官集"变为了"义集"。李化熙死后，他的儿子李溉之、孙子李斯佺、曾孙李可淳又是一辈接着一辈代完市税，持续了至少七代人，大约二百年时间。

从"税如牛毛"到"今日无税"，周村"天下之货聚焉，熙熙然贸易有经如游化日"，成了商贾云集烟火鳞次的"旱码头"。可见，税收是一把双刃剑，经济社会正常运转离不开税收，没有税收是不现实的，但是，税收过多过重，也会伤了商家，伤害经济循环。尤其在特殊时期，“今日无税”是一个促进就业、繁荣经济、稳定民心、保证经济社会良性循环的“特事特办”。

“今日无税”，山东人历来有“小舍”换“大得”的智慧。今天，“免除一切税费”，面向的不是一条街，而是整个齐鲁大地；受益的不是几十个商号，而是1000万户小微企业和个体工商户，“舍”之多不可同日而语，“得”之大也是不可同日而语。

当前，受疫情冲击，外部不稳定不确定因素增多，再加上一系列结构性、体制性、周期性问题，对我国经济循环系统造成了一定冲击和影响。企业是市场主体，是经济循环的“细胞”。目前山东全省有1088.6万户市场主体，小微企业和个体工商户总数已经超过1000万户。山东免除一切税费等措施，直接惠及到了1000万户以上的小微企业和个体工商户，正是畅通经济循环的高招妙招！

经济社会是一个动态循环系统。“免除一切税费”，保企业“留得青山”，这既是当下稳住就业基本盘、保住百姓家庭生计的必然要求，更是畅通经济循环，保持健康持续发展，“赢得未来”的大命题。可以相信，政府拿出最大诚意，为个体工商户和小微企业“放水养鱼”，必然增强全社会闯过难关的底气和力量，必然更加有效地把市场活力和社会创造力释放出来，让经济大循环的“动脉”更通畅，经济社会发展的“肌体”更健康。

（孙秀岭：人民网，2020年6月11日）

18.1 案例思考讨论

（1）为什么说在疫情防控时期，“今日无税”是一个促进就业、繁荣经济、稳定民心、保证经济社会良性循环的“特事特办”？

（2）结合当前我国在构建新发展格局的主要工作，谈谈税收在畅通经济循环中发挥的作用？

18.2 案例分析启示

“今日无税”的故事讲的是清朝官员李化熙为保民生编造了善意的谎言，假传圣旨将“官集”变为“义集”，免除了当地的税负。后又慷慨解囊，自掏腰包代替商家纳税。这一缴便持续了200多年，七代后人依此效仿。终致各地客商汇聚于此，带动了周村商业经济的发展和持久的繁荣。当前，国内外经济形势依然复杂严峻，全球经济增长放缓，外部不稳定不确定因素增多，再加上一系列结构性、体制性、周期性问题，对我国经济循环系统造成了一定的冲击和影响。山东省政府出台的关于抓好保居民就业、保基本民生、保市场主体工作的十条措施，是促进生产、分配、流通、消费等各个环节有效顺畅运行，推动经济循环畅通的重要制度保障和政策工具。

经济社会是一个动态循环系统。构建新发展格局的关键在于经济循环的畅通无阻。在正常情况下，如果经济循环顺畅，物质产品会增加，社会财富会积聚，人民福祉会增进，国家实力会增强，从而形成一个螺旋式上升的发展过程。但当前受新冠肺炎疫情影响，我们要统筹推进疫情防控和经济社会发展工作，进一步加强宏观政策对冲力度，激发微观主体活力潜力，把疫情造成的损失降到最低，努力恢复正常经济社会秩序，推动经济平稳健康发展。与此同时，企业是市场主体，是经济循环的“细胞”。目前，山东省有1088.6万户市场主体，小微企业和个体工商户总数已经超过1000万户。山东通过免除一切税费等措施，直接惠及1000万户以上的小微企业和个体工商户，正是畅通经济循环的高招妙招。结合山东省在新冠肺炎疫情大背景下，通过发挥税收在畅通经济循环中的作用，为我国下一步构建新发展格局提供了借鉴意义。具体而言，第一，要坚持经济循环的畅通无阻，确保在疫情防控背景下，经济活动需要的各种生产要素的组合在生产、分配、流通、消费各环节有机衔接，实现循环流转。第二，要秉持科学精神、把握科学规律、大力推动自主创新，把国家发展建立在更加安全、更为可靠的基础上，实现高水平的自立自强。第三，要实行高水平对外开放，持续深化商品、服务、资金、人才等要素流动开放，稳步拓展规则、规制、管理、标准等制度开放，加强国内大循环在双循环中的主导作用，重视以国际循环提升国内大循环效率和水平，通过参与国际市场竞争，增强我国出口产品和服务竞争力，推动我国产业转型升级，增强我国在全球产业链、供应链、创新链中的影响力。

加快构建新发展格局，是党中央根据我国发展阶段、现实环境、条件变化，审时度势作出的重大决策。当前，我们一方面要找准自己在国内大循环和国内国际双循环中的位置和比较优势，努力做好经济循环的畅通无阻、实现高水平的自立自强与对外开放；另一方面，要保持战略定力，增强必胜信心，集中力量办好自己的事，最终构建以国内大循环为主体、国内国际双循环相互促进的新发展格局。

知识链接和特别关注

新发展格局

2020年4月习近平总书记提出，要构建以国内大循环为主体、国内国际双循环相互促进的新发展格局。党的十九届五中全会对构建新发展格局作出全面部署。党的十九届六中全会审议通过的《中共中央关于党的百年奋斗重大成就和历史经验的决议》，把“加快构建以国内大循环为主体、国内国际双循环相互促进的新发展格局”作为“十个明确”中的重要内容，更加突出了构建新发展格局的政治意义、战略意义和时代意义。构建新发展格局，是新发展阶段要着力推动完成的重大历史任务，也是贯彻新发展理念的重大举措，其关键是经济循环畅通无阻，本质特征是高水平自立自强，支撑基础是市场资源。循环畅通、自立自强和市场资源三者之间有着不可分割的紧密关系。构建新发展格局是事关全局的系统性、深层次变革，是立足当前、着眼长远的战略谋划。我们要从全局和战略的高度准确把握加快构建新发展格局的战略构想。

案例主题三：
深化供给侧结构性改革

深化供给侧结构性改革是当前和今后一个时期我国经济发展的重要任务，是我国在经济发展的重要阶段作出的重大战略选择，符合国际发展大势和我国发展的阶段性要求。近年来，我国经济发展面临的国际国内环境发生重大变化，针对新阶段出现的新情况、新问题、新趋势，习近平总书记从实践出发，运用马克思主义政治经济学理论，提出了关于供给侧结构性改革的重大理论创新，形成了一系列重要论述，构建了完整的理论体系。2015 年 11 月，在中央财经领导小组第十一次会议上，习近平总书记首次提出供给侧结构性改革。2018 年 12 月 19 日，在中央经济工作会议上，习近平总书记强调，必须坚持以供给侧结构性改革为主线不动摇，更多采取改革的办法，更多运用市场化、法治化手段，在"巩固、增强、提升、畅通"八个字上下功夫。党的十九届四中全会再次强调，坚持以供给侧结构性改革为主线，加快建设现代化经济体系。质言之，深化供给侧结构性改革，要以供给侧结构性改革为主线，把提高供给体系质量作为主攻方向，把发展经济的着力点放在实体经济上，加快建设制造强国、支持传统产业优化升级，从而推动我国经济实现高质量发展。

案例 19，以中国人寿充分发挥自身优势，从"止血"实体经济、到"输血"实体经济、再到"造血"实体经济，多措并举支持实体经济发展为例，展现出疫情防控背景下，中国人寿认真践行金融服务实体经济的天职和宗旨，充分发挥保险、投资、银行综合金融优势，助力实体经济发展。案例 20，以我国太钢不锈钢精密带钢有限公司自主研发出世界上厚度仅为 0.015 毫米的最薄不锈钢箔，实现占据该领域的新技术"高点"，变"高价买"为"平价造"，让"卡脖子”问题不再“掉链子”的事例，展现出我国企业制造实力不断增强，逐步迈向全球制造业价值链的中高端。

案例 19：中国人寿多措并举支持实体经济“疏血通脉”

今年 4 月，国务院常务会议部署促进消费的政策举措，助力稳定经济基本盘和保障民生改善，同时确定加大金融支持实体经济的措施。中国人民银行、银保监会联合召开金融支持实体经济座谈会，抓好近期各项金融政策的落地工作，加大疫情防控和经济社会发展金融支持，保障物流畅通和促进产业链供应链循环。

作为金融央企，中国人寿深入贯彻相关决策部署，认真践行金融服务实体经济的天职和宗旨，充分发挥保险、投资、银行综合金融优势，一揽子满足实体经济对风险保障、直接融资和银行信贷的综合金融需求，支持企业自主创新、支持产业链提升、畅通经济循环、促进中小微企业“专精特新”发展等，推动公司发展与实体经济同频共振、互促共荣。

扎密织牢民生“安全网”：发挥风险保障功能强力“止血”实体经济

“深化金融供给侧结构性改革必须贯彻落实新发展理念，强化金融服务功能，找准金融服务重点，以服务实体经济、服务人民生活为本。”

一犁春泥，万亩新绿，四川省广元市旺苍县东河镇南峰村的茶园里，一排排嫩绿的茶树错落有致。“3 月中旬，广元天气在快速回暖后，又突然出现大面积降温，就怕影响茶叶品质。”当地一位茶企负责人罗先生说，“幸好提前购买了中国人寿的茶叶天气指数保险，让我有了更多底气。”

罗先生提到的茶叶天气指数保险，是中国人寿财险广元市中心支公司因地制宜创新开发的一款特色农险产品方案，只需触发理赔条件，即依据投保面积进行赔付，无须查勘核实实际受损面积，有效解决了传统农险产品承保难、定损难、理赔难的问题，为春茶“挡风遮雨”。自 2021 年 1 月在旺苍县试点开办以来，已累计为 50 户茶企、茶农提供近 1500 万风险保障，切实提高当地茶产业抗风险能力。

除了农民群体之外，小微企业、个体工商户、城镇低收入人群、贫困人群和残疾人、老年人等特殊群体也都是中国人寿的牵挂。近年来，中国人寿探索出“政府 + 银行 + 保险”“银行 + 保险”等贷款保证保险业务模式,为电子、食品、建筑、物流、电商等产业链上下游企业提供风险保障,仅2022年一季度,就支持6000余家小微企业获得融资金额12.8亿元。

一直以来,中国人寿坚守本源、专注主业,突出保障特色,扩大优质保险产品供给,通过提供充足的事后经济补偿、事前事中风险预防管控,加强民生兜底保障和遇困群众救助。2021年为境内企业和个人提供风险保障金额近540万亿元,截至2021年末在办大病保险项目超过200个,覆盖超3.5亿城乡居民,长期护理保险保障人群超2300万人,老龄保险承保超过5000万老龄人口,有效补充了政府部门对特定人群的常态化保障机制,通过使人们贫有所济、病有所医、老有所养、灾有所救,支持释放居民消费潜力,助力实体经济有效"止血"。

疏通"大动脉":构筑"大市场":发挥投资长周期优势全力"输血"实体经济

"建设现代流通体系是构建以国内大循环为主体、国内国际双循环相互促进的新发展格局的一项重要战略任务。"

这是上海外卖小哥小杨今天送的第28单了,相较于以往常送的餐食,此时他的电动车上满满当当堆着米面油,赶着为客户送去这些急需物资。面对此次新冠肺炎疫情,卡车司机、快递小哥等物流从业者成为保障物流供应链"不断流"的重要力量。

物流通则循环畅,保畅通就是稳经济。穿梭于城市之间的货运物流,是保障生产生活物资供应链的"主动脉",稳定的资金流则是助力物流企业正常运转的"血液"。中国人寿积极响应号召,落实金融支持货运物流保通保畅等工作要求,除了发挥保险功能作用,推出多项针对性举措,为物流企业纾困解难、全力做好车险服务保障外,还利用保险资金期限优势,支持现代流通体系建设。截至2022年一季度末,在该领域存量投资规模超4000亿元,涌现出一大批典型投资项目。例如,出资10亿元支持济南新旧动能转换先行区物流体系和基础设施建设,出资50亿元参与中远海运项目,设立规模近30亿元的现代物流产业基金等,为构建以国内大循环为主体、国内国际双循环相互促进的新发展格局提供有力支撑。

与此同时,中国人寿将国家发展的重点区域、重点产业、重点工程作为服务主阵地，持续加大对“两新一重”、战略性新兴产业、科技创新等领域的资金支持，加快对实体经济进行资金“输血”，不断提升服务质效。截至2022年一季度末，直接服务实体经济存量投资规模超过3.4万亿元。其中，在基础设施投资领域，累计投入资金规模超1万亿元，参与城市轨交建设、棚改安居、路桥建设等项目；在推动国企改革方面，先行先试积极贯彻落实央企改革重大战略部署，例如出资217亿元参与联通混改，出资220亿元参与东航股权多元化改革，出资100亿元参与华能债转股项目；在重大科技战略领域，积极落实推进国产自主可替代计划，为企业输入长期股权资金，例如设立总规模50亿元的科创基金，围绕数字经济产业，储备项目已超过50个，覆盖算法科技、物联网、先进制造、医疗等赛道，推动“卡脖子”领域孵化布局。

“及时雨”与“组合拳”：发挥资金融通作用大力“造血”实体经济

“市场主体是稳定经济基本盘的重要基础。当前一些市场主体特别是中小微企业、个体工商户困难多、压力大，必须着力帮扶他们渡过难关。”

“突如其来的疫情对我们小微企业打击很大，货物没有办法及时运出去，货款也收不回来，经营受到很大影响。”一筹莫展的崔先生是上海一名从事纺织、服装及家庭用品批发的小微企业主，在中国人寿集团成员单位广发银行有一笔余额为330万的抵押易贷款，原本应于3月30日还款，但因为疫情原因还款出现困难。广发银行上海分行徐汇支行客户经理在了解到崔先生的困难后，急客户之所急，立即帮他申请无还本续贷业务，成功帮助解决资金近期周转难题。

上海抗疫工作面临很大压力。广发银行以实际行动坚决落实稳保政策，迅速推出金融支持上海抗疫举措15条，制定加大线上化产品投放、积极开展无缝续贷、主动减费让利等举措，为大量亟须帮助的小微企业“雪中送炭”，目前已累计投放相关融资超8000万元，保障信贷资源供给，携手小微企业共渡难关。据统计，广发银行上海分行2022年3月普惠小微进件量较2月环比净增90%，一季度对公普惠小微贷款同比增加174%，持续扩大普惠金融覆盖面，不断为小微企业注入金融活水。

广发银行不断加大对实体经济重点领域和薄弱环节的信贷支持力度，降低中小微企业融资成本。截至2021年底，贷款规模超2万亿元，

2021年减费让利27亿元。同时，广发银行还实施降低利率、中小微企业延期还本付息等措施，切实“造血”激发企业内生动力。扎实做好普惠金融，推出线上普惠金融产品，精简信贷业务流程，发行300亿元小微金融债，专项支持小微企业资金需求。截至2022年一季度末，普惠型小微企业贷款余额超1400亿元，较年初增长近70亿元。助力解决民营企业融资难问题，截至2022年一季度末，民营企业贷款余额近3340亿元。大力扶持先进制造业，放宽制造业贷款补贴范围，截至2022年一季度末全行制造业贷款余额近1500亿元。支持战略性新兴产业发展，给予定价优惠，2022年一季度末全行战略性新兴产业贷款余额较年初增幅34%。

根深则叶茂，本固则枝荣。经济是肌体，金融是血脉，两者共生共荣。中国人寿将以服务实体经济、服务人民生活为本，发挥专业优势支持实体经济发展，为实体经济发展提供更高质量、更有效率的金融服务，主动作为、应变克难，实现要素资源、实体经济、金融保险的协同融合，不断畅通金融血脉、服务民生百业，在更高水平满足人民对美好生活的向往中厚植发展根基。

（新华网，2022年5月6日）

19.1 案例思考讨论

（1）从“止血”实体经济到“输血”实体经济，再到“造血”实体经济，如何看待中国人寿多措并举支持实体经济“疏血通脉”？

（2）结合中国人寿作为金融央企，认真践行金融服务实体经济的天职和宗旨，助力实体经济发展的事例，谈谈下一步将如何“把发展经济的着力点放在实体经济上”？

19.2 案例分析启示

中国人寿截至2022年一季度末，直接服务实体经济存量投资规模超过3.4万亿元。其中，在基础设施投资领域，累计投入资金规模超1万亿元，参与城市轨交建设、棚改安居、路桥建设等项目；在推动国企改革方面，先行先试积极贯彻落实央企改革重大战略部署，例如出资217亿元参与联通混改，出资220亿元参与东航股权多元化改革，出资100亿元参与华能债转股项目；在重大科技战略领域，积极落实推进国产自主可替代计划，为企业输入长期股权资金，例如设立总规模50亿元的科创基金，围绕数字经济产业，储备项目已超过50个，覆盖算法科技、物联网、先进制造、医疗等赛道，推动“卡脖子”领域孵化布局。中国人寿充分发挥保险、投资、银行综合金融优势，一揽子满足实体经济对风险保障、直接融资和银行信贷的综合金融需求，支持企业自主创新、支持产业链提升、畅通经济循环等，发挥投资长周期优势全力“输血”实体经济。

金融服务实体经济是其天职。这既是由实体经济的地位与价值所决定，也是受金融服务的本质与宗旨所影响。一方面，实体经济是一国经济中提供商品和服务、用于满足人们生活和生产需要的经济组成部分，是一国经济的立身之本，是财富创造的根本源泉，是国家强盛的重要支柱，承载着国家未来的核心竞争力，决定着国家未来的经济增长。因此，必须通过金融服务大力夯实实体经济基础。另一方面，金融是实体经济的血脉，为实体经济服务是金融的天职，是金融的宗旨，也是防范金融风险的根本举措。金融要把为实体经济服务作为出发点和落脚点，全面提升服务效率和水平，把更多金融资源配置到经济社会发展的重点领域和薄弱环节，更好满足人民群众和实体经济多样化的金融需求。从“止血”实体经济到“输血”实体经济，再到“造血”实体经济，中国人寿从金融服务层面多措并举支持实体经济“疏血通脉”，就是体现着金融服务实体经济的本质要求。

当前，在“两个大局”相互交织的背景下，我国经济发展面临需求收缩、供给冲击、预期转弱三重压力。在此背景下，我们应深刻认识实体经济发展环境新变化，切实优化实体经济的发展环境。首先，切实降低实体经济企业成本。针对造成实体经济企业成本居高不下的关键因素，制定可操作、可落地、可检查的系统性政策措施。围绕创造实体经济的良好体制环境破题发力，推动资源要素向实体经济集聚、政策措施向实体经济倾斜，正确引导实体经济发展，为其创造良好的政策环境。其次，着力构建国家制造业创新体系。创新是制造业发展的原动力，要强化创新引领作用，加强基础研究和应用研究，引领创新型研究、前瞻性研究，培育更多的原创性、颠覆性技术革新，促进实体经济与科技创新及国家制造业协同发展，以科技创新引领实体经济的发展。再次，强化金融服务实体经济的功能。做好虚拟经济和实体经济之间的平衡，要避免金融资本“脱实向虚”，通过金融财政的杠杆作用推进实体经济的持续发展，保证金融资本服务于实体经济。最后，加快建设多层次制造业人才队伍。深入实施人才强国战略，落实新时期产业工人队伍建设改革方案和制造业人才发展规划指南，深化校企合作，培养一大批具有创新精神和国际视野的企业家人才、各行业各领域技术创新的专家型人才和高级经营管理人才，建设知识型、技能型、创新型劳动者大军。

拥有坚实发达的实体经济，是使我国具有长远竞争力的关键所在。改革开放40多年来，我国经济依靠实体经济发展实现了历史性飞跃，取得了历史性成就。当前，面对百年未有之大变局、面对新冠肺炎疫情的持续冲击，我们只有稳住实体经济，稳住中国经济发展的根基，才有应对各种风险挑战的底气，才能在“十四五”时期推动我国经济由量大转向质强，扎扎实实实现2035年远景目标。

案例20:“手撕钢”见证中国制造实力

在攻关技术、制定标准的赛道上勇攀高峰，在科技创新、推动技术成果转化等方面先行先试，彰显了中国制造的硬核实力。

将提升全产业链水平作为主攻方向，不断加强自主创新，提高制造业供给体系质量，我们一定能助推中国制造不断迈向全球价值链中高端。

“百炼钢做成了绕指柔”，这是习近平总书记在山西考察期间，对国产“手撕钢”的称赞。在不久前举办的第六届中国工业大奖发布会上，这款由太钢不锈钢精密带钢有限公司自主研发的世界最薄不锈钢箔“手撕钢”脱颖而出，摘得大奖。

明明是一卷钢材，展开后薄如蝉翼，用手便能轻易撕开……“手撕钢”是一种宽幅超薄的精密不锈带钢。这种国家重要新兴领域急需的高精尖基础材料，我国在很长时间内不具备生产能力，一度面临只能高价进口的困境，进口一克需要数百元。近年来，随着航天、核电、新能源等新兴产业飞速发展，国内市场对这一产品的需求不断增长，关键技术受制于人导致的供需矛盾日益显现。在这一背景下，国产“手撕钢”横空出世，占据了新技术“高点”，补上了产业链“断点”，变“高价买”为“平价造”，更让“卡脖子”问题不再“掉链子”。

从生产平平无奇的“大路货”到制造高端先进的“手撕钢”，背后是企业十年磨一剑的坚守。为自主生产厚度仅为普通打印纸 1/4 的钢材，太钢技术团队历经十余年攻关，先后进行 700 多次试验，攻克 170 多个设备难题、450 多个工艺难题，成功叩开 0.02 毫米不锈钢箔材的大门。2020 年，团队再次突破轧制等工艺的极限，生产出厚度为 0.015 毫米的“手撕钢”，可用于制造新能源汽车电池。正是这份耐住性子、苦练内功的毅力和心气，才让企业具备了应对变局的实力和底气，最终完成转型升级的华丽蝶变。

把好钢用在“刀刃”上，以科技创新为发力点提高供给质量，是山西太钢乃至整个钢铁产业实现超预期增长的重要经验。数据显示，2020 年我国重点统计钢铁企业销售收入 47033 亿元，同比增长 10.86%。经历去产能阵痛，我国钢铁业之所以能扛住新冠肺炎疫情冲击，不仅源自完备的产业链优势，更得益于上下游企业的创新合作。在疫情防控中，“手撕钢”、高品质轴承钢、齿轮钢等新产品销售额逆势上扬，不断满足用户新需求，既稳定了钢铁产能，也拓展了市场空间，助力钢铁工业发展稳中向好。

中央经济工作会议要求，“增强产业链供应链自主可控能力”“尽快解决一批‘卡脖子’问题，在产业优势领域精耕细作，搞出更多独门绝技”。从中国工业大奖榜单看，向前沿、高端寻求突破是获奖企业的共性特点。从“手撕钢”到汽车变速器，从超导材料到人工智能开放平台，不少获奖企业在攻关技术、制定标准的赛道上勇攀高峰，在科技创新、推动技术成果转化等方面先行先试，彰显了中国制造的硬核实力。

今日中国，作为世界第一制造大国的地位更加巩固。2019 年制造业增加值占全球 28.1%，2020 年全国规模以上工业企业实现利润同比增长 4.1%，“十三五”时期论证通过和启动建设国家制造业创新中心十余个……一个个数据，已化作我国加快建设制造强国的充足底气和强大自信。将提升全产业链水平作为主攻方向，不断加强自主创新，提高制造业供给体系质量，我们一定能助推中国制造不断迈向全球价值链中高端。

（韩鑫：《人民日报》，2021 年 2 月 22 日）

20.1 案例思考讨论

（1）太钢不锈钢精密带钢有限公司从生产平平无奇的“大路货”到制造高端先进的“手撕钢”，其实现制造能力华丽蝶变的根本原因是什么？

（2）结合太钢不锈钢精密带钢有限公司“手撕钢”研发制造的事例，谈谈你对中国制造业如何解决一批“卡脖子”问题，搞出更多“独门绝技”，加快建设制造强国的认识？

20.2 案例分析启示

太钢不锈钢精密带钢有限公司坚持不懈在攻关技术、制定标准的赛道上勇攀高峰，历经十余年攻关，先后进行700多次试验，攻克170多个设备难题、450多个工艺难题，成功叩开0.02毫米不锈钢箔材的大门，最终生产出厚度为0.015毫米的“手撕钢”。近年来，随着航天、核电、新能源等新兴产业飞速发展，我国对高端钢铁制品这一产品的需求不断增长。与此同时，我国长期不具备生产能力、只能高价进口的现象，导致该制造领域的供需矛盾日益显现。因此，太钢不锈钢精密带钢有限公司坚持在科技创新、推动技术成果转化等方面先行先试，不断加强自身的自主创新能力和提高供给体系质量，以期实现制造能力的华丽蝶变。

制造业是国民经济的主体，是科技创新的主战场。打造具有国际竞争力的制造业，是我国提升综合国力、保障国家安全、建设世界强国的必由之路。党的十九届六中全会提出，推进制造强国建设，加快发展现代产业体系，壮大实体经济。这为建设制造强国指明了前进方向，提供了根本遵循。在新时期新发展阶段上，我国加快建设制造强国要始终坚持以下任务与方面：一是培育壮大新兴产业，推动重点领域率先突破。新兴产业是经济体系中最有活力、最具增长潜力的部分，是我国抢占未来竞争制高点、实现引领型发展的关键。二是提升装备制造竞争力。装备制造业是一个国家制造业的脊梁，目前我国装备制造业还有许多短板，要加大投入、加强研发、加快发展，努力占领世界制高点、掌控技术话语权，使我国成为现代装备制造业大国。三是加快发展现代服务业，促进制造与服务协同发展。现代服务业是实体经济和制造业发展的重要支撑，特别是生产性服务业，对于提高制造业附加值和竞争力具有重要意义。四是大力推进智能制造，促进信息化与工业化深度融合。信息化与工业化融合将带来巨大市场空间，是大国产业博弈的重要阵地。五是培育世界级先进制造业集群，促进大中小企业融通发展。产业集群是中小企业发展的重要组织形式和载体，对推动企业专业化分工协作，有效配置生产要素、降低创新创业成本、节约社会资源、促进区域经济社会发展都具有重要意义。基于此，我国制造业能力将不断增强，作为世界第一制造大国的地位将更加巩固。

制造业是立国之本、兴国之器、强国之基。培育经济增长新动力，塑造国际竞争新优势，重点在制造业，难点在制造业，出路也在制造业。今日之中国，拥有世界最大规模研发队伍、最多发明专利授权量，拥有超大规模市场和完善工业体系，正成为各种创新要素发挥集聚效应的广阔平台，发展潜力无限。未来之中国，我们要以自主创新扎实推动制造强国建设，要着眼长远、抓好当前，解决脱实向虚、市场、资金、观念、作风、决策机制、人才和结构等一系列外部和内部问题，坚定不移推进建设制造强国。

知识链接和特别关注

实体经济

实体经济是指物质的、精神的产品和服务的出产、流通等经济行为。包含农业、工业、商业服务业、建筑业等物质出产和服务部门，也包含教育、文化、知识、信息、艺术、体育等精神产品的出产和服务部门。它是一个国家的经济支柱，是一个社会生存和发展的重要基础。一个经济体的兴衰，最终取决于其实体经济的效率、规模和总体实力。

制造强国

制造业是国民经济的主体，是立国之本、兴国之器、强国之基。18世纪中叶开启工业文明以来，世界强国的兴衰史和中华民族的奋斗史一再证明，没有强大的制造业，就没有国家和民族的强盛。打造具有国际竞争力的制造业，是我国提升综合国力、保障国家安全、建设世界强国的必由之路。党的十八大以来，我国新型工业化步伐显著加快，迎来了从“制造大国”向“制造强国”的历史性跨越。当前，我们必须坚定不移地发展制造业，扎实推进制造强国建设，为实现“第二个一百年”奋斗目标和中华民族伟大复兴的中国梦提供强大支撑。

案例主题四：完善社会主义市场经济体制

社会主义市场经济体制是中国特色社会主义的重大理论和实践创新，是社会主义基本经济制度的重要组成部分。1992年，党的十四大提出了我国经济体制改革的目标是建立社会主义市场经济体制。经过多年实践，特别是党的十八大以来，我国坚持全面深化改革，充分发挥经济体制改革的牵引作用，不断完善社会主义市场经济体制，极大调动了亿万人民的积极性，极大促进了生产力发展，极大增强了党和国家的生机活力，创造了世所罕见的经济快速发展奇迹。但与此同时，我国社会主义市场经济体制仍存在市场秩序不规范、生产要素市场发展滞后、市场规则不统一、市场竞争不充分等问题，需要不断改革和完善。

完善社会主义市场经济体制，是全面深化改革的重要内容，是贯彻新发展理念、建设现代化经济体系的重要任务。2020年5月发布的《中共中央国务院关于新时代加快完善社会主义市场经济体制的意见》指出，要“在更高起点、更高层次、更高目标上推进经济体制改革及其他各方面体制改革，构建更加系统完备、更加成熟定型的高水平社会主义市场经济体制”。这为当前和今后一个时期加快完善社会主义市场经济体制提供了行动纲领。具体而言，体现为坚持社会主义市场经济改革方向、深化国有企业改革、激发市场活力与创新完善宏观调控等四方面举措。

案例21，以中国宝武通过深化国有企业改革，实现了粗钢产量从5849万吨提高到1.15亿吨、营业收入和利润总额双双创下历史新高、世界500强排名从2016年的275位跃升至2020年的111位等一系列历史性跨越，跃上了发展新台阶，不断增强企业竞争力、创新力和抗风险能力，实现发展新飞跃为例，展现出新时代深化国有企业改革的重要价值与现实意义。案例22，以新冠肺炎疫情大背景下，中国政府通过积极为企业雪中送炭、减税降费两条腿走路和积极有为的财政政策等系列举措，不断激发市场主体活力为例，体现出我国各级政府积极转变政府职能，更好发挥政府作用，从而实现社会经济持续健康发展。

案例21：中国宝武增强竞争力、创新力和抗风险能力：改革激发企业内生活力

粗钢产量从5849万吨提高到1.15亿吨，几近翻番，实现"亿吨宝武"的历史性跨越；营业收入和利润总额双双创下历史新高，分别增长115%和548%；世界500强排名从2016年的275位跃升至2020年的111位……"十三五"期间，在改革的助力下，中国宝武发展跃上新台阶。

坚守"成为全球钢铁业引领者"愿景和"共建高质量钢铁生态圈"使命，力争到2022年底实现国内市场占有率15%、人均产钢量1400吨、研发投入率达到全球钢铁业一流水平……在国企改革三年行动中，中国宝武全面梳理了"十四五"期间的重点任务，树立了具体目标、明确了清晰路径，一些举措已经相继落地。

——积极稳妥深化混合所有制改革

2020年，中国宝武投资新增混合所有制企业11户，推进存量企业混改项目10个。其中，欧冶云商完成科创板IPO申报，欧冶化工宝通过上海联合产权交易所实现增资扩股，引入非国有资本。中国宝武提出，三年行动中，要完成子公司"宜混尽混""已混深混"，原则上一级子公司完成改制上市；积极引入各类战略投资者，优化股权结构，参与公司治理，真正实现混资本改体制转机制，形成自我激励自我约束的运营机制。

——深入推进公司治理体系和能力现代化

对重庆钢铁实行以派出董事为依托的治理型管控和个性化授权体系，依法依规实施更加市场化的差异化管控；推进钢铁业板块、园区业板块和产业金融板块等专业化区域化平台公司建设；成立山西总部、马鞍山总部等综合型总部，进一步发挥区域总部对集团管控的助力作用。

——健全市场化经营机制

用好激励，才能释放活力。去年以来，中国宝武灵活使用政策包、工具箱，对所属企业实施分类激励。目前已有四家上市公司实施了股权激励，其中两家实施了多期计划。下一步，中国宝武将全面推行子公司经营管理团队任期制和契约化管理，全面落实市场化用工制度，深入完善市场化薪酬分配机制，形成反应灵敏、运行高效、充满活力的市场化经营机制。

——以高质量党建引领高质量发展

中国宝武提出，要建立与“一总部多基地”管控模式及智慧制造发展方向相适应的“三基（基层组织、基础工作、基本能力）建设”模式，实现扁平化、网络化、大跨度管理；全面提升党委书记履职能力，配齐配强党务干部，严格基层基础管理，打造新形势下党建与生产经营深度融合的工作体制和机制。

“改革是激发企业内生活力的重要源泉。”中国宝武党委书记、董事长陈德荣表示，2021年，中国宝武将以国企改革三年行动为契机，实施混合所有制改革上市工程、实施具有宝武特点的中国特色现代企业制度建设工程、实施市场化经营机制创新工程，推动改革发展深度融合、高效联动，不断增强国有经济竞争力、创新力、控制力、影响力和抗风险能力。

（刘志强：《人民日报》，2021年2月25日）

21.1 案例思考讨论

（1）如何理解中国宝武党委书记、董事长陈德荣提出的“改革是激发企业内生活力的重要源泉”？

（2）结合中国宝武能实现“亿吨宝武”的历史性跨越，迈入发展新台阶的事例，谈谈新时代深化国有企业改革的主要任务？

21.2 案例分析启示

“十三五”期间，中国宝武积极实行国有企业改革，实现了粗钢产量从5849万吨提高到1.15亿吨、营业收入和利润总额双双创下历史新高、世界500强排名从2016年的275位跃升至2020年的111位等一系列历史性跨越,跃上了发展新台阶,增强了国有经济的竞争力、创新力、控制力、影响力和抗风险能力。中国宝武通过深化国有企业改革,实现自身发展新飞跃的事例,为我们新时代深化国有企业改革提供了发展方向。

国有企业作为国有经济的主要载体，是中国特色社会主义的重要物质基础和政治基础,是党执政兴国的重要支柱和依靠力量,关系公有制主体地位的巩固,关系党的执政地位和执政能力,关系我国社会主义制度。深化国有企业改革,坚定不移地把国有企业做强做优做大,是坚持和发展中国特色社会主义的必然要求,也是完善社会主义市场经济体制的重要内容。改革开放以来,国有企业改革发展不断取得重大进展,国企的运行质量和经营效益得到显著提高,对经济社会发展、保障和改善民生、开拓国际市场、增强我国综合实力做出了重大贡献。但也要看到,国有企业仍然存在一些亟待解决的突出矛盾和问题:一些企业市场主体地位尚未真正确立,现代企业制度还不健全,国有资产监管体制有待完善,国有资本运行效率需进一步提高;一些企业管理混乱,内部人控制、利益输送、国有资产流失等问题突出,企业办社会职能和历史遗留问题还未完全解决;一些企业党组织管党治党责任不落实、作用被弱化。

深入推进国有企业改革,首要一条就是牢牢把握改革的正确方向。具体而言,一是要完善各类国有资产管理体制。建立健全各类国有资产监督法律法规体系,改革国有资本授权经营体制,以管资本为主深化国有资产监管机构职能转变，创新监管方式和手段，深化国有资本投资运营公司综合性改革。二是要加快国有经济布局优化、结构调整、战略性重组。推动国有经济向关系国家安全、国民经济命脉和国计民生的重要行业和关键领域,重点基础设施集中,推动国有资本形态转换和结构调整,推动国有企业战略性重组。三是要发展混合所有制经济。积极推进主业处于充分竞争行业和领域的商业类国有企业混合所有制改革,大力推动国有企业改制上市,在取得经验基础上稳妥有序开展国有控股混合所有制企业员工持股，鼓励包括民营企业在内的非国有资本投资主体通过多种方式参与国有企业改制重组，鼓励国有资本以多种方式入股非国有企业,建立健全混合所有制企业治理机制。四是要形成有效制衡的公司法人治理结构和灵活高效的市场化经营机制。在全面完成公司制改革的基础上积极推进股份制改革，全面推进规范董事会建设，持续深化企业内部各项制度改革。五是要加强监管，有效防止国有资产流失。以国有资产保值增值、防止流失为目标，加快形成全面覆盖、分工明确、协同配合、制约有力的国有资产监督体系。六是要培育具有全球竞争力的世界一流企业。支持国有企业深入开展国际化经营，形成一批引领全球行业技术发展、全球产业发展中具有话语权和影响力的领军企业。

案例 22：放水养鱼，激发市场活力

上半年，中国减税降费力度空前，真金白银为市场主体带来了满满获得感。财政部日前发布的《2020 年上半年中国财政政策执行情况报告》显示，上半年新增减税降费 1.5 万亿元，191 万户企业和个人享受小规模纳税人增值税减免，2—6 月减免企业社保费 5769 亿元，一连串数字展现了减税降费的显著实效。

为企业雪中送炭

“增值税减免、社保费减免等优惠政策延长了，今年可为公司再节省 175.9 万元！”不久前，安徽省黄山悦榕旅游发展有限公司的负责人收到了来自税务部门的“惊喜”。

面对疫情，餐饮、旅游、电影院等行业受到重创，与此同时，不断加码的减税降费政策，为几乎跌入“冰点”的行业雪中送炭。据统计，1 月 1 日起实施的对受疫情影响较大的交通运输、生活服务等行业免征增值税政策，截至 5 月底共新增减税 110.54 亿元，使 28.18 万户企业受益。

日前，财政部部长刘昆在接受采访时介绍，全年将新增减税降费超过 2.5 万亿元，“放水养鱼，助力市场主体纾困发展，为各行业复工复产复业提供了有力支持”。

《报告》显示，上半年全国累计新增减税降费 15045 亿元，其中，今年新出台的支持疫情防控和经济社会发展的政策措施新增减税降费 8941 亿元。围绕疫情防控和经济社会发展的要求，一系列减税降费的财税政策“组合拳”打出，前期出台 6 月前到期的减税降费政策执行期限延长到年底，更为市场主体注入了强心针。

中国宏观经济研究院产业所工业研究室主任付保宗指出，减税降费政策能有效对冲疫情对企业生产经营带来的压力，帮助市场主体加速复苏,缓解供需收缩导致的效益滑坡,“从长远看,还将有助于更多实体企业轻装前行,充分释放投资潜力、市场活力和创新动力”。

减税降费两条腿走路

上半年减税降费“成绩单”十分亮眼,减税、降费两条腿走路,确保市场主体有实实在在的“减负”感。

国家税务总局日前发布的数据显示,减税方面,上半年累计新增减税 5414 亿元;降费方面,上半年新增社保费降费 9631 亿元,其中新增非税收入降费 259 亿元, 非税收入中的全国教育费附加等专项收入同比下降 4%,行政事业性收费收入同比下降 9.7%,企业负担持续减轻,涉企收费继续下降。

一系列减税降费政策,有力支持了疫情防控物资保障,帮扶小微企业和个体工商户渡过难关,促进企业复工复产,缓解了企业的资金压力。据统计, 对疫情防控重点保障物资生产企业全额退还 1 月 1 日后的增值税增量留抵税额,截至 5 月累计退税 102.02 亿元;小规模纳税人减免增值税政策,截至 5 月底新增减税 104.86 亿元,191 万户企业和个人受益;地方政府对符合条件企业实施房产税和城镇土地使用税困难减免政策,新增减税 156.25 亿元;2—6 月,三项社会保险共减免企业社会保险费 5769 亿元,缓缴 431 亿元;免征部分收费基金,新增降费 53.07 亿元。

为落实已取消、停征、免征及降低征收标准的收费基金优惠政策,加大降费力度向企业和居民让利,财政部日前出台了《关于加强非税收入退付管理的通知》,确保非税收入退到位、非税收入及时退、非税退付管到位。

有关负责人介绍,财政部将在退付管理中积极推进电子退付,强化内部管理,确保非税收入应退尽退。财政部要求,有关部门要积极宣传、准确解读减税降费政策要求, 确保减税降费红利及时足额惠及缴款企业和个人,增加群众获得感。

财政政策积极有为

今年以来,积极的财政政策持续发力、更加有为有效,为统筹推进疫情防控和经济社会发展各项工作提供有力支撑。

财政资金“活水”直达市县基层,确保财力真正下沉。目前,1 万亿元抗疫特别国债已全部发行完毕,截至 7 月 29 日,已有 5105 亿元落实到 24199 个项目,主要用于基础设施建设和抗疫相关支出。除了发行抗疫特别国债,今年赤字规模也新增 1 万亿元,特殊转移支付机制实行直达管理的 1.7 万亿元资金中,省级财政部门已细化下达 1.5 万亿元,市县财政部门已细化落实到项目 1.29 万亿元。

今年以来,受疫情冲击、减税降费等因素影响,财政出现减收,一些基层市县保基本民生、保工资、保运转的“三保”压力加大。与此同时,中央对地方财政支持力度空前,对地方转移支付达到 83915 亿元,比上年增加 9500 亿元、增长 12.8%,增量和增幅都是近年来最高。“总的看,地方财政运行是正常的,是稳定的。”刘昆说。

国务院发展研究中心宏观经济研究部副研究员杨光普认为,针对减税降费可能给财政收支平衡带来的压力,政府要过紧日子,压缩非急需非刚性支出,同时发挥财政资金的乘数效应,提高财政资源配置效率和使用效益,“关键是要优化财政支出结构和方式,强化财政支出纪律。”

“综合看,我国经济稳中向好、长期向好的基本面没有改变,随着经济发展稳定转好,通过努力,我们有信心完成今年财政工作各项目标任务。”刘昆说。

〔汪文正:《人民日报》(海外版),2020 年 8 月 14 日〕

22.1 案例思考讨论

(1)如何理解财政部刘昆部长提出的“放水养鱼,助力市场主体纾困发展,为各行业复工复产复业提供了有力支持”?

(2)结合疫情防控背景,谈谈当前我国如何激发市场主体活力,确保经济稳中向好、长期向好?

22.2 案例分析启示

2020 年上半年,面对突如其来的新冠肺炎疫情和复杂严峻的国内外形势,中国经济运行面临巨大挑战。对此,中国政府出台了一系列力度空前的减税降费政策和财政政策,希望用真金白银为市场主体带来获得感,从而激发市场活力。数据显示,2020 年上半年累计新增减税 5414 亿元,新增社保费降费 9631 亿元,其中新增非税收入降费 259 亿元,非税收入中的全国教育费附加等专项收入同比下降 4%,行政事业性收费收入同比下降 9.7%,企业负担持续减轻,涉企收费继续下降。

市场主体是经济发展的基本载体,是经济活动的主要参与者、就业机会的主要提供者、技术进步的主要推动者,在国家经济发展中发挥着重要作用。因此,市场主体的质量和活力关系到宏观经济整体的质量和活力。党的十八大以来,我国市场主体蓬勃发展、市场规模大幅拓展、市场结构持续优化、市场环境日益完善。但当前受全球新冠肺炎疫情大流行、国内疫情多点散发以及国际复杂形势的影响,我国市场主体生存发展面临诸多困难与挑战。如何激发各类市场主体活力,从而促进经济社会持续健康发展,是摆在我国政府面前的一项重大且急迫的现实问题。对此,我国各级政府积极转变政府职能,出台各项减税降费的财税政策,以期更好地发挥政府作用。案例中,我国政府围绕疫情防控和经济社会发展的要求,打出了一系列减税降费的财税政策"组合拳",以期帮助市场主体加速复苏,有效对冲疫情对企业生产经营带来的压力,从而保持企业的持续健康发展。

当前,受新冠肺炎疫情对经济活动的巨大冲击,一些企业和个体工商户面临的压力前所未有、遇到的困难不可低估,因而保护和激发市场主体活力非常必要而紧迫。我们应如何激发市场主体活力,具体而言,一是要转变政府职能,积极简政放权,更好发挥政府作用。转变政府职能的总方向,是创造良好发展环境、提供优质公共服务、维护社会公平正义。二是要完善产权保护制度、深化产权制度改革。产权制度是社会主义市场经济的基石,保护产权是坚持社会主义基本经济制度的必然要求,经济主体财产权的有效保障和实现是经济社会持续健康发展的基础。三是要全面实施市场准入负面清单制度,清理废除妨碍统一市场和公平竞争的各种规定和做法。市场准入负面清单制度是指政府以清单方式明确列出在我国境内禁止和限制投资经营的行业、领域、业务等,各级政府依法采取相应管理措施的一系列制度安排。实行市场准入负面清单制度,是发挥市场在资源配置中的决定性作用的重要基础,是更好发挥政府作用的内在要求,也是构建开放型经济新体制的必要措施。四是要完善主要由市场决定价格的机制,加快要素价格市场化改革,使市场在资源要素配置中起决定性作用。价格机制是市场机制的核心,市场决定价格是市场在资源配置中起决定性作用的关键。五是要促进民营企业高质量发展。民营经济是非公有制经济的重要经济组织形式，是社会主义市场经济发展的重要成果，也是推动社会主义市场经济发展的重要力量。

市场主体的发展壮大，是我国市场体系培育、完善、成熟的基石，是充分发挥市场在资源配置中的决定性作用和更好发挥政府作用的重要微观基础。当前，世界百年未有之大变局加速演进，中华民族伟大复兴进入关键时期，我们只有持续激发各类市场主体创新活力和发展动力，才能推动中国经济不断育先机、开新局，为全面建设社会主义现代化国家奠定更加坚实的基础。

知识链接和特别关注

社会主义市场经济体制

社会主义市场经济体制是中国改革开放以来所逐步建立的市场经济体制。1992 年 9 月，党的十四大报告把中国经济体制改革的目标模式确定为建立社会主义市场经济体制，使市场在资源配置中发挥基础性作用。这标志着党对经济改革理论的认识达到一个崭新的阶段。此后，从党的十五大到党的十七大，我们沿着这一方向不断从理论和实践上把市场化改革推向深入。党的十八大以来，在总结改革经验的基础上，党中央明确提出“使市场在资源配置中起决定性作用和更好发挥政府作用”的重要论断。2017 年 10 月 18 日，习近平总书记在党的十九大报告中指出，要加快完善社会主义市场经济体制。党的十九届五中全会通过的《中共中央关于制定国民经济和社会发展第十四个五年规划和二〇三五年远景目标的建议》明确提出，要“全面深化改革，构建高水平社会主义市场经济体制”。这是以习近平同志为核心的党中央立足我国新发展阶段和国际形势复杂深刻变化作出的重大抉择，标志着社会主义市场经济体制建设进入新的历史阶段。

国有企业改革

国有企业改革是中央实施做强做大国有企业方针的重大战略步骤，推进国有企业改革，要有利于国有资本保值增值，有利于提高国有经济竞争力，有利于强化国有资本功能。国有企业改革可划分为改革的初步探索、制度创新以及纵深推进三个阶段。国企改革是一个“摸着石头过河”的“试错”过程，是中央推动与地方实践上下结合的产物，本质上是生产力与生产关系的相互作用,符合建设社会主义市场经济的客观需要。传统国有企业在体制、机制以及管理制度等方面为适应社会主义市场经济体制而进行的改革。中心环节和核心内容是建立现代企业制度,增强国有企业活力,提高国有企业的经济效益。

2020年5月22日,国务院总理李克强在发布的2020年国务院政府工作报告中提出，提升国资国企改革成效。实施国企改革三年行动。2021年12月18日,国务院国资委举行的中央企业负责人会议上亮出的“十四五”开局之年“成绩单”,国企改革三年行动70%目标任务顺利完成。截至2021年底,中国国有企业公司制改革基本完成。

案例主题五：推动形成全面开放新格局

对外开放是我国的基本国策，是推动我国经济社会发展的重要动力。40多年来，我国坚持打开国门搞建设，从一个相对封闭的经济体转变成为与世界经济深度融合、日趋开放的经济体，取得了举世瞩目的发展成就。党的十八大以来，面对新时代新形势，以习近平同志为核心的党中央准确判断世界发展大势，准确把握全面开放内涵，坚持主动参与和积极推动经济全球化进程，发展更高层次的开放型经济，推动形成全面开放新格局。当前，世界正处于大发展大变革大调整时期，我国经济也正处在转变发展方式、优化经济结构、转换增长动力的攻关期，机遇前所未有，挑战前所未有，机遇大于挑战。面临新形势，中国对外开放的大门不会关闭，只会越开越大。具体表现为我国坚持推动“一带一路”建设，实施高水平对外开放政策。2013 年，习近平主席在哈萨克斯坦和印度尼西亚提出共建丝绸之路经济带和 21 世纪海上丝绸之路，即“一带一路”建设，作为新时期对外开放的新探索、新实践。党的十九大报告指出，要以“一带一路”建设为重点，坚持引进来和走出去并重，遵循共商共建共享原则，加强创新能力开放合作，形成陆海内外联动、东西双向互济的开放格局。“一带一路”这个根植于历史厚土、顺应时代大势的重大国际合作倡议，在高质量发展中成为推动构建人类命运共同体的重要实践平台，为各国开拓出一条通向共同繁荣的机遇之路，也为我国实施高水平对外开放，扩大开放范围、拓宽开放领域、加深开放层次，擘画了蓝图、指明了方向。

案例 23，以 2021 年 12 月 2 日中老铁路正式通车，帮助老挝变“陆锁国”为“陆联国”，并进一步加强中国与老挝及东盟各国的经济联系为例，反映出交通互联互通是“一带一路”建设的基础支撑、重要保障，体现出我国推动“一带一路”建设，为缩小地区国家间发展鸿沟、破解全球发展难题，提供了中国智慧与中国方案。案例24，以2021年11月5日—10日在上海举办的全球首个以进口为主题的国家级展会——第四届中国国际进口博览会为例，反映出我国进博会每年意向成交额不断增长，越来越多的外国展商落户长三角，扎根中国，展现出我国积极扩大对外开放水平，鼓励跨国企业和投资商进入中国，共享发展机遇。

案例23：中老铁路为“一带一路”添新通道

12月2日是老挝国庆日，今年是中国与老挝建交60周年，今年的老挝国庆日是一个特殊的日子——据老挝官方消息，历时5年建造的中老铁路将在12月2日正式通车。

新加坡《联合早报》报道称，中老铁路北起中国云南省会昆明，南至老挝万象，全线1000多公里，通车后昆明至万象有望实现当天通达。作为中国“一带一路”关键基建项目之一的中老铁路，将为进一步加强中国与东盟的经济联系提供动能。

变“陆锁国”为“陆联国”

北起中国云南省玉溪市，经普洱市、西双版纳、中老边境口岸磨憨，老挝著名旅游胜地琅勃拉邦，抵达老挝首都万象，这条全长1000多公里的中老铁路，是连接中老两国多地的跨国铁路，也是泛亚铁路中线的重要组成部分。中老铁路建成通车后，从云南昆明至景洪仅需3个多小时，至老挝万象有望实现直达运输、当日通达。

中老铁路建设历时5年。2015年11月13日，中老铁路项目签约仪式在北京举行。老挝政府副总理宋沙瓦·凌沙瓦与中国国家发展和改革委员会主任徐绍史分别代表两国政府签署了政府间铁路合作协定，标志着中老铁路正式进入实施阶段。2021年10月12日，中老铁路全线铺轨完成；10月16日，中老铁路“澜沧号”动车组交付；11月底，中老铁路老挝段客运服务信息系统工程调试完成，全线10座新建客运站全部具备客运服务条件。

“老挝是一个‘陆锁国’，山地高原广布，没有出海口。长期以来，地理环境、交通基础设施等因素严重制约了老挝参与全球化的能力，老挝一直是相对落后的农业国家。”中国社会科学院亚太与全球战略研究院“一带一路”研究室执行主任谢来辉接受本报记者采访时指出，对于老挝而言，中老铁路的开通，将极大提升老挝基础设施水平，为老挝发展注入强劲动力，帮助老挝发挥经济增长潜力，加快摆脱贫困，实现可持续发展目标。与此同时，中老铁路有利于老挝吸引国际投资者和游客，让老挝企业和普通民众更好地融入地区及全球供应链，享受地区一体化发展红利。

中国人民大学习近平新时代中国特色社会主义思想研究院副院长王义桅接受本报记者采访时指出，中老铁路是“一带一路”倡议提出后，首条以中方为主投资建设、与中国铁路网直接联通的国际铁路，是“一带一路”的标志性工程，体现了“一带一路”的核心思想——让大陆寻找海洋，帮助沿线国家实现陆海联通。中老铁路让老挝从“陆锁国”变为“陆联国”，彻底改变了老挝在海洋性全球化世界格局中的国家命运。

切实推动共同发展

“尽管新冠肺炎疫情的影响仍然存在，首班中老高速列车将在今年12月连接起中国西南边境与老挝首都万象，老挝境内全程414公里的铁路中，近一半是隧道。”法国国际广播电台报道称，自此，老挝人可通过火车把木材、水果、鱼、大米等原材料出口到中国。中国将向老挝运送厨房设备、建材及装修材料等商品。

据不完全统计，中老铁路全线建设期间，聘用当地工人1500多人，为沿线民众提供了大量的就业机会，直接拉动当地工程建设、建材供应、电力、农牧业、服务业、物流等产业。未来，中老铁路北接中国，南至泰国、马来西亚等国，将成为中南半岛南北大动脉的重要组成部分，有助于解锁老挝陆路交通困局、促进经济发展。

老挝国家工商会执行副会长道旺·帕占塔冯表示，中国是老挝第一大出口市场和投资来源国，也是老挝第二大进口来源国。中国每年从老挝进口大量农产品，铁路会促进老挝农业生产，增加对华农产品出口，老挝农民的收入会相应提高。

谢来辉指出，中老铁路是两国领导人高度重视、亲自推动的重要项目，全线采用中国技术标准、使用中国设备，实现高质量建设，是廉洁丝绸之路的试点项目。在疫情背景下，中老铁路能够如期建成通车，中国建设者在抗击疫情和履行项目能力方面取得重大成就，体现出“一带一路”建设在各种风险挑战下扎实有效推进的巨大能力。作为“一带一路”建设“沉甸甸、实打实的成就”之一，中老铁路体现了“一带一路”是实实在在的国际公共产品，是切实推动中国与沿线国家共同发展的合作平台，可以给沿线国家人民带来幸福感、获得感，满足沿线国家的现实发展需求。

正如老挝政府总理潘坎在东盟博览会所言：“未来，老中铁路将成为老中、东盟—中国增进经贸、投资、旅游、就业、文化交流和人员往来等合作的重要驱动力。”

提供“一带一路”样板

中老铁路的顺利开通，为中国与东盟国家打通铁路运输网络的重要通道。据《曼谷邮报》日前报道，随着中老铁路开通在即，老挝加入了之前由中国、泰国发起组建的“铁路合作联合委员会”，开始参加月度会议，商讨 3 国之间的铁路建设与运输协作问题。2021 年 3 月，中国企业签署中泰高铁项目 4–3 标段总承包合同，这是全长 870 公里跨国铁路的重要一环，其全线贯通后将把中国昆明、老挝万象和泰国曼谷连为一体。而毗邻老挝的泰国边境城镇廊开，将建起一座铁路桥与中老铁路相连。

“中老铁路顺利开通有利于促进中老两国高度政治互信，夯实双边高水平合作基础，深化两国经济合作，有力推动中老经济走廊建设，加强两国间民心相通。”谢来辉认为，中老铁路是中国与东南亚的跨国铁路网络的重要组成部分，作为“一带一路”“硬联通”的重要组成部分，中老铁路将极大促进中国与东盟国家的互联互通和经济一体化。

新加坡南洋理工大学拉惹勒南国际研究院副教授李明江说，中老铁路未来能否延伸至整个中南半岛，对中国与东南亚国家贸易投资、产业链等合作产生较大影响。中老铁路与中泰铁路衔接是大势所趋，两条铁路连接对中国、老挝和泰国都有好处，能让各国铁路发挥效益最大化。

王义桅认为，中老铁路的顺利开通，体现了“一带一路”建设的三大效应。其一，“一带一路”对推动中国改革开放，尤其边疆、沿海、沿江地区的向外开放,促进高质量发展,加强国际陆海大通道、城市群建设等起到重要作用。中老铁路将大大提升昆明面向东南亚的对外开放水平。其二,“一带一路”让中国和周边邻国结成更加紧密的命运共同体,加强与世界其他国家的交流合作。老挝作为经济欠发达的“陆锁国”,如今不仅通上铁路,而且开始实现电气化和5G信息通讯,弯道超车成为可能。其三,中老铁路对于落实泛亚铁路构想,实现中国与东南亚国家铁路互联互通和更大范围的陆海联通起到重要示范作用,也为全球范围内“一带一路”高质量建设提供样板。

〔高乔:《人民日报》(海外版),2021年11月30日〕

23.1 案例思考讨论

(1)为什么说中老铁路的建成,“让老挝从‘陆锁国’变为‘陆联国’,彻底改变了老挝在海洋性全球化世界格局中的国家命运”?

(2)中老铁路的建成通车,体现出我国在推动“一带一路”建设中哪些总体方向?

23.2 案例分析启示

中老铁路北起中国云南省会昆明,南至老挝万象,全线1000多公里,作为中国“一带一路”关键基建项目之一,其建成通车将进一步加强中国与老挝及其东盟各国的经济联系。首先,中老铁路的开通,将极大提升老挝基础设施水平,为老挝发展注入强劲动力,帮助老挝发挥经济增长潜力,加快摆脱贫困,实现可持续发展目标。其次,中老铁路的开通,将进一步促进老挝的农业生产,增加农产品、原材料出口。最后,中老铁路的开通,有利于老挝吸引国际投资者和游客,让老挝企业和普通民众更好地融入地区及全球供应链,享受地区一体化发展红利。可以说,中老铁路的建成开通为破解老挝发展难题,缩小地区国家间发展鸿沟、破解全球发展难题,提供了中国智慧与中国方案。

交通互联互通是“一带一路”建设的基础支撑、重要保障,扮演着“先行官”的关键角色。在中老铁路的建设过程中,中国牢牢把握“一带一路”建设的总体方向,以“一带一路”建设的基本原则、关键支撑与努力方向为着力点,深化两国合作。这也为我国下一阶段“一带一路”建设提供了参考,首先,坚持以共商共建共享为基本原则。共商共建共享，是“一带一路”建设的重要遵循。在新形势下，遵循共商共建共享原则，要充分考虑各国差异，共同探讨符合各国国情的合作模式，增强各参与方的获得感，充分调动各方面积极性。从中老铁路项目签约仪式、铁路建设铺轨、动车组交付，到两国领导人高度重视、亲自推动，再到中老经济走廊建设、两国民间的心灵相通，可以说，中老铁路的建设是“一带一路”建设过程中，坚持共商共建共享原则的典范。其次，以深化“五通”交流合作为关键支撑。政策沟通、设施联通、贸易畅通、资金融通和民心相通，是“一带一路”建设的核心内容。最后，以构建全面开放新格局为努力方向。新形势下推进“一带一路”建设，就是要助推内陆沿边地区成为开放前沿，实现开放空间逐步从沿海、沿江向内陆、沿边延伸。要加强“一带一路”建设同京津冀协同发展、长江经济带发展等国家战略的对接，统筹推进西部开发、东北振兴、中部崛起、东部率先“四大板块”发展，带动形成陆海内外联动、东西双向互济的开放格局。中老铁路的建成，将进一步推动我国西部地区与东南亚国家之间的联系，促进西部地区经济社会的发展。

2013 年秋，习近平总书记西行哈萨克斯坦、南下印度尼西亚，先后提出建设丝绸之路经济带和 21 世纪海上丝绸之路重大倡议。近以来，推动共建“一带一路”高质量发展，取得实打实、沉甸甸的成就，我国已先后与 152 个国家、32 个国际组织签署共建“一带一路”合作文件。实践证明，“一带一路”建设从倡议凝聚为共识，从理念转化为行动，从愿景转变为现实，建设成果丰硕，对世界格局影响深远。

案例 24：“溢出效应”持续放大，进博会见证中国更高水平对外开放

第四届中国国际进口博览会将于 11 月 5 日—10 日在上海举办。作为全球首个以进口为主题的国家级展会，进博会成功举办三年来，溢出效应不断放大，吸引了越来越多的跨国企业和投资商进入中国，深耕中国市场，共享发展机遇。

数据显示，从首届进博会达成的 578.3 亿美元意向成交额，到第二届的 711.3 亿美元，再到第三届在疫情影响下依然达成 726.2 亿美元的合作意向，越来越多的外国展商落户长三角，扎根中国。

德国卡赫大中华区首席财务执行官 高达：去年进博会上我们在全

球首发了一款智能清洁机器人，仅两个月后就上市了。参加进博会这四年来我们在中国的业务大幅增长了三倍。这种中国速度鼓励我们今年在江苏和浙江投资了三个生产基地。

今年的第四届进博会，世界500强和行业龙头企业参展回头率超过80%，参展数量超过上届，境外中小企业组团参展数增加了30%。位于进博会场馆附近的虹桥品汇，往年是进博商品的常年展示平台，今年这里增加了为境外中小企业投资服务的新功能。今年以来，通过在虹桥品汇这个平台上投资进入中国的外资企业已超过600多家。全球投资商通过进博会拥抱中国大市场，共享发展新机遇。而第四届进博会还没开幕，已有几十家全球知名企业提前“锁定”第五届进博会，签下“未来之约”。

欧莱雅中国首席执行官 费博瑞：在过去四年，我们每年都会引入4到5个品牌，是因为很多政策能让品牌加速进入市场。进博会不仅是将全球优质产品引入中国的窗口，也是对外开放中国创新生态系统的窗口。

“进”而有为，“博”采众长。第四届进博会如期而至，中国正张开双臂，为世界经济不断注入新动能，与全球共享美好未来。

四年来，中国开创的进博会已成为畅通国际经贸的世界级平台，中国宣布的扩大对外开放举措已经一一落实。一个更加开放的中国，既造福自身，也惠及世界。

来自欧洲的智能真空喷射冲洗系统、尼龙等460吨进口商品，搭乘“中欧班列—进博号”来到上海，这也是进博会展品首次坐中欧班列直达上海。疫情丝毫没有阻挡全球企业踊跃参展的热情，本届进博会商业展面积达到36.6万平方米，参展国别、企业数量均超过上届。

中国国际进口博览局副局长 孙成海：既有世界500强和行业龙头企业，也有很多中小微企业，既有广大的发展中国家、“一带一路”国家，也有最不发达的国家参展。

连续四届参加进博会的这家外资企业，不仅利用进博会的“溢出效应”，将30多款“展品”变成了“商品”，还投资1亿欧元，在上海设立科研中心，在青岛建设工厂。

达能全球高级副总裁 李健：我们青岛的工厂用了不到一年的时间就完成了改造升级和产品上市，这不仅仅是中国速度的最佳表现，也体现了(中国)营商环境在不断地优化。

尽管受到疫情影响,中国扩大开放的步伐仍在加快。

开放大门更大。目前我国关税总水平已降至7.4%,低于所有发展中成员,接近发达成员水平。全国进出口整体通关时间比2017年均压缩了60%以上。

开放合作更深更广。截至目前,中国与172个国家和国际组织签署了206份共建“一带一路”合作文件;和26个国家和地区签署了19个自由贸易协定;率先完成《区域全面经济伙伴关系协定》核准,推动全球最大自贸协定尽早生效。

商务部研究院区域经济研究中心主任 张建平:中国扩大开放的各项措施正在积极地对接21世纪全球经贸规则体系,通过经济全球化和区域经济一体化两个轮子,共同推动全球的发展,同时也推动中国走向高质量发展的轨道。

一个更加开放的中国,正在世界经济中扮演越来越重要的角色:中国经济增长对世界经济增长的贡献率年均在30%以上,位居世界第一;在全球跨境投资持续低迷背景下,中国持续成为全球第二大外资流入国;中国已连续12年成为全球第二大进口国。

在全面建设社会主义现代化国家新征程中,中国将以更加开放的姿态敞开怀抱,为世界经济复苏和长远发展注入持久动力。

(央视新闻客户端,2021年11月4日)

24.1 案例思考讨论

(1)如何看待“第四届进博会还没开幕,几十家全球知名企业提前‘锁定’第五届进博会,签下‘未来之约’”?

(2)进博会“溢出效应”的持续放大,体现出我国是如何推动实施高水平对外开放?

24.2 案例分析启示

2021年11月5日至10日,第四届中国国际进口博览会在上海成功举办。此次展会“朋友圈”再次扩大,“新奇特”更加耀眼,六大展区、127个国家和地区、近3000家企业参展,全球500强公司、行业龙头企业携手参展,全球新品汇聚。举办中国国际进口博览会，是党中央着眼新一轮高水平对外开放作出的重大决策，是我国坚定支持贸易自由化、主动向世界开放市场的重大举措。进博会的成功举办是新时代国际合作的良机，彰显了中国坚定不移实行扩大开放的决心，同时也是一个重要的商业交流平台，为全球知名企业提供了展现未来发展前景的广阔切实机遇。全球知名企业通过进博会拥抱中国大市场，共享发展新机遇，为自身长期、可持续的发展提供发展之机，所以，它们纷纷提前"锁定"第五届进博会，签下"未来之约"。

当前，世界正处于"百年未有之大变局"，全球政治经济格局正经历快速转型重组，逆全球化、贸易保护主义、经济民族主义和民粹主义等思潮抬头，世界范围内的贸易摩擦加剧了全球市场的恐慌情绪。举办中国国际进口博览会是新时代中国以扩大本国市场开放为切入点，为促进各国共同发展而搭建的包容性巨大的开放型合作平台，将建立起各国优质商品、服务与中国市场之间便捷的绿色通道。这也体现出我国在实施高水平对外开放过程中，一是坚持主动开放，把开放作为发展的内在要求，更加积极主动地扩大对外开放。开放发展的核心是解决内外联动问题，目标是提高对外开放质量、发展更高层次的开放型经济。以开放促改革、促发展、促创新，以对外开放的主动赢得经济发展的主动。二是坚持双向开放，把引进来与走出去更好结合起来，拓展经济发展空间。要坚持引进来和走出去并重，更好统筹国际国内两个市场、两种资源、两类规则。三是坚持全面开放，推动形成陆海内外联动、东西双向互济的开放格局。四是坚持公平开放，构建公平竞争的内外资发展环境。五是坚持共赢开放，推动经济全球化朝着普惠共赢方向发展。六是坚持包容开放，探索求同存异、包容共生的国际发展合作新途径。这种寻求"共同发展"而不是"全球退群"的思路，正是中国在应对当前全球变局中的责任担当，也标志着中国已逐渐从开放型世界经济的"参与者""融入者"成长为"建设者""引领者"。同时，以举办进口博览会为契机扩大进口、扩大开放，也是我国经济迈向高质量发展阶段实现消费升级、产业升级的客观需要，是释放内需潜力和动能的主动作为，对构建国内国际双循环相互促进的新发展格局具有积极的作用。

当前，新冠肺炎疫情全球大流行使世界百年未有之大变局加速演进，世界经济形势仍然复杂严峻，复苏不稳定不平衡，疫情冲击导致的各类衍生风险不容忽视。面对外部环境更加不稳定不确定带来的挑战，我们要在实施高水平对外开放上下功夫，坚持扎实推动“一带一路”建设，推动改革和开放相互促进，通过举办进博会等系列举措，加速融入国际循环，有效助力国内大循环提质升级，为经济持续恢复和高质量发展注入不竭动力。

知识链接和特别关注

亚洲基础设施投资银行

亚洲基础设施投资银行(Asian Infrastructure Investment Bank,简称亚投行,AIIB)是一个政府间性质的亚洲区域多边开发机构。重点支持基础设施建设,成立宗旨是为了促进亚洲区域的建设互联互通化和经济一体化的进程,并且加强中国及其他亚洲国家和地区的合作,是首个由中国倡议设立的多边金融机构。总部设在北京。亚投行法定资本1000亿美元。截至2021年10月,亚投行有104个成员国。

中国国际进口博览会

中国国际进口博览会(China International Import Expo,缩写:CIIE),简称“进博会”等,由中华人民共和国商务部和上海市人民政府主办,中国国际进口博览局、国家会展中心(上海)承办,为世界上第一个以进口为主题的国家级展会。举办中国国际进口博览会由国家主席习近平谋划、提出、部署、推动,是中国着眼推进新一轮高水平对外开放作出的一项重大决策,是中国主动向世界开放市场的重大举措。

第四章
新时代中国特色社会主义政治建设

发展社会主义民主政治是新时代坚持和发展中国特色社会主义的重要内容，也是新时代坚持和发展中国特色社会主义的根本保证。党的十八大以来，以习近平同志为核心的党中央深刻把握中国特色社会主义进入新时代的新目标新任务新要求，结合中国特色社会主义政治建设的实践，作出了一系列重要论述，发展了中国特色社会主义政治建设理论，完善了中国特色社会主义政治制度，为新时代中国特色社会主义政治建设提供了根本遵循和制度保障。

中国特色社会主义进入新时代，如何推进新时代中国特色社会主义政治建设的系统提升与创新发展，是迫切需要解决的重要问题。具体而言，就是要在党的全面领导下，坚持不断完善人民代表大会制度，坚持全面依法治国，实现党的领导、人民当家作主和依法治国的有机统一。总的来说，系统推进党的领导制度体系建设、人民当家作主制度体系建设、中国特色社会主义法治体系建设、国家治理体系建设、协商民主制度体系建设，以人民民主制度体系发展成果倾听人民呼声、回应人民期待、凝聚人民力量，使新时代中国特色社会主义政治建设更加成熟定型，确保了国家政治生活的民主化、法治化，为实现“两个一百年”奋斗目标、实现中华民族伟大复兴的中国梦这一使命任务提供了强大政治支撑，开辟了“中国之治”的新境界。

案例主题一：坚定不移走中国特色社会主义政治发展道路

中国特色社会主义政治发展道路，是中国发展社会主义民主政治、建设社会主义政治文明的正确道路，反映了中国政治发展的战略目标、基本要求、动力机制、制度架构、重点任务等重大问题。一个国家选择什么样的政治发展道路，归根到底是由这个国家的性质和国情决定的。政治发展道路是否正确，对一个国家的盛衰兴亡具有决定性意义。改革开放以来，中国共产党团结带领人民总结历史经验，在发展社会主义民主政治方面取得了重大进展，成功开辟和坚持了中国特色社会主义政治发展道路。这一道路，是符合中国国情、体现人民意愿、顺应时代潮流的政治发展道路，能够为国家富强、民族振兴、人民幸福、社会和谐提供根本政治保障。党的十八大以来，以习近平同志为核心的党中央坚定不移走中国特色社会主义政治发展道路，坚持党的领导、人民当家作主、依法治国有机统一，健全了全面、广泛、有机衔接的人民当家作主制度体系，构建了多样、畅通、有序的民主渠道，全过程人民民主建设取得重大进展。新的征程上，践行以人民为中心的发展思想，积极发展全过程人民民主，对激发和凝聚中国人民奋斗新时代的磅礴力量，推动党和国家事业取得历史性成就、发生历史性变革具有重大意义。

案例 25，以村干部化解宣永富与他的邻居盖围墙矛盾的事例为引入，调解村民民事纠纷、劳动纠纷以及知识产权纠纷等，争取最大限度在诉讼程序前防范化解矛盾纠纷，体现了中国共产党领导、发动群众依法治理社会，走党的领导、人民当家作主、依法治国有机统一的基层社会治理道路；案例 26，《中华人民共和国未成年人保护法》的修订征集了华东政法大学附属中学同学们的意见，以及曹杨薪火书记工作室驻室书记朱爱琴把居民的意见及时反馈到座谈会上等事例，主要体现了人民群众广泛参与到日常政治生活中去，行使民主决策、民主管理、民主监督的权利。

案例25：浙江践行新时代“枫桥经验”，推进“诉源治理”，最大限度在诉讼程序前防范化解矛盾纠纷：不用打官司 也能解纠纷

今年69岁的宣永富，是浙江省诸暨市枫桥镇枫源村村民。前不久，邻居盖围墙占了他家的宅基地，气得他举起榔头准备砸掉围墙。村干部上前拦住了他，把他和邻居请到了村调解中心。“干部帮我们调解矛盾，摆事实、讲道理，我们心服口服。”宣永富由衷地说。最终双方握手言和。

近年来，随着经济社会快速发展，人民群众的法治意识不断提升，越来越多的矛盾纠纷步入司法诉讼渠道解决，导致诉讼案件量不断攀升。浙江省同样面临这样的问题。

半个多世纪前，浙江诸暨枫桥镇干部群众创造了“发动和依靠群众，坚持矛盾不上交”的“枫桥经验”。2019年以来，浙江践行新时代“枫桥经验”，大力推进“诉源治理”，最大限度在诉讼程序前防范化解矛盾纠纷。2019年，浙江全省法院新收各类案件168.6万件，同比下降4.6%；2020年，全省收案数同比下降7.2%。

源头“治未病”：从“事后解”到“事前防”转变

“诉源治理就是对诉讼的源头治理，即通过多种治理手段，预防潜在纠纷、化解已有矛盾、减少进入诉讼环节案件数量或有效分流诉讼中的案件。”浙江省委政法委相关负责同志说，诉源治理的关键在于源头“治未病”，将治理环节向前端延伸，把预防矛盾纠纷体现在社会治理、重大决策、预警预测等各个方面，从根源上有效减少矛盾纠纷产生。

存在“民转刑”风险隐患的纠纷类警情，在接处警完成后如何进一步跟进化解，一直以来都是困扰公安机关的难题。矛盾纠纷如果得不到及时有效的化解，很可能滋生更大的风险隐患。

前不久，浙江金华市婺城区罗店派出所接到报警称：村民胡某建房施工，将其房子墙角正对同村村民陈某家大门，陈某不满，怒将施工的铲车和挖车玻璃砸碎，阻挠胡某继续施工，因此产生矛盾纠纷，现场陈某、胡某和两名施工人员争吵不断。

由于涉事人员较多，经现场调解成效并不明显，如果简单了事，存在“民转刑”的风险，民警王献堂决定将四人带回派出所，做进一步调解工作。同时，罗店派出所指挥室迅速整理该起纠纷情况，通过“一警情三推送”平台推送至罗店镇综治平台、行政执法部门和鹿田村村级组织。在派出所调解室，民警从农村建房实际发出，结合所涉及的法律法规，耐心劝导开解。罗店镇行政执法部门共同参与此次矛盾化解工作。经过2个小时的调解，涉事四人初步达成和解协议。

金华“一警情三推送”平台，正是浙江省通过“诉源治理”实现从“事后解”到“事前防”转变的一个缩影。

浙江各级法院构建“调解优先、诉讼断后”的递进式矛盾纠纷分层过滤体系，将诉讼服务融入矛盾纠纷多元化解体系之中，把“诉讼治理”置于党委政府大治理格局之中，强化诉讼前端、中端和末端等环节的治理，形成“从源头上减少诉讼增量”系统完整的工作闭环。

2019年，浙江省修订完善《浙江省重大决策社会风险评估实施办法》，推动重大公共政策、重大管理措施、重大改革举措、重大工程项目、重大群体性活动等重大事项应评尽评，确保各地党委政府在想问题、做决策、办事情时都认真研究分析可能引发的矛盾和问题，把问题和应对措施想在前面，确保矛盾风险防范与经济社会发展同步规划、同步实施。

一站式化解：从“多头跑”到“最多跑一地”

走进金华市兰溪市社会矛盾纠纷调处化解中心，宽敞明亮的大厅里，迎面就是综合服务受理窗口。就像医院的前台问诊分诊一样，来这里办事的群众提出诉求，窗口工作人员根据协同系统将其引导至相应窗口，为群众提供法律咨询、法律援助、纠纷调解等多种服务。

“你们对调解结论认同吗?”调解员黄小平的声音回荡在调解室里。“认同。”回答的声音来自黄小平对面的一个大屏幕，从屏幕下方的两个小窗口可以看出，远在上海的原告和本地的被告都在自己的车里，通过手机平台就完成了调解。

调解成功后，对面办公室的法官随即对该案进行了司法确认，一起异地债务纠纷圆满解决。发生在兰溪市社会矛盾纠纷调处化解中心的这一幕，早已成为浙江全省99个县(市、区)矛盾纠纷调处化解中心的日常。

浙江省通过将县级人民来访接待中心、矛盾纠纷多元化解中心、诉讼服务中心、公共法律服务中心等，成建制入驻99个县级（含开发区）社会矛盾纠纷调处化解中心，吸收法律咨询、心理服务、行业性专业调委会、公共管理等相关部门（组织）力量进驻，推动“多中心”集成为“一中心”。在中心就可“一站式”受理群众矛盾诉求，通过“闭环式”流程处置，让群众解决烦心事从“多头跑”到“最多跑一地”。

前不久，杭州一家鞋业公司因经营不善停产，无力支付77名职工40余万元工资，职工多次到镇政府上访。余杭区法院“微法庭”工作办公室接到镇政府提出的化解矛盾请求后，依托“移动微法院”、在线矛盾纠纷化解平台开展群体性纠纷就地化解，引导特邀调解员促成双方当事人达成和解，指导职工在线申请司法确认，成功把纠纷化解在源头。

在线矛盾纠纷多元化解平台目前有在线咨询、在线评估、在线仲裁、在线调解、在线诉讼等五大功能。依托在线矛盾纠纷多元化解平台，当事人不仅能选自己信得过的调解员，不用跑法院，在线视频就能接受调解，实现纠纷调解便捷、高效、低成本……通过创新推进“互联网+”调解，浙江大力推行“线上调”“掌上办”，为群众提供高效便捷的远程调解服务。截至目前，浙江在线矛盾纠纷多元化解平台共进驻调解员4.17万名、调解机构5320个，在线成功调解91.17万余件。

非诉也解纷：从单一手段向社会化、专业化调解转变

“知识产权类纠纷十分专业，调解是不是不太可行？是不是必须通过诉讼才能解决？”一起知识产权纠纷，一度让杭州市民周先生十分困扰。

原来，周先生曾获得两个外观设计专利。其后，周先生发现义乌某公司擅自批发销售涉案侵权产品，便诉至杭州市中级人民法院要求停止侵权并赔偿损失10万元。鉴于周先生和义乌某公司身处两地，法院建议双方通过杭州知识产权·国际商事调解云平台进行调解解决。调解员通过平台的各项在线服务功能，充分进行类案比较阐释，沟通双方意见。经过线上调解，双方最终达成了调解协议——公司停止侵权，向周某赔偿专利费6万元。调解协议签订后，公司在调解协议约定的时间内履行了协议。

2020年6月，杭州知识产权·国际商事调解云平台上线，该平台聚合了中国贸促会/中国国际商会杭州调解中心、浙江（杭州）知识产权诉调中心等 9 家知识产权领域的专业调解机构，近 60 家律师事务所调解工作室入驻，来自高校、研究机构等机构的 1600 余位调解员在平台上向公众提供专业服务。依托平台的统一管理、统一分配、统一指导，群众和企业可以获得“一站式”网上调解服务，当事人、代理人、调解员一次不用跑，即可省时、高效地实现异地、异国在线调解，个案调解短则用时 1 天。

“即便是像知识产权这样极具专业性的案事件，诉讼也并不一定是解决矛盾纠纷的唯一渠道。”杭州市中级人民法院副院长朗长华说，通过更广泛地吸纳多元化、专业性的社会力量参与调解，实现了化解矛盾纠纷从“单一化”诉讼向“社会化”“专业化”调解的转变。

杭州知识产权·国际商事调解云平台是浙江广泛发动社会各界力量，多元参与诉源治理的生动写照。

在推动诉源治理的过程中，浙江不断织密调解网络、加强队伍建设、完善调解机制，将更多社会组织和人员吸纳进来，让人民调解这一“东方之花”开遍浙江大地：宁波市积极选聘一批退休政法干警担任调解员；湖州市坚持全民参与，已有 93 个特色品牌调解工作室入驻中心；绍兴市越城区调配 102 名律师轮驻中心，推动优质律师资源参与调解……

“在判决和调解之余，我们需要更多关注案件最后的履行，这关系到人民群众对司法的获得感和满意度。”镇海法院院长张军斌介绍，镇海法院建立自动履行正向激励机制，对自动履行法院裁判的当事人出具自动履行证明书，对同时在全国法院都没有被执行案件的当事人，纳入诚信履行名单，并推送至一些信用平台及各商业银行，“案件调解后，法官应该当起‘验收员’验收履行成果，确保当事人权益及时实现，这也是诉源治理的应有之义”。

（倪弋：《人民日报》，2021 年 1 月 28 日）

25.1 案例思考讨论

（1）浙江法院在构建“调解优先、诉讼断后”的递进式矛盾纠纷分层过滤体系时，为什么要把“诉讼治理”置于党委政府大治理格局之中？

（2）浙江省人民群众解决烦心事是如何实现从“多头跑”到“最多跑一地”的转变的？

25.2 案例分析启示

“枫桥经验”形成于社会主义建设时期，发展于改革开放时期，创新于中国特色社会主义新时代，内涵不断丰富，重点不断调整，随着时代的变迁而发展，随着理念的进步而创新。20 世纪 60 年代初，浙江诸暨枫桥镇干部群众创造了“发动和依靠群众，坚持矛盾不上交”的“枫桥经验”。新时代以来，浙江践行新时代“枫桥经验”，大力推进“诉源治理”，最大限度在诉讼程序前防范化解矛盾纠纷，村干部处理村民宣永富的事例发扬了中国共产党的优良作风，创新了人民群众工作方法，善于用法治思维和法治方法解决涉及群众切身利益的矛盾和问题，充分展现了坚定不移走中国特色社会主义政治发展道路的独特优势。习近平总书记明确指出，“坚持中国特色社会主义政治发展道路，关键是要坚持党的领导、人民当家作主、依法治国有机统一”。党的领导、人民当家作主、依法治国是中国特色社会主义民主政治的三个基本要素。其中，党的领导是人民当家作主和依法治国的根本保证，是中国特色社会主义最本质的特征，也是中国特色社会主义制度的最大优势。在中国这样一个人口众多、发展很不平衡的大国，人民利益具有广泛性和多样性，实现人民利益具有复杂性、艰巨性，这就要求有一个能够代表广大人民利益、集中反映和有效体现人民意愿的政治核心。只有坚持中国共产党的领导，才能凝聚人民意志，保障和实现最广大人民群众的根本利益；人民当家作主是社会主义民主政治的本质特征；依法治国是党领导人民治理国家的基本方式。三者相互联系、相互作用，构成内在统一、不可分割的整体，构成我国社会主义民主政治的基本结构。

每个时代都有属于自己的时代精神。不断创新发展中的“枫桥经验”，在习近平新时代中国特色社会主义思想指引下，在实践中焕发出新的生机和活力。我们也必须坚持与时俱进，赋予“枫桥经验”新时代精神。

一是坚持全面加强党的领导。中国共产党领导是中国特色社会主义最本质的特征，也是中国特色社会主义制度的最大优势。只有坚持中国共产党的领导，才能凝聚人民意志，保障和实现最广大人民群众的根本利益。要充分发挥基层党组织的战斗堡垒作用，把党组织的服务管理触角延伸到社会治理的每个末梢，把党员组织起来、把群众动员起来、把社会组织发展起来，释放基层善治活力。

二是坚持以人民为中心。以人民为中心是新时代一切工作最根本的指导思想。新时代“枫桥经验”这个特色必须更加鲜明，必须重视发挥村民和社会力量的主体作用，培育民主意识，完善民主机制，大力加强组织动员村民和社会力量能力建设，让治理工作决策、实行、监督等环节都有村民深度参与，让社会力量成为农村治理体系中的重要支持力量。

三是坚持全面依法治国。全面依法治国是新时代国家治理领域最鲜明的变化。新时代“枫桥经验”最显著的新，就应该是新在用法治思维和法治方式进行治理上。坚持依法治村、依规治党和以德治村相结合，注意将德治方式方法和要求纳入规章制度，参照调解、仲裁、公证等法律服务体系，构建村“软法”体系，建立健全以德服人、以理服人、以法服人相统一的村民矛盾纠纷多元解决机制，用法治的方式施行德治。

党的领导、人民当家作主、依法治国三者有机结合，统一于中国特色社会主义民主政治伟大实践。当前，全面建设社会主义现代化国家新征程已扬帆起航，我们需要坚持和发展新时代“枫桥经验”，要在全面依法治国战略部署下推动良法善治，要从以建设更高水平的平安中国，以新安全格局保障新发展格局的角度，实现高质量发展与高水平安全良性互动，夯实国家安全和社会稳定的基层基础，只有坚持党的领导、人民当家作主、依法治国的有机结合，才能实现全面建成社会主义现代化强国的历史宏愿，实现中华民族伟大复兴的中国梦。

案例 26：上海长宁、江苏昆山等基层立法联系点充分发挥“民意直通车”作用，不断丰富人民群众有序参与立法的形式和渠道：开门聚民智，立法接地气

2020 年下半年，全国人大常委会法工委新增江苏省昆山市人大常委会、浙江省义乌市人大常委会等 6 家全国第二批立法联系点单位。

适当扩大基层立法联系点数量，进一步畅通社情民意表达和反映渠道，这是社会主义民主政治和法治迈出的新步伐。党的十八届四中全会要求，建立基层立法联系点制度，推进立法精细化。2015 年 7 月，经全国人大常委会批准，全国人大常委会法工委在湖北襄阳市、江西景德镇市、上海虹桥街道和甘肃临洮县建立了第一批基层立法联系点试点。

日前，记者来到上海、昆山等地的基层立法联系点，探访正在不断涌现的创新实践。

向上直通，群众意见原汁原味

“所提部分意见建议已予采纳……衷心感谢同学们的热情参与和对立法工作的关心支持。”2020年10月底，位于上海市长宁区的华东政法大学附属中学收到一封感谢信，这封从北京寄来的信里，全国人大常委会法工委为同学们的立法建议点赞。之所以有这封感谢信，还要从当年7月说起。

当时，《中华人民共和国未成年人保护法(修订草案)》向社会征求意见，作为全国人大常委会基层立法联系点，虹桥街道希望能给法律修订提供更有参考价值的意见建议。于是，工作人员走进华东政法大学附属中学，向这部法律保护的对象征求意见。

“座谈会刚开始的时候，大家还有些紧张，但是立法联系点的叔叔阿姨用自己的亲身经历与我们交流，打消了我们的顾虑。”初一(1)班的胡乐彤参与了那次讨论，在充分准备的基础上，老师、同学、专家就课外补习班、预防网络沉迷、反对家庭暴力等问题一一交流，同学们踊跃大胆提出了自己的意见建议。

当时的修订草案征求意见稿规定，公安机关发现未成年人的监护人对未成年人实施家庭暴力等行为的，应当予以训诫、责令其缴纳保证金并接受家庭教育指导。对于拒不接受家庭教育指导的，可以没收保证金。“有同学提出，每个未成年人家庭经济条件不一样，如果缴纳保证金或没收保证金，经济条件不好的家庭承担不起”，胡乐彤说，大家觉得，对这种情况应当还是以教育为主。

通过基层立法联系点参与立法意见征询的过程，其实也是一堂生动的普法课，提升着人们的法治意识。近3个月后，修订后的《中华人民共和国未成年人保护法》颁布，同学们提出的这条意见被采纳了，法条中删除了缴纳和没收保证金的内容。“学生作为未成年人保护法保护的对象，可以参与到保护自己的立法修订中，这一生动的民主法治、公民意识的教育经历一定会给他们带来长久的积极影响。”华东政法大学附属中学副校长顾平康说。

自2015年7月被确定为全国人大常委会基层立法联系点后，虹桥街道基层立法联系点先后发展 10 家顾问单位，300 余名信息联络员，以及 10 个专家人才库。截至 2020 年 11 月，虹桥街道共听取 45 部法律草案意见，上报建议 820 条，其中 51 条已被采纳。

向下延伸，地方立法扎根基层

为进一步发挥基层立法联系点的“民意直通车”作用，2020 年 4 月，上海市人大常委会主任会议修订《基层立法联系点工作规则》，按照全覆盖、全过程、全功能的要求，将上海市人大常委会基层立法联系点从 10 家增至 25 家，并要求联系点在立法前、立法中、立法后全过程参加立法及其相关活动。

25 个基层立法联系点，覆盖上海全市 16 个区，其中既有街镇人大、街道办事处等基层单位，又有法院、检察院等司法机关，还有注册会计师协会、工业经济联合会等社会团体，还包括一家企业，覆盖上海社会基层工作的方方面面。

普陀区曹杨新村街道作为 25 个基层立法联系点之一，在街道内建立 35 个线下固定信息采集点，覆盖街道内居民区、社会组织服务中心、两新组织、驻区单位等，通过制度促进联系点扎根基层、扎根社区。

“数字时代，老年人坐地铁、看病预约都会遇到麻烦，希望数字技术在发展的同时，也能为老年人提供便利。”2020 年 10 月，《上海市养老服务条例（草案）》在普陀区曹杨新村街道召开座谈会，征求社会意见，一批居民代表和代表性机构负责人现场提出意见建议。

曹杨薪火书记工作室驻室书记朱爱琴把居民的意见带到了会上，“有居民提出，希望在日常的数字化生活中，比如看病预约、网上购物时，给老人提供更多便利”。“老年护理医务工作者任务繁重，人才流失现象较严重，建议在条例中予以明确，给予相关医务工作者待遇保障。”普陀区中心医院院长黄德魁建议。

通过座谈会和自主调研等形式，曹杨新村街道基层立法联系点共对《上海市养老服务条例（草案）》提出 41 条修改意见，在草案一审中被采纳 13 条，其中原文采纳 6 条，部分采纳 4 条，法意采纳 3 条。

“立法联系点发挥了桥梁纽带作用，向下延伸察民意、向上直通传民智，真真切切把老百姓的意见建议反映了出来。”曹杨新村街道党工委书记许春辉说。2020 年,上海全市 25 家联系点先后组织调研、座谈会 100 多次,征集意见 1776 条,有 143 条意见在上海市地方立法中获得采纳。

“要深化基层立法联系点建设,提升探索实践‘全过程民主’的载体功能,充分发挥联系点接地气、察民情、聚民智的优势,增强为立法建言献策的针对性、操作性和实效性。”上海市人大常委会主任蒋卓庆说。

广泛参与,社情民意汇聚交融

紧邻上海的昆山是江苏省的一个县级市,这里汇聚了全球 56 个国家和地区的 8900 多个外资项目。2020 年 7 月,全国人大常委会法工委确定昆山市人大常委会为全国第二批 6 家立法联系点单位之一。

因为有了立法联系点,如今,昆山市柏庐城市管理办事处康泾湾社区第二网格网格长钱伟多了一项新工作——为昆山基层立法联系点采集和收集群众意见。

昆山市 15 个社会治理网格分中心、1593 个综治网格覆盖了全市 334 个居民社区。钱伟所在的社区位于长江北路和萧林中路交叉口,辖昆山花园等,共有居民 8000 多人。为向基层群众征求“原汁原味”的意见,钱伟和综治干事走家串户,组织民主会议和物业会议,“精准化”收集群众意见、宣传法律草案。“我们每天走访 20 户,半数居民都提出了立法建议意见。立法信息采集点除了能及时反馈基层群众的意见建议,还是社情民意的汇聚点。”钱伟说。

“有机构、有人员、有机制、有网络、有阵地、有保障。”昆山市人大常委会副主任顾瑾介绍,昆山基层立法联系点依托全市区镇“代表之家”、律师事务所、总商会、台协会、高等院校及其他社会组织设立了 18 个立法信息联络站,还依托全市 1593 个社会治理网格设立了立法信息采集点,“通过联络站和采集点两个阵地,建立基层立法联络员和信息员队伍,构成基层立法联系点的立法联系工作网络”。

截至目前,昆山已完成了全国人民代表大会和地方各级人民代表大会选举法、国旗法、国徽法等 7 部法律草案的立法征询任务,上报修改意见建议 270 条,提交了外商投资法、台湾同胞投资保护法实施一周年情况报告等重点课题调研报告 3 份,在已公布的 5 部法律中,有 16 条修改意见建议被采纳。民法典实施前夕,昆山基层立法联系点还会同有关部门修订了《昆山市前期物业服务协议》,如今已有1557户业主与房产开发企业(前期物业企业)签订协议,推动了民法典更好地落实。

如今,全国人大常委会法工委新增的第二批立法联系点也各有特色:浙江义乌是"世界小商品之都",对于对外贸易、海关、电商、市场主体监管服务等领域立法,以及推进我国法律域外适用、加强"一带一路"国家法律合作,具有很强的典型性;广西壮族自治区三江侗族自治县环境优美、生态宜居,各族共居多年来和谐相处、共同发展,对于保护与发展少数民族历史传统文化、发展绿色经济等方面具有很强的区域代表性和典型意义……

"多年来的实践证明,基层立法联系点为在当代中国实现全过程民主提供了新的路径和渠道、新的模式和样本,对于保障和实现人民当家作主,坚持和完善中国特色社会主义制度,推进国家治理体系和治理能力现代化,实现高质量高效率立法,建设法治中国具有十分重要的意义。"全国人大常委会法工委新闻发言人岳仲明表示。

(巨云鹏、张璁:《人民日报》,2021年1月21日)

26.1 案例思考讨论

(1)上海、昆山等地基层立法联系点的创建,对当代中国实现全过程民主有何价值与意义?

(2)上海、昆山等地提升探索实践"全过程民主"的功能主要体现在哪些方面?

26.2 案例分析启示

民之所呼,政之所兴,只有惠民生、顺民意、得民心,党和国家各项事业才能兴旺发达。上海长宁、江苏昆山等基层立法联系点的扩大就深刻践行了以人民为中心的思想,畅通了社情民意表达和反映渠道,进一步发挥了"民意直通车"作用,提升探索实践了"全过程民主"的载体功能。上海、江苏等各地基层立法联系点的建设为在当代中国实现全过程民主提供了新的路径和渠道、新的模式和样本,对于保障和实现人民当家作主,坚持和完善中国特色社会主义制度,推进国家治理体系和治理能力现代化,实现高质量高效率立法,建设法治中国具有十分重要的意义。

习近平总书记强调,我们走的是一条中国特色社会主义政治发展道路,人民民主是一种全过程的民主。民主不是抽象的,而是具体的、历史的。我国的人民民主,是为绝大多数人民所享有的广泛的、真实的民主,它具体地、生动地体现在人民当家作主的全过程各环节。

一是民主选举。民主选举是实现人民当家作主的重要体现。人民通过选举、投票行使权利,选出代表自己意愿的人来掌握行使权力。我国的民主选举有国家机构选举、基层选举等,是国家政治生活和社会生活的重要内容。国家机构选举包括选举产生各级人大代表组成国家权力机关,并由各级人大选举产生同级国家机关领导人员。我国实行普遍、平等、直接选举和间接选举相结合,以及差额选举、秘密投票的选举原则,依法保障选举权的普遍性,年满18周岁的中国公民,除被剥夺政治权利的外,都享有选举权和被选举权;保障人人享有平等的选举权利,实现城乡按相同人口比例选举人大代表;贯彻地区平等、民族平等要求,保证各地区、各民族、各方面都有适当数量的代表,人口最少的少数民族也有自己的代表。

二是民主协商。民主协商是具有鲜明中国特色的民主形式。民主协商以其独特的、独有的、独到的特质,极大丰富了民主形式与内涵,包括政党协商、人大协商、政府协商、政协协商、基层协商、人民团体协商等。在党的领导下,通过各种途径、各种渠道、各种方式,就改革发展稳定重大问题,特别是事关人民群众切身利益的问题,各有关方面进行广泛协商,找到全社会意愿和要求的最大公约数,贯彻体现到决策中。人民政协作为最广泛的爱国统一战线组织、中国共产党领导的多党合作和政治协商的重要机构,是社会主义协商民主的重要渠道和专门协商机构。参加人民政协的各党派团体、各族各界人士围绕团结和民主两大主题,以全体会议、专题议政性常务委员会会议、专题协商会等形式,就国家大政方针和地方的重要举措以及经济、政治、文化和社会生活中的重要问题,以及有关爱国统一战线的其他重要问题等,在决策前和决策实施中广泛协商、凝聚共识。基层协商是中国特色社会主义民主政治的重要内容,我国探索和建立了村(居)民会议、村(居)民代表会议、村(居)民议事会、村(居)民理事会、恳谈会等基层协商民主形式。这些基层协商是人民群众直接行使民主权利的重要形式。

三是民主决策。民主决策是全过程人民民主的重要环节。党和国家各项决策，通过公开、座谈、论证、咨询等各种方式，广泛征求和充分听取各方面意见，在民主基础上集中，最大限度地反映民情、吸纳民意、汇集民智，保证决策科学化、民主化。党和国家编制国民经济和社会发展五年规划，编纂出台民法典以及推出各项重大决策、立法，都贯彻体现全过程人民民主的要求。在党中央制定关于国民经济和社会发展第十四个五年规划和2035年远景目标的建议过程中，习近平总书记多次深入地方考察调研，主持召开了7场座谈会，广泛听取各领域各阶层人士意见建议。全国人大常委会围绕编制"十四五"规划纲要开展专题调研，形成22份专题调研报告。中央有关部门首次通过互联网就"十四五"规划编制向全社会征求意见和建议，收到人民群众建言101.8万条，把人民呼声充分体现到党中央文件中。规划纲要草案提请十三届全国人大四次会议审议后，根据全国人大代表、全国政协委员的意见，作出了55处修改。

四是民主管理。民主管理体现在行政管理、企业经营、社会治理等多领域各方面。在管理中建立健全制度机制，公开情况，倾听相关方的意见，吸收相关方参与，共同推进工作。如企事业单位普遍建立以职工代表大会为基本形式，以厂务公开、职工董事、职工监事等制度为主要内容的民主管理制度，保障职工参与企事业单位管理，维护职工合法权益。

五是民主监督。民主监督是民主选举和民主决策等民主形式的延续。民主监督的功能在于保证人民的民主权利不因选举结束而中断，保证授予的权力得到有效制约。人民是民主监督的主体，享有广泛的监督权，依照宪法和法律规定，有权对国家机关和国家工作人员提出批评和建议，有权对国家机关和国家工作人员的违法失职行为提出申诉、控告或者检举，民主监督体系不断健全完善。人大监督是民主监督的重要组成部分，是代表国家和人民进行的监督。各级人大及其常委会对"一府一委两院"进行监督，目的在于确保法律得到有效实施，确保行政权、监察权、审判权、检察权得到正确行使，确保人民的合法权益得到尊重和维护。民主党派在坚持四项基本原则的基础上，也可通过提出意见、批评、建议等方式进行民主监督。

全过程人民民主不是形式主义的民主，不是西方式的民主空话，而是通过系统设计，把民主选举、民主协商、民主决策、民主管理、民主监督五个环节彼此贯通起来，环环相扣，内在统一，形成全过程民主的完整链条，扩大了人民的有序政治参与，使民主成为工作作风、工作方式和生活方式。当前，人民群众不仅对物质文化生活提出了更高要求，而且在民主、法治、公平、正义、安全、环境等方面的要求日益增长，发展全过程人民民主，保证人民当家作主，就是践行以人民为中心的发展思想，使民主蔚然成风，更好地满足人民日益增长的美好生活需要。

知识链接和特别关注

枫桥经验

枫桥经验，是指20世纪60年代初，浙江省绍兴市诸暨县(现诸暨市)枫桥镇干部群众创造的“发动和依靠群众，坚持矛盾不上交，就地解决，实现捕人少，治安好”的“经验”，为此，1963年毛泽东同志就曾批示“要各地仿效，经过试点，推广去做”。“枫桥经验”由此成为全国政法战线一个脍炙人口的典型。之后，“枫桥经验”得到不断发展，形成了具有鲜明时代特色的“党政动手，依靠群众，预防纠纷，化解矛盾，维护稳定，促进发展”的枫桥新经验，成为新时期把党的群众路线坚持好、贯彻好的典范。

全过程人民民主

全过程人民民主，这个概念的提出有一个过程。2019年11月2日，习近平总书记考察上海市长宁区虹桥街道基层立法联系点时，第一次提出“人民民主是一种全过程的民主”。2021年3月通过的《中华人民共和国全国人民代表大会组织法》修正草案与《中华人民共和国全国人民代表大会议事规则》修正草案中，“全过程民主”被明确写入这“一法一规则”。2021年7月1日，在庆祝中国共产党成立100周年大会上的重要讲话中，习近平总书记又特别提出要“践行以人民为中心的发展思想，发展全过程人民民主”，在其中加入了“人民”二字。

社情民意反映制度

社情民意反映制度，是公民参与民主决策的一种方式。公民通过电话、信函、传真、电子邮件、新闻媒体等方式向政府反映自己的意见与建议。反映社情民意信息工作要把握政策导向、要力求真实、要抓住重点、要注重质量、要体现政协特色、要讲求时效。

案例主题二：
健全人民当家作主的制度体系

人民当家作主的制度体系是马克思主义基本原理同中国具体实际相结合的科学制度，是与时俱进、不断完善、日益成熟的科学制度。进入新时代，人民代表大会制度的理论实践创新进一步推进，人民代表大会制度的特征和优势也进一步增强，显示出人民代表大会制度的强大生命力。习近平总书记在党的十九大报告中指出，“健全人民当家作主制度体系，发展社会主义民主政治”，阐释了社会主义民主是维护人民根本利益的最广泛、最真实、最管用的民主，揭示了健全人民当家作主制度体系的内涵意蕴，就是要坚持中国特色社会主义政治发展道路，坚持和完善人民代表大会制度、中国共产党领导的多党合作和政治协商制度、民族区域自治制度、基层群众自治制度，巩固和发展最广泛的爱国统一战线，发展社会主义协商民主，健全民主制度，丰富民主形式，拓宽民主渠道，保证人民当家作主落实到国家政治生活和社会生活之中。只有健全人民当家作主制度体系，坚持党的领导、人民当家作主、依法治国有机统一，加强人民当家作主制度保障，发挥社会主义协商民主重要作用，深化依法治国实践，深化机构和行政体制改革，巩固和发展爱国统一战线，才能充分展现社会主义民主政治的鲜明品格和巨大优势。

案例 27，鞍钢工人胡兆森作为一届人大代表，见证了第一届全国人民代表大会第一次会议召开，见证了新中国第一部宪法诞生，见证了人民代表大会制度的正式实行，这是中国历史上没有的，体现了中国政治制度的伟大变革；案例 28，四川绵竹市通过搭平台建机制，以“有商有量”的方式解决社区居民之间的实际问题，践行了基层协商民主建设，及时化解居民矛盾纠纷，提升了居民的幸福生活指数。

案例27:人民代表大会制度正式实行:中国政治制度的一次伟大变革

北京,中南海,怀仁堂。

这里见证了第一届全国人民代表大会第一次会议召开,见证了新中国第一部宪法诞生,见证了人民代表大会制度正式实行。

1954年9月15日,出席一届全国人大一次会议的全国人大代表步入怀仁堂。制定宪法、制定几个重要的法律,通过政府工作报告,选举新的国家领导工作人员……第一届全国人民代表大会的召开,标志着人民代表大会制度作为新中国根本政治制度在全国范围内建立起来。中国共产党领导中国人民长期为之奋斗的民主制度从此建立在更加稳固的基础之上。这是中国政治制度的一次伟大变革。

历史上第一次全国范围的普选

进行全国范围的普选,是人民代表大会制度建立的一个重要前提。新中国成立初期,在全国范围实行普选的人民代表大会制度的条件尚不成熟,因而采取了在中央通过中国人民政治协商会议全体会议、在地方通过逐级召开人民代表会议的方式,逐步地向人民代表大会制度过渡。

1953年1月13日,中央人民政府委员会举行会议,正式作出《关于召开全国人民代表大会及地方各级人民代表大会的决议》。3月1日,《中华人民共和国全国人民代表大会及地方各级人民代表大会选举法》颁布施行。

"这个《选举法》的主要特点是选举权具有普遍性和平等性。它以一定人口的比例为基础,又适当照顾地区和单位,在城市与乡村间、少数民族与汉族间,作了不同比例的规定,使全国各阶层、各民族在各级人民代表大会中都有相应的代表。"中国人民大学教授冯玉军说。

经过一年多的紧张工作,在21万余个基层选举单位、3.23亿登记选民中进行了基层选举,共选出基层人民代表大会的代表566万余名。在完成基层选举的基础上,由省、市人民代表大会,中央直辖少数民族行政单位,以及军队单位和华侨单位分别选举产生1226名出席全国人民代表大会的代表。

胡兆森曾是鞍钢的一名工人,他曾回忆,当年,鞍山市共有一届全国人大代表6名,分别是:韩天石、孟泰、邵象华、张明山、胡兆森和沈策。

一届全国人大代表陈舜瑶曾回忆，一届全国人大一次会议召开时，从党政军最高领导人到普通劳动者，欢聚一起，共商国家大事，体现出中华民族的大团结。这是中国历史上从来没有过的。

出席一届全国人大一次会议的代表具有广泛的代表性。其中，有劳动模范、战斗英雄，有著名的文学、艺术、科学、教育工作者，有工商界、宗教界人士，还有少数民族、海外华侨代表。

建立起人民当家作主的新型政治制度

“领导我们事业的核心力量是中国共产党。指导我们思想的理论基础是马克思列宁主义。我们有充分的信心，克服一切艰难困苦，将我国建设成为一个伟大的社会主义共和国。”毛泽东向大会致开幕词《为建设一个伟大的社会主义国家而奋斗》。

胡兆森曾回忆，自己当时兴奋地拿起笔记本，一边记，一边想：“他的每一句话多有力！多沉着！他的每一句话都代表了我们心中的想法。”

毛泽东在开幕词中说，我们的总任务是：团结全国人民，争取一切国际朋友的支援，为了建设一个伟大的社会主义国家而奋斗，为了保卫国际和平和发展人类进步事业而奋斗。他号召全国人民，应当努力工作，准备在几个五年计划之内，将我们现在这样一个经济上文化上落后的国家，建设成为一个工业化的具有高度现代文化程度的伟大的国家。

1954 年 9 月 23 日，一届全国人大一次会议听取了周恩来代表中央人民政府所作的《政府工作报告》。周恩来指出，我们的目标是，使我国的国民经济沿着社会主义的道路得到有计划的迅速的发展，建设起强大的现代化的工业、现代化的农业、现代化的交通运输业和现代化的国防。这是中国共产党对我国实现四个现代化目标的最初概括。

大会依据宪法和相关组织法的规定，选举和决定了国家领导工作人员。毛泽东当选为中华人民共和国主席，朱德为副主席；刘少奇当选为全国人民代表大会常务委员会委员长，宋庆龄等 13 人为副委员长；选举董必武为最高人民法院院长，张鼎丞为最高人民检察院检察长。根据中华人民共和国主席毛泽东的提名，大会决定周恩来为国务院总理。

2014 年 9 月 5 日，习近平总书记在庆祝全国人民代表大会成立 60 周年大会上发表重要讲话指出，在中国实行人民代表大会制度，是中国人民在人类政治制度史上的伟大创造，是深刻总结近代以后中国政治生活惨痛教训得出的基本结论，是中国社会100多年激越变革、激荡发展的历史结果，是中国人民翻身作主、掌握自己命运的必然选择。

中国这样一个有5000多年文明史、几亿人口的国家建立起人民当家作主的新型政治制度，在中国政治发展史乃至世界政治发展史上都是具有划时代意义的。

制定的宪法指明通往社会主义的道路

一届全国人大一次会议的一个重大贡献，是通过了中华人民共和国的第一部宪法。这部宪法是在1949年中国人民政治协商会议通过的《共同纲领》的基础上，根据国家新形势和社会发展的客观要求制定的。

胡兆森曾回忆，1954年9月15日，一届全国人大一次会议开幕当天，大会听取了刘少奇代表宪法起草委员会作的《关于中华人民共和国宪法草案的报告》。9月20日，当大会宣读了修改过的宪法草案全文后，全体代表以无记名投票的方式进行了表决。会场上每个人都非常激动，都兴奋不已，场面非常热烈。全场的代表都站起来，掌声和欢呼声经久不息。宪法的诞生，受到全国人民的热烈欢呼和拥护，老百姓都自发地上大街游行，高呼着拥护宪法的口号。

中华人民共和国的第一部宪法是在毛泽东主持下制定的。1953年12月底，毛泽东带领宪法起草小组的几个成员抵达杭州，着手宪法起草工作。1954年6月14日，中央人民政府委员会第三十次会议讨论通过了《中华人民共和国宪法(草案)》，并通过决议交付全国人民讨论。在近3个月时间里，全国有1.5亿余人参加讨论，提出118万多条修改、补充意见和问题，几乎涉及宪法草案每一个条款。

正如毛泽东所说，中华人民共和国宪法草案的起草，“采取了领导机关的意见和广大群众的意见相结合的方法”，使中央的意见和全国人民的意见相结合，不仅使宪法的内容臻于完善，而且使宪法深入人心，获得最广泛的群众基础。这是中国制宪史上的一个革命。

宪法规定，“中华人民共和国是工人阶级领导的、以工农联盟为基础的人民民主国家。”“中华人民共和国的一切权力属于人民。人民行使权力的机关是全国人民代表大会和地方各级人民代表大会。”“中华人民共和国公民在法律上一律平等。”

“《中华人民共和国宪法》的通过和颁布实施，为全国人民指明了一条清晰、明确的通往社会主义的道路，调动了广大人民群众建设社会主义的积极性，有力地推动了社会主义各项事业的蓬勃发展。”冯玉军说。

〔徐隽：《人民日报》（海外版），2021 年 2 月 19 日〕

27.1 案例思考讨论

（1）结合鞍钢工人胡兆森参加第一届人民代表大会的事例，谈谈中国政治制度的伟大变革体现在哪些方面？

（2）从一届全国人大一次会议完成普选、建立制度、制定宪法等重大贡献中，谈谈新时代应当如何推动人民代表制度实现新发展？

27.2 案例分析启示

我国是工人阶级领导的、以工农联盟为基础的人民民主专政的社会主义国家，国家一切权力属于人民，我国《宪法》规定，中国人民行使国家权力的机关是全国人民代表大会和地方各级人民代表大会。1954 年，第一届全国人民代表大会第一次会议在北京中南海怀仁堂召开，实现了历史上第一次全国范围的普选。根据人大代表胡兆森的回忆，一届全国人大一次会议召开时，从党政军最高领导人到普通劳动者，欢聚一起共商国家大事，总任务、宪法、国家领导工作人员等重大问题得到有效解决，见证了人民代表大会制度正式实行。这也标志着人民代表大会制度作为新中国的根本政治制度，中国共产党领导的多党合作和政治协商制度、民族区域自治制度、基层群众自治制度作为新中国的基本政治制度在全国范围内建立起来，中国共产党领导中国人民长期为之奋斗的民主制度从此建立在更加稳固的基础上。

习近平总书记在庆祝全国人民代表大会成立 60 周年大会上发表重要讲话，指出：在中国实行人民代表大会制度，是中国人民在人类政治制度史上的伟大创造。人民代表大会制度，是中国共产党在总结新民主主义革命时期革命根据地局部政权建设经验的基础上，创造出来的人民民主专政的政权组织形式，具有强大生命力和适应性。新中国成立以来特别是改革开放以来，人民代表大会制度不断健全和完善，为保障人民群众依法管理国家和社会事务、经济和文化事务发挥了重要作用，有力地保障了人民群众有序参与政治生活，保障了人民群众的合法权益，保证了国家政权体系的有效运转，极大地调动了人民群众的积极性、主动性，促进了依法治国的进程，确保了党对国家政权机关的领导。

“制度稳则国家稳，制度强则国家强。”中国特色社会主义进入新时代，人民对民主、法治、公平、正义等政治价值的要求更加迫切，必须进一步坚持和完善人民代表大会制度。习近平总书记在中央人大工作会议上，用“六个必须坚持”，系统概括了党的十八大以来党推进人民代表大会制度理论和实践创新的新理念新思想新要求。

第一，必须坚持中国共产党领导。中国共产党的领导，就是支持和保证人民实现当家作主，只有坚持中国共产党领导，坚持党总揽全局、协调各方的领导核心作用，坚决维护党中央权威和集中统一领导，才能保证党的理论路线方针政策和决策部署在国家工作中得到全面贯彻和有效执行。

第二，必须坚持用制度体系保障人民当家作主。人民当家作主是社会主义民主政治的本质和核心，只有坚持用制度体系保障人民当家作主，支持和保证人民通过人民代表大会行使国家权力，从各层次各领域扩大人民有序的政治参与，才能不断发展全过程人民民主。

第三，必须坚持全面依法治国。发展人民民主必须坚持全面依法治国、维护宪法法律权威，使民主制度化、法律化，只有坚持全面依法治国，依照宪法法律推进国家各项事业和各项工作，才能实现国家各项工作法治化。

第四，必须坚持民主集中制。民主集中制是中国国家组织形式和活动方式的基本原则，是我们党最大的制度优势，只有坚持民主集中制，坚持人民通过人民代表大会统一行使国家权力，才能保证国家统一高效组织推进各项事业。

第五，必须坚持中国特色社会主义政治发展道路。中国特色社会主义政治发展道路是符合中国国情、保证人民当家作主的正确道路，只有坚持中国特色社会主义政治发展道路，充分发挥人民代表大会制度的根本政治制度作用，才能保证党领导人民依法有效治理国家。

第六，必须坚持推进国家治理体系和治理能力现代化。人民代表大会制度是中国特色社会主义制度的重要组成部分，也是国家治理体系的重要组成部分，只有坚持推进国家治理体系和治理能力现代化，坚持和完善人民当家作主制度体系，才能更好地把制度优势转化为治理效能。

习近平总书记站在增强我国制度优势和制度竞争力的高度，从全面贯彻实施宪法、加快完善中国特色社会主义法律体系、用好宪法赋予人大的监督权、充分发挥人大代表作用、强化政治机关意识、加强党对人大工作的全面领导六个方面，为加强和改进新时代人大工作提供了科学指引和行动指南。在新的赶考路上，我们必须坚持和完善人民当家作主制度体系，健全社会公平正义法治保障制度，拓宽人民参与国家治理的途径，使人民群众通过法治参与国家治理的过程，不断夯实人民当家作主的法治根基。

案例28：四川绵竹：基层协商民主建设，化解基层百姓实际问题

作为四川全省16个县（市、区）政协试点，2019年，绵竹市政协在紫岩街道玉马社区开展“有事来协商”——院坝协商基层协商民主建设，积极探索以“360”柔性治理工作法为抓手，充分整合资源优势，调动多方力量，创新工作载体，形成360度全方位、立体式、无死角、零距离的服务模式，实现辖区民主协商有序、社会管控有力、社会治理水平提高。

2019年9月12日，绵竹市紫岩街道玉马社区“有事来协商”——院坝协商第一次协商议事会召开。当天协商的议题是：东汽竹苑社区配套设施二号楼改造为老年人日间照料中心事宜。协商会议中，东汽竹苑业主委员会委员、玉马社区主任、紫岩街道民政和城建工作负责人、市政协委员、市住建局和民政局相关负责人等围坐一起，就改造的可行性进行了协商，达成了一致意见。

“有事好商量，众人的事众人商量。协商平台的搭建，凝聚了各方共识，提升了社会治理效能。”谈起基层协商民主工作，紫岩街道玉马社区党支部书记王兴君感慨颇多。

建立“3”个机制 协商过程与结果并重

新形势下，人民政协如何围绕地方党委、政府中心工作履职，充分发挥委员主体作用，进一步聚焦群众关切，是基层政协面临的新情况、新课题。绵竹市政协通过搭平台建机制，拓宽政协委员与基层群众面对面沟通交流的渠道，服务群众解决群众烦心事，达到多赢的局面。

“东汽竹苑业主反映的改造老年人日间照料中心的事，关系到老年人的切身利益。”市政协委员、玉马社区协商民主议事会成员之一的唐烺峰说，这也是社区居民的一大愿望。由政协委员、社区书记、网格员组成的调研组一起深入到现场进行了核实，收集了居民的意见，商定了第一期民主协商的议题：东汽竹苑社区配套设施二号楼改造为老年人日间照料中心事宜。在各方努力下，居民的诉求得到解决。

政协委员马文全程参加了当天的协商。“大家开诚布公，直奔主题，解决问题，会议务实高效。”马文说，部门的积极回应得到了居民的认可，协商达到了预期效果。

政协委员如何更好履职？市政协将居住在紫岩街道的政协委员按照工作地点的属地划分为12个小组，每个小组确定1名组长，1名联络员，在社区设立民主协商联络站，配备工作人员，制定工作制度，落实人员职责。通过把政协委员分到各组活动，让委员进社区，“零距离”了解社情民意，并邀请涉及群众问题的部门与群众零距离对话，探讨解决问题的可行性方案。

“我们建立了让群众真正参与到决策过程当中，不仅注重协商过程，更注重协商的成果，强化跟踪问效，成为做好群众工作、化解基层矛盾、推动基层治理的有效方法。”紫岩街道党工委委员、市政协社法委兼职副主任周密坦言，这样的协商极大地激发了群众主人翁意识，有效减少了开展工作遇到的阻力，凝聚了各方共识。

规范“6”大程序 工作流程更规范

议题如何收集、协商如何推进、成果如何转化？信息收集、分类核实、民主协商、联动处置、督查反馈、考核奖惩六步闭环运行的程序在实际操作中有了实实在在的效果。

“我们对各种渠道收集来的民生诉求、意见建议进行登记，建立台账。”周密介绍，社区对登记的所有信息进行分类，由相应小组长组织排查核实，若确有协商必要，再进行走访调研，以便协调相关部门协商办理。协商结束后，根据协商结果，市级相关部门或社区协同配合在规定的工作日内进行联合处置，各小组对相关部门办理情况进行跟踪督查，并将情况上报给紫岩街道政协工委、市政协，反馈至相关部门。工作的成效如何，由市政协进行考核，综合测评。

规范化的运行程序，确保了各个工作环节环环相扣，协商有结果有成效。去年10月，东汽竹苑全体业主为社区送去了一面锦旗，感谢社区心系百姓，为民解忧。王兴君说，事实证明，院坝协商让群众真正参与到决策过程中，大家的主人翁意识得到增强，能更好地解决他们的所盼所愿。

“金陵雅居南门临时摊点怎么治?”“大学城园区如何管?”等院坝协商议题议出了社区新气象。“社区的工作以前是‘干部说、干部干，干好干坏都有意见’，自从推行了基层协商民主后，现在变成了‘大家说、大家干，干好大家都喜欢’。”玉马社区居民小组长张洪康说。

开展“零”距离服务活动　社会治理更有效

服务群众，解决群众的忧心事、烦心事，是开展一切工作的出发点和落脚点。玉马社区通过开展志愿服务活动，服务群众零距离，助推基层社会治理。

社区建立“党员服务队、委员服务队、网格服务队”三支队伍，通过三支志愿服务队员收集设置在社区、小区院落微心愿墙上群众的微心愿，由各小组认领办理，组织开展志愿服务活动，力所能及地实现群众的心愿，提升他们的幸福感。

玉马社区金陵雅居小区因距离市区较远，购买生活用品不便，各类流动摊贩便盯准“商机”，纷纷聚集于小区南门摆摊设点，原本宽敞的道路被各类小贩占据“半壁江山”，不仅影响了附近居民的日常生活，也带来了交通安全隐患，居民们要求整治的呼声很高。为切实解决占道经营现象，化解流动商贩乱摆摊设点的城市管理难点问题，社区协商民主议事会成员在前期大量的民意收集、摸底调查、征求选址意见的基础上，在市综合执法局的支持下，玉马农贸市场周围新设了一个固定便民服务点，明确经营范围，规定经营时间，逐步实现秩序规范、便民利民，定时定点为居民提供便民服务。

当了解到孩子放学后有两个小时的“真空”期无人照看时，绵竹市爱之援义工协会在玉马社区开展了“爱心两小时”公益活动，协会组织专业老师每周一至周五下午5点至7点免费给社区未成年人辅导家庭作业，周末还会开展以科学实验和家庭教育为主的兴趣班。

针对居民聚焦的难点，玉马社区引进了爱心互助协会，成立了玉马社区绵竹爱心互助协会孵化爱心基地，帮助社区残疾人创业，帮助实现留守老人老有所养老有所依，关爱社区留守儿童的成长以及帮助社区下岗失业妇女实现再就业，推动社区公益事业发展，丰富社区居民文化生活，提升居民幸福生活指数。

重视群众关切，听取群众呼声，推进群众关心的热点难点问题的解决，是提高群众参政议政的重要途径。“解决百姓实际问题，只要畅通协商渠道，调动群众的积极性，本着对群众负责的态度，问题就会得到化解，基层治理才更有效，社会才更加和谐。”周密说。

（王勇：《人民网》，2020 年 4 月 1 日）

28.1 案例思考讨论

（1）四川绵竹市开展“有事来协商”——院坝协商基层协商民主建设有什么样的特点和优势？

（2）根据四川绵竹市紫岩街道玉马社区收集民生诉求和意见建议，建立台账的事例，谈谈社区是如何实现“大家说、大家干，干好大家都喜欢”的？

28.2 案例分析启示

在中华文明几千年绵延不绝的历史长河中，我国的协商文化孕育于中华优秀传统文化的母体之中，得益于中华优秀传统文化的精神滋养，是中国人民和中华民族非常重要的思维方式和民族特征。社会主义协商民主是中国共产党在中国传统文化和制度基础上进行的伟大创造，既传承了传统协商文化的精华，又实现了对传统协商文化的超越。四川省绵竹市政协就通过不断的探索实践，搭建的‘有事来协商·院坝协商’平台，使大家逐步养成了“院坝坐好好说，大家事商量做”的习惯，通过院坝协商解决了村貌打造、公厕修建、私搭乱建、村规民约制定等问题，把一个普通的搬迁安置点打造成了远近闻名的幸福美丽新家园，“平等、真诚、包容、有序”的协商文化深入人心，推动了协商民主广泛、多层、制度化的发展。社会主义协商民主是在中国共产党领导下，人民内部各方面围绕改革发展稳定的重大问题和涉及群众切身利益的实际问题，在决策之前和决策实施之中开展广泛协商，努力形成共识的重要民主形式。绵竹市政协召开院坝协商第一次协商议事会，对收集来的民生诉求、意见建议进行登记，根据协商结果处理问题，让群众真正参与到决策过程中，彰显了社会主义协商民主的鲜明特点和独特优势。社会主义协商民主以人民利益根本一致为最大政治基础，以团结尊重和谐为出发点和落脚点，以制度化、规范化和程序化为重要保证。它既坚持了中国共产党的领导，又发挥了各方面的积极作用；既坚持了人民主体地位，又贯彻了民主集中制的领导制度和组织原则；既坚持了人民民主的原则，又贯彻了团结和谐的要求。

党的十九大报告强调，有事好商量，众人的事情由众人商量，是人民民主的真谛。那么如何发展社会主义民主政治，实现人民当家作主呢？一是推动社会主义协商民主广泛发展。进一步拓展协商内容、丰富协商形式、拓宽协商主体，社会主义协商民主必须在基层迅速开展，必须对涉及群众切身利益的实际问题进行广泛协商，拓宽国家政权机关、政协组织、党派团体、基层组织和社会组织的协商渠道，以最便捷的方式让最多的相关方参与协商，还要开放协商议题，让更多的人参与到协商民主建设中来。二是推动社会主义协商民主多层面发展。发展社会主义协商民主要突出中央层面的示范性、地方层面的特殊性和基层层面的参与性，中央层面要注重总结试点和实践的成功经验，大力开展示范引领工作，地方层面发展社会主义协商民主必须尊重地方发展差异和文化差异，地方层面则要积极探索村（居）民议事会、村（居）民理事会、恳谈会、劳资集体协商会等直接协商民主形式，直接听取民众的意见，真正实现民众自我管理、自我决策、自我监督、自我教育。三是推动社会主义协商民主制度化发展。要积极探索建立健全社会主义协商民主规范化制度，出台调研会、座谈会、听证会、恳谈会、谈心会、议事会等不同协商形式的操作规程，使各种协商形式能够得到便捷、灵活的运用，进一步规范协商程序，制定协商前、协商中、协商后的操作程序，严格依规按制运行。

中国特色社会主义协商民主的生动实践已然证明，社会主义协商民主制度有利于汇聚全社会广泛的正能量，画好最大同心圆，是扎根于中国土壤、具有鲜明中国特色的制度安排和最符合中国国情的民主形式，也是对人类政治文明的丰富、发展和贡献。

知识链接和特别关注

第一届中国人民政治协商会议

第一届中国人民政治协商会议，在1949年9月于北平隆重举行，会议通过了《中国人民政治协商会议共同纲领》，选举中华人民共和国中央人民政府委员会，选举毛泽东为中央人民政府主席。大会规定以五星红旗为国旗，以《义勇军进行曲》为代国歌，以北平为首都并改名为北京，采用公元纪年。大会选举毛泽东为中华人民共和国中央人民政府主席，朱德、刘少奇、宋庆龄、李济深、张澜、高岗为副主席，周恩来、陈毅等56人为中央人民政府委员。大会还决定在首都天安门广场建立人民英雄纪念碑，以表示对革命先烈的无限崇敬和缅怀。

《共同纲领》

《共同纲领》，于中国人民政治协商会议第一届全体会议1949年9月29日通过。2011年收入中央文献出版社出版的《建党以来重要文献选编》第二十六册。《共同纲领》包括：序言；总纲；政协机关；军事制度；经济政策；文化教育政策；民族政策；外交政策。共八章六十条。《共同纲领》规定了中华人民共和国是以工人阶级为领导的，以工农联盟为基础的，团结各民主阶级和国内各民族的人民民主专政的国家；人民行使国家政权的机关是在民主集中制基础上建立起来的各级人民代表大会和各级人民政府，全国人民代表大会和中央人民政府为国家最高政权机关；中国人民政治协商会议是人民民主统一战线的组织形式；在军事上，人民解放军和人民公安部队是中华人民共和国所建立的统一的军队；在经济上，实行“以公私兼顾、劳资两利、城乡互助、内外交流的政策，达到发展生产、繁荣经济之目的”的根本方针；在文化教育上，以提高人民文化水平，培养建设人才为主要任务；在民族政策上，实行团结互助，各民族一律平等，实行民族区域自治制度；在外交上，坚持独立、自主和领土主权的完整，拥护国际持久和平和各国人民间的友好合作，反对帝国主义侵略政策和战争政策的原则。

案例主题三：全面推进依法治国

依法治国是党领导人民治理国家的基本方略，法治是治国理政的基本方式，在国家治理和社会管理中发挥了重要作用。全面依法治国，必须走对路。中国是发展中的社会主义大国，具有独特的法治传统、独特的国情、独特的现实问题，这就决定了我们的法治道路必须坚定不移地走中国特色社会主义法治道路。习近平总书记在《求是》杂志刊发重要文章，强调："要加强党对全面依法治国的集中统一领导，坚持以全面依法治国新理念新思想新战略为指导，坚定不移走中国特色社会主义法治道路，更好发挥法治固根本、稳预期、利长远的保障作用。"改革开放40多年来，从依法治国到全面依法治国，中国特色社会主义法治实践始终坚持党的领导、植根中国大地、推进理论创新，在改革中激发活力，在开放中彰显特色。推进全面依法治国是一个系统工程，必须系统谋划、把握重点、统筹推进。必须在中国共产党领导下，加快建设中国特色社会主义法治体系，坚持依法治国、依法执政、依法行政共同推进，坚持法治国家、法治政府、法治社会一体建设，推进科学立法、严格执法、公正司法、全民守法。全面推进依法治国，加快建设社会主义法治国家，需要全社会共同参与，只有全体人民信仰法治、厉行法治，国家和社会生活才能真正实现在法治轨道上运行。

案例29，第四个"宪法宣传周"期间，浙江、北京、四川等地各部门围绕"以习近平法治思想为指引 坚定不移走中国特色社会主义法治道路"的主题，组织实施形式多样的法治宣传活动，这对于我国积极弘扬宪法精神、树立宪法权威具有重要意义；案例30，指明了我国在推进全面依法治国工作的过程中，以破解执法司法问题、推进公共法律服务、建设法治乡村为主要民生发力点，努力实现“十四五”期间的民生目标，显示了我国全面推进依法治国的工作布局。

案例29：弘扬宪法精神 树立宪法权威：“宪法宣传周”期间，各地各部门组织实施形式多样的法治宣传活动

宪法是国家根本法，是党和人民意志的集中体现，是国家各种制度和法律法规的总依据，具有最高的法律地位、法律权威、法律效力，在国家和社会生活中具有总括性、原则性、纲领性、方向性。

今年12月4日是我国第八个国家宪法日，刚刚过去的一周是我国第四个“宪法宣传周”。连日来，各地各部门围绕“以习近平法治思想为指引 坚定不移走中国特色社会主义法治道路”的主题，组织实施形式多样的法治宣传活动，有力促进了全社会增强尊法学法守法用法意识。

宪法宣誓强化崇尚法治观念

“我宣誓：忠于中华人民共和国宪法，维护宪法权威，履行法定职责，忠于祖国、忠于人民，恪尽职守、廉洁奉公，接受人民监督，为建设富强民主文明和谐美丽的社会主义现代化强国努力奋斗！”铿锵有力的宣誓词久久回荡。

12月3日上午，浙江杭州西子湖畔，阳光明媚。在北山街84号大院30号楼，一场宪法宣誓仪式在这里庄严举行。这里是“五四宪法”历史资料陈列馆的北山街馆区，是“五四宪法”起草地旧址，也是毛泽东同志当年率领宪法起草小组成员起草新中国第一部宪法草案初稿的办公地。

来自杭州市拱墅区人民法院的干警身着制服，有序走向宣誓区，在奏唱中华人民共和国国歌后，大家面向国旗庄严宣誓。领誓人左手抚按《中华人民共和国宪法》，右手举拳，领诵誓词；其余参会人员整齐排列，右手举拳，跟诵誓词。

2018年3月11日，十三届全国人大一次会议审议通过的宪法修正案，在宪法第二十七条中增加规定：“国家工作人员就职时应当依照法律规定公开进行宪法宣誓。”这一重要修改，将全国人大常委会通过的关于实行宪法宣誓制度的决定所确立的宣誓制度，上升到宪法层面。

本次宣誓活动领誓人、杭州市拱墅区人民法院院长陈奇策介绍，在

第八个国家宪法日到来之际组织全院人员来此参观，并将宣誓地点选在“五四宪法”起草地旧址，就是为了进一步推动法官崇法尚法、厉行法治。

“这是一堂生动深刻的宪法知识课，也为我们弘扬宪法精神提供了宝贵素材。”参加完这场宣誓仪式，民事审判三庭庭长施丹薇表示。

2016年12月4日，“五四宪法”历史资料陈列馆建成开放，填补了我国宪法主题纪念馆的空白。陈列馆的北山街馆区设置有《西子湖畔制宪奠基》基本陈列，讲述“五四宪法”从起草、讨论、通过到实施的全过程，生动展现党领导人民制定新中国第一部宪法的光辉历史；栖霞岭馆区设置有《宪法就在我们身边》主题展览，讲述什么是宪法、宪法规定了什么、宪法如何实施等问题，让观众对宪法基本内容听得懂、记得住、用得上。“特别在2018年宪法修正案公布施行后，我们在第一时间对陈列馆展览作了相应丰富、修改和完善。”“五四宪法”历史资料陈列馆副馆长王永翔介绍。

近年来，陈列馆精心制作宪法修正案、民法典等专题展览，走进企业、农村、机关、校园、社区。“目前，巡回展览已走进600多家单位，吸引了40多万人观看。今年，陈列馆推出‘永远跟党走，宪法伴我行’系列活动，赴全市各地巡展宣讲。巡回展览还首次走出浙江，走进四川省甘孜藏族自治州，为对口支援和东西部协作贡献力量。”王永翔说。

王永翔说，持续用好浙江宪法资源，陈列馆今年陆续组织杭州市中小学生宪法主题艺术展、“感党恩，颂祖国，尊宪法”朗诵表演等一系列精彩纷呈的活动。“如今，越来越多的国家工作人员和机关单位都选择在这里进行宪法宣誓，我们也专门设立了宪法宣誓体验区，供来馆参观学习的观众模拟体验宪法宣誓，感受宪法的威严，使宪法宣传走入日常生活，走入人民群众。”

宪法晨读培养尊崇宪法意识

“本宪法以法律的形式确认了中国各族人民奋斗的成果，规定了国家的根本制度和根本任务，是国家的根本法……”12月3日，在教育部为迎接第八个国家宪法日而举行的教育系统“宪法晨读”活动上，领诵者带领现场师生诵读宪法条款，学习宪法知识。

在广东、黑龙江、重庆等地，各地市教育局、各高校、各直属学校接入本地分会场视频系统或登录教育部全国青少年普法网参与活动。在天津市梧桐中学，学生们与全国近30万所学校的8000多万名师生，一同通过网络直播的方式参与诵读活动，跟唱歌曲《宪法伴我们成长》。

"'宪法晨读'活动对我的帮助很大，我学习了很多宪法知识，还听了演讲，增强了宪法意识。"梧桐中学学生侯镔芮说。

教育系统是宪法教育的重要群体、重要阵地。教育部部长怀进鹏表示，要通过宪法教育，在青少年心中培养起尊崇宪法的意识，认同党的领导是中国特色社会主义最本质的特征和最大优势，从而坚定青少年听党话、跟党走的理想信念。

国家宪法日中小学宪法晨读活动是第六届全国学生"学宪法讲宪法"活动的主要内容。教育部连续8年开展国家宪法日"宪法晨读"，连续6届组织全国学生"学宪法讲宪法"活动，通过网络在线学习、微视频征集、法治实践、演讲等形式，深入学习贯彻习近平法治思想，开展宪法宣传教育，覆盖各个地区与不同学段。通过教育部全国青少年普法网参与宪法在线学习的学生人次已由首届的1495万增长至今年的78亿多，还有1.4亿多名学生通过在线测评后获得了"宪法卫士"称号，创下了历年新高。

开展宪法教育，宪法知识传授是基础，领会宪法精神实质、树立法治信仰是关键。

近年来，教育部、司法部、全国普法办联合出台了《青少年法治教育大纲》，将义务教育阶段德育教材更名为《道德与法治》，在六年级上册和八年级下册设置了法治教育专册；普通高中修订思想政治课程标准，设置了法治教学模块；中职和高校开设了法律基础课程，并将法治教育纳入中考、高中学业水平考试范围……推动宪法教育进课堂、进教材、进头脑，让孩子们由浅入深系统接受法律知识，养成对法律的敬畏。

加强青少年宪法法治教育工作，还要完善机制，提高质量和水平。不久前，教育部制定发布了《全国教育系统开展法治宣传教育的第八个五年规划（2021—2025年）》，坚持以宪法教育为核心内容，对青少年法治教育做出了专门部署。教育部还将推进青少年法治教育规范化和常态化，推动开齐开足开好法治课，将法治教育纳入中小学课后服务；深入开展法治实践教育，将青少年法治教育实践基地(法治资源教室)纳入社会综合实践活动场所范围；加强教师网络法治教育培训，完善法治副校长(辅导员)制度，积极推动学校与法治实践部门加强协作，形成育人合力。

宪法宣传教育重在培养青少年成为宪法的忠实崇尚者、自觉遵守者、坚定捍卫者。怀进鹏表示："要通过宪法教育，在青少年心中从小培养起尊崇宪法的意识。要通过宪法教育，筑牢青少年的权利和义务观念，为培养德智体美劳全面发展的社会主义建设者和接班人奠定思想之基。"

群众切实感受宪法法律的温度

在北京市朝阳区朝外法治宣传阵地，一大早，"宪法时光隧道"就吸引了不少法律工作者和群众驻足。人们穿越"宪法时光隧道"，了解我国宪法的发展历程以及历年来修改完善的具体内容。

"我国现行宪法是1982年审议通过的，从1949年具有临时宪法作用的《中国人民政治协商会议共同纲领》到1954年一届全国人大一次会议通过的新中国第一部宪法，从1982年通过现行宪法到2018年第五次修宪，我国宪法以国家根本法的形式确立了一系列制度、原则和规则，制定了一系列大政方针，反映了我国各族人民共同意志和根本利益。"12月3日，北京寒风凛冽，但仍挡不住人们学习宪法知识的热情，北京市朝阳区朝外街道司法所所长王念君向观众介绍我国宪法的发展历程。

"宪法是国家的根本法，具有最高法律效力，宪法法律也时时在人民群众身边。"前来参观的孙如岐律师说，例如宪法规定保护公民的健康权、财产权，我国民法典又对这些权益进行了更加细致具体的规定，宪法法律守护着每个人的一生。

远在千里之外的四川省成都市蒲江县明月村，则用群众喜闻乐见的文艺节目宣传宪法法律知识。

农民群众通过自编自演法治文艺节目、讲学法用法故事来宣传宪法法律知识，基层干部群众尊崇法律、信仰法律的意识不断增强。"宪法进农村，农民是主角。活动内容取材于农村，来源于农民生产生活，聚焦土地承包、宅基地等农民群众关心的法律问题。"农业农村部法规司相关负责人介绍，宪法进农村活动已成功举办两届，在广大农村掀起学习宪法法律的热潮，夯实了乡村振兴的法治根基。

宪法进农村、宪法进社区、宪法进校园、宪法进机关、宪法进企业、宪法进军营、宪法进网络……近年来，各地各部门围绕宪法法律宣传，策划组织了一系列特色鲜明的群众性法治文化活动，让宪法法律元素融入人民群众日常生活。宪法法律宣传点成为“网红打卡地”、全国各高铁列车和车站播放宪法宣传片，如今公共场所设置的宪法宣传元素越来越多。“截至目前，全国共设立法治文化主题公园3500多个、广场1.2万多个、长廊3.4万多个，人民群众在休闲娱乐中接受宪法法律的熏陶。”全国普法办相关负责人介绍。

宪法与国家前途、人民命运息息相关。“人民群众遇到问题能得到法律帮助，能够通过法律程序得到合理解决，才会真诚信仰宪法法律，让文本的宪法法律升华为法治力量。”王念君表示，这就要求基层法律工作者通过每一件具体法律工作，让群众切实感受到宪法法律就在身边，感受到法治有力量有温暖。

（窦瀚洋：《人民日报》，2021年12月10日）

29.1 案例思考讨论

（1）“宪法宣传周”期间，浙江、北京等地开展宪法宣誓、宪法晨读等宪法宣传活动有什么重要意义？

（2）结合北京市朝阳区打造“宪法时光隧道”事例，谈谈基层法律工作者应当如何让群众切实感受到宪法法律就在身边，感受到法治有力量有温暖？

29.2 案例分析启示

宪法是国家的根本法，它将国家、社会与个体紧密连接在一起，也是维系一个国家、一个民族凝聚力的根本纽带。党的十八大以来，以宪法为核心的中国特色社会主义法律体系进一步完善，法治中国建设迈出坚实步伐。浙江杭州市发起的宪法宣誓活动、开放“宪法”历史资料陈列馆，广东、黑龙江、重庆等地学校组织青少年举行“宪法晨读”活动以及北京市朝阳区打造“宪法时光隧道”等一系列事例，印证了党坚持依宪治国、依宪执政的实践主题，有力促进了全社会增强尊法学法守法用法意识，有利于弘扬宪法精神，树立宪法权威，为社会主义现代化建设提供根本法治保障。实践证明，我国现行宪法是符合国情、符合实际、符合时代发展要求的好宪法，是充分体现人民共同意志、充分保障人民民主权利、充分维护人民根本利益的好宪法，是推动国家发展进步、保证人民创造幸福生活、保障中华民族实现伟大复兴的好宪法。

“立善法于天下，则天下治；立善法于一国，则一国治。”那么党应当如何坚持依宪治国、依宪执政呢？

第一，加强宪法实施与监督。宪法实施是将宪法文本落实到社会生活、国家政治生活中的一套观念和制度。宪法的生命在于实施，宪法的权威也在于实施。维护宪法权威，就是维护党和人民共同意志的权威；捍卫宪法尊严，就是捍卫党和人民共同意志的尊严；保证宪法实施，就是保证人民根本利益的实现。宪法实施还有赖于完善的宪法监督制度。加强宪法监督，有助于维护宪法的权威和尊严、维护国家法制的统一、保障公民基本权利、降低国家治理成本。

第二，推进合宪性审查工作，维护宪法权威。合宪性审查，就是对宪法以下的法律文件是否符合宪法精神进行审查，是宪法监督的一种方式。一是要加强对宪法法律实施情况的监督检查，坚决纠正违宪违法行为。各级国家机关工作人员特别是领导干部要增强宪法观念，依照宪法法律行使职权、履行责任，自觉接受人民监督，全国各族人民、一切国家机关和武装力量、各政党和社会团体、各企业事业组织，都必须以宪法为根本活动准则，都负有维护宪法尊严、保证宪法实施的职责。二是要进一步探索具有中国特色的合宪性审查制度，建立健全合宪性审查工作机制，在立法修法的事前、事中、事后，开展全过程、常态化的合宪性审查，加强宪法实施和监督，维护宪法权威。

中国共产党领导人民制定的宪法是社会主义性质的宪法，体现了全体人民的共同意志，实现了党的意志和人民意志的统一。中国特色社会主义进入新时代，解决新时代社会主要矛盾，必须坚持依宪治国、依宪执政，就包括坚持宪法确定的中国共产党领导地位不动摇，坚持宪法确定的人民民主专政的国体和人民代表大会制度的政体不动摇，在全面贯彻实施宪法过程中维护好宪法的社会主义性质，做宪法的忠实崇尚者、严格遵守者、自觉运用者、坚定捍卫者，不断推动法治中国建设迈出新步伐、创造新成就，为实现第二个百年奋斗目标、全面建设社会主义现代化国家提供有力法治保障。

案例30:“十四五”期间,全面依法治国工作有这些民生“小目标”

社会主义民主法治更加健全,社会公平正义进一步彰显,社会治理特别是基层治理水平明显提高……“十四五”规划和2035年远景目标纲要,对推进全面依法治国作出重要部署。

未来五年,法治中国建设将给我们的生活带来哪些实惠?国新办25日举行的新闻发布会上,中央依法治国办和司法部有关负责人介绍了下一步推进全面依法治国工作中的民生发力点。

破解执法司法突出问题

运动式、“一刀切”执法,执法、司法人员不作为、乱作为……这些人民群众反映强烈的执法司法突出问题,有望在“十四五”时期得到解决。

中央依法治国办组成人员、司法部副部长熊选国表示,要推动各有关部门对此问题深入开展调查研究,找出症结所在、提出解决办法,回应人民群众关切。

新修订的行政处罚法将于今年7月起施行。据介绍,司法部将把贯彻实施好新修订的行政处罚法作为当前和今后一段时期的重要任务,对进一步规范行政处罚行为、深化行政执法体制改革、严格行政处罚程序、推行免罚清单制度、强化行政处罚行为监督等内容提出具体工作部署。

司法部今年还将研究起草进一步规范行政裁量权基准制定和管理工作的指导意见,通过推动各地区各部门纠正处罚畸轻畸重等问题来解决不规范执法问题。

“我们将在全国推广行政执法综合管理监督工作平台的应用,在平台意见建议中选取有代表性的重大问题或人民群众反映强烈的突出问题,督促有关地方和部门办理。”司法部法治调研局局长李明征说。

提供更高水平、更多元化的公共法律服务

“十三五”期间,我国已初步建成覆盖全国的公共法律服务网络。记者从发布会上获悉,我国将在“十四五”期间进一步推进公共法律服务体系建设,满足人民群众对法治、公平、正义等方面日益增长的需求。

熊选国表示,今后要从政策、人才、资金、项目等方面加大对中西部地区和欠发达地区的支持力度,建立法律服务资源依法跨区域流动机制，切实加强这些地方的公共法律服务能力体系的建设。“未来五年，中西部偏远地区的每一个县都要拥有法律援助中心。”他说。

此外，要建设规模适度、结构合理、服务优良、运行有序的法律服务业，提供价格可负担、质量有保障、便捷高效的多元化、个性化公共法律服务。要进一步创新公共法律服务供给模式，鼓励引导社会力量参与公共法律服务，满足人民群众多层次法律服务需求。

司法部还将进一步发挥律师、公证、法律援助、司法鉴定、仲裁等职能作用，提高公共法律服务专业化水平。深化公证体制机制改革，加快推进高频公证服务事项“一网通办”，完善行政复议、行政裁决、人民调解、仲裁等多元化纠纷解决机制，让人民群众充分享受司法行政体制改革带来的便利。

以法治乡村建设推动乡村振兴

“法治乡村建设是全面推进乡村振兴的基础工作，也是全面推进依法治国的基础工作。”司法部普法与依法治理局局长王晓光表示，近年来我国法治乡村建设成效显著，截至目前，全国一村（居）一法律顾问基本实现全覆盖，人民调解委员会实现村、乡（镇）全覆盖。

王晓光介绍，下一步，法治乡村建设将紧紧围绕“十四五”时期全面推进乡村振兴的目标任务，结合实施“八五”普法规划，在法治乡村建设提质增效上下功夫，实现从有形全覆盖到有效全覆盖，促进乡村社会既充满活力又和谐有序。

具体地说，就是要推动法律进村、入户、到人。

进村，就是深化民主法治示范村（社区）创建，以民主法治示范村（社区）的“点”来带动全国法治乡村建设的“面”。入户，就是培育农村学法用法示范户，注重发挥家庭家教家风的作用，激活家庭这一乡村治理的最基本单元。到人，就是实施农村“法律明白人”培养工程，培育农村法律实用人才，激发法治乡村建设的内生动力，推动全面依法治国各项措施在乡村落地生根、开花结果。

“实现‘十四五’时期经济社会发展目标，全面依法治国既是一个重要任务，也是重要保障。中央依法治国办将立足新发展阶段、贯彻新发展理念、构建新发展格局，着力发挥法治固根本、稳预期、利长远的重要作用，为全面建设社会主义现代化国家开好局、起好步提供坚实有力的法治保障。”熊选国说。

（白阳：人民网，2021年3月26日）

30.1 案例思考讨论

（1）结合“十四五”期间推进全面依法治国工作中的民生发力点，谈谈着力“破解执法司法突出问题、推进公共法律服务体系建设、建设法治乡村”将给我们的生活带来哪些实惠？

（2）我国在“十四五”期间，应当如何推进全面依法治国工作实现民生“小目标”？

30.2 案例分析启示

党的十八大以来，中国特色社会主义进入新时代。以习近平同志为核心的党中央从中国特色社会主义事业发展的全局和战略高度定位法治、布局法治、厉行法治，提出全面依法治国，并将其纳入“四个全面”战略布局系统谋划、整体推进。在国新办2021年3月25日举行的新闻发布会上，中央依法治国办和司法部熊选国、李明征等介绍了下一步推进全面依法治国工作中的民生发力点，为更好实现民生目标提供了法治保障。我国在“十四五”时期将从执法司法这一着力点入手，解决执法不规范、不严格、不透明、不文明以及不作为、乱作为等突出问题，构建开放、动态、透明、便民的阳光司法机制，有利于法律的公正和有效实施；我国推进法治乡村的建设工作，增强了全民法治观念，让法治成为全民思维方式和行为习惯，加快了法治社会建设进程，对于夯实法治国家、法治政府建设奠定了社会基础。

全面推进依法治国是一个系统工程，必须系统谋划、把握重点、统筹推进。一是坚持依法治国、依法执政、依法行政共同推进。依法治国是党领导人民治理国家的基本方略，依法执政是我们党治国理政的基本方式，依法行政是行政机关履行政府职能、管理经济社会文化等方面事务的主要方式，三者是一个有机整体，本质一致、目标一体、成效相关，必须相互配合、共同推进、形成合力。二是坚持法治国家、法治政府、法治社会一体建设。法治政府、法治社会建设必须服从、服务于法治国家建设，要紧紧围绕建设社会主义法治国家的目标进行顶层设计、完善体制机制、明确工作重点、作出部署安排，坚决贯彻落实实现这一目标所必须坚持的原则，即坚持中国共产党的领导、坚持人民主体地位、坚持法律面前人人平等、坚持依法治国和以德治国相结合、坚持从中国实际出发。三是推进科学立法、严格执法、公正司法、全民守法。坚持全面推进科学立法、严格执法、公正司法、全民守法，是全面依法治国的重要环节。要深入领会、准确把握精神实质，继续推进法治领域改革，解决好立法、执法、司法、守法等领域的突出矛盾和问题，促进各环节法治工作相互贯通、相互促进，推动全面依法治国不断取得新成效。

依法治国是党领导人民治理国家的基本方略，法治是治国理政的基本方式，要更加注重发挥法治在国家治理和社会管理中的重要作用，全面推进依法治国，加快建设中国特色社会主义法治体系和社会主义法治国家，促进社会主义法治迈向良法善治的新境界，努力让人民群众在每一项法律制度、每一个执法决定、每一宗司法案件中都充分感受到公平正义。这是法治中国的美好愿景，也是法治中国的不渝追寻。

知识链接和特别关注

“十三五”规划

中华人民共和国国民经济和社会发展第十三个五年规划纲要，简称“十三五”规划(2016—2020年)，规划纲要依据《中共中央关于制定国民经济和社会发展第十三个五年规划的建议》编制，主要阐明国家战略意图，明确政府工作重点，引导市场主体行为，是2016—2020年中国经济社会发展的宏伟蓝图，是各族人民共同的行动纲领，是政府履行经济调节、市场监管、社会管理和公共服务职责的重要依据。

“十四五”规划

《中华人民共和国国民经济和社会发展第十四个五年规划和2035年远景目标纲要》(简称“十四五”规划)，“十四五”时期经济社会发展主要目标：经济发展取得新成效；改革开放迈出新步伐；社会文明程度得到新提高；生态文明建设实现新进步；民生福祉达到新水平；国家治理效能得到新提升。

《中华人民共和国国民经济和社会发展第十四个五年规划和2035年

远景目标纲要》共分为19篇:“开启全面建设社会主义现代化国家新征程”“坚持创新驱动发展 全面塑造发展新优势”“加快发展现代产业体系 巩固壮大实体经济根基”“形成强大国内市场 构建新发展格局”“加快数字化发展 建设数字中国”“全面深化改革 构建高水平社会主义市场经济体制”“坚持农业农村优先发展 全面推进乡村振兴”“完善新型城镇化战略 提升城镇化发展质量”“优化区域经济布局 促进区域协调发展”“发展社会主义先进文化 提升国家文化软实力”“推动绿色发展 促进人与自然和谐共生”“实行高水平对外开放 开拓合作共赢新局面”“提升国民素质 促进人的全面发展”“增进民生福祉 提升共建共治共享水平”“统筹发展和安全 建设更高水平的平安中国”“加快国防和军队现代化 实现富国和强军相统一”“加强社会主义民主法治建设 健全党和国家监督制度”“坚持‘一国两制’推进祖国统一”“加强规划实施保障”。

2021年3月11日，十三届全国人大四次会议表决通过了关于国民经济和社会发展第十四个五年规划和2035年远景目标纲要的决议。

《中华人民共和国宪法》

《中华人民共和国宪法》，是中国最高国家权力机关制定和颁布的国家根本大法,具有最高的法律效力。1982年12月4日,第五届全国人民代表大会第五次会议通过了第四部《中华人民共和国宪法》。这部宪法除序言外,共四章一百三十八条。它确定了把坚持四项基本原则作为总的指导思想和全国人民都必须遵循的基本原则，规定了国家的根本制度和根本任务,反映了全国各族人民的共同意志和根本利益,体现了社会主义民主与法制的结合。

乡村振兴战略

乡村振兴战略,是习近平总书记2017年10月18日在党的十九大报告中提出的战略。党的十九大报告指出,农业农村农民问题是关系国计民生的根本性问题,必须始终把解决好“三农”问题作为全党工作的重中之重,实施乡村振兴战略。

中共中央、国务院连续发布中央一号文件,对新发展阶段优先发展农业农村、全面推进乡村振兴作出总体部署,为做好当前和今后一个时期“三农”工作指明了方向。2018 年 3 月 5 日，国务院总理李克强在《政府工作报告》中讲到，大力实施乡村振兴战略。2018 年 5 月 31 日，中共中央政治局召开会议，审议《国家乡村振兴战略规划(2018—2022 年)》。2018 年 9 月，中共中央、国务院印发了《乡村振兴战略规划(2018—2022 年)》，并发出通知，要求各地区各部门结合实际认真贯彻落实。2021 年 2 月 21 日，《中共中央 国务院关于全面推进乡村振兴加快农业农村现代化的意见》(即“中央一号文件”)发布。这是 21 世纪以来第 18 个指导“三农”工作的“中央一号文件”；2 月 25 日，国务院直属机构国家乡村振兴局正式挂牌。要做好乡村振兴这篇大文章，2021 年 3 月，中共中央、国务院发布了《关于实现巩固拓展脱贫攻坚成果同乡村振兴有效衔接的意见》，提出重点工作。2021 年 4 月 29 日，十三届全国人大常委会第二十八次会议表决通过《中华人民共和国乡村振兴促进法》。2021 年 5 月 18 日，司法部印发了《“乡村振兴 法治同行”活动方案》。2022 全国两会调查结果出炉，“乡村振兴”关注度位居第八位。

第五章
中国特色社会主义文化建设

中国特色社会主义是全面发展的社会主义。党的十九大对我国社会主义现代化建设作出新的战略部署，明确以“五位一体”总体布局推进中国特色社会主义事业，从经济、政治、文化、社会、生态文明五个方面，制定了新时代统筹推进“五位一体”总体布局的战略目标。文化建设是中国特色社会主义“五位一体”总体布局的重要组成部分，是否能获得丰富的精神文化食粮，实际上是人民感知并衡量美好生活的一个重要尺度。中国特色社会主义文化，源自中华民族五千多年文明历史所孕育的中华优秀传统文化，熔铸于党领导人民在革命、建设、改革中创造的革命文化和社会主义先进文化，植根于中国特色社会主义伟大实践。中国特色社会主义文化是中国特色社会主义的重要组成部分，是凝聚和激励全国各族人民的重要力量，是综合国力的重要标志。

“十四五”时期是我国全面建成小康社会、实现第一个百年奋斗目标之后，乘势而上开启全面建设社会主义现代化国家新征程、向第二个百年奋斗目标进军的第一个五年，我国将进入新发展阶段。在这样极为重要的历史节点和重大关头，更要坚定文化自信，推动社会主义文化繁荣兴盛，不断铸就中华文化新辉煌，把新时代中国特色社会主义伟大事业推向新的高度。新时代中国特色社会主义的文化建设要坚定不移走中国特色社会主义文化发展道路，坚持马克思主义的指导地位，巩固和发展社会主义意识形态；要弘扬中华优秀传统文化，继承革命文化，发展社会主义先进文化，培育和践行社会主义核心价值观；要坚守中华文化立场，推动中华优秀传统文化进行创造性转化和创新性发展；要推动中国特色社会主义文化事业和文化产业发展，不断繁荣发展社会主义文艺，构建具有鲜明中国特色的战略传播体系，增强文化自信，建设社会主义文化强国，以中国特色社会主义文化的繁荣兴盛，凝聚起实现民族复兴的磅礴精神力量。

案例主题一：
新时代巩固和发展社会主义意识形态

意识形态建设决定文化前进方向和发展道路。能否做好意识形态工作，事关党的前途命运，事关国家长治久安，事关民族凝聚力和向心力。党的十八大以来，我国意识形态领域形势发生全局性、根本性转变，习近平总书记准确把握世界范围内思想文化相互激荡、我国社会思想观念深刻变化，对关系党和国家事业发展的一系列重大理论和实践问题进行了深邃思考和科学判断，指出意识形态工作是党的一项极端重要的工作，意识形态工作关乎党和国家的前途命运，关乎民族团结和社会稳定。目前我国正处于全面开启建设社会主义现代化国家新征程的重大时间节点，经济社会深刻变革、利益格局深刻调整，意识形态领域局部多元多样多变的趋势日益明显，人们的思想更加活跃，独立性、选择性、多样性、差异性显著增强，各种思想多样杂陈、各种力量竞相发声成为常态。我国是社会主义国家，马克思主义处于意识形态的指导地位，必须把意识形态工作领导权、话语权牢牢掌握在手中，不断巩固马克思主义在意识形态领域的指导地位，巩固全党全国人民团结奋斗的共同思想基础，才能在新时代新征程上赢得更加伟大的胜利和荣光。

案例 31，介绍了弹幕在网络社会的产生及其对人们刷视频追剧产生的广泛影响，而随着弹幕越来越受当代年轻人的欢迎，弹幕更是成为他们自我表达的一种重要方式，国家开始加强对弹幕文化的监管，“弹幕”被划入“先审后播”的范围，进行“实时管理”。这体现了我国对意识形态工作的重视，既是对弹幕文化的行为规范，也是对弹幕文化的重视和肯定。案例 32，收集了多位来自马克思主义学科、甲骨文学科、语言与认知的交叉研究学科、教育学学科等几个不同的哲学社会科学领域的专家学者对哲学社会科学人才成长和学科建设的看法与观点，展现了当前我国哲学社会科学人才成长培养的新变化及学科建设的新气象。构建中国特色哲学社会科学，要从人才培养抓起，而人才的成长往往离不开学科的建设与发展。案例31说明了阵地是意识形态工作的基本依托，要完善阵地建设和管理制度，落实好主管主办和属地管理原则，做到守土有责、守土负责、守土尽责，决不允许搞法外之地、舆论飞地。案例32指出哲学社会科学是人们认识世界、改造世界的重要工具，是推动历史发展和社会进步的重要力量，是一个民族的思维能力、精神品格、文明素养的集中体现，是一个国家、一个民族价值观念和思想文化影响力的重要体现。牢牢掌握意识形态工作领导权、巩固壮大社会主义意识形态，就必须大力加强和繁荣哲学社会科学。

案例31：弹幕玩出网络文化新图景

“前方高能”“惊喜就要来了”“空降”……看剧的时候，如果打开弹幕，会发现打开了一扇新的大门。“为什么年轻人看剧开弹幕”这个话题更是频频上热搜。有网友表示，弹幕简直比剧情还有趣。随着弹幕评论的生活化和常态化，一幅全民参与的互联网评论新图景正在悄然形成。

“感觉不是自己一个人在看”

弹幕最早出现在弹幕视频网站，又陆续现身于各类视频网站等，形成一种新的互动评论样态。如今，弹幕已成为“互联网＋社交”的新样式。

网友们在观看视频时发出的评论以飞行形式横穿屏幕，当出现很多评论时，就会产生如同无数子弹横飞的效果，这种现象被称作“弹幕”。

事实上，不仅仅是“二次元”（动漫和游戏文化圈）领域，在剧集、综艺、电影等领域，弹幕也已成为年轻人交流中不可或缺的方式。作为一种强开放性、强包容性的动态交流媒介，弹幕备受年轻人青睐，弹幕中的热词也时常成为流行语。

数据显示，过去一年中，哔哩哔哩视频网站（B站）的用户总共发送超14亿次弹幕，其中“AWSL”（表示激动）、“泪目”“名场面”“妙啊”等弹幕被评为年度弹幕热词。弹幕文化让网友找到了有共同兴趣爱好的伙伴，他们的语言、行为会在这个群体中得到认同，进而获得社交满足。

弹幕爱好者“山居客”告诉记者：“当影视剧有槽点的时候，弹幕会特别多，有时甚至占满整个屏幕。看剧有了弹幕，就感觉不只是自己一个人在看，通过弹幕与大家一起吐槽或分享观点，特别开心。”

“数字新青年”的特殊语言

对于“AWSL”的流行，有媒体研究学者认为，其背后根源在于“AWSL”既具有展现青年文化的使用特点，也符合一定的媒介属性，流行绝非偶然。

“‘AWSL’作为一个年轻人使用的高频词汇，背后是某种固定的表意需求在年轻群体中流变后的结果。”有学者说，“流行语的拼音首字母缩写，也向来是弹幕视频网站中的高频词汇，它与弹幕文化即时性强、即兴发布、停留时间短暂的特性最为匹配。”

看似简单的寥寥几句弹幕语，却是无数年轻观众在那一刻用自己的方式最想要传达的感想和力量。弹幕文化正在成为年轻人表达自我的重要方式。热衷于使用弹幕这一网络文化语言的年轻人也正在形成一个新的群体——数字新青年。

腾讯公司平台与内容事业群社交娱乐产品部总经理贺飚说，当下年轻人正在构建出一套全新的语言缩写体系，这是一个父辈无法轻易逾越的“结界”，是自我空间的“保护罩”。

网友“逍遥子”谈到自己为何喜欢弹幕时说：“如果说成年人使用社交平台更多是进行一种信息交换，希望社交平台简洁有序，那么现在我们年轻人的社交平台则更偏向于丰富有趣。年轻人正在通过信息技术展现自身独特的社交属性，弹幕文化、各种缩略语恰恰是这样的体现。”

相比点赞、评论、转发等方式，弹幕的“共时性”打破观众之间在地域、时间、空间的限制，满足了年轻观众们的即时互动与社交需求。此外，作为刷剧标配的弹幕，实际是对内容的补充和再传播。弹幕不仅激励内容创作者进行优质内容的再创作，同时也一定程度上增加了内容观看的趣味性，逐渐成为内容的一部分。

弹幕“先审后播”

根据疫情防控工作的需要，2020年湖南卫视的元宵晚会录制现场取消观众席，首次设置弹幕式观众席。当时，传统电视台与弹幕的首次联手立刻登上微博热搜，并让年轻人爱玩的“弹幕”走向了越来越多的人。

如今，弹幕已成各个视频网站的标配。各大平台之所以大力发掘和引入弹幕文化，是因为他们关注到了“95后”甚至“00后”这个庞大的消费群体。弹幕是这批网络新生代青年的语言，选择弹幕便是拥抱这一人数众多的新生代消费群体。以哔哩哔哩为例，虽然它没有使用视频贴片广告，却可以设置弹幕池广告。弹幕文化的盈利模式初见雏形。

弹幕文化具有很强的大众传播属性，因此，如何让新兴的弹幕文化健康规范发展，需要各大网站平台的不断探索、网友的自律，更需要政府相关部门的引导、规范和治理。

2019年，中国网络视听节目服务协会发布《网络短视频平台管理规范》和《网络短视频内容审核标准细则》，对短视频的发布者和平台方提出详细要求，其中一大亮点是将“弹幕”划入“先审后播”的范围，进行“实时管理”。国家层面对规则的制定，既是对弹幕文化的行为规范，同时也是对弹幕文化的重视和肯定。

〔杨俊峰：《人民日报》（海外版），2020年6月15日〕

31.1 案例思考讨论

（1）当前弹幕已成为“互联网+社交”的新样式，如何看待“弹幕”这一“数字新青年”的特殊语言？

（2）将“弹幕”划入“先审后播”的范围，进行“实时管理”，有何必要性与价值性？

31.2 案例分析启示

如今看视频，很多时候看的不只是视频，还有配合视频一起出现的弹幕。有了弹幕，大家一起看网剧时便可以讨论某处内容和剧情，产生共鸣。还有很多人抖机灵、刷梗、说段子，让观看体验更有趣。弹幕即时呈现、可参与互动，相当于基于视频的群聊天室，边看边聊。这是一种什么体验呢？好像有一大群人在你身边跟你一起看剧，并叽叽喳喳地在讨论剧情，孤独感瞬间消失。开着弹幕让体验感更佳，甚至有的时候弹幕比视频本身更有趣。弹幕作为一种新的网络互动评论样态，成为当代年轻人“互联网+社交”的崭新样式，不仅能让网友们找到拥有共同兴趣爱好的伙伴，还能使自己在该群体中得到认同，获得社交满足。为什么弹幕这么受年轻人欢迎呢？弹幕社交视频媒体为传统社交媒介的范围延伸与传播功能开辟了新场域，弹幕的使用赋予了用户更多的消费权力与创作欲望，突破了虚拟社交在时间维度上的线性模式，强化了在情感赋能与群体社区稳定发展的驱动力。然而弹幕文化作为一种新兴的网络文化，具有很强的大众传播属性，在纷繁复杂的网络环境中，其在满足年轻观众的即时互动与社交需求时，也出现了弹幕“符号化”“娱乐化”“碎片化”等乱象频生的景观，潜藏着可能的负面影响，使得传统优秀文化和主流价值文化面临冲击，为网络建设管理提出了巨大挑战。有些人无法接受弹幕文化，对此嗤之以鼻，有些人却为之痴迷。在这种两极分化的现象背后，化解好弹幕繁荣背后巩固和发展社会主义意识形态的隐忧，把意识形态工作领导权牢牢掌握在手中，不断巩固马克思主义意识形态领域的指导地位具有重大意义。

如何化解好弹幕繁荣背后巩固和发展社会主义意识形态的隐忧？首先，要坚持马克思主义在意识形态领域的指导地位，推动全党全社会全面贯彻落实习近平新时代中国特色社会主义思想，切实将马克思主义的指导地位贯穿文化建设的各个方面，加强弹幕文化的建设与规范管理，坚持宣传科学理论、传播先进文化、弘扬主流价值不断增强意识形态领域的主导权和话语权，旗帜鲜明反对和抵制各种错误思潮和观点，切实维护意识形态安全，重点关注弹幕文化，以“先审后播”和“实时管理”来改善用户弹幕使用体验，净化整体弹幕环境，确保弹幕文化朝着积极健康的方向转变。其次，坚持培养堪当民族复兴重任的时代新人，进入新时代，世界正在经历百年未有之大变局，实现中华民族伟大复兴正处于关键时期，越是接近目标，越是形势复杂，越是任务艰巨，越是需要具有崭新风貌、过硬素质的时代新人迎难而上、挺身而出，培养当代青年爱国主义情怀和明辨是非的能力，发扬斗争精神，增强斗争本领，敢于抵制弹幕中的不当言论和错误观点，培养有理想、敢担当、能吃苦、肯奋斗的新时代好青年。

意识形态工作是党的一项极端重要的工作。意识形态工作关乎党和国家的前途命运，关乎民族团结和社会稳定。当前国际形势发生深刻复杂变化，百年变局和世纪疫情相互交织，国内改革发展稳定任务艰巨繁重。新时期巩固和发展社会主义意识形态必须牢牢掌握意识形态工作领导权、话语权，坚持马克思主义在意识形态领域的指导地位，加快构建中国特色哲学社会科学，培养堪当民族复兴重任的时代新人。

案例32:哲学社会科学人才,伴着学科共成长

5年前的5月17日,习近平总书记在哲学社会科学工作座谈会上发表重要讲话,发出“加快构建中国特色哲学社会科学”的进军号令,作出全面部署。

人才资源是第一资源。习近平总书记在哲学社会科学工作座谈会上强调,“构建中国特色哲学社会科学,要从人抓起,久久为功”,要求“构建种类齐全、梯队衔接的哲学社会科学人才体系”。人才成长离不开学科建设。我们邀请多位来自哲学社科领域不同学科的专家学者,结合个人经历,共同探讨哲学社科人才成长培养的新变化、学科建设的新气象,为推动我国哲学社会科学蓬勃发展凝聚智慧、贡献力量。

传扬真理,为青年提供丰厚滋养

讲述人:中央马克思主义理论研究和建设工程咨询委员、首席专家,教育部高校思政课教学指导委员会主任委员　顾海良

2005年,马克思主义理论一级学科设立。原来分散在不同学科的各个二级学科,有了共同的学科归属;马克思主义理论人才也有了更具凝聚力的学术平台和精神家园。党的十八大以来,马克思主义理论学科点布局不断完善、马克思主义学院建设迈上新台阶。特别是2016年哲学社会科学工作座谈会以来,习近平总书记把马克思主义理论学科置于重要位置,使其充分发挥了在哲学社会科学各学科中的先导和领航作用。

让我感触最深的是,在习近平总书记重要讲话鼓舞下,随着学科支撑日益强化,高校思想政治理论课越来越有生机活力,思政课教师队伍的整体素质和能力不断提升,精神面貌焕然一新。这种朝气蓬勃、积极有为的态势,吸引了更多青年学者踊跃投身,为实现学科可持续发展注入了新的力量。

这些年,我在北京大学、中国人民大学、中央党校(国家行政学院)和中国社会科学院担任博导,感到这几年录取学生的整体状况发生了显著变化,特别是学生对学科的认同、学科研究的思想自觉和专业自觉明显提高。读博期间,很多学生自觉选择难度较高的主题作为科研方向,“在马言马、在马信马”渐成风气。

青年学生对学科的认同程度决定了学科的未来前景、发展趋向。以

前，有的学生只是把这个学科当成“跳板”，“合约”到期就“一拍两散”；现在，越来越多的青年学生把推动学科建设作为目标，在学科发展中达成自我发展，让人感受到了可喜的变化。

5年来，马克思主义理论学科坚持以学科建设、学风建设、队伍建设为基础，以理论创新、体系创新、方法创新为根本，一大批优秀人才脱颖而出，思想政治理论课日渐火爆，“盐的力道”和“糖的味道”越来越足，为广大青年提供了丰厚滋养。

5年来，中国学者主动参与国际范围内马克思主义理论重大课题的研究，提高了学术交流、合作研究能力，也面向世界展示了我们的研究成果与水平。

怎样让21世纪中国马克思主义走向世界？首先要让世界了解中国。我参与了两届由北京大学主办的世界马克思主义大会，感受到了明显的变化。以前，国外学者大都是带着“讲课”姿态来的，而现在，世界马克思主义研究者开始专注倾听中国声音。在第二届世界马克思主义大会上，埃及经济学家萨米尔·阿明就坦言，“我非常认可中国学者创立的中国发展理念，我会对我原来不完整的观点加以补充”。我想，正是得益于党和国家高度重视，让我国马克思主义理论学科、人才队伍迅速成长，才让世界看到了中国共产党的青春密码，感受到了马克思主义的蓬勃活力与中国特色社会主义的盎然生机。

甲骨治学路，传薪有斯人

讲述人：河南大学甲骨学与汉字文明研究中心主任、教授　王蕴智

在哲学社会科学工作座谈会上，习近平总书记对甲骨文等学科发展作出重要指示，我倍觉喜悦，深感唯有踏实笃定、潜心钻研，才能让治学传统薪火相传。

1977年，高校招生制度恢复，我有幸走进大学校门，后又在河南大学于安澜先生门下读硕士研究生、在吉林大学姚孝遂先生门下读博士研究生，专攻古文字学。于老和姚老都主张做学问应当遵守传统且不为传统所缚。于老要我进行古典文献、文字声韵训诂等方面的系统训练，并告诫我：“板凳要坐十年冷，文章不写半句空。”姚老则要求我对同源字族问题进行研究，并叮嘱我：“独立思考、花大力气占有第一手资料。”

历经无数个废寝忘食的日子后，我终于写成学位论文《殷周古文同源分化现象探索》。

博士毕业后，我回到故乡河南，从事甲骨文与古代文明的教学研究工作，尽可能地把恩师的治学品格传给弟子们。

平时，我用自己的津贴购置专业图书与师生共享，工作室里布置多种励志字画或放大的甲骨文彩版，其中的甲骨文书联“守身如执玉，为学若登山”格外醒目。学生们多以此作为治学标准，质朴厚道、认真专注。比如，陈年福博士执着于甲骨文计算机信息开发，长年节假日不休息，已将32种著录甲骨的原文与释文输入检索系统；刘风华博士论著严谨，行文前逐一审核著录原片，比勘校订各家释文，成果在其研究领域独树一帜；张军涛博士收集了不同类型的龟甲、胛骨标准版，用一年多时间，缀合不同组类的甲骨130多组……我们在原有甲骨学与殷商文明研究协同创新平台基础上，建立了河南大学甲骨学与汉字文明传承发展研究中心；2020年11月，团队牵头协同多个学术机构建立了“甲骨文与古代文明研究协同创新中心”，形成五个特色研究方向。

今后，我和团队将继续展开全方位、基础性的文字整理与研究工作，期待在甲骨文史料排谱、甲骨文等大型辞书编纂方面有所收获，不负习近平总书记嘱托，让这个学科“有人做、有传承”。

“四代学人有一个共同的追求”

讲述人：浙江大学语言与认知研究中心主任　黄华新

2005年5月8日上午，我来到中国科学院院士唐孝威先生的办公室，与他一起商量语言与认知研究中心的发展定位问题。作为语言与认知研究中心学术委员会主任，唐孝威院士认为，中心应探索“在新的科研运作机制下实现多学科实质交叉和真正的学科会聚”。

一路走来，中心逐渐形成了心智与意识的科学—哲学研究，语言认知机制与演化规律研究，逻辑、语言与计算的交叉研究三个新兴交叉学科方向，培养了一批优秀人才。

2016年，习近平总书记在哲学社会科学工作座谈会上强调，“要加快发展具有重要现实意义的新兴学科和交叉学科，使这些学科研究成为我国哲学社会科学的重要突破点”。这让我们备受鼓舞。5年来，中心的学术研究和人才培养如同进入了快车道——主持了5个国家社科基金重大项目，产出了一系列文理交叉的高质量论著，多项代表性成果获奖，一批中青年才俊脱颖而出。

怎样促进语言与认知的交叉研究不断深化？经过摸索，我们决定在对人机交互十分重要的汉语隐喻认知领域集中发力。2018年，我主持国家社科基金重大项目“汉语隐喻的逻辑表征与认知计算”。两年后，研究成果《认知科学视域中隐喻的表达与理解》在《中国社会科学》发表，并被评为年度好文章。

近几年，我们把逻辑与人工智能领域作为重点发展方向。当年从计算机学院毕业来中心做博士后研究的廖备水教授，现已成为我校逻辑、认知与计算方向的领军人才，正主持国家社科基金重大项目“新一代人工智能驱动的逻辑学研究”，并主编高校教材《人工智能的逻辑》。年轻学者的成长令我非常欣慰，并充满期待。在参与重大项目过程中，研究生们也受到了很好的学术熏陶和学术训练。

近期，我们正在梳理中心新一轮的发展思路。从90岁高龄的唐孝威院士到二十出头的青年学生，四代学人有一个共同的追求：在新的时代背景下，聚焦重大问题、创新研究范式，实实在在做几件有意义、发出“中国声音”的事情。

做“行走在中国大地上”的教育学

讲述人：北京师范大学教育学部部长　朱旭东

5年来，习近平总书记在哲学社会科学工作座谈会上的重要讲话一直是我开展学术研究、培养人才团队的宝贵遵循。

具有中国特色的教育学学科体系、话语体系、学术体系根植于中国教育实践。为此，我经常带着团队走进幼儿园、小学、中学。我告诉学生们，既要在课堂上“观课”、开展课例研讨，又要结合这些“活教材”领悟教育理论。比如，教室文化、集体性个人学习、教师的全专业属性等概念都是我在学校课堂“行走”中产生的。

教育学科要服务国家重大战略。我们多次去“三区三州”地区调研，2017年7月，在怒江州与当地教育局干部座谈时，我提出“区县教师教育新体系”概念，并带领团队组织大型公益项目，深入四川凉山州，云南怒江州、保山市等区域推动项目实施,在教育扶贫过程中探索中国特色教师教育发展之路。

过去五年,我们实施了“启师计划”、乡村青年教师社会支持公益计划、“沃土计划”等一系列教师专业发展项目,为贫困地区教师提供全力支持,与他们建立了深厚友谊。

教育学科要为国家重大教育决策提供咨询。近几年来,我主编了《中国教育改革开放40年》系列教育研究丛书,组织上百名研究人员开展国家“十四五教育规划”研究,并参与了《教育法》《教师法》《学前教育法》等教育法律的修订、制订工作。

教育学科要在国际上发声。过去几年,推动创办英文学术刊物、成立国际教育学院等。这些历练,让我深切感受到中国教育学科国际地位的稳步上升。

尤其令我欣慰的是,一批年轻学者在锻炼中不断成长,培养起坚定的学术情怀和宽广的学术视野,为学科发展注入强劲动力。我将和他们一起,始终秉持家国情怀、人文关怀,为国家发展、学术繁荣不懈努力。

中国之治,我们“越研究越自信”

讲述人:教育部“长江学者”特聘教授、天津市中国特色社会主义理论体系研究中心天津师范大学基地研究员　佟德志

“增强做中国人的骨气和底气”,这是习近平总书记在近日给《文史哲》编辑部全体编辑人员回信中的重要表述。对一名学者而言,有骨气、强底气,关键是要有学术自信。我的导师徐大同先生先后在中国人民大学、北京大学和天津师范大学从教近70年,一生的研究主要集中在西方政治思想。2019年先生去世前发表的最后一篇文章,题目是《越研究越自信》。现在翻看,仍深有感触。

进入新时代,特别是哲学社会科学工作座谈会召开以来,中国政治学研究的突出特征就是更加自信。一大批青年政治学研究者不断成长,他们有着炽热的中国关怀和宽广的国际视野,学术训练扎实,在国际学术交流舞台上崭露头角,为中国政治学研究注入了新的活力。用徐大同先生的话说,“现在,青年一代学者更有条件和能力在马克思主义指导下正确认识中国政治文化传统,准确把握人类政治文明成果”。

学术自信，必须建立在国家实力的基础上。站在960万平方公里的广袤土地上，14亿中国人民聚合的磅礴伟力，中华民族漫长奋斗积累的文化养分，中国共产党峥嵘百年的奋斗历程，改革开放40余年的辉煌成就等，都为中国政治学研究提供了深厚的历史素材和丰厚的实践基础，这就是政治学学术自信的源泉和底气。

在一次国际学术交流中，澳大利亚悉尼大学政治学教授维翰·基恩提出一个问题：中国成功的奥秘是什么？大家纷纷解析，谈得津津有味。细想起来，这不仅是中国人感兴趣的话题，也是外国人的兴趣所在。改革开放以来，中国经济飞速发展、社会高度稳定的“两大奇迹”背后，有着什么样的中国奥秘和中国方案？这一问题的答案，值得我们认真思考。

如何更好坚持中国道路、弘扬中国精神、凝聚中国力量？回答这一重大课题，需要广大哲学社会科学工作者共同努力。就我本人而言，我研究西方民主，也做中国民主的研究；不是为了研究西方而研究，而是为了中国发展而研究。越是把对西方政治思想的思考同中国具体实际联系起来，就越能发现“中国之治”背后的神奇密码，就越会对自己的文化充满自信。

坚持21世纪中国马克思主义，背靠中华优秀传统文化资源，汲取国外哲学社会科学精华，真正做到“不忘本来，吸收外来，面向未来”——这不仅是中国学术自信的表现，也是中国学术更加自信的必然要求。

（李晓、张胜、陈之殷、崔志坚、王斯敏：《光明日报》，2021年5月19日）

32.1 案例思考讨论

（1）近年来，我国哲学社会科学领域是如何“从人抓起，久久为功”，实现哲学社科人才成长培养的新变化、学科建设的新气象？

（2）从马克思主义学科、甲骨文学科、语言与认知的交叉研究学科、教育学学科的人才培养中，如何结合中国特色社会主义伟大实践，加快构建中国特色哲学社会科学？

32.2 案例分析启示

马克思主义理论是对马克思主义进行整体性研究的一级学科，主要研究马克思列宁主义、马克思中国化的重要理论成果、毛泽东思想、邓小平理论等，培养能在党政机关、外事部门、高等院校从事实际工作的高级专门人才。甲骨学是以中国上古时期甲骨文字为主要研究对象的人文学科。甲骨学可分为狭义甲骨学和广义甲骨学。狭义甲骨学局限于研究甲骨文字本身的研究，是一门古文字学。认知科学是语言学、哲学、心理学、计算机科学、人类学和神经科学为了全面探究人类基本的心智活动和认知能力，以及人工实现这些能力而形成的一个交叉整合的学科群，为了推动国内认知科学的交叉整合和深入研究，浙江大学语言与认知研究中心和社会科学文献出版社共同策划了《语言与认知研究》辑刊，并将连续出版。教育学是以教育现象、教育问题为研究对象，归纳总结人类教育活动的科学理论与实践，探索解决教育活动产生、发展过程中遇到的实际教育问题，从而揭示出一般教育规律的一门社会科学。案例 32 正是以上述学科为代表的中国特色哲学社会科学在新时代的发展概况，深刻阐明了构建中国特色哲学社会科学在巩固和发展社会主义意识形态中的重要作用。哲学社会科学是人们认识世界、改造世界的重要工具，是推动历史发展和社会进步的重要力量，是一个国家的思维能力、精神品格、文明素质的集中体现，是一个国家、一个民族价值观念和思想文化影响力的重要体现。牢牢掌握意识形态工作领导权、巩固壮大社会主义意识形态，就必须大力加强和繁荣中国特色哲学社会科学。党的十八大以来，以习近平同志为核心的党中央高度重视哲学社会科学事业，他指出，当前坚持和发展中国特色社会主义理论和实践提出了大量亟待解决的新问题，世界百年未有之大变局正在加速演进，世界进入新的动荡变革期，迫切需要回答好“世界怎么了”“人类向何处去”的时代之题，这就迫切需要哲学社会科学更好发挥作用，迫切需要加快构建中国特色哲学社会科学。

新时代如何加快构建中国特色哲学社会科学？一要不断推进马克思主义中国化时代化。牢牢坚持马克思主义指导地位，坚持和发展当代中国马克思主义、二十一世纪马克思主义。要自觉把习近平新时代中国特色社会主义思想贯穿到哲学社会科学研究和教学各个环节，真正用以指导哲学社会科学实践、推动哲学社会科学工作。二要建构中国自主的知识体系。对此习近平同志指出，加快构建中国特色哲学社会科学，归根结底是建构中国自主的知识体系，也就是要将马克思主义基本原理同中国的具体实际相结合，对中华传统知识体系进行创新与发展，回答好新形势在中国发展面临的一系列全新重大理论和实践问题。三要加强哲学社会科学人才队伍建设。构建中国特色哲学社会科学，要从人才抓起，抓好我国哲学社会科学"五路大军"的队伍建设问题，哲学社会科学工作者要自觉以回答中国之问、世界之问、人民之问、时代之问为学术己任，以彰显中国之路、中国之治、中国之理为思想追求，在研究解决事关党和国家全局性、根本性、关键性的重大问题上拿出真本事、取得好成果。四要坚持党管人才原则。实施以育人育才为中心的哲学社会科学整体发展战略，建设种类齐全、梯队衔接的哲学社会科学人才体系。五要发挥哲学社会科学沟通中外的作用。注意发挥好哲学社会科学在融通中外文化、增进文明交流中的独特作用，把"请进来"和"走出去"有机结合起来，积极拓展国际学术空间，传播中国声音、中国理论、中国思想，让世界更好读懂中国，为推动构建人类命运共同体作出积极贡献，充分发挥哲学社会科学在国家对外软实力建设中的作用。

牢牢掌握意识形态工作领导权、巩固发展社会主义意识形态，就必须大力加强和繁荣哲学社会科学。新时代构建中国特色哲学社会科学，要不断推进马克思主义中国化时代化，坚持以习近平新时代中国特色社会主义思想指导哲学社会科学实践、推动哲学社会科学工作，建构中国自主的知识体系，对中华传统知识体系进行创新与发展，从人抓起，久久为功，加强哲学社会科学人才队伍建设，推动我国哲学社会科学蓬勃发展。

知识链接和特别关注

弹　幕

"弹幕"一词本意是 STG 游戏（射击游戏，如东方系列）中密集的子弹，过于密集以至像一张幕布一样。英文称"Bullet Hell"（子弹地狱）或"Bullet Curtain"（弹幕）。当大量吐槽评论从屏幕飘过时效果看上去像是飞行射击游戏里的弹幕，所以网民将这种大量的评论出现的效果叫作弹幕。本来只有大量评论同时出现才能叫弹幕，但是随着误用，单条评论也能叫弹幕了。此外，由于弹幕是来自子弹，所以读音应该是 dànmù，不是 tánmù。读作 tánmù 的一般是根据弹出来的字幕理解，是对宅文化的误解。"弹幕视频"顾名思义即带有"弹幕"的视频。很多网站提供视频发送弹幕的功能，如 niconico、acfun、bilibili、dilili、otomads、tucao、弹幕主义、爆点 TV 等。2014 年 12 月 9 日，弹幕正在真正从小众走向台前，逐渐“侵蚀”主流平台。用户可通过弹幕寻找到有共同兴趣爱好的其他用户，搭建有别以往的兴趣圈子。

中国特色哲学社会科学三大体系

2016 年 5 月 17 日，习近平总书记在哲学社会科学工作座谈会上发表重要讲话，首次明确提出了“加快构建中国特色哲学社会科学”的重大论断和战略任务，全面阐释了加快构建中国特色哲学社会科学学科体系、学术体系、话语体系（以下简称“三大体系”），为新时代我国哲学社会科学事业的发展指明了前进方向。在中国特色社会主义建设伟大实践中，哲学社会科学担负着为全面建设社会主义现代化国家提供坚实的思想基础和智力支持的重要职能。以“三大体系”建设推动中国特色哲学社会科学发展，是时代的呼唤，是党和国家的要求，是新时代哲学社会科学工作者的崇高使命和历史职责。

案例主题二：
培育和践行社会主义核心价值观

社会主义核心价值观是中国特色社会主义的价值表达，是我国社会共同的思想道德基础。以倡导富强、民主、文明、和谐，自由、平等、公正、法治，爱国、敬业、诚信、友善为主要内容的社会主义核心价值观，凝结着全体中国人民共同的价值追求，是中华民族赖以维系的精神纽带，是当代中国精神的集中体现。党的十八大以来，以习近平同志为核心的党中央高度重视培育和践行社会主义核心价值观，指出社会主义核心价值观为我国国家发展进步、社会安定团结、人民诚信友爱指明方向。培育和践行社会主义核心价值观是新时代坚持和发展中国特色社会主义的重大任务，是进行伟大斗争、建设伟大工程、推进伟大事业、实现伟大梦想的铸魂工程，是在世界文化激荡中保持民族精神独立、挺起民族精神脊梁的战略支撑。必须把坚持社会主义核心价值体系、培育和践行社会主义核心价值观作为凝魂聚气、强基固本的基础工程抓紧抓好，只有持续培育和践行社会主义核心价值观，大力传承和延续中华民族思想精髓、精神基因、文化血脉，才能更好构筑中国精神、中国价值、中国力量。

案例 33，主要讲述了王大珩院士父亲的家庭教育及良好的家风家训对其和其子女在为人做事方面产生的深远影响。王大珩院士父亲在家庭教育中强调因材施教，在科学研究上强调要严谨细致、谦虚谨慎，强调要将个人命运同国家的发展繁荣联系起来，这一切都对王大珩院士的一生产生了深远持久的影响。他在学习上踏实进取、在科研工作上严谨细致、在家庭相处中温情四溢。而王大珩院士务实自强、勤学互助的家风家训又继续影响了下一代。王大珩院士一家的故事突出了家风家训作为中华优秀传统文化对家庭成员产生的潜移默化的影响及其在培育和践行社会主义核心价值观中的重要作用。案例34，讲述了山东省青岛市的“家庭代表”王珍华女士参与小区的公共事务和文明志愿服务的个人事迹，王珍华把社区的事当作自己的事情，每天去垃圾清运点转一转，解决困扰小区一年多的卫生顽疾；充当社区矛盾调解人，及时化解阳台漏水邻居的矛盾纠纷问题等都充分体现了“家庭代表”在管好公共事务、推动社区文化建设中的积极作用，社区“家庭代表”工作的开展在培育和践行社会主义核心价值观中发挥着重要作用。案例33和案例34充分说明了良好的家风家训与文明社区既是培育和传承中华传统美德最直接最有效的方式和载体，也是培育和涵养社会主义核心价值观的重要抓手。

案例33：王大珩家风：务实自强，勤学互助

王大珩(1915—2011)是中国光学事业奠基者，国家“两弹一星元勋”，江苏吴县(今苏州市)人。他的父亲王应伟是天文气象学家，也是中国天文学会的创始人之一。王应伟十分重视子女教育，主张因材施教。王大珩取得的成就，与父亲的教育以及良好的家风有着很大关系。

王大珩自幼聪敏过人，5岁就直接读小学二年级。王应伟担心孩子骄傲，对他的教育格外严厉。小学四年级时，老师曾出一道“鸡兔同笼”题，班里只有王大珩答对了。回家后，王大珩兴致勃勃地告诉父亲解题过程，父亲却说他思路不对，根本没有搞懂，答对不过是巧合而已，并告诫他：“学子最忌骄躁二字，骄则浮华不实，躁则浅尝辄止。”多年后，王大珩还用这个故事教育自己的博士生：科学没有任何捷径可走，容不得丝毫懈怠。

王应伟曾将王大珩带到自己工作的北京观象台，对他进行人文历史教育。北京观象台是明清两代的皇家天文台，以建筑完整、仪器配套齐全、历史悠久而闻名于世。1900年，八国联军入侵北京后，将放置于此的天球仪、四分仪等8台珍贵天文仪器掠走。王应伟在讲述这段历史时对儿子说：“在这个世界上，靠乞求是什么也得不到的。无论是个人还是国家，都只有靠自强。人自强了，就没有人敢欺负你了；国自强了，就没有人敢欺负你的国家了。什么时候我们的国家强盛了，我们这些中国人在别人眼里才能真正算得上是个人！”

王应伟晚年专注于《中国古历通解》的“补遗”工作，但直至去世前仍未完成。为此老先生自制一联，抒发遗憾之情，同时以此勉励儿孙：“人谁不死，唯晚岁虽成《通解》未做《补遗》，殊难瞑目；我赋曰归，愿儿曹各业专门稳登岗位，饶有信心。”

在父亲的教育下，王大珩养成了踏实进取的品格。初中毕业时，他已经学完高中数学的全部内容，初中与高中阶段，他的数学成绩几乎都是满分。1938 年，清华大学毕业的王大珩考取“庚款”留英公费生。在英国他先后就读于伦敦帝国理工学院、谢菲尔德大学。1948 年，王大珩回到阔别 10 年的祖国，参与大连理工大学创建，后历任长春光机所所长、长春光学精密机械学院（现为长春理工大学）院长等职。

王大珩对于科研工作严谨细致，对于家人则充满温情。王大珩是家中长子，有 6 个弟弟妹妹。妹妹们读书的钱不够，作为哥哥的他在英国工作后，就寄钱给大妹王大玫读书。在王大珩的带动下，二妹王大琬工作了就出钱供三妹王大珍读书，王大玫工作后又出资让四妹王大瑛读书。就这样一个带一个，7 个兄弟姊妹出了 4 个科学家、2 个医学家、1 个中学教师。

王大珩育有二子一女，分别是王兢、王赫、王森。尽管工作十分忙碌，但王大珩仍然重视子女学习。长子王兢初中毕业后即下乡参加劳动，王大珩嘱咐他随身带上课本，利用业余时间自学高中数理化知识。王兢返城后，王大珩仔细检查王兢几年来完成的全部习题。3 个孩子先后考上博士，王大珩欣喜不已，特意作诗一首表达对妻子的感谢和对孩子们的期盼：“难得兢赫森，尔辈同根生。相继留美法，都成博士人。少年诚可忆，下乡当农民。求生靠劳动，求知何艰辛……谁是启蒙者，她叫顾又芬。异国风光好，莫忘民族魂。须当爱国者，志把中华兴。”

今天，王大珩院士已经离世多年，但他对科学的执着追求、对家庭的重视与关爱，仍值得我们追思与学习。

〔谷敏：《人民日报》（海外版），2020 年 1 月 14 日〕

33.1 案例思考讨论

(1)王大珩院士的家庭教育对新时代家风家训教育有何借鉴意义?

(2)结合王大珩院士务实自强、勤学互助的优良家风,如何理解家风家训与培育社会主义核心价值观之间的关系?

33.2 案例分析启示

家庭是社会的基本细胞,是人生的第一所学校。有什么样的家教,就有什么样的人。家庭教育涉及很多方面,但最重要的是品德教育,是如何做人的教育。案例 33 就讲述了王大珩院士父亲的教育和良好的家风家训对其和其后代产生的深远影响,王大珩的父亲非常重视子女教育,主张因材施教,在科学研究上教育他要谦虚谨慎、严谨细致,在做人上要自信自强,自觉将个人发展同国家命运结合起来。王大珩父亲的家庭教育培育了王大珩踏实进取、严谨细致的优良品格,而王大珩的这些优良品质又继续影响着王大珩对其子女的家庭教育和行为养成。

家风是社会风气的重要组成部分,家庭不只是人们身体的住处,更是人们心灵的归宿。家风好,就能家道兴盛、和顺美满。家训家风奠定了社会主义核心价值观的道德人格基础,强化了社会主义核心价值观的道德价值认同,融通了社会主义核心价值观与中华民族传统美德的精神血脉。党的十八大以来,中央高度重视培育和践行社会主义核心价值观,习近平总书记指出,不论时代发生多大变化,不论生活格局发生多大变化,我们都要重视家庭建设,注重家庭、注重家教、注重家风,紧密结合培育和弘扬社会主义核心价值观,发扬光大中华民族传统家庭美德。家风连着党风、政风与民风,建设良好家风有助于良好社会风气的形成,通过良好家风家训潜移默化的熏陶,从而促进社会主义核心价值观内化于心、外化于行。

新时代如何更好地将家风家训融入社会主义核心价值观的培育和践行中? 习近平总书记强调要深入研究和挖掘中华家训家风文化在培育和涵养社会主义核心价值观过程中的重要作用和丰厚滋养, 通过积累丰厚文化积淀、营造浓厚文化氛围、创造有效实践载体等途径,把家训家风建设作为培育和涵养社会主义核心价值观的重要抓手和有效载体。一要以社会主义核心价值观引领家风建设,为当代家风建设树立价值导向。以社会主流价值观为导向,为当代家训的凝练与家风的涵养注入时代语言和时代精神,培育顺应和符合社会发展的家训家风文化。二要加大对优秀家训家风文化资源的挖掘整理，为培育和涵养社会主义核心价值观积累丰厚文化资源。加强对中华优秀传统文化的挖掘和阐发，努力实现中华民族传统美德的创造性转化和创新性发展。三要加强对优秀家训家风文化的宣传力度，为培育和涵养社会主义核心价值观营造浓厚文化氛围。以家训家风为载体，利用各种时机和场合，加强宣传教育和舆论引导力度，形成有利于培育和弘扬社会主义核心价值观的生活情景与社会氛围。四要通过日常活动深化家训家风建设的实践养成，为培育和涵养社会主义核心价值观创造有效实践载体。尤其要重视家庭教育，家风的养成要以家庭教育为主，家庭成员要掌握正确的教育方式方法，通过口头教育、书面教育、以身示范的方式将爱国忠义、立志勤学、仁爱和睦、自强不息等优秀的中华民族精神传递给子孙后代。

家训家风奠定了社会主义核心价值观的道德人格基础、强化了社会主义核心价值观的道德价值认同、融通了社会主义核心价值观与中华民族传统美德的精神血脉。新时代将家风家训融入社会主义核心价值观的培育和践行中，要强化社会主义核心价值观对家风建设的引领作用，同时加大对优秀家训家风文化资源的挖掘整理。加强宣传与教育，将社会主义核心价值观融入社会发展各方面，转化为人们的情感认同和行为习惯，让人们在日常生活中感知、领悟、培育、弘扬。

案例 34："家庭代表"化解邻里矛盾

在山东省青岛市李沧区虎山路街道岳湖社区，60 多岁的“家庭代表”王珍华最近又添了一桩放不下的“心事”，每天都要去小区的垃圾清运点转上一转。

“垃圾够两车就要拉走。”王珍华对记者说，“垃圾点刚从小区移出来，定好的规矩要保持，不能时间一长就走样。”

“家庭代表”工作法是虎山路街道为培育和践行社会主义核心价值观、加强社区文明和社区治理的一种尝试。全社区 5000 多户，每个家庭自愿选出一名“代表”，直接或间接参与小区的公共事务和文明志愿服务。王珍华 2018 年搬来小区，就成为一名热心社区事务的“家庭代表”。

“我们是新建小区，建筑垃圾清运点起初设在小区里面。”王珍华介绍,从 2019 年开始,由于周边修路等原因装修垃圾清运不及时,加上有人乱扔生活垃圾,严重影响了小区的环境卫生。王珍华多次找物业公司和居委会反映问题,经过多方协商,2021 年 3 月终于将垃圾清运点搬到了小区北门外,同时跟物业公司约定,垃圾够两车就要及时通知环卫部门拉走,不能滞留。困扰居民一年多的卫生顽疾终于得以解决。

当好“家庭代表”,管好公共事务,王珍华说自己有两点经验:一是腿勤、二是嘴勤。平时多在小区里转转,多跟邻里沟通聊天,就能及时发现问题,化解矛盾。

2020 年,小区里两户邻居为阳台漏水问题产生了纠纷,甚至还报了警。王珍华得知后去了解情况,发现一楼住户的天花板确实有漏水现象,随后她又去二楼住户家查看,没想到吃了两次闭门羹。王珍华就找来二楼住户的电话号码,打电话耐心沟通,终于说服对方同意上门查看。

“楼上是一对年轻夫妇,可能是缺少生活经验,一直认为自家阳台没有接水管,不可能漏水,因此才不配合。”王珍华回忆说,工程师傅在他们家阳台花盆下的地砖缝隙间发现了一处漏点,他们才恍然大悟,马上跟楼下邻居表达歉意,并维修了地面和邻居家的天花板,积了一年多的邻里矛盾终于烟消云散。

“经过这个事我也明白了一个道理:邻里矛盾其实就是一层窗户纸,只要平心静气地沟通,设身处地为对方着想,这层窗户纸一捅就破。”王珍华说。

慢慢地,热心肠、善沟通的王珍华在社区有了名气,哪家闹了矛盾、发生了纠纷都愿意找这位王大姐说道说道,清官难断的家务事,在王珍华这里总能找到解决之道。2020 年,岳湖社区专门成立了“珍华人民调解工作室”。

现在的王珍华每天都来工作室上班,不忙时就在小区里巡视一番,居民们见到她都热情地打招呼、攀谈。“为大家做事,被大家认可,本身就是很开心的事。”王珍华说。

“在社区里,像王珍华这样有爱心、有能力的‘家庭代表’有不少,他们乐于为大家做事,主动施展才华、行使权利,进而带动更多群众参与社区建设。这种工作法既有助于培育守望相助的邻里文化、社区文化,同时也提升了居民的归属感和幸福感，这也是我们推出‘家庭代表’的初衷。”虎山路街道平安建设办公室负责人江晓燕说。

（刘艳杰、朱楠：《光明日报》，2021 年 4 月 19 日）

34.1 案例思考讨论

（1）山东省青岛市李沧区虎山路街道岳湖社区的“家庭代表”工作法体现出什么样的社会主义核心价值观？

（2）虎山路街道的“家庭代表”工作法，对新时代社区文明实践中心的建设有何借鉴之处？

34.2 案例分析启示

文明社区既是培育和传承中华传统美德最直接最有效的方式和载体之一，也是培育和涵养社会主义核心价值观的重要抓手。新时期要将社会主义核心价值观融入国民教育的全过程中，并且转化为人们的情感认同和行为习惯，就必须抓好社区这一重要载体。案例 34 就讲述了王珍华女士作为社区“家庭代表”参与小区的公共事务和文明志愿服务实践活动，在日常生活中化解社区矛盾，提升社区居民幸福感的事迹。60 多岁的“家庭代表”王珍华将社区的事当作自己的事，每天都要去小区的垃圾清运点转上一转，多次和物业、居委会等商量，终于解决了困扰居民一年多的卫生顽疾。王珍华女士还是社区著名的“矛盾纠纷调解人”，及时化解阳台漏水邻居的矛盾纠纷问题，还成立了“珍华人民调解工作室”，这些都充分体现了“家庭代表”在社区服务和建设中的积极作用，展现了社区“家庭代表”工作法既有助于管好公共事务、培育守望相助的邻里文化和社区文化，也提升了居民的归属感和幸福感。社会主义核心价值观在提升社区治理能力、凝聚社区价值共识和引领社区道德文化建设等工作中处于重要的地位，培育和践行社会主义核心价值观，必须强化教育引导、实践养成、制度保障，并将社会主义核心价值观在生活实践中转化为人们的情感认同和行为习惯，真正做到在日常生活中感知、领悟、培育、弘扬社会主义核心价值观。案例 34 中的“家庭代表”就体现了社区榜样的示范引领作用，有利于弘扬爱国爱家、相亲相爱、崇德向善、共建共享的社会主义社区文明新风尚。用社会主义核心价值观引领社区建设，有利于推进社区治理科学化，凝聚社区价值共识，提升社区居民意识。

新时代如何有效地将社会主义核心价值观融入社区治理与建设中?一要注重实践活动,提升社区组织治理能力。社区建设实践活动应把培育和践行社会主义核心价值观作为社区治理中的常态化工作,做到日日抓、月月抓、年年抓,将社会主义核心价值观转化为现实,转化为物质力量。二要加强宣传教育,凝聚社区群众价值共识。利用社区纪念活动和传统节日开展核心价值观宣传教育,要善于利用社区论坛、微信等新媒体互动工具进行宣传教育,同时发挥社区宣传平台和学校的功能,以基础设施建设为载体,构筑社区独特文化和价值取向,为宣传教育搭建平台。三要加强道德文化建设,营造和谐社区氛围。贯彻社区道德文化建设指导思想,构建文明、和谐的社区氛围,充分发挥社区治理机构功能,比如"家庭代表"、社区调解委员会、社区政务服务站等组织在梳理社区利益关系,维护社区团结稳定中的重要作用,做好道德模范示范工作,发挥优秀干部的道德示范作用和先进道德模范户的引领作用。

文明社区作为培育和涵养社会主义核心价值观的重要抓手,在促进社会主义核心价值观内化于心、外化于行中起着不可代替的作用。新时代有效地将社会主义核心价值观融入社区治理与建设中,要注重开展社区实践活动,提高居民自觉奉行和日常践行能力,加强宣传教育,凝聚社区群众价值共识,加强道德文化建设,营造和谐社区氛围。通过教育引导、实践养成、制度保障,形成培育和践行社会主义核心价值观的共识,为实现中华民族伟大复兴的中国梦不断积累正能量。

知识链接和特别关注

家　风

"家风"(family style)又称门风,指的是家庭或家族世代相传的风尚、生活作风,即一个家庭当中的风气。家风是给世代家族成员树立的价值准则,是建立在中华文化之根上的集体认同,是每个个体成长的精神足印,是一个家族代代相传沿袭下来的体现家族成员精神风貌、道德品质、审美格调和整体气质的家族文化风格。家风对家族的传承,民族的发展都起到重要影响。

"家风",一般指一种由父母或祖辈提倡并能身体力行和言传身教,用以约束和规范家庭成员的风尚和作风。家风是一个家庭长期培育形成的一种文化和道德氛围，有一种强大的感染力量，是家庭伦理和家庭美德的集中体现。家风是家庭成员道德水平的集中体现。家风作为一种精神力量，它既能在思想道德上约束其成员，又能促使家庭成员在一种文明、和谐、健康、向上的氛围中不断发展。

社会主义核心价值观

社会主义核心价值观的基本内容包括富强、民主、文明、和谐，自由、平等、公正、法治，爱国、敬业、诚信、友善。社会主义核心价值观是社会主义核心价值体系的内核，体现社会主义核心价值体系的根本性质和基本特征，反映社会主义核心价值体系的丰富内涵和实践要求，是社会主义核心价值体系的高度凝练和集中表达，是当代中国精神的集中体现，也是中国特色社会主义的价值表达，体现了社会主义意识形态的本质要求。

社会主义核心价值体系

社会主义核心价值体系包括四个方面的基本内容，即马克思主义指导思想、中国特色社会主义共同理想、以爱国主义为核心的民族精神和以改革创新为核心的时代精神、社会主义荣辱观。

社区文化

社区文化是群体组织文化之一，是社区内物质、制度及心理文化的统称。范围甚广，从最小的邻里到大城市都可包括在内。社区环境影响着每一个人，因而影响各种人文文化，影响各类设施，也影响学生的成就与行为；每个人都长期在社区中生活，将受社区影响所形成的价值观及行为带入社会，影响民族文化的性质。教育方针、内容、措施、行为及方法等，都受社区文化环境的影响，好的文化为社区培养人才，对社区文化产生良好影响。

案例主题三：中华优秀传统文化的创造性转化和创新性发展

中华优秀传统文化是中华民族的精神命脉，是涵养社会主义核心价值观的重要源泉，也是我们在世界文化激荡中站稳脚跟的坚实根基。创造性转化，就是要按照时代特点和要求，对那些至今仍有借鉴价值的内涵和陈旧的表现形式加以改造，赋予其新的时代内涵和现代表达形式，激活其生命力。创新性发展，就是要按照时代的新进步新进展，对中华优秀传统文化的内涵加以补充、拓展、完善，增强其影响力和感召力。党的十八大以来，以习近平同志为核心的党中央高度重视传承和弘扬中华优秀传统文化的问题，习近平总书记多次对中华优秀传统文化的创造性转化和创新性发展进行阐述，形成了以创造性转化和创新性发展为核心的文化传承思想。中华优秀传统文化是中华民族的灵魂所系、血脉所在、精神所依，其蕴含宝贵的思想资源，为进一步丰富社会主义核心价值观的理论内涵提供了深厚的思想给养，为凝聚更广泛的价值认同奠定了深厚的思想基础。立足中华优秀传统文化培育弘扬社会主义核心价值观，在彰显中华优秀传统文化时代价值的同时，也为新时代中华优秀传统文化的创造性转化与创新性发展提供有效路径，从而增强国民的文化自觉与文化自信，凝聚更大的社会共识。新时期，必须大力传承和弘扬中华优秀传统文化，在继承中发展、在发展中继承，以更大的力度、更实的措施加快建设社会主义文化强国，培育和践行社会主义核心价值观，推动中华优秀传统文化创造性转化和创新性发展，让中华文明的影响力、凝聚力、感召力更加充分地展示出来。

案例 35，从实施中华优秀传统文化传承发展工程、建立完善文化资源数据库、让文化遗产“活起来”等方面展示了新时代中华优秀传统文化的传承发展工作及其取得的丰硕成果。案例36,主要从民族器乐为代表的国风雅韵在新时期的传承与创新,展示了当前我国民乐实现创造性转化和创新性发展的做法及取得的突出成果。两个案例从多方面多角度回答了新时期我国为什么要推动中华优秀传统文化创造性转化和创新性发展,以及怎样推动中华优秀传统文化创造性转化、创新性发展的问题。

案例35:中华优秀传统文化传承发展硕果累累:彰显文化魅力、增强文化自信

完成古籍普查登记数据270余万部,认定非遗代表性项目10万余项,6季《中国诗词大会》收视超过30亿人次,中华经典诵写讲大赛吸引数十万人参与,传统节日文化受到年轻人喜爱……

实施中华优秀传统文化传承发展工程是党和国家延续中华文脉、传承优秀传统的重大战略举措。2017年中办、国办印发《关于实施中华优秀传统文化传承发展工程的意见》以来,各地各部门认真贯彻落实习近平总书记关于传承发展中华优秀传统文化的重要讲话和重要指示批示精神,推出了一批深入研究阐释传统文化精华、普及文化经典的图书佳作,创作了一批体现传统文化内涵的文艺精品和创意文化产品,制作了一批讲好中国故事、具有广泛影响的电视节目,开展了一批具有地域特色、彰显中华文化魅力的文化活动,传承发展工作取得积极成效。

为不断满足人民群众对文化的新期待,近日,中央宣传部正式印发《中华优秀传统文化传承发展工程“十四五”重点项目规划》,对做好未来5年的传承发展工作提出了具体要求。

记忆、传承、创新、传播,中华优秀传统文化通过创造性转化、创新性发展,正逐渐让人们了解优秀传统文化、热爱优秀传统文化,文化自信显著增强。

摸清文化家底,建立完善文化资源数据库

先秦两汉时期简帛23部,魏晋南北朝隋唐时期古籍29部,宋辽夏金元时期古籍91部,明清时期古籍503部,少数民族文字古籍94部……去年下半年,文化和旅游部公布了第六批国家珍贵古籍名录,涵盖我国

不同时期、不同民族、不同地域、不同载体形态、不同装帧形式，受到全社会广泛关注。

国家古籍保护工程近年来顺利推进，截至2020年，累计完成普查登记数据270余万部，公布六批《国家珍贵古籍名录》和全国古籍重点保护单位，累计修复古籍360多万叶，培训古籍从业人员1万余人次；全国累计发布古籍数字资源达7.2万部；《中华再造善本(一、二编)》《国学基本典籍丛刊》等重大出版项目顺利实施……

中华优秀传统文化传承发展的前提是摸清文化家底，以深入研究阐释中华文化的历史渊源、发展脉络、基本走向。近年来，中华文化资源普查工程、国家古籍保护工程、中国民间文学大系出版工程、中华民族音乐传承出版工程等持续推进，不断取得新进展、新成效。

推进中华文化资源公共数据库建设；完成全国地方戏曲剧种普查并发布成果，组织编写《中国戏曲剧种全集》；推进古籍普查，完成270万部1.8万函；推进美术馆藏品普查，报送数据41.4万余条，数据总量6.9TB……文化和旅游部积极推进文物、非遗、古籍、地方戏曲剧种、美术馆藏品普查和复核工作，中华文化资源普查工程取得了一系列成果。

中央宣传部牵头实施中华民族音乐传承出版工程，对全国范围内的民族音乐进行调研普查，通过采风录制收集整理散存于各地区、各领域的民族音乐资源，录制约128小时的采风样品；初步建成数据库、音色库；完成数字化修复约1328小时。中国民间文学大系出版工程共有195卷启动编纂工作，其中32个分卷进入出版社编校程序，基础资料数据库一期、二期、三期共完成14577册3169961页。《中华传统文化百部经典》编纂项目不断推进，截至2020年底，已完成图书编纂出版5批共计40种。住房和城乡建设部牵头的中国传统村落保护工程，已公布135座国家历史文化名城、799个中国历史文化名镇名村、6819个中国传统村落，划定历史文化街区912片，确定历史建筑3.85万处。

提升保护传承水平，让文化遗产“活起来”

五彩年画挂起来，丰富文创玩起来，有趣表情包发起来……现在每到春节前后，年画就会风靡线上线下。近年来，在文化和旅游部非遗司指导下，年画新作品、新应用、新传播层出不穷，古老的年画焕发出时代气息。

年画“火起来”，是非物质文化遗产传承发展工程不断取得实效的一个缩影。近年来，《非物质文化遗产传承发展工程实施方案》《非物质文化遗产保护专项规划（2019—2025）》相继印发；认定非遗代表性项目10万余项，其中国家级非遗代表性项目1372项；认定国家级非遗代表性传承人3068名……非遗传承发展逐步实现了“见人见物见生活”，非遗传承人越来越有信心，传承效果越来越好。

近几年，“名家传戏——当代戏曲名家收徒传艺工程”专场演出总会在各地引起戏迷的高度关注，在戏曲名角的指导下，越来越多的青年优秀人才崭露头角。

作为戏曲传承振兴工程的重要内容之一，“名家传戏——当代戏曲名家收徒传艺工程”每年扶持100位戏曲名家向200名青年演员传授200出经典折子戏。京剧像音像工程录制京剧经典传统剧目350余部；戏曲像音像工程试录制经典传统剧目25部。戏曲进校园、进乡村有序展开，学戏、懂戏、爱戏的年轻人越来越多。

今年春节，中央广播电视总台少儿频道推出节目《赢在博物馆》，聚焦革命文物，带领孩子们走进中共一大会址纪念馆、南昌八一起义纪念馆等，学习、体验、触摸历史。创新讲述一根扁担、一双草鞋等革命文物背后的故事，又穿插各个时期的纪录片、资料片、传记电影等，不仅让孩子们了解了丰富的红色历史，更领悟到革命精神。

随着革命文物保护利用工程的推进，革命文物逐渐成为全社会关注的焦点。近年来，中办、国办印发了《关于实施革命文物保护利用工程（2018—2022年）的意见》；革命文物资源家底基本摸清，全国不可移动革命文物3.6万多处，国有馆藏可移动革命文物超过100万件/套，革命博物馆、纪念馆总数超过1600家。今年是中国共产党成立100周年，各地革命博物馆纪念馆开展形式多样的活动，吸引了各界群众开展党史学习教育，围绕革命文物的影视作品、新媒体产品更引人注目。

推出优秀文艺作品，更好融入生产生活

博览典籍故事、读懂典籍思想，中央广播电视总台《典籍里的中国》正在热播，节目聚焦《尚书》《天工开物》《史记》等享誉中外、流传千古的典籍，通过时空对话的创新形式，以“戏剧＋影视化”的表现方法，讲述典籍在历史长河中缘起、流转及书中的故事，展现其中蕴含的中国智慧、中国精神和中国价值。节目中的环幕投屏、AR、实时跟踪等新科技手段，创新设计的“历史空间”“现实空间”等让观众印象深刻，尤其受到年轻观众欢迎。

如何把传统文化的理念、智慧、气度和神韵艺术地、鲜明地展现出来？中华文化广播电视传播工程做出系列探索——《中国地名大会》《国家宝藏》《朗读者》《经典咏流传》等节目栏目深度挖掘传统文化资源，突出展示诗词、文物、戏曲、民歌等传统文化元素，赢得广大观众的点赞。今年，中央广播电视总台正在进行《长城之歌》《大运河之歌》《长征之歌》《黄河之歌》四部纪录片创作，还将推出《中国考古大会》。

一年一度的《中国诗词大会》是许多观众的期待，据统计，6 季《中国诗词大会》的收视超过 30 亿人次。

为引导广大青少年在潜移默化中感知中华文化魅力、传承中华文化基因，教育部举办了中华经典诵写讲大赛，开展经典诵读、诗词讲解、汉字书写、学生篆刻等系列赛事；在重要时间节点开展各类经典诵读活动，“聚战疫力量·诵中国精神”融媒体直播节目鼓舞人心。广电总局指导开展了《大禹治水》《愚公移山》《杨家将》《大运河奇缘》《中国神话故事》等 40 部弘扬中国精神、讲述中国故事、具有中国风格的动画项目创作和一批传统文化主题网络动画片，产生了良好的社会效益。

采用大众化的方式、时代化的表达，注重数字化运用，是新媒体时代让传统文化深入人心的必然选择。近年来，中华文化新媒体传播工程策划的“文脉颂中华”系列网络主题活动吸引着网友的目光，“书院 @ 家国”网络传播活动、“名家 @ 传承”主题活动，以及推出的“最美中国色——看中国”系列短视频等，一度成为网友热议的话题。

传统节日是中华优秀传统文化传承的重要时间节点。如今，每逢春节、清明节、中秋节等传统节日期间，一批传统节日动漫、微视频、视频直播等网络文化产品就会在朋友圈被广泛转发。节日蕴含的辞旧迎新、祝福美好，慎终追远、缅怀先烈，家国情怀、爱国主义等丰富的文化内涵、价值理念和道德规范日益深入人心。

“十四五”期间，国家文化公园建设、黄河文化保护传承弘扬、大运河文化保护传承利用、中华古文字传承创新等，将在推动中华优秀传统文化传承发展中发挥重要作用。随着传承发展工作不断深入，各地各部门应打开新的视野，开辟新的路径，尝试新的办法，着力在精华精髓的提炼展示上下功夫，在价值理念的融合融入上下功夫，在文化遗产的系统保护上下功夫，在文化资源的活化利用上下功夫，在文化生态的修复涵养上下功夫，大力彰显中华文化魅力。

（郑海鸥：《人民日报》，2021 年 4 月 13 日）

35.1 案例思考讨论

（1）请从中华优秀传统文化传承发展工程、文化资源数据库、文化遗产、文艺作品等方面来谈谈新时期如何推动中华优秀传统文化进行创造性转化和创新性发展？

（2）“优秀文艺作品要展现中国精神、传递中国价值”，请结合中央广播电视总台推出的系列作品，从中华优秀传统文化与社会主义核心价值观二者间关系的角度谈谈提升优秀传统文化的传承和保护水平有何必要性与重要性？

35.2 案例分析启示

中华优秀传统文化是中华民族的精神命脉，是涵养社会主义核心价值观的重要源泉，也是我们在世界文化激荡中站稳脚跟的坚实根基。党的十八大以来，国家针对优秀传统文化的保护与发展出台了系列政策和相关法规。案例 35 展示了新时代中华优秀传统文化的传承发展工作及其取得的丰硕成果，中华优秀传统文化传承发展工程的启动，生产了一大批拥有传统文化内涵的文艺精品和创意文化产品；一批讲好中国故事、具有广泛影响的电视节目；一批具有地域特色、彰显中华文化魅力的文化活动，传承发展工作取得积极成效。文化资源数据库的建立和完善，推进了中华文化资源普查、国家古籍保护、中华民族音乐传承出版等工程取得新进展、新成效。在文化和旅游部非遗司的指导下，年画、名家传戏等焕发出时代气息，文化遗产实现“活起来”，革命文物的影视作品、新媒体产品层出不穷，传统文化资源得到充分挖掘与利用，充分显示了当前我国传统文化的保护传承水平在不断提升。中华文明绵延数千年,有其独特的价值体系,中华优秀传统文化的思想理念、价值观念有其鲜明的民族特色,也有其永不褪色的时代价值。而社会主义核心价值观传承着中国优秀传统文化的基因,是对中华优秀传统文化的传承和升华。中华优秀传统文化中把孝悌为本、仁爱友善作为情感之源,把礼让诚信作为道德教育之本,把追求公平、崇尚正义作为社会有序之基等为代表的宝贵思想资源,为进一步丰富社会主义核心价值观的理论内涵提供了深厚的思想给养,为凝聚更广泛的价值认同奠定了深厚的思想基础。同时,社会主义核心价值观也实现对中华优秀传统文化的传承和升华。新时期推动中华优秀传统文化的创造性转化和创新性发展,要重视社会主义核心价值观引领作用,而弘扬和培育社会主义核心价值观,则必须从中华优秀传统文化中汲取思想精华和道德精髓。

新时期如何将中华优秀传统文化与社会主义核心价值观有效结合起来呢?一方面,要用中华优秀传统文化涵养社会主义核心价值观,使中华优秀传统文化成为社会主义核心价值观的历史底蕴和重要资源。中华优秀传统文化资源丰富、具有现实价值和时代价值,要深入挖掘和阐发中华优秀传统文化讲仁爱、重民本、守诚信、崇正义、尚和合、求大同的时代价值,使中华优秀传统文化成为涵养社会主义核心价值观的重要源泉。另一方面,要注重用社会主义核心价值观来引领中国优秀传统文化的传承与发展,推动中国优秀传统文化实现创造性转化和创新性发展。首先要辩证地看待中国传统文化资源,剔除糟粕,汲取精华。既要看到中国传统文化中与社会主义核心价值观相契合、相一致、同向同行的部分,尤其是在中国特色社会主义新时代伟大实践中仍具价值的文化资源,也要毫不犹豫地摒弃其中陈旧、糟粕的部分。其次要深度挖掘我国优秀传统文化资源,与时俱进,对其进行重新阐释、重新表述,赋予其新的时代内涵。同时,要清醒地认识到,弘扬中国传统文化,不能搞“复古主义”,而是要“古为今用”,在继承的基础上“推陈出新”,通过现代化改造,使其在内容和形式上与今天的中国与世界、今天所处时代及正在进行的实践相适应,更好地服务中国特色社会主义伟大事业。最后还要不断增强中华优秀传统文化的传播力和影响力,充分利用现代信息技术,尤其是手机和互联网等先进数字网络载体,积极构建中国优秀传统文化的宣传教育体系和对外传播体系,将中华优秀传统文化推向国外、走向世界,增强我国的国际影响力。

中华优秀传统文化是中华民族的精神命脉，是涵养社会主义核心价值观的重要源泉，也是我们在世界文化激荡中站稳脚跟的坚实根基。新时期推动中国特色社会主义文化不断向前发展必须处理好中华优秀传统文化与社会主义核心价值观之间的关系。一方面，要注重用社会主义核心价值观来引领中国优秀传统文化的传承与发展，推动中国优秀传统文化实现创造性转化和创新性发展。另一方面，培育和弘扬社会主义核心价值观也必须从中华优秀传统文化中汲取思想精华和道德精髓，传承中华优秀传统价值观，才能有更强生命力和更大影响力。

案例 36：奏响新时代的“国风雅韵”

越来越多年轻观众喜爱民乐，越来越多孩子学习民族器乐。这既反映当下青少年对优秀传统文化的高度认同，也缘于大众高度的文化自信。

在媒介和技术不断更迭的时代，文艺工作者需要深入生活、到人民中去，不仅仅限于田间地头，还可以是更广泛的“采访地”“调查地”。

习近平总书记在中国文联十一大、中国作协十大开幕式上的重要讲话中指出：“希望广大文艺工作者坚持守正创新，用跟上时代的精品力作开拓文艺新境界。”

中国民乐历史悠久，最早可追溯至距今已有7800—9000年的贾湖骨笛。民乐随时代而变化，在与多元文化的融合中不断发展与创新。不忘本来、吸收外来，与时代同频、与生活共振，为人民奉献更多更好的精神食粮，是中国民乐人的共同追求。如今，民乐发展面临新的历史机遇，如何在守正创新中开拓文艺新境界，奏响新时代的“国风雅韵”？

在古老的传统中，找到创新的密码

近年来，“国潮热”“民乐风”勃兴，越来越多年轻观众喜爱民乐，越来越多孩子学习民族器乐。这既反映当下青少年对优秀传统文化的高度认同，也缘于大众高度的文化自信。

基于这样的变化，中央民族乐团与国家大剧院联手推出第一届“国乐之春”，与国家大剧院举办7届的“中国交响乐之春”相呼应。包括中央民族乐团在内，多家在京的民乐团为观众献上高水准的演出。现在

“国乐之春”收官了，许多观众还在通过多个视频平台回看，为之点赞。这次实践让我们切身感到，推动中华优秀传统文化创造性转化、创新性发展，需要艺术家持续探索，也需要塑造优质品牌、拓展传播平台。

民乐的“出圈”离不开守正创新。今年中央广播电视总台元宵节晚会的开场节目《齐天乐》实现“现象级”传播。节目时长不到4分钟，如何在有限时间内展示不同民族乐器的特点，做到好听好看，给我们主创出了一道难题。《齐天乐》虽是创意节目，但始终受到中华优秀传统文化的滋养。经过提炼，我们力求让舞台上的每个形象、每个乐器都与历史背景契合，演奏家如同“穿”着一本中国传统服饰文化的“教科书”，上演一部中国民乐发展浓缩史。节目中，“神十三”航天员王亚平用古筝奏响《茉莉花》，演奏家“复刻”的诸葛亮、阮咸、伎乐天、韩湘子等人物跨越时空而来，器乐和鸣、古今辉映。

传承与创新，一直烙印于民族器乐的艺术基因里，也贯穿在中央民族乐团的发展历程中。中央民族乐团注重传承，也乐于拥抱新鲜事物，老团长席强等老前辈对民乐创新都有所尝试。大学毕业后，我就在团里工作，一步步成长起来，深受这种氛围的熏陶。我尝试过乐器的跨界组合，改造过可以站着弹的背负式琵琶，又受水晶小提琴启发推出水晶琵琶，但我从来没有停止向优秀的艺术传统学习、汲取营养。在福建学习南音琵琶时，我一度觉得技法简单，后来才恍然大悟，人家“比拼”的是慢而不是快，是内在的韵味。这是中华文化的独特之美，也是民乐的独特味道。

在古老的传统中，我们总能找到创新的密码。因为传统和创新从来不是割裂的，传统是创新的“根”，离开了传统，创新是浮的、空的。心中有创新的种子，脚下有传统的根，才能长成参天大树。

为民乐觅“知音”，将互联网作为新的采风地

今年是毛泽东同志《在延安文艺座谈会上的讲话》发表80周年。前些日子，我在乐团的艺术档案室重温中央民族乐团第一任团长李焕之在延安时期的美好回忆，了解他们当年如何从“小鲁艺”走向“大鲁艺”，向广大的人民群众虚心学习。

文艺工作者坚持创造性转化、创新性发展，是为了让文艺作品更好地满足人民文化需求、增强人民精神力量。文艺创作者要把自己的艺术追求与人民的文化需求统一起来，用心体察“人民之呼”，用好作品回报人民。

人民是文艺服务的对象，是一个个实实在在的具体的“人”，当然也包括如今的年轻人。在媒介和技术不断更迭的时代，文艺工作者需要深入生活、到人民中去，不仅仅限于田间地头，还可以是更广泛的“采访地”“调查地”。

网络游戏“王者荣耀”云缨主题音乐《赤焰之缨》上线，很多年轻人因此关注民乐、爱上民乐。创作初期，我们做了大量“田野采风”，只不过“采风”地点在互联网，在哔哩哔哩、抖音、快手等平台。我们和年轻人处于同一个平台和语境中，通过聆听、采访、参与和观察，探索年轻人喜欢的表达方式，进而创作既能为年轻人接纳又有艺术品质的作品。通过这次实践，我理解了要赢得大众共鸣，首先要产生共情。

民乐要发展，不能保持原样不变，要不断寻找符合这个时代的创新表达。民乐工作者要运用当代表达，将传统和经典介绍给今天的受众，特别是年轻人，让他们喜欢。作为文艺创作者，我们也应当清醒地看到，“圈粉”只是第一步，“粉丝”易得，“知音”难觅，要让年轻一代真正深刻了解民乐、了解传统文化，将民乐“粉丝”发展为“知音”，路还很长。好在，我们已经坚定地走在路上。

擦亮中华文化国际传播的金名片

科技与艺术融合是当下的重要趋势。近来不少艺术院团丰富线上演播的呈现方式，力图提高线上触达率、知名度、影响力。我们也一直在这条道路上摸索实践。

2020年，中央民族乐团与故宫博物院联合推出主题视听音乐会“天地永乐·中国节”。2021年，“欢乐春节”活动开幕式以线上演播的方式与全球观众见面。为庆祝中国共产党百年华诞，乐团推出民族音乐会“唱支心歌给党听”，与快手短视频平台联合推出的活动至今已收到来自各地网友的3611个视频作品，播放量超过2.5亿。今年元宵节，“壬寅虎啸”中央民族乐团虎年元宵节音乐会暨赴维也纳金色大厅24周年专场在国家大剧院举办，音乐会线上直播全网点击量超过2400万次，75万海外网友在线上热情互动。此外,今年“长城”“国风雅韵”“第一届‘国乐之春’开幕特别策划音乐会”等多场音乐会也在线上与观众见面,点击量均超过2000万。这些数据一方面彰显民乐的力量,告诉我们不要低估年轻观众对民乐的感知力和领悟力，另一方面也说明了民乐还有广阔的发展空间。

凭借独特的魅力和文化标识度，民乐一直是讲好中国故事的重要媒介。我们的民乐不仅极具特色,在音准、建制以及技术上也是世界领先的。如今,面对新挑战新变化,我们仍在海外积极扩大民乐的朋友圈,努力擦亮中华文化国际传播的金名片。

做好文化标识的提炼,对于国际传播很重要。我们有一个由12个女孩组成的室内乐团,取名“俪人行”,灵感来自五代时期的白石彩绘散乐浮雕。古风古韵是“俪人行”鲜明的文化标识,她们的表演引发年轻人和海外观众的关注和赞叹。最近,这个室内乐团已经和德意志广播爱乐乐团铜管室内乐团达成合作协议,录制了《掀起你的盖头来》,这是一种年轻化表达,我们很期待听众反馈。以“线上连线”的合作方式,我们与芝加哥交响乐团、圣地亚哥交响乐团合作了《春节序曲》,乐曲在芝加哥交响乐团官方平台上线当天点击量就超过了10万。我们也积极在海外流媒体上建立自己的传播矩阵,截至目前,中央民族乐团的脸书粉丝量超过128万,在众多国家艺术院团的海外社交媒体账号中名列前茅。

用民乐讲好中国故事是我们的使命。未来,我们会一边继承传统、打磨古曲,一边继续拓展民乐的现代表达和有效传播渠道,奏响属于我们这个时代的“国风雅韵”。

（赵聪:《人民日报》,2022年5月27日）

36.1 案例思考讨论

(1)当前,民乐发展面临新的历史机遇,如何在守正创新中开拓文艺新境界,奏响新时代的“国风雅韵”?

(2)请结合民乐的顺利“出圈”,谈谈你对“中华文化的传承和创新”二者关系的认识?

36.2 案例分析启示

不忘本来才能开辟未来，善于继承才能更好创新，处理好中华优秀传统文化的保护与发展、继承与创新关系是新时期推动中华优秀传统文化顺利实现创造性转化和创新性发展的必然要求。案例 36 就讲述了以民族器乐为代表的国风雅韵在新时期的传承与创新，展示了当前我国民乐实现创造性转化和创新性发展的做法及取得的突出成果。结合当下学习民族乐器的时代热潮，中央民族乐团与国家大剧院联手推出第一届“国乐之春”，于是民乐在古老的传统中找到了创新的密码，顺利“出圈”。民乐的“出圈”离不开守正创新，民乐将互联网作为新的采风地，融入网络游戏中去“圈粉”了众多年轻人，不仅如此，民乐还凭借其独特的魅力和文化标识度，走出国门，成为讲好中国故事的重要媒介，擦亮了中华文化国家传播的金名片，案例 36 中我国民乐的创新发展之路为当代中华优秀传统文化实现创造性转化和创新性发展提供了参考路径。党的十八大以来，以习近平同志为核心的党中央高度重视传承弘扬中华优秀传统文化问题，习近平总书记多次围绕实现中华优秀传统文化的创造性转化和创新性发展进行阐述，形成了以创造性转化和创新性发展为核心的文化传承思想。“两创”思想是马克思主义文化传承观的理论逻辑在新时代中国的思想延续和理论表征，是对当代中国新实践所凸显出来的时代精神和时代课题在文化传承领域的理论回应，是习近平新时代中国特色社会主义思想关于文化传承的一个重大原创性贡献，代表了当代中国马克思主义在文化传承问题上的政治高度和科学态度，开辟了马克思主义文化传承观的新境界。中华优秀传统文化是中华民族传承和发展的根本，必须通过创造性转化和创新性发展才能适应新的时代语境，更好地服务社会实践。

新时期如何推动中华优秀传统文化创造性转化和创新性发展？第一，要以科学态度对待优秀传统文化，即坚持马克思主义的方法，采取马克思主义的态度，把弘扬优秀传统文化和发展现实文化有机统一起来，古为今用、推陈出新，有鉴别地加以对待，有扬弃地予以继承，既不能片面地讲厚古薄今，也不能片面地讲厚今薄古，既不能陷入历史虚无主义，也不能陷入文化虚无主义。第二，要推动传统文化与现实文化相融相通。深入研究阐释中华优秀传统文化的思想精华和时代价值，讲清楚中华优秀传统文化的历史渊源和发展脉络，讲清楚中华文化的独特创造和价值理念，增强文化自信和价值观自信，还要加强文化遗产的科学保护和利用，大力宣传中华民族的优秀文化和光荣历史。第三，要吸纳多种文明成果中的有益成分，学习借鉴各国人民创造的优秀文明成果，积极吸纳其中的有益成分。坚持从本国本民族实际出发，坚持取长补短、择善而从，在不断汲取各种文明养分中丰富和发展中华文化。

推动中华优秀传统文化实现创造性转化和创新性发展要处理好中华优秀传统文化的保护与发展、继承与创新关系。要以科学态度对待中华优秀传统文化，坚持马克思主义的方法，采取马克思主义的态度，古为今用、推陈出新，有鉴别地加以对待，有扬弃地予以继承。推动传统文化与现实文化相融相通，研究阐释好中华优秀传统文化的思想精华和时代价值。吸纳多种文明成果中的有益成分，坚持从本国本民族实际出发，坚持取长补短、择善而从，在不断汲取各种文明养分中丰富和发展中华文化。

知识链接和特别关注

中国传统文化

中国传统文化，是民族文明、风俗、精神的总称。“文化”的定义，往往是“仁者见仁，智者见智”。简单地说，中国传统文化以儒佛道三家为主干。三者相互依存、相互渗透、相互影响，构筑中国传统文化的整体。这三家传统文化之思想，在中国合称为“三教”。

中国传统文化，依据中国历史大系表顺序，经历了有巢氏、燧人氏、伏羲氏、神农氏炎帝、黄帝轩辕氏、尧、舜、禹等时代，《先秦史》云：“吾国开化之迹，可征者始于巢、燧、羲、农。”到夏朝建立，之后绵延发展。中国传统文化中的儒家文化主张“积极进取、建功立业”，为历代儒客尊崇；而道家文化主张“顺其自然、自我完善”；佛家文化主张“慈爱众生、无私奉献”。

非物质文化遗产

非物质文化遗产（Intangible Cultural Heritage），是指各族人民世代相传，并视为其文化遗产组成部分的各种传统文化表现形式，以及与传统文化表现形式相关的实物和场所。非物质文化遗产是一个国家和民族历史文化成就的重要标志，是优秀传统文化的重要组成部分。“非物质文化遗产”

2022 年 12 月，随着“中国传统制茶技艺及其相关习俗”的申遗成功，中国已有 43 个项目被联合国教科文组织列入非物质文化遗产名录(名册)，位居世界第一。

民间音乐

民间音乐又称民俗音乐、民间短篇诗歌等，简称民谣、民歌、民乐，于国际民间音乐协会(IFMC)之解释定义为“经过口传过程发展起来的普罗大众音乐”，也就是该音乐散布过程，纯粹是由演奏者或音乐接收者记录教习，并亲自相传所得。民间音乐指由广大人民群众在漫长历史过程中，通过口口相传而流传下来的音乐形式和音乐作品。它无论从使用的乐器、演奏的乐谱还是演奏形式，都有着极强的民族性和地域性，与当地的民俗习惯相融合，与当地的民俗活动相结合。

案例主题四：
建设社会主义文化强国

一个国家、一个民族、一个社会的强盛，不仅需要高度发展的物质文明，还需要繁荣兴盛的精神文化作为支撑。没有社会主义文化繁荣兴盛，就没有中华民族伟大复兴，没有社会主义文化繁荣兴盛，就没有社会主义现代化。推动社会主义文化繁荣兴盛，要以满足人们对精神文化的需要为出发点和落脚点，以进一步增强文化自信为引领，不断激发全民族文化创新创造活力。党的十九届五中全会通过的《中共中央关于制定国民经济和社会发展第十四个五年规划和二〇三五年远景目标的建议》明确提出到2035年建成文化强国的远景目标，并强调在"十四五"时期要推进社会主义文化强国建设。这是以习近平同志为核心的党中央基于历史和现实、着眼全局和长远作出的战略决策，标志着我国文化建设在"两个一百年"奋斗目标接续推进中进入了一个新的历史阶段。建设社会主义文化强国的本质就是要实现中国文化现代化，它既是中国特色社会主义现代化的重要组成部分，又是推进中华民族文明进步和人类文明新形态发展的动力源泉。

案例37，讲述了《三十而已》《二十不惑》这样优秀的现实主义文艺作品，在展现社会真实和生活光泽方面做出的创造性转变，引发了观众强烈的情感共鸣，体现了新时期我国文艺作品在创作质量上的突破。《三十而已》敏锐准确地捕捉到三十岁左右女性在各种焦虑频生的社会现象这个社会话题，写出了生活中的碰撞与激烈，引发观众共鸣，为三十岁的女性在面对事业与家庭的问题时起到了点拨和启发、提示和引领作用。《二十不惑》聚焦二十岁这一时间节点，为这一代人精准画像，增强观众的代入感，充分反映了现实文艺作品披露社会现实、回应人民关切、追求真善美的现实主义魅力。案例

38，通过甘肃省张掖市甘州区速展村的农家书屋建设情况，以及从我国公共文化服务建设水平持续提高等方面来展示党的十八大以来我国社会主义文化建设取得的丰硕成果。随着速展村数字化农家书屋不断增多，农家书屋的达到率和借阅率也在不断提升，另外全国文化服务中心数量不断增多，文化场馆、博物馆热度不断提高，文艺生产精品力作不断增多，村民的文化生活越来越丰富，这都充分表明我国文化事业的繁荣发展以及人民群众的文化获得感不断提升。案例37和案例38从多方面展现了我国在发展社会主义文艺工作和建设社会主义文化强国方面所做出的巨大努力及取得的伟大成就，回答了新时期建设什么样的社会主义文化强国，以及怎样建设社会主义文化强国的问题。

案例37：现实主义创作要回应社会关切

中国广播电影电视社会组织联合会副会长李京盛——话题剧不能止步于话题

电视剧《三十而已》讲述三位进入30岁前后的女性各自情感、工作和生活的变故。该剧为现实主义创作提供了新的表达方式，也为现实题材如何面对社会关切找到新的回应角度。

针对人生、情感、家庭等一些热点话题，编织故事、设置人物、表达观点，是近年来话题剧在题材选择上的一个切入口。《三十而已》由女性年龄的话题，带来关于婚姻、恋爱、家庭、子女教育、女性创业、两性沟通等话题的讨论，呈现了在这个年龄、这个性别和这个阶段，人生观、价值观、财富观与现实生活碰撞之后的选择。

话题剧不能止步于话题，作品的主题是更凝练、更有立场、更有价值体现的创作诉求。在敏锐、准确捕捉社会话题的同时，提炼出创作主题，把社会话题变成故事情节和人物，完成作品的主题表达。这是《三十而已》提升话题剧创作质量的实现方式。

话题剧应该减少功利性目的，弱化对社会热点的迎合姿态。话题只是反映现实的切入口、搜集素材的线索，以细腻的艺术表达，通过鲜活具体的故事情节和人物生活状态的刻画，实现从话题到主题的自然过渡，才能使观众感受到生活的质感与真实。不甜不宠不腻，是这部剧与时下一些同类剧的最大区别。《三十而已》写出了生活中的碰撞与激烈，故事里的人物从面对精神与物质的思考中，从快速发展的社会、高度商业的市场和年龄增长构成的压力下表现出来，因而观众觉得真实可信。这部剧所体现的对美好生活的追求，有几分苦涩，却不是苦情，因为她们的脚下有路、心中有诗。

同时应该看到，包括《三十而已》在内，目前的很多都市情感剧并没有把爱情观和财富观写透。二者是人生观、价值观的组成部分，也是文艺作品的表达对象，有的作品却没有在价值上校准。文艺作品需要讲清楚怎样的财富观是可取的，如何对待财富才能让我们的人生过得舒适而有意义。

我们的文艺作品不能炫富，但也不必仇富，应鼓励用正当合法的方式追求美好生活。对于观众，文艺作品不仅有治愈解压的作用，还需要有所点拨和启发、提示和引领。这是文艺创作不能缺失的社会责任。

电视剧《二十不惑》《三十而已》制片人徐晓鸥——展现生活的光泽

近年来，女性的相关话题屡屡引起社会热议，这在一定程度上代表社会向着更文明、更开放转变。这个时代给女性的成长空间，为创作提供了很好的基础。《二十不惑》《三十而已》是原创作品，先后打磨三年多的时间，共通点在于都是建立典型人设，让人物在一个特殊的年龄段遇到令观众共情的事件。

《二十不惑》聚焦20岁这一时间节点，讲述从学生到社会化的过程，这是目前影视创作稀缺的题材。我们花费一年多的时间做95后用户调查，描摹这一代人的群像，提炼出用户画像，比如他们的性格、金钱观、价值观、爱情观等，在这个庞大的群像上提取一些共性内容，放在故事的主线里，把观点和故事结合起来。我们希望剧中人真的像生活在身边的人，人物故事、台词、细节一定要落到真实，比如姜小果努力读书考试找工作，很多观众觉得她的生活就是普通人的状态。在制作上也力求做到真实，比如剧中大学宿舍的置景是1∶1按照深圳高校的宿舍还原。播出期间，《二十不惑》的真实登上了热搜，很多网友认为剧中人物和父母的沟通方式，在宿舍的生活状态以及进入社会后面对的种种非常有代入感，这让我们感到欣慰。

《三十而已》的创作原点是基于编剧张英姬迈过30岁以后的所思所想，探讨的是30岁左右的女性在事业与家庭困境中的选择和成长。剧中的人物既典型又特殊，是离地半尺的传奇，也可能是离地半尺的人间真实。这部剧引发热议，是特殊人设、高浓剧情与真实细节、真实共鸣的共融，也是对时代特性的犀利表达。

两部剧展现了女性的多元价值观，尽力分析、表达从人物本质出发的复杂性，力求温暖，展现生活的光泽。在播出后期，也出现了一些讨论：现实主义作品究竟应该表达什么样的真实？如何把握好价值观导向、观众及市场审美等的分寸感？这对我们来说，需要好好思考。

不媚俗，不矫情，追求真善美，是现实主义的魅力。坚持现实主义创作精神，我们希望能够创作更多记录时代、影响社会、抚慰人心的作品，通过一部部作品，向观众传递向上、向善、向美的正能量。

（《人民日报》，2020年8月27日）

37.1 案例思考讨论

（1）请结合《三十而已》提升话题剧创作质量的实现方式，谈谈对“话题剧不能止步于话题”这句话的理解？

（2）请根据材料中谈到的现实主义魅力，谈谈新时期现实主义创作应该如何以优质作品回应社会关切、传递温暖和力量？

37.2 案例分析启示

优秀的文艺作品应为时代画像、为时代立传、为时代立德，阐释好中国精神、中国价值、中国力量。案例37就讲述了《三十而已》《二十不惑》这样优秀的现实主义文艺作品，在展现社会真实和生活光泽方面做出的创造性转变，引发了观众强烈的情感共鸣，体现了新时期我国文艺作品在创作质量上的突破。《三十而已》敏锐准确地捕捉到女性在三十岁左右各种焦虑频生的社会现象，把社会话题变成电视中的故事情节和人物，写出了生活中的碰撞与激烈，故事里的人物从面对精神与物质的思考中，从快速发展的社会、高度商业的市场和年龄增长构成的压力下表现出来，引发观众共鸣的同时，也为三十岁左右的女性在面对事业与家庭问题时起到了点拨和启发、提示和引领作用。《二十不惑》则聚焦二十岁这一时间节点，讲述从学生到社会化的过程，为“95后”这一代人思维性格、金钱观、价值观、爱情观等精准画像，引发群体在情感上的强烈共鸣，这充分反映了现实文艺作品披露社会现实、回应人民关切、追求真善美的现实主义魅力。文艺是民族精神的火炬，是时代前进的号角，文艺事业是党和人民的重要事业，党的十八大以来，习近平总书记对此高度重视，发表了一系列重要讲话，并将其作为文化强国的根本方略之一。进入新时代以来，我国文艺创作生产高度繁荣，涌现出一大批产生巨大社会反响的精品力作。习近平总书记关于文艺问题的重要论述形成了一个完整的观念体系，即习近平以人民为中心的文艺观。一切优秀文艺工作者的艺术生命都源于人民，一切优秀文艺创作都为了人民，文艺工作者要坚持以人民为中心的创作导向把人民的喜怒哀乐倾注在自己的作品中，立志创作出在人民中传之久远的精品力作。一个时代有一个时代的文艺，一个时代有一个时代的精神。中国特色社会主义新时代为繁荣发展社会主义文艺提供强大动力和广阔空间，也提出了新的更高要求。

新时代如何创造出更多无愧于伟大民族伟大时代的优秀作品、继续推动社会主义文艺繁荣发展？一要坚持以人民为中心的创作导向。始终坚持为人民服务、为社会主义服务这个根本方向，反映好人民心声，把满足人民对精神文化生活的需求作为文艺和文艺工作的出发点和落脚点，把人民生活看成一切文学艺术取之不尽、用之不竭的创作源泉，自觉与人民同呼吸、共命运，走进实践深处，观照人民生活，表达人民心声，用心用情用功抒写人民、描绘人民、歌唱人民。二要努力创造无愧于伟大时代的优秀作品。文艺工作者应当把创新精神贯穿文艺创作全过程，努力创作生产更多传播当代中国价值观念、体现中华文化精神、反映中国人精神面貌的优秀作品，还要立足中国现实，从当代中国的伟大创造中发现创作的主题、捕捉创新的灵感，为时代画像，为世界贡献具有中国风格的声响和色彩，展现中国风貌的诗情和意境。三要以马克思主义文艺理论为指导，在文艺创作中既要有当代生活的底蕴，又要有文化传统的血脉，还要认真学习借鉴世界各国人民创造的优秀文艺，要切实加强党对文艺工作的领导，确保社会主义文艺沿着正确方面前进，始终坚持实事求是，营造开展文艺批评的良好氛围。四要加强文艺队伍建设。将文艺队伍建设摆在突出的重要位置，努力造就一批有影响的各领域文艺领军人物，建设一支宏大的文艺人才队伍。

一个时代有一个时代的文艺，一个时代有一个时代的精神。中国特色社会主义进入新时代后，繁荣发展社会主义文艺要始终坚持以人民为中心的创作导向，把人民的喜怒哀乐倾注在自己的作品中，努力创造出更多无愧于伟大民族伟大时代的优秀作品，尊重和遵循文艺规律，加强队伍建设，繁荣文艺创作，推动文艺创新，充分展现我国文艺鲜明的中国特色、中国风格与中国气派。

案例 38：我国每年推出新书 40 万余种，平均每两天新增一家博物馆：文化更加繁荣，生活多姿多彩

室外天寒地冻，甘肃省张掖市甘州区速展村的农家书屋里却温暖如春。这座两层小楼上下各 100 平方米，配备了 3600 多册图书、数十种报刊，以及无线网络和电子书借阅机。书屋管理员陈玉荣说，书屋条件好，村民都爱来，每年村民外借图书 500 多册，下载电子书 1000 多册。每到放学或假期，来看书的学生特别多。

自 2019 年中宣部等十部门联合印发《农家书屋深化改革创新?提升服务效能实施方案》以来，各地农家书屋数量不断增多，一些示范农家书屋的读者到达率和图书借阅率也有了很大提升。截至 2019 年底，全国共建成农家书屋 58.7 万家，累计配送图书超过 12 亿册，进行数字化建设的农家书屋达到 12.5 万家，提供数字阅读内容近百万种。

党的十八大以来，公共文化服务建设持续提档升级，公共文化服务的数量和质量明显提升，基层文化服务单位的人气越来越旺。

“真好看啊！《红灯记》《红梅赞》《樊梨花》……现场看真过瘾！”山东省曲阜市小雪街道武家村村民杜洪江说，村里几年前就建成了文化大院和广场，唱戏、跳舞的村民很多，村民的文化生活越来越丰富。

据统计，截至 2019 年底，全国已有 2325 个县（市、区）出台公共文化服务目录，49.47 万个行政村（社区）建成文化服务中心。

春节前的一天上午，66 岁的浙江宁波东海萨克斯乐团成员张斐斐准时出现在排练厅，参加每周两次的技法训练和音乐赏析。她说：“我参加艺术团 10 多年了，每次穿着旗袍在舞台上吹起萨克斯，一点没有觉得自己老了。”截至 2020 年 10 月，宁波全民艺术普及综合参与率已经达到82.93%。

遍地开花的文化场馆、全年不断的文化活动使文化氛围日益浓厚。截至2019年末,全国群众文化机构共有馆办文艺团体8094个,由文化馆(站)指导的群众业余文艺团体44.18万个,馆办老年大学769个。

党的十八大以来,群众精神文化需求增长强劲,我国文化产品的供给能力也在持续增强。目前,我国每年推出新书40万余种、电影600多部、电视剧300多部、动漫400多部……众多文化产品的生产规模位居世界前列。

"书香社会"建设加快推进。据统计,2019年我国3196个公共图书馆发放了8627万个借书证,比2013年增长了近两倍;接待读者超9亿人次,比2013年增长了近1倍。

"博物馆热"持续不断。截至2019年底,全国备案的博物馆达到5535家,比上一年增长181家。特别是"十三五"以来,我国平均每两天新增一家博物馆,达到平均25万人拥有一家博物馆。

视听新媒体成为最具活力的文化消费领域。据中国互联网信息中心的数据显示,截至2020年12月,我国网络视频(含短视频)用户规模达9.27亿,占网民整体的93.7%;其中短视频用户规模为8.73亿。优秀的网络剧、网络电影、网络综艺等网络文化产品层出不穷,极大地拓展了人们的文化生活空间。

党的十八大以来,我国文艺创作生产高度繁荣,涌现出一大批产生巨大社会反响的精品力作。电影《血战湘江》《百团大战》《红海行动》,电视剧《平凡的世界》《黄土高天》,歌曲《不忘初心》《新的天地》《我们都是追梦人》《时代号子》,舞剧《永不消逝的电波》《草原英雄小姐妹》等都赢得了观众赞誉。

与此同时,《国家宝藏》《假如国宝会说话》《我在故宫修文物》等文博节目热播,学习传统文化、保护文化遗产蔚然成风。

目前,全国重点文物保护单位达5058处,省级文物保护单位2万余处,市县级文物保护单位11万余处。文物保护状况得到改善,文物保护利用区域联动不断加强,长城、大运河、长征国家文化公园和黄河文化遗产廊道建设扎实推进。

革命文物保护利用成效显著，革命文物资源激发爱国热情、传承红色基因的独特价值持续彰显。全国革命文物资源家底基本摸清，不可移动革命文物有3.6万多处，国有可移动革命文物有100多万件/套。

我国文化事业的繁荣发展，使文化小康惠及亿万群众。文化活动丰富多彩，文化消费释放活力，公共文化的便利性、均等性显著增强，人民群众的文化获得感明显提升。

（张贺：《人民日报》，2021年2月15日）

38.1 案例思考讨论

（1）党的十八大以来，我国公共文化服务建设持续提档升级，公共文化服务的数量和质量明显提升，基层文化服务单位的人气越来越旺的原因何在？

（2）随着文化消费活力的不断释放，新时期我国公共文化建设如何“更好地满足人民日益增长的精神文化需求，使文化小康惠及亿万群众？”

38.2 案例分析启示

文化是一个国家、一个民族的灵魂；文化兴则国运兴，文化强则民族强。中华民族的伟大复兴离不开文化的繁荣兴盛。案例38中的数据表明近年来我国农家书屋建设水平不断提升，截至2019年底，我国数字化建设的农家书屋达到12.5万家，提供数字阅读内容近百万种，示范农家书屋的读者到达率和图书借阅率得到很大提升；同时，据统计，截至2019年底，全国已有2325个县（市、区）出台公共文化服务目录，49.47万个行政村（社区）建成文化服务中心，这表明当前我国各地的文化场馆、博物馆等公共文化建设服务水平不断提升，书香社会建设不断推进；且随着我国网民规模的不断扩大，视听新媒体成为最具活力的文化消费领域，优秀的网络剧、网络电影、网络综艺等网络文化产品层出不穷，极大地拓展了人们的文化生活空间，文艺创作生产高度繁荣，涌现出一大批产生巨大社会反响的精品力作；文物保护状况也得到改善，文物保护利用区域联动不断加强，这充分证明了党的十八大以来我国文化建设工作成效显著，文化事业繁荣发展以及人民群众的文化获得感不断提升。中国特色社会主义文化，源自中华民族五千多年文明历史所孕育的中华优秀传统文化，熔铸于党领导人民在革命、建设、改革中创造的革命文化和社会主义先进文化，植根于中国特色社会主义伟大实践。从党的十九大报告强调“要坚持中国特色社会主义文化发展道路，激发全民族文化创新创造活力，建设社会主义文化强国”，到党的十九届五中全会明确指出到2035年建成文化强国，再到“十四五”规划提出“促进满足人民文化需求和增强人民精神力量相统一，推进社会主义文化强国建设”，我国一直在实践探索中不断深化对文化强国的内涵认识，从而推进社会主义文化强国建设的进程不断深入向前。推进社会主义文化强国建设是夯实中华民族伟大复兴之路的基石，当前面对世界百年未有之大变局，更需要我们坚定文化自信，呼应时代课题，为社会主义现代化强国建设打下坚实的文化基础。

新时代建设社会主义文化强国应采取哪些举措呢？一要坚持正确导向，践行社会主义核心价值观。要始终坚持马克思主义在意识形态领域的指导地位，将马克思主义基本原理同中国具体实际相结合、同中华优秀传统文化相结合，发挥社会主义核心价值体系的主导作用，把社会主义核心价值观转化为广大群众的价值取向、自觉行动，贯穿于整个文化强国进程之中。二要坚定文化自信，建设中国特色社会主义文化。建设社会主义文化强国要坚持从中国特色社会主义文化出发，弘扬中华优秀传统文化，传承革命文化，发展社会主义先进文化。三要增强文化供给，更好地满足人民群众精神文化需求。一方面，文化强国建设要坚持以人民为中心，要将更好地满足人民群众精神文化需求作为工作的出发点和落脚点，另一方面，要始终坚持党对文化建设、精神文明建设的引领，优化顶层设计，推动文化事业和文化产业健康有序发展。四要加强国际传播能力建设，提高国家文化软实力。首先，要提高提炼和阐释中华优秀传统文化、价值观念的水平，阐释清楚中国理论和中国实践，讲好中国故事。其次，要创新文化传播形式，通过政府主导、社会参与、多种方式相结合，开展多形式、全方位的文化互动交流活动，让世界更好地了解中国、认识中国。最后，还要拓展对外传播平台和强化文化品牌建设，中国对外文化传播应顺势而为，在新媒体平台寻求突破，做好中国文化的对外传播，另外还可以通过多种方式支持文化企业通过文化创意、创新，将我国优秀文化资源开发成具有国际影响力的文化产品、文化品牌，采用市场化传播方式，走出具有中国特色的文化品牌国际运营之路，提升我国文化的影响力和传播力。

推动中国特色社会主义文化繁荣兴盛、建设社会主义文化强国，是新时代坚持和发展中国特色社会主义的题中应有之义。新时代建设社会主义文化强国要坚定不移地走中国特色社会主义文化发展道路，激发全民族文化创新创造活力，增强文化供给，更好地满足人民群众日益增长的精神文化需求，增强民族文化自信，提高国家文化软实力。

知识链接和特别关注

《三十而已》

《三十而已》于2020年7月17日在腾讯视频、东方卫视播出，是由张晓波执导，江疏影、童瑶、杨玏、毛晓彤、李泽锋领衔主演的都市情感剧。荣获2020年度品质剧集、微博年度热剧、抖音年度品质剧集等奖项。

《三十而已》以三位三十岁的都市女性的视角展开，讨论这一年龄节点的女性在职场与生活中的困境。三个女性，不同的身份背景，不同的生活环境，分别代表三个不同的阶层，也代表未婚未育、已婚未育和已婚已育这三种状态的女性群体。该剧尽管也有俗套的桥段在内，但少了很多狗血情节，也没有纸醉金迷、浮夸到不着边际，而是展现了她们在三十岁这个年龄看待人生、对待人生的方式——面对充满危机的生活，不妥协，不气馁，活出自我。而剧中的爽点，则在于迅速反击的快感，这也是许多人共同的愿望。不同的人生，相同的坚持，剧中三位女性的际遇，是以不同的都市女性范本寻求现实中人们的心灵共振。人生没有标准答案，但不断向上成长，珍惜自己、珍惜生活，却可以是都市女性共同的目标。

《二十不惑》

《二十不惑》是由黎志执导，关晓彤、金世佳、牛骏峰领衔主演，卜冠今、李庚希、董思怡、王安宇、曹恩齐、徐绍瑛主演的都市励志成长剧。该剧以四名即将大学毕业步入社会的女生的视角展开，讲述了青春烦恼和成长困惑的故事。该剧荣获抖音2020年度品质剧集奖项。

《二十不惑》对梁爽、姜小果、罗艳、段家宝四位女孩的大四生活进行了细腻地描摹刻画，生动展现了她们在求职过程中，虽然屡屡遭遇挫折，但都格外勇敢，面对未知的未来，并不胆怯畏惧，而是怀抱着对梦想的热爱与渴望勇往直前。在她们身上，观众会看到都市年轻女孩的青春困惑，也会感受到她们为梦想奋斗的朝气蓬勃。该剧期望鼓励每一位新时代女性，不被定义，不被束缚，既不被生活的“丧”打败，也能时刻“燃”起斗志，努力去创造青春的无限可能。

《红海行动》

《红海行动》是由博纳影业集团股份有限公司、中国人民解放军海政电视艺术中心等出品，林超贤执导，冯骥、陈珠珠、林明杰编剧，张译、黄景瑜、海清、杜江、蒋璐霞等主演的动作片。该片讲述了中国海军“蛟龙突击队”8人小组奉命执行撤侨任务，突击队兵分两路进行救援，但不幸遭到伏击，人员伤亡，同时在粉碎叛军武装首领的惊天阴谋中惨胜的故事。

该片于2018年2月16日在中国内地上映，3月1日在中国香港上映。2018年5月6日，获得第25届北京大学生电影节最佳影片奖。11月获得第34届大众电影百花奖最佳故事片奖。12月8日，获第17届中国电影华表奖优秀故事片奖。2019年11月23日，第32届中国电影金鸡奖颁奖典礼暨第28届中国金鸡百花电影节闭幕式在福建厦门举办，林超贤凭借《红海行动》获金鸡奖最佳导演奖。2020年5月22日，第九届北京市文学艺术奖揭晓，25部作品获奖，《红海行动》为获奖作品之一。

第六章
新时代中国特色社会主义社会建设

中国特色社会主义进入新时代，我国社会的主要矛盾已经转化为人民日益增长的美好生活需要和不平衡不充分的发展之间的矛盾，经济转向高质量发展新阶段，呈现出“经济新常态”的特征，社会治理也进入新格局，中国特色社会主义社会建设站在了历史新起点。以习近平同志为核心的党中央高举中国特色社会主义旗帜，精准把握时代脉搏，立足伟大实践，将社会建设纳入“五位一体”总体布局、“四个全面”战略布局，大力推进社会建设的理论创新、实践创新和制度创新，形成和完善了新时代中国特色社会主义社会建设理论和制度，为更好推进新时代中国特色社会主义社会建设提供了科学引领和基本遵循。

党的十八大以来，中国共产党以习近平新时代中国特色社会主义思想特别是习近平关于社会主义社会建设一系列重要论述为指导，始终将增进民生福祉作为发展的根本目的，全力推进脱贫攻坚工作，扎实推动共同富裕，在发展中保障和改善民生，加强和创新社会治理，推进社会治理现代化，打造共建共治共享的社会治理格局，建设更高水平的平安中国，新时代中国特色社会主义社会建设取得了重大成就。中国共产党团结和带领各族人民投身新时代中国特色社会主义伟大实践，坚持以人民为中心的发展思想，顺应人民对美好生活的期待，走出了一条具有中国特色的社会建设新路径，反映了中国现实，展现了中国特色，彰显了中国风格，为世界上其他发展中国家进行社会建设提供了中国方案。

案例主题一：在发展中保障和改善民生

为政之道，民生为要。关注民生、着力保障和改善民生，体现了党以人民为中心的价值追求，彰显了党的初心和宗旨。在发展中保障和改善民生，带领人民创造美好生活，是党始终不渝的奋斗目标，也是加强社会建设的基本着力点。党的十八大以来，以习近平同志为核心的党中央提出以人民为中心的发展思想，把增进人民福祉、促进人的全面发展作为一切工作的出发点和落脚点。在发展中保障和改善民生，就是要贯彻增进民生福祉是发展的根本目的的理念，突出保障和改善民生的重点领域，不断巩固拓展脱贫攻坚成果，全力扎实推动共同富裕。保障和改善民生没有终点，只有连续不断的新起点。在全面建设社会主义现代化国家新征程上，要始终坚持把实现好、维护好、发展好最广大人民根本利益作为发展的出发点和落脚点，抓好民生重点领域建设，维护社会公平正义，着力解决发展不平衡不充分问题和人民群众急难愁盼问题，推动人的全面发展、全体人民共同富裕取得更为明显的实质性进展。

案例 39，主要讲述了四川省以 45 个深度贫困县为重点，全力打赢教育脱贫攻坚战，以保障他们都有机会通过职业教育、高等教育或职业培训实现就业和家庭脱贫，这体现了我国政府重视贫困地区的发展，将增进民生福祉牢牢放在心上，落实到行动上。案例 40，介绍了北京市家庭医生签约居民达 801.6 万人，家庭医生签约服务满足了人民群众在家门口看病的需求，提升了基层的医疗水平和服务质量，这体现了我国政府统筹抓好了保障和改善民生的重点领域，真正将人民最关心最现实的利益问题落到了实处。案例 41，以电子科技大学携手岑巩，将电子科技大学的技术优势与岑巩的资源优势结合起来，建立起供销双赢格局，实现精准扶贫精准脱贫为切入点，探索了精准扶贫脱贫的借鉴经验，这体现了电子科技大学推动发展成果共享共建美好社会的价值追求。案例42，讲述了济南和湘西携手战贫，东西部扶贫协作，走向互利共赢，取得了所有贫困县摘帽、所有贫困村脱贫的重大胜利，这体现了我国脱贫地区经济社会发展正在大踏步赶上来，整体面貌发生历史性巨变。

案例39：四川教育助力拔穷根，打赢教育脱贫攻坚战

2020年11月17日，四川省人民政府批准凉山彝族自治州普格县、布拖县等7县退出贫困县序列。至此，四川省88个贫困县全部清零，适龄儿童少年实现应读尽读，建档立卡贫困家庭子女义务教育得到全面保障。

四川是我国脱贫攻坚的主战场，特别是大小凉山等地的45个深度贫困县，贫困问题尤为突出。

党的十八大以来，四川省委、省政府坚决把打赢教育脱贫攻坚战作为检验增强“四个意识”、坚定“四个自信”、做到“两个维护”的试金石，从最突出的短板补起，从最紧要的任务抓起，举全省之力打赢脱贫攻坚战，啃下“硬骨头”，推动教育脱贫攻坚取得决定性胜利。

一个都不少：聚焦“有学上”，强力推进控辍保学

2020年，是全面打赢脱贫攻坚战收官之年。

四川省教育系统大力开展“奋进之笔”攻坚行动，倒排“收官、交账”日期，压实“盘点、兑现”责任，确保教育脱贫攻坚圆满收官。

为了补齐短板保障“有学上”，四川省围绕乡镇行政区划和村级建制调整两项改革科学规划教育发展，根据人口流动集聚情况重新调整学校分布，通过准确预测生源精准确定办学规模。

在西部贫困地区，针对“年年抓辍学、年年有辍学”的矛盾，四川省压紧压实“六长”和“双线八包”责任制；建立户籍、学籍比对机制，健全“县、乡、村、校”四本适龄儿童少年入学台账；建立四川省控辍保学动态管理信息系统，动态监测，逐一销号。

采取万师进万家、移位点名等方法强力控辍、劝返复学，通过随班

就读、集中补偿、职业教育等方式分类复学，确保应读尽读，一个都不少。

目前，教育部控辍保学管理台账累计反馈四川省疑似失辍学建档立卡的28639人，已全部劝返或销号化解，实现“清零”，劝返销号率100%。

如今，四川省88个贫困县（市、区）教育脱贫工作全部通过省检，116.2万建档立卡贫困家庭学生实现应读尽读。

近5年来，四川省各级财政投入教育脱贫攻坚资金793.33亿元，并按1.5最高支持系数，保证投入连续6年增加。大力实施贫困地区办学条件改善计划、民族教育十年行动计划、大小凉山彝区教育扶贫提升工程等项目，改善基本办学条件，补齐硬件设施短板。

截至2020年11月，四川省共建设校舍3000余万平方米，完成教学设施采购近50亿元，15000多所学校（点）全部接通互联网。

输血更造血：聚焦“上好学”，全面提升教育质量

决战决胜脱贫攻坚，输血更要造血。四川省首创“一村一幼”计划，提出“学好普通话、养成好习惯、懂得感恩情”，消除儿童教学语言障碍。4年多来，持续改善园舍条件，培训提升辅导员保教保育水平，共计开办幼教点4706个，招收幼儿20.9万人，聘用辅导员16577人。四川省财政按“每个幼教点配备2名辅导员、每名辅导员每月补助2000元劳务报酬”的标准给予定额补助，减免幼儿保教费并提供午餐。

2019年10月，“学前学会普通话”行动试点项目被国务院扶贫开发领导小组评为全国脱贫攻坚组织创新奖。

全省学前三年毛入园率、普惠性幼儿园覆盖率和公办园在园幼儿分别超过90%、85%和51%。广安等部分市（州）普惠覆盖率超过90%。今年12月2日—3日，全国县域学前教育普及普惠督导评估国家认定启动现场会在四川召开，成都市双流区、青白江区通过国家认定。

在学好普通话和养成良好习惯的基础上，四川省致力于提升贫困地区的教育教学质量，让每一个孩子不仅“有学上”，还能“上好学”。

四川省坚持以师资带教学、以教学提质量，打好教师统筹补充战。首创“顶岗实习”政策，选派5400名顶岗实习师范生到凉山州支教；创新培养政策，统筹用好省级公费师范生、特岗教师、银龄讲学计划等政策，为贫困地区补充紧缺学科教师4.9万名；特事特办，统筹全省3000个事业编制支持凉山州11个深度贫困县招聘义务教育教师。

四川省还组织实施了凉山州未摘帽县片区学校"一对一"精准帮扶提升工程。在国培专家组的指导下，各承训单位深入一线，因地制宜启动"定制"帮扶模式。着力抓牢备课、教研、教学、作业等关键环节，突出发展规划、骨干培养、制度建设等关键方面，与当地校长、教师共同探索改进学校管理和提升教育教学质量的具体方法。

2020年9月10日，该项目成功入选联合国教科文组织教师教育中心发布的《中国"国培"计划蓝皮书》典型案例。

共圆读书梦：聚焦"能致富"，着力培养本土人才

四川省着力构建"奖助贷勤免补"多位一体的学生资助政策体系，在161个县分别建立300万元的教育扶贫救助基金，累计筹集近13亿元，救助建档立卡贫困学生140万余人次。

四川省教育厅首创"本土人才"培养计划，帮助越来越多的孩子走出大山、实现梦想。

四川省创新实施彝区"9+3"免费教育计划，2014年起，省内100余所中职学校和5所高职院校每年招收1万余名"9+3"计划学生，并给予学生专项补助，"职教一人、就业一人、脱贫一户"目标基本实现。

四川省实施中高职贯通政策，2018年至2020年，面向深度贫困县初中毕业生开展中高职贯通免费定向培养试点，打通中职上升渠道，中职阶段享受"9+3"免费教育政策，高职阶段参照公费师范生政策执行。

以"定向招、培养好、留得住"为目标，四川省创新实施深度贫困县本土人才培养计划，2018年起，每年为深度贫困县招录培养1000名紧缺专业大学本科生、2500名高职技能人才，3年累计培养本土人才10000名。

实施高校招生支持政策，2012—2020年国家、地方、高校专项招录贫困地区学生4.3万人，部分贫困地区实现上"双一流"大学"零的突破"。

实施"互联网＋教育"行动计划，全省所有中小学（含教学点）全部接入互联网，96%以上学校出口带宽达200M。建成全公益的"四川云教"远程直播平台，选择43所不同类型优质学校组建教学联盟，常态化开展幼儿园至高中全学段、全学科课程教学直播和远程互动教学教研，全省1149所薄弱学校、23万余名学生、近2万名教师跟学受益，把原来的“一块屏”变成了公益性的“N块屏”，使更多学生享有接受公平优质教育的机会。

为支持深度贫困地区加快脱贫攻坚步伐，四川省教育厅先后选派教育系统1800多名优秀干部到深度贫困地区任第一书记、“四治”人员、技术干部，并组建7个常态化专项督战组，采取“责任包干、项目包干、区域包干”工作模式助力脱贫攻坚。

脱贫摘帽不是终点，而是新生活、新奋斗的起点。通过艰苦的努力，四川省贫困地区教育脱贫攻坚取得了决定性胜利，为高质量发展奠定了坚实的基础，但还需长短结合标本兼治，构筑教育“鼎兴之路”，既要全力跑好教育脱贫攻坚的“最后一百米”，也要持续用力跑好新长征。四川将深入学习贯彻党的十九届五中全会精神，巩固拓展脱贫攻坚成果，全面推进乡村振兴。

（《人民日报》，2020年12月11日）

39.1 案例思考讨论

（1）四川省从最突出的短板补起，从最紧要的任务抓起，举全省之力打赢脱贫攻坚战，啃下“硬骨头”，推动教育脱贫攻坚取得决定性胜利，这对增进民生福祉，扎实推动共同富裕有何示范性意义？

（2）通过艰苦的努力，四川省贫困地区教育脱贫攻坚取得了决定性胜利，为高质量发展奠定了坚实的基础，如何理解“脱贫摘帽不是终点，而是新生活、新奋斗的起点”？

39.2 案例分析启示

党的十八大以来，四川坚决打好打赢教育脱贫攻坚战，从突出的短板补起，从紧要的任务抓起，举全省之力打攻坚战、啃“硬骨头”，探索出具有四川特色的教育扶贫模式。四川省聚焦深度贫困地区教育扶贫，以高原藏区、大小凉山彝区45个深度贫困县为重点，以补齐教育短板为突破口，以解决瓶颈制约为方向，充分调动各方面积极性、主动性和创造性，推动教育新增资金、新增项目、新增举措进一步向深度贫困县倾斜，通过艰苦的努力，四川省贫困地区教育脱贫攻坚取得了决定性胜利。

“治贫先治愚，扶贫先扶智”，教育扶贫为贫困地区人口提供了更为优质的教育，为高质量发展奠定了坚实的基础，为彻底脱贫涵养了更持久、更深厚的力量。在党中央的坚强领导下，我国的教育脱贫攻坚力度之大、范围之广、影响之深，历史性地解决了贫困地区的教育问题，为“阻断贫困代际传递”扎实了根基。在 2016—2020 年国家脱贫攻坚成效考核中，四川已连续 5 年综合评价为“好”；在 2021 年度巩固脱贫成果后评估中，四川再次交出优秀“答卷”，获得“六连好”的成绩。教育是民生之基，教育脱贫攻坚取得伟大成就，为保障和改善民生，更好地满足人民对美好生活的需要夯实了基础。随着经济社会发展水平的不断提高、社会公平正义的不断彰显，民生的内涵和外延不断深化和拓展，人民的生活品质不断提升，获得感、幸福感和安全感不断增强。

脱贫摘帽不是终点，而是新生活、新奋斗的起点。站在“新起点”上，怎样在发展中保障和改善民生，加快解决发展不平衡不充分问题，让全体人民共享改革发展成果是进入新发展阶段必须回应的时代之需、民生之问。如何增进民生福祉达到发展的根本目的呢?第一，坚持党的领导，为实现民生与发展有机统一提供坚强政治保证。中国共产党领导是中国特色社会主义制度的最大优势，也是实现经济发展与民生改善有机统一的根本保证。党领导人民进行革命、建设和改革的伟大实践证明，只有坚持党总揽全局、协调各方的领导核心地位，始终践行以人民为中心的发展理念，才能把改善民生与经济发展统一落实到经济社会发展的各个领域、各个方面、各项工作中去，才能更好地满足人民对美好生活的向往，将实现人民群众的根本利益落实落地。第二，推动经济高质量发展，为保障和改善民生奠定坚实基础。发展是改善民生的物质基础，离开发展谈民生是无源之水、无本之木。我国社会主要矛盾的变化要求我国经济社会的发展必须是高质量的发展，能够为人民群众提供更高质量的产品和更加优质的服务，更好地满足人民对美好生活的需要。要始终坚持创新、协调、绿色、开放、共享的新发展理念，紧扣新时代我国社会主要矛盾的新变化，毫不动摇地坚持发展是硬道理、发展应该是科学发展和高质量发展的战略思想，着力破解发展不平衡不充分问题，进一步把“蛋糕”做大，实现更高质量、更有效率、更加公平、更可持续发展，为民生改善奠定更加坚实的物质基础。第三，坚持民生为指南，走中国特色社会主义民生保障道路。既要借鉴发达国家民生保障与公共服务体系建设的经验，尽力而为，采取针对性更强、覆盖面更大、作用更直接、效果更明显的举措，又要量力而行，从中国国情出发，始终坚持走中国特色民生保障道路，不断增进人民福祉，持续推进共同富裕，坚持不懈推进基本公共服务的区域均等化、城乡一体化与群体平权化，致力于建设使人民享有美好幸福生活的民生保障体系。

习近平总书记指出："要抓住人民最关心最直接最现实的利益问题，扭住突出民生难题，一件事情接着一件事情办，一年接着一年干，争取早见成效，让人民群众有更多获得感、幸福感、安全感。"中国共产党是全心全意为人民服务的政党，人民对美好生活的向往，是党的奋斗目标。要始终坚持发展为了人民、发展依靠人民、发展成果由人民共享，在推动经济社会持续健康发展的基础上，抓好坚守底线、突出重点、完善制度、引导预期的总体思路，将增进民生福祉作为发展的根本目的，保证全体人民在共建共享发展中有更多获得感，让社会主义制度优越性得到充分体现，不断促进人的全面发展、全体人民共同富裕。

案例 40：北京市家庭医生签约居民达 801.6 万人，当好居民健康的守护人

5 月 19 日是世界家庭医生日。近日，北京市丰台区方庄社区卫生服务中心联合中国医师协会全科医师分会等举办家庭医生健康义诊活动，为社区居民提供多种形式的健康服务。

我国家庭医生主要由全科医师和具备全科能力的乡村医生担任。北京市卫健委公布的数据显示，目前北京市共有家庭医生 4.03 万人，家庭医生团队 5170 个，签约居民总人数 801.6 万人。在北京，家庭医生能为社区居民带来哪些健康服务？如何进一步提升家庭医生服务质量？记者进行了采访。

家门口看病更轻松，群众就近看病，提升基层医疗资源的可及性

"医生，我的嗓子疼了几天了，您看我这是怎么了？"

"张开口，啊——"

在北京市丰台区方庄社区卫生服务中心全科门诊室里，家住方庄社区的韩大妈过来看病，全科医生朱夏媛接诊。朱夏媛仔细查看了韩大妈的嗓子，发现她患上了轻微的咽喉炎。

“是否有感冒发烧和头晕的症状？”朱夏媛问。

“没有症状，只是嗓子疼。”韩大妈说。

朱夏媛给韩大妈开了一盒清热去火的中成药，并叮嘱说：“平时多喝热水。”

作为一名全科医生，朱夏媛同时也是家庭医生。工作不到 4 年，她签约的居民达 1028 人，大部分都是方庄社区 60 岁以上的老人，韩大妈就是其中之一。“平时只要身体不舒服，我都会到朱医生这里。”韩大妈说，自己就住在卫生服务中心旁边的居民楼里，走路过来就几分钟。

“如果遇到比较严重的像肿瘤等疾病，我们会将患者转诊到医联体内的大医院。”朱夏媛说，患者不需要再挂号，通过中心的转诊平台可以快速转到大医院相应的科室。如果个别大病医联体内的大医院不能解决，还可以转诊到三甲专科医院。

如今，方庄社区的居民更愿意先到社区卫生服务中心看病。目前，方庄社区卫生服务中心家庭医生团队已签约居民 3.38 万人，签约率 38.4%，重点人群签约率为 97.6%，其中签约居民社区首诊率达 75%。

除了坐诊，“送医上门”也是家庭医生团队的重要工作。

今年年初，家住北京市西城区汽南小区的李女士在某大医院接受了膝关节手术，由于医院床位紧张，她只能回家康复。到家后，她发现自己无法走动，去医院换药成了问题，于是就联系了自己的家庭医生。

汽南卫生服务站的家庭医生宋贝贝了解情况后，与主管护师赵红英一起上门给李女士换药。“他们隔一段时间来一次，很贴心！”李女士说。

在家庭医生团队的精心照料下，李女士很快就康复了。“现在，我跟他们成了好朋友。有事没事经常会去卫生服务站里坐一会儿，与他们拉拉家常。”李女士说。

汽南卫生服务站位于汽南小区南部，是西城区月坛社区卫生服务中心下辖的 11 个卫生服务站之一。服务站由一栋库房改造而成，距离李女士的家只有 100 米。目前，站里有 4 名全科医生、3 名护士，为小区的 2700 多户共 8000 多人提供健康服务。小区有一些高龄老人、脑卒中患者和残疾人，由于腿脚不便，生病后无法到卫生服务站就医，需要家庭医生团队提供上门服务。

“家庭医生对居民看病就医不可或缺。”中国医师协会全科医师分会会长、北京市西城区月坛社区卫生服务中心主任杜雪平认为，家庭医生为居民提供了基本的医疗健康服务，让群众就近看病，提升了基层医疗资源的可及性。此外，家庭医生还能起到分诊作用，缓解大医院的拥挤状况。

健康管理有温度，家庭医生团队根据监测数据对慢病患者进行评估，如出现异常会及时干预

“我几乎每个月都要来卫生服务中心拿药。到这里开药，走几步就到了。”家住方庄社区的刘大爷说：“过去到大医院，挂号、就诊、拿药、缴费，样样都要排队，每次都要耗费半天时间，累得不行。”刘大爷今年63岁，患有多年的高血压。

在方庄社区卫生服务中心门诊大厅机器上挂完号，很快就轮到了刘大爷就诊。走进朱夏媛的诊室，刘大爷笑着说，药吃完了，想再开一些。

“您的血压数是146/80，您这个年纪，这个数据还算正常，说明吃药控制得不错。”量完血压，朱夏媛又给刘大爷开了一个月的药，刘大爷拿着单子，笑呵呵地走出了诊室。

朱夏媛签约的1028名居民，其中60%以上是老人，而老人中60%左右患有慢病。朱夏媛介绍，老人常见的慢病有高血压、糖尿病、高血脂等，有些老人还患有多种慢病。这么多慢病患者，如何对他们进行高效管理？

信息化管理提升了效率。朱夏媛在电脑上点开卫生服务中心的慢病管理系统，里面呈现辖区地图。随便点进一个小区中的居民楼，就可以显示各个门牌号对应的住户里面是否有签约的慢病患者。“通过这个系统，我们对自己管理的慢病患者住所了然于胸。”朱夏媛说。

方庄社区卫生服务中心还配备了“健康小屋”自测设备，患者可以自行或在护士的指导下完成健康指标检测。设备会将数据自动上传到医生工作站，对患者的健康档案进行更新。据介绍，智能化系统能够自动分析出患者的异常数据，从而及时对慢病患者进行管理。

防控慢病，家庭医生引导居民养成健康的生活方式很关键

“相对大医院的医生，家庭医生接诊患者的时间较长，除了看病，还可以对患者进行个性化健康指导，比如正确用药、正确评估健康状况等。”汽南卫生服务站全科医生侯武姿介绍，卫生服务站平时会组织社区内老人进行健康知识普及，也会联合居委会举办一些适合老人参加的趣味运动会和户外健身操教学，组织老人适当运动，提高身体素质。

“健康教育是基层医疗卫生机构承担的基本公共卫生服务项目之一。”方庄社区卫生服务中心副主任刘新颖说，家庭医生团队与居民签约后，可以对居民本人和家庭成员进行针对性的健康检测和干预，提供切实可行的解决方案。比如居民高血脂降不下来，就要去查找原因，如果是运动不够或者是饮食结构有问题，就要指导居民进行相应的调整。

提升团队服务质量，加大对基层医疗卫生机构的投入，改善家庭医生团队的工作环境和薪酬待遇

“在社区医院遇到的患者，跟我在大医院实习时遇到的患者情况是有差别的。”2017 年，朱夏媛研究生毕业后进入方庄社区卫生服务中心工作，成为一名全科医生。工作后不久，她发现来社区医院就诊的老人，有些并没有大病，只是身体处于亚健康状态；有些患有慢病，需要进行长期管理；有些需要进行心理疏导。

为了提升全科医学水平和慢病管理能力，朱夏媛经常参加方庄社区卫生服务中心组织的免费培训。每个月，卫生服务中心会组织各种岗位技能培训，线上、线下相结合。“家庭医生要面对各种患者，内科、外科、心理学、中医等都要懂，需要不断学习。”朱夏媛说。

刘新颖介绍，方庄社区卫生服务中心与医联体内三级医院开展专家带教、进修培训和双向转诊等工作。全科医生会定期到三级医院接受临床服务技能培训，定期参加医联体和教学医院的教学查房等，不断提高医疗服务能力。

早在 2011 年，国务院印发《关于建立全科医生制度的指导意见》，明确全科医生应先接受 5 年的临床医学（含中医学）本科教育，再接受 3 年的全科医生规范化培训。2014 年，原国家卫生计生委全面启动全科专业住院医师规范化培训工作，并委托中国医师协会负责培训的技术建设与日常管理工作。经过多年努力，截至2020年底，全国共有全科医生40.9万人，我国每万名居民拥有全科医生数达2.9人，实现了2020年每万人口全科医生数2~3人的阶段性目标。

家庭医生长期工作在基层，如何提高他们的积极性，留住更多人才？

"提升家庭医生团队的待遇是关键。"杜雪平认为，相比大医院的医生，家庭医生发展机会少，薪酬待遇低。建议有关部门加大对基层医疗卫生机构的投入，改善家庭医生团队的工作环境和薪酬待遇。

记者在采访中了解到，北京市丰台区探索出了有益经验。在职称晋升政策方面，根据北京市关于社区卫生技术人员职称评定相关政策，给予家庭医生正高职称2%~4%、副高职称14%的名额。在薪资待遇方面，对于实行智慧家庭医生签约的居民，财政按照重点人群80元/人/年、普通人群20元/人/年标准予以补偿，主要用于家庭医生团队成员绩效外合理补偿收入。此外，丰台区还有专门的财政拨款，以激励家庭医生服务团队。期待各地涌现出更多典型经验，进一步提高家庭医生工作积极性，让百姓获得更高质量的医疗服务。

（申少铁：《人民日报》，2021年5月28日）

40.1 案例思考讨论

（1）北京市家庭医生签约居民，提供送医上门服务，使社区居民在家门口看病变成了现实，谈谈北京家庭医生签约服务模式如何体现民生工作更为贴近百姓的需求？

（2）家庭医生制度为社区居民提供了更及时、更便捷的医疗保健服务，更好地满足了百姓的医疗需求，结合北京家庭医生签约服务，谈谈如何提升基层医疗水平和质量，更好地满足人民对美好生活的向往？

40.2 案例分析启示

2021年，北京市650个无医疗机构行政村全部完成村卫生室或社区卫生站建设，动态实现社区卫生服务机构全覆盖；建设完成100个标准化的社区卫生服务机构专病特色科室，社区卫生服务中心100%开展药品需求登记服务，为5934名患者登记用药需求；100余家二、三级医疗机构为基层优先提供号源，居民基层首诊率达51.9%；家医服务重点人群签约率保持在90%

以上，向慢性病患者提供长期处方服务 375.7 万人次；居民健康素养水平达 36.4%，健康指标继续保持全国领先，北京市基层卫生服务能力稳步提升，基层卫生服务体系建设取得明显成效。北京市家庭医生担当起社区居民健康的“守门人”的角色重任，为高龄人群和腿脚不便的患者提供“送医上门”服务，同时加强居民的健康管理，进行慢病防控，引导居民养成健康的生活方式。社区卫生服务中心还联合三级医院开展专家带教、进修培训和双向转诊等工作，免费对家庭医生进行培训，提高其医疗服务能力，相关政府部门也采取相关政策激发家庭医生的积极性。家庭医生签约服务探索了社区医疗服务新模式，提升了基层医疗资源的可及性，还加强了基层患者慢性病的数字化或云管理，缓解了“就医难，看病难”的民生问题，将医疗保障“实打实”、服务民生“心贴心”落到了实处。

家庭医生制度被世界卫生组织赞誉为“最经济”“最适宜”的基层医疗卫生服务模式，尤其是在后疫情时代，家庭医生签约服务凭借“小病善治、大病善识、重病善转、慢病善管”的综合功能成为深化医改和“健康中国”建设的重要抓手。“健康中国”视域下家庭医生签约服务体现了全民健康的理念，有利于保障全体公民的健康平等权，确保人人“能看病、看好病”，以及做到“少生病、不生病”，体现了党和政府高度关注人民群众的健康平等问题，坚持“把人民利益作为出发点和落脚点，不断解决好人民最关心最直接最现实的利益问题，努力让人民过上幸福生活”。

“健康是人民幸福与社会发展的基础”，实施“健康中国”战略有利于突出保障和改善民生的重点领域，增进民生福祉，促进社会的和谐稳定，保障国家的长治久安。如何提升基层医疗质量，落实“健康中国”战略呢?第一，提高医疗服务的可及性。一方面，全面贯彻国家医保政策，实现医保制度的有效覆盖，保障人人享有卫生保健，同时落实医疗救助制度，将特困供养、低保、建档立卡贫困人口等人群纳入救助范围，降低医疗成本，提高经济的可及性。另一方面，大力推进医疗资源向基层下移，更新贫困落后地区的医疗“硬件设施”，大力培育乡村医生，为群众提供及时、便捷的医疗服务，缩小城乡基础医疗差距，提高资源的可及性。第二，充分发挥社区教育的功能。首先，利用社教体系，开展灵活多样的宣传引导，增强居民的健康意识；其次，结合不同圈层的不同需求，开发丰富适宜的健康课程，并通过线上与线下、集中讲解和单独指导相结合的方式，全方位普及健康知识技能；再次，借助团队学习，进行交流，引起共鸣，善用群体压力，激发参与热情，并落实到具体行动；最后，培养正向意见领袖，整合、动员全社会的资源与力量，建立共建共享的良性机制。第三，构建智慧型健康管理体系。以信息技术和人工智能为依托，发展移动医疗、智慧医疗、远程医疗、精准医疗等新医疗模式，改革、创新医疗的管理方式、服务方式及行为方式，对海量的医疗和健康数据进行清洗和挖掘，建立智慧型健康管理体系，实现医疗问题向慢病管理和预防问题转变。

做好民生工作，要坚持兜底线、保基本、补短板、强弱项，从最困难的群体入手，从最具体的工作抓起，加强普惠性、基础性、兜底性民生建设，抓住人民最关心最直接最现实的问题，统筹抓好民生重点领域的工作。除了医疗卫生事业的发展，提高人民收入水平，提高就业质量，建设高质量教育体系，全面建成多层次社会保障体系，让改革开放成果更多更公平惠及全体人民也是突出保障和改善民生重点领域的应有之义。踏上全面建设社会主义现代化国家新征程，我们要始终把人民对美好生活的需要放在心上，提高社会建设水平，在推动高质量发展过程中增进民生福祉，让民生工作更为贴近百姓的需求，不断增强人民群众的获得感、幸福感、安全感。

案例 41：电子科技大学精准扶贫精准脱贫典型项目：智慧岑巩，脱贫奔小康

一、基本情况

岑巩县古称“思州”，隶属贵州省黔东南苗族侗族自治州，地处贵州东部，面积 1486.5 平方公里，辖 9 镇 2 乡 1 个省级经济开发区，境内居住着汉族、苗族、侗族、仡佬族、土家族等 18 个民族，总人口 23 万人，其中农业人口 15.8 万人。目前，该县仍有贫困人口 21873 人，属于国家级贫困县。

近年来，电子科技大学和岑巩县委县政府通力合作，携手共建脱贫攻坚命运共同体。在实施精准扶贫、精准脱贫一揽子计划过程中，校地双方突出一个核心，抓党建不断增强扶贫组织力；搭建一个桥梁，用“电子信息 +”聚合起“金山银山”；聚焦六大版块，全面推进智慧城乡建设。

截至去年底，该县贫困发生率从2014年的31.1%下降到10.5%。

二、项目实施进展及成效

随着贵州省“大扶贫、大数据、大生态”三大战略实施，全省上下提出了一系列新思路、新办法、新举措。以此为契机，电子科大与岑巩县委县政府明确了推进智慧岑巩建设的目标，将岑巩打造成“欠发达地区智慧城乡建设示范县”。

（一）岑巩智慧城乡建设总体思路

习近平总书记强调，“实施精准扶贫、精准脱贫，因乡因族制宜、因村施策、因户施法，扶到点上、扶到根上”。岑巩现阶段存在着基础建设薄弱、医疗信息管理滞后、教育技术应用落后、特色农业滞后等劣势。同时，结合校地双方资源禀赋，学校与岑巩县委县政府形成了认识上的统一。

纵向对比发展的薄弱环节、横向评估发展的比较优势。双方一致认为基于岑巩实际的智慧城乡建设既要立足当前，更要着眼未来。在建设目标和建设思路的指引下，学校进一步明晰了帮扶具体内容、措施和路径。

一方面强化党建，不断增强扶贫组织力量。学校投入20万元为岑巩县量身定制了“岑巩智慧党建系统”，推广智慧应用融入党建日常工作。该系统具有三个特点：一是全覆盖，即实现党员的全覆盖，统筹思想建设、组织建设、作风建设、反腐倡廉建设、制度建设；二是全过程，即管理组织活动的全过程，统筹党组织学习交流、考核评价、教育实践；三是全维度，掌握党建数据的全维度，统筹党员数据、组织数据、学习数据、扶贫数据。目前，全县17个党（工）委、325个党组织、7476名党员的基本信息已录入管理系统。

另一方面搭建桥梁，用“电子信息+”聚合起“金山银山”。学校在提出智慧城乡理念的同时，为岑巩量身定制多个智慧应用单体示范项目，用科技路径引领产业转型和发展，让“电子信息+”保护青山绿水，让“电子信息+”挖出金山银山，坚定岑巩广大干部群众发展信心。具体通过智囊团帮扶、人才支撑、产业助推、资本运作、软硬件提升、传播塑品六个方面，探索“欠发达地区智慧城乡”建设新路，打造宜实践、可复制、能推广的岑巩样板。

（二）主要做法及成效

1.实施智慧城乡智囊团帮扶行动

精心组织了一批一流专家：学校组建了“定点帮扶岑巩专家智囊团”，为县域经济发展规划和重大决策等提供智力支持。智囊团成员包括长江学者、世界电子政府组织评判专家成员、教育部教育信息化专家组成员、全国优秀MPA教师、四川省学术与技术带头人、四川省政府“智囊团”专家组成员、校“百人计划”入选者等40人。

积极开展了一系列咨询服务：结合岑巩扶贫工作实际，学校专家智囊团针对性地赴各乡镇、各部门开展调研、座谈、论证共计近百次，提供决策咨询服务十余次。同时，学校还选派优秀博士、优秀辅导员十余名到岑巩县政府和企事业单位担任顾问，赴一线直接参与脱贫攻坚。

群策形成了一个高水平规划：学校与岑巩县委县政府达成智慧城乡建设共识后，学校投入50余万元专项资金、历时近一年时间，全面完成《智慧岑巩总体规划》及建设标准。2017年，该规划通过了由贵州省政协副主席、省大数据领导小组副组长谢晓尧、省大数据发展管理局副局长景亚萍等牵头组成的专家评审组评审。评审专家及黔东南州委州政府主要领导分别对该规划给予高度评价，并建议争取将该项目作为政府数据“聚通用”的县级试点。

2.实施智慧城乡人才支撑行动

着力发展一批信息化干部：近三年，学校聚焦电子商务、大数据、农文旅、新型城镇化建设等方面，投入近50万元，举办岑巩科级干部及后备干部集中培训班5期，培训254人；举办中小学校长集中培训班1期，培训30人；举办教育系统骨干人员的“计算机网络专题培训”1期，培训35人；开展“思州大讲堂”专题讲座3次，有效提高了岑巩中青年干部信息化素养和信息化工作能力。

着力储备一批专业化青年干部：除短期干部培训外，学校接收51名岑巩青年干部到电子科大科研中心、校友企业及下属各部门开展为期3个月的计算机能力提升培训及挂职锻炼，为智慧城乡建设运行及后续发展提供人才保障。

着力培养一批信息化专业人员：在人才长期培养方面，学校2017年接收17名岑巩籍建档立卡贫困家庭学生，开展为期2.5年的计算机专业大专学历培养。该批学生的学费与生活费通过学校减免、企业赞助、县政府补贴等形式实现了零负担。经学校争取，校友企业贵州联科卫信科技公司为这批学生设立了10万元的奖学金。

着力引进一批高层次优秀人才：近三年，学校积极发挥高校教育资源优势，协助岑巩县政府在全国知名高校选聘毕业生，累计引进81名优秀学子。特别是今年，数学专业一名硕士研究生在学校的推荐下，落地岑巩中学工作。

3.实施智慧城乡产业助推行动

着力打造一个"智慧医疗"产业特色项目：积极联系校友企业成电医星有限公司，投入1000万元全面实施乡镇卫生院规范化数字预防接种门诊建设、远程医疗建设，医药监管平台建设、县级公立医院接入省级预约挂号统一平台和区域人口健康信息平台建设。目前，一期工程已按时完成并交付岑巩县使用；全县完成城乡居民健康档案规范化电子建档13.35万份，建档率82.6%。

着力招引一个农产品电商龙头企业落地：积极推动岑巩将电子商务作为供给侧改革和县域经济转型发展的重要战略来落实。2016年，学校协助该县成功引进京东入驻电商产业园。今年，学校组织专家协助岑巩成功申报国家级电子商务进农村综合示范县，获得国家1500万元资金支持。在杭州建德市东西部协作扶贫与学校定点扶贫的合力推动下，国内农产品电商龙头企业——安厨电子商务有限公司成功签约入驻岑巩。

4.实施智慧城乡资本运作行动

《智慧岑巩总体规划》审定后，学校协助岑巩开展了资本运作工作，将一期工程所含8个子项目作为一揽子PPP工程包向社会推介。

大力落实一个巨额投资项目入库：2017年9月，岑巩智慧城乡一期工程包中各子项目已全部通过发改部门立项审批，总投资规模高达18.89亿元，PPP模式的"两报告一方案"也于2017年10月获有关部门批复，并顺利申报纳入财政部的PPP项目库。

大力促成一个社会投资人采购：2017年12月28日，岑巩智慧城乡一期工程按照PPP模式招标社会投资人采购，上海飞乐音响股份有限公司牵头的社会联合体中标。目前，岑巩智慧城乡一期工程包各子项目相继开工建设，顺利实现固定资产投资资本运作倍增目标。

5.实施智慧城乡软硬件提升行动

大力帮助开发一批高质量软件系统：学校投入200万元研发“精准扶贫作战信息指挥系统”，已于2017年7月起交付地方使用。该系统已形成融扶贫综合门户、贫困对象平台、指挥作战系统、资源调配平台、工作绩效评估等5个方面16个子系统的云架构体系。以移动终端为载体，该系统实现了贫困人口识别可量化、贫困深浅可视化、帮扶对策可优化。迄今，该系统已推广使用了一年时间，覆盖全县129个村寨、16695个贫困户和64743名贫困群众。目前，结对帮扶干部已累计使用该系统回访贫困户15.13万次。

大力协助完成一批基础性硬件改善：学校出资20万元加强岑巩中小学校信息化建设，帮助建设学生创新工作室，打造机器人竞赛亮点。同时，投入10万元资金，捐赠电脑44台、图书10万余册，建成塔山村留守儿童亲情聊天室及农民信息化培训室。在学校推动下，目前，岑巩县域所有学校信息化设施达到国家验收标准，在贵州省黔东南州率先实现校校有电脑教室，中小学全面实现“班班通”。

6.实施智慧城乡传播塑品行动

积极建设一批“两微一端”传播平台：发挥学校专家优势，与岑巩县委县政府合力借助各种新媒体平台，建设“今日岑巩”“岑巩组工”“魅力塔山”等传播平台，大力宣传推广岑巩风土民情、特色农产品、优质旅游资源，扩大岑巩在省内外的知名度。其中，“今日岑巩”微信公众号自开通以来，点击率超过1000万次。

积极营造一种脱贫攻坚战斗氛围：充分运用传统媒体和互联网媒体平台，广泛动员师生、校友、企业等力量参与，为精准扶贫工作和脱贫攻坚事业营造良好的社会氛围和舆论环境。近年来，新华网、人民网及贵州日报、贵州电视台、黔东南日报等央地媒体报道岑巩脱贫攻坚的成绩近100次。

校地合作建立大学生社会实践基地和辅导员挂职锻炼实践基地，累计选派百余名优秀大学生为当地教育教学以及周边地区发展提供持久、精准帮扶。2017年,学校物理学院精准扶贫专项实践队获团中央表彰。2018年7月，学校继续选派70余名大学生赴县乡相关单位学习实践,与当地干部群众一道脱贫攻坚。今年,学校先后组织教职工、学生群体开展思州柚、岑巩鲜桃营销推广,助力当地农特产返城。

三、项目特色及经验体会

(一)紧扣脱贫主题,强化顶层设计,切实找准突破方向

近年来,贵州省实施了以高速铁路、高速公路为主攻方向的交通基础设施大会战,基本实现“县县通高速”,同时提出大数据战略并初见成效,打开了制约当地经济发展的“山门”,线上下线齐发力拉近了与外界通联的时空距离。2020年与全国同步实现小康，岑巩须要抓住机遇,探索新的产业发展方向,实现弯道取直,后发赶超,高质量发展。在国家大数据战略、“互联网+”行动的大背景下,电子科大提出以“电子信息+”引领智慧城乡为抓手的信息化建设思路，将互联网与扶贫工作紧密联系在一起,这既符合当前供给侧结构改革方向,也是今后经济社会发展的必然趋势。

(二)突出科技引领,注重经济实效,确保工作落实落细

为切实将科技创新成果转化为生产力，引领当地经济社会进入高速、优质的发展轨道,电子科大提出智慧理念,并实践了一系列智慧举措,让岑巩广大干部群众切身感受到“科技”的核心价值作用,进一步坚定了发展信心。如:塔山村“智慧养猪”项目使养殖小区生产资源实现资源优化配置、高效利用、节能环保。仅从经济效益角度看,可减少养殖管理人员2人,提高饲料转化效率,每头生猪预计可节本增收200元,按年出栏1万头算,可实现增收200万元以上。2018年,“智慧养猪”还作为岑巩典型项目申报贵州省大数据产业融合示范项目。

(三)坚持情真意切,发挥资源优势,倾力帮助地方发展

电子科大成立了以党委书记、校长为组长,学校各直属部门及各学院负责人为成员的定点扶贫工作领导小组,并下设办公室,高规格组建工作专班,真正将扶贫工作纳入“一把手”工程统筹落实。校级领导累计十余次带队赴岑巩开展工作调研督导,并依托学校资源禀赋,配合推动地方党委落实精准施策、精准帮扶、精准脱贫各项工作。学校还先后选派

责任心强、能力突出的2名处级干部、2名科级干部到岑巩县挂职，助力脱贫攻坚战，涌现出一批从“白脸书生”到“黑脸书记”的先进典型人物。

四、下一步工作思路

今年，电子科大将坚持深入贯彻党中央、国务院关于脱贫攻坚重大决策部署，全面落实教育部关于直属高校定点扶贫工作要求，进一步完善学校精准扶贫、精准脱贫措施，将“电子信息＋引领岑巩智慧城乡建设”引向深入。

一要让“智慧城乡”成为助力脱贫攻坚的示范典型。力争通过五年左右时间，以高性能信息处理、云计算/云存储、下一代通信网、物联网、大数据等先进信息技术应用为着力点，将岑巩建设成为欠发达地区智慧城乡的样板。

二要让“智慧城乡”成为助推产业转型的科技支撑。坚持“智慧城乡”理念，让老百姓看到科技的效益，让科技为贫困地区“造血”，激活岑巩干部群众自我发展的能力，助推产业转型，拓宽增收渠道，提升收获感和幸福感。

三要让“智慧城乡”成为全面同步小康的建设基础。依托现代信息技术开展网上办事、远程医疗、网络教学等服务，改善政务、教育、医疗等公共设施投入不足、分布不均衡、服务能力有限等情况，促进当地基本公共服务均等化。

（教育部规划司网站，2018年10月15日）

41.1 案例思考讨论

（1）电子科技大学是如何将“电子信息+”的技术优势与岑巩的“金山银山”的资源优势相结合，实现精准扶贫精准脱贫？

（2）电子科技大学以“电子信息+精准扶贫”模式，成功帮助岑巩脱贫奔小康，结合电子科技大学在岑巩精准扶贫精准脱贫的经验，谈谈如何让人民群众真真切切感受到共同富裕是看得见、摸得着的事实？

41.2 案例分析启示

党的十八大以来，电子科技大学充分发挥在电子信息领域的特色和优势，持之以恒探索实践“电子信息+精准扶贫”模式，书写了扶贫精彩答卷，为助力乡村振兴积累了宝贵经验。学校携手岑巩县，将学校特色与岑巩的比较优势结合起来，紧扣脱贫主题，突出科技引领，发挥资源优势：一用“电子信息+基础教育”，助力乡村教育强基固本；二用“电子信息+智慧城乡”，赋能乡村治理提质增效；三用“电子信息+农业产业”，推动乡村经济智慧升级。电子科技大学合力助力岑巩脱贫奔小康，彰显了电子科技大学听党话，跟党走，积极贯彻党中央精准扶贫、精准脱贫政策，进一步推进人民共同富裕的时代担当。

大数据技术与扶贫工作的有效对接，能够精准划定扶贫组织的职责与帮扶对象的范畴，精准把握贫困人口的致贫因素，实现扶贫方案的精准设计、脱贫成效的精准判别，对脱贫工作进行精准监测与实时追踪，实施返贫行为的精准防范，为有效推进精准扶贫工作提供了强有力的支撑，降低了扶贫工作的盲目性与重复性。习近平总书记总结指出：“事实充分证明，精准扶贫是打赢脱贫攻坚战的制胜法宝，开发式扶贫方针是中国特色减贫道路的鲜明特征。只要我们坚持精准的科学方法、落实精准的工作要求，坚持用发展的办法解决发展不平衡不充分问题，就一定能够为经济社会发展和民生改善提供科学路径和持久动力！”党的十八大以来，以习近平同志为核心的党中央不忘初心、牢记使命，团结带领全党全国各族人民，始终朝着实现共同富裕的目标不懈努力，全面建成小康社会取得伟大历史性成就，特别是决战脱贫攻坚取得全面胜利，使困扰中华民族几千年的绝对贫困问题得到道历史性解决，为新发展阶段推动共同富裕奠定了坚实基础。

我国开启全面建设社会主义现代化国家新征程，如何把促进全体人民共同富裕摆在更加重要的位置，向着这个目标更加积极有为地努力，让人民群众真真切切感受到共同富裕是看得见、摸得着的事实？第一，提高发展质量效益，夯实共同富裕的物质基础。以提升自主创新能力为支撑，巩固壮大实体经济根基，畅通金融服务实体经济渠道，推动农村一二三产业融合发展，夯实共同富裕的产业基础。畅通城乡区域经济循环，破除制约城乡区域要素平等交换、双向流动的体制机制障碍，促进城乡一体化、区域协调发展，增强实现共同富裕的内生动力。第二，深化收入分配制度改革，多渠道增加城乡居民收入。推动实现更加充分更高质量就业，合理提高劳动报酬及其在初次分配中的比重，并拓宽城乡居民财产性收入渠道。立足当地特色资源推动乡村产业发展壮大，完善利益联结机制，让农民更多分享产业增值收益。第三，缩小城乡区域发展差距，实现公共服务优质共享。推进城乡区域基本公共服务更加普惠均等可及，推动义务教育优质均衡发展。推动新型城镇化与乡村振兴全面对接，深入探索破解城乡二元结构、缩小城乡差距、健全城乡融合发展的体制机制。完善社会保障制度，织密扎牢社会保障网，完善先富带后富的帮扶机制，探索建立先富帮后富、推动共同富裕的目标体系、工作体系、政策体系、评估体系。

实施精准扶贫方略，摆脱绝对贫困，最终目的指向实现共同富裕。共同富裕是民生建设的价值规定和根本目的。民生建设搞得成功不成功，最终的判断标准就是看人民是不是共同享受到了改革发展成果。随着我国开启全面建设社会主义现代化国家新征程，必须把促进全体人民共同富裕摆在更加重要的位置，始终贯彻以人民为中心的发展理念，坚持以满足人民日益增长的美好生活需要为根本目的，多谋民生之利，多解民生之忧，补齐民生短板，在全社会范围内努力实现幼有善育、学有优教、劳有厚得、病有良医、老有颐养、住有宜居、弱有众扶，使人民群众的获得感、幸福感、安全感更加充实、更有保障、更可持续，让人民群众真真切切感受到共同富裕是看得见、摸得着的事实。

案例42：两地携手战贫，在济南帮扶下，所有贫困县摘帽、所有贫困村脱贫：泉润湘西拔穷根

湘西土家族苗族自治州地处武陵山腹地，湖南11个深度贫困县中，7个在湘西州。2016年10月，济南市与湘西州结成东西部扶贫协作对子。因地制宜，做优当地传统产业；双向协作，建立供销双赢格局；汇聚合力，形成助力脱贫的强力引擎……几年来，济南和湘西共同书写出了协作扶贫的新答卷。

2013年11月3日，习近平总书记到湘西州十八洞村考察时，首次提出“精准扶贫”重要论述。2016年10月，济南市与湘西州结成东西部扶贫协作对子。跨越千里兄弟情，泉润湘西拔穷根，4年来，苗家山寨换了人间，湘西州所有贫困县摘帽，所有贫困村退出，千百年来的绝对贫困问题一去不复返。

一东一西，一北一南，跨越1500公里，济南和湘西是怎样落实习近平总书记关于脱贫攻坚和东西部扶贫协作重要指示要求，共同书写协作扶贫新答卷的？

精准滴灌，一方水土养活一方人

“深山苗寨，穷乡僻壤，怎么可能脱贫？”多年前，这样的观念根深蒂固。

“贫困地区要从实际出发，因地制宜，把种什么、养什么、从哪里增收想明白，帮助乡亲们寻找脱贫致富的好路子。”习近平总书记的殷殷嘱托，指明方向。

北纬28度，高山峡谷，云雾缭绕，产自保靖县的黄金茶，含有高氨基酸、高茶多酚、高水浸出物，堪称“一两黄金一两茶”。一直以来，当地人们只采摘最珍贵的明前茶。“其他季节生长的茶，枝叶在做茶园维护时直接剪下来扔掉了。”保靖县鼎盛黄金茶开发有限公司的黄经理说。

而今有了新变化。

由济南市历城区投资扶持的保靖黄金茶茶婆峰绿茶加工厂项目，对之前浪费的茶叶再利用再加工，在原来明前茶基础上，又增加了红茶、黑茶、花茶等品类，每年可收购贫困户的鲜茶叶250吨，帮扶建档立卡贫困户120户450人通过销售鲜叶及就近务工稳定增收。

类似的茶叶加工厂，在保靖县一共建了12个，覆盖全县12.5万亩茶园。

因地制宜，既要善于把隐藏的“金矿”挖出来，更要推动潜在机遇转化为现实优势。

湘西当地的贫困劳动力文化水平普遍不高，缺乏专业技能。2018年6月，山东蓝翔技师学院在花垣县职业教育中心挂牌设立“山东蓝翔技师学院十八洞分院”，并捐赠2台大型挖掘机，用于技能培训教学。目前，已有267名建档立卡贫困户学子经过培训，踏上新的工作岗位。2019年6月，济南市东西部扶贫协作产业联盟成员单位济南阳光大姐家政服务公司，与吉首市好日子家政服务有限公司联合创办湖南阳光阿娅职业培训学校。截至目前，学校与湘西新达培训联合组织各类培训班106期，实现就业5294人，就业率超过九成。

乘东西部扶贫协作东风，一批济南企业赶赴湘西，为推动产业扶贫提供坚实支撑。2018年初，济南市一家电器企业来到古丈县，投资8000多万元成立一家能源服务公司，致力于解决湘西群众冬季取暖问题，成为首家落户生产的扶贫协作企业。目前，150多户200多名贫困群众在这家企业“端起了饭碗”。

因地制宜，精准滴灌，一方水土开始养活一方人。湘西州扶贫办负责人说，来自泉城的资金、项目、技术、岗位，唤醒湘西沉睡的资源，激发潜在的机遇，当地传统产业提质做优获得新生，当地贫困群众拥有一技之长，就近就业成为现实。

不是单向帮扶，而是双向协作、互利共赢

今年9月，济南舜耕国际会展中心，山东省暨济南市消费扶贫产品展销周举行。猕猴桃、黄牛肉、腊肉制品等湘西特产展位前，人流如织，交易火爆。

两地牵手以来，像这样的“湘货入济”成为常态——济南巨大的消费市场与湘西丰富的特色产品“无缝对接”，建立起供销双赢的大格局：

济南市党政机关食堂优先购买湘西州特色农副产品及国家《消费扶贫产品目录》认定的扶贫产品；建设泸溪椪柑、永顺猕猴桃、保靖黄金茶等湘西特色产品直供基地14个；在济南免费为湘西结对县及企业提供经营场所25处，打造湘西优质果品直销窗口……

湘西不仅有吸引人的特产，更有打动人的山水美景。怎样让湘西美景走进济南人的心中？济南日报报业集团和湘西州团结报社共同参与推动了“济南万人游湘西”活动，吸引山东居民到湘西旅游体验。截至目前，湘西累计接待山东游客134.4万人次，带来综合旅游收入12亿元。

消费需求深度对接，产业协作更是有声有色。湘西物产丰富，济南产业基础雄厚。为实现优势互补，湘西州出台了财税、金融、土地、服务等系列优惠支持政策，鼓励吸引济南市企业到湘西州投资兴业。目前，在湘西已落地企业36家，总投资超过5.2亿元。

济南与湘西的实践证明，东西部扶贫协作，不是单向帮扶，而是双向协作，走向互利共赢。

从政府到民间，汇聚“泉城合力”

“亲爱的刘老师，这段时间我想好了，不出去和阿爸一起打工了，我要继续上学，如果有可能我读完中职还要考大学……”

泉城义工、济南传媒学校志愿服务队的刘静，拿起手机看到这条微信，脸上露出欣慰的笑容。微信来自千里之外的湘西州十八洞村飞虫寨，发信息的是刘静前不久支教时的学生隆新武。

据不完全统计，3 年来，已累计有刘静这样的泉城义工 400 余名，从济南飞到湘西，摸索走出一条“志愿服务参与精准扶贫”之路。

山路十八弯，挡不住泉城义工前行的脚步。

“我们难，那些孩子更难。”泉城义工刘雪婷等来到支教学校，发现校园条件简陋，没有暖瓶，没有多余床铺，有的窗户还少玻璃。于是找来木板，做成大通铺，旧纸糊在窗框上遮挡风寒。

年逾花甲的退休老教师李昌海和卢金驰，不远千里连续 3 年从济南赶来湘西支教，感慨“真想把自己这几十年教育生涯中所有好的经验都留在这里”；因为支教延迟订婚日期的泉城义工周雅文，在湘西州第二民族中学，迎来一场刻骨铭心的浪漫求婚……

到湘西去！这不仅是泉城义工的选择，更是近千万济南人的共同选择。4 年来，湘西的济南“亲戚”越结越多——

每年两地党政一把手坚持带队互访，考察协作项目、召开联席会议、共商协作大计，带头“走亲戚”。济南 11 个区（功能区）承担东西部扶贫协作工作任务，参与协作工作的市直部门扩展到 25 个。

来自济南的 34 名挂职干部和 794 名专业技术人才穿梭于千山万水之间，架起一座座友谊之桥、交流之桥、合作之桥。

济南日报报业集团发挥资源优势和平台优势，牵头成立了济南市东西部扶贫协作产业联盟，120 家驻济企业纷纷响应，与湘西州 132 个贫困村结成对子。同时，济南市 8 个社会组织与湘西州 11 个贫困村、118 个学校与湘西州 120 个学校、31 家医院与湘西州 28 家医院分别结成帮扶对子，助力两地扶贫协作。

从市州到区县再到部门，从媒体到企业再到社会组织、个人，4 年来济南市不仅依靠党委、政府的力量，而且积极引导支持企业、社会组织和个人等社会力量参与到东西部扶贫协作中来，汇聚起“泉城合力”，成为助推湘西州脱贫的强力引擎。

（徐锦庚、侯琳良：《人民日报》，2020 年 11 月 30 日）

42.1 案例思考讨论

（1）济南市的党委、政府、企业、社会组织和个人等社会力量都参与到东西部扶贫协作中来，汇聚起“泉城合力”，成为助推湘西州脱贫的强力引擎，谈谈东西部协作扶贫如何推动创新社会帮扶模式，营造全社会扶危济困的浓厚氛围？

（2）济南和湘西结成帮扶对子携手战贫，取得了所有贫困县摘帽、所有贫困村脱贫的重大胜利，共同书写出了协作扶贫的新答卷，这对于我国其他贫困地区的减贫治理有什么启示？

42.2 案例分析启示

济南和湘西积极落实习近平总书记关于脱贫攻坚和东西部扶贫协作重要指示要求，结成东西部扶贫协作对子，进行资源整合，实现资源跨区域调配，形成了优势互补、互利互惠的格局。秉持着“送出去，引进来”的原则，两地积极推进“湘货入济”，实现济南巨大的消费市场与湘西丰富的特色产品“无缝对接”，建立起供销双赢格局，济南人民也纷纷为湘西脱贫添砖加瓦，山东蓝翔技师学院在湘西设立分院，一批批济南企业赶赴湘西，济南日报报业集团和湘西州团结报社共同参与推动“济南万人游湘西”活动，知识分子积极到湘西支教…… “扶贫协作” 的主体从单一的地方政府扩展到教育机构、金融机构、民营企业和社会组织等多元主体。济南和湘西在商业、能源、旅游服务等多个领域展开更深层次合作，汇聚合力，形成助力脱贫的强力引擎，取得了所有贫困县摘帽、所有贫困村脱贫的重大胜利，共同书写了协作扶贫新答卷。

东西协作扶贫坚持优势互补、互利互惠、长期合作、共同发展的原则，以经济协作为主，不断拓展协作的领域范围，提升受帮扶地区自我发展能力，保障和改善民生，实现共同发展，全面提升两地人民群众的获得感和幸福感，共同结出了打赢脱贫攻坚关键战的胜利之花。党的十八大以来，以习近平同志为核心的党中央把脱贫攻坚摆在治国理政的突出位置，作为全面建成小康社会的底线任务，组织开展了声势浩大的脱贫攻坚人民战争，取得了举世瞩目的重大历史性成就。脱贫攻坚战的全面胜利，历史性地解决了绝对贫困问题，标志着党在团结带领人民创造美好生活、实现共同富裕的道路上迈出了坚实的一大步。但是脱贫摘帽不是终点，而是新生活、新奋斗的起点，“展望未来，我们正在为全面建设社会主义现代化国家的历史宏愿而奋斗”。从全力脱贫攻坚转向全面推进乡村振兴，这并不等于扶贫工作的结束，而是要在全面推进乡村振兴战略过程中继续巩固拓展脱贫攻坚成果，防止已脱贫人口的返贫，继续将脱贫攻坚阶段形成的经验、做法和机制等进行拓展应用。

站在向第二个百年奋斗目标迈进的历史关口，我们要如何继续巩固拓展脱贫攻坚成果，让脱贫基础更加稳固、成效更可持续呢?第一，切实做好巩固拓展脱贫攻坚成果同乡村振兴有效衔接的各项工作。有序推进相关政策的接续，促进整合政策力量与深化农村改革相衔接；多渠道发展农村集体经济，探索生态产业链建设，促进产业融合发展与农村集体经济有效衔接；提高农民思想认识，发挥农民主体地位，促进智志双扶解困与基层治理体系有效衔接；培育利益联结主体，建立利益协调机制，健全配套制度支持，促进利益联结建构与提高农民收益有效衔接。第二，健全防止返贫动态检测和帮扶机制。对易返贫致贫人口要加强监测，做到早发现、早干预、早帮扶，守住防止规模性返贫底线。以大中型集中安置区为终点，扎实做好易地搬迁后续帮扶工作，持续加大就业和产业扶持力度，急需完善安置区配套基础设施、产业园区配套设施、公共服务设施，切实提升社区治理能力。第三，对不同类型贫困人口分类扶持。对有劳动能力的农村低收入人口坚持开发式扶贫，帮助其提高内生发展能力；对脱贫人口中丧失劳动能力且无法通过产业就业获得稳定收入的人口，以现有社会保障体系为基础，按规定纳入村低保或特困人员救助供养范围，并按困难类型及时给予专项救助、临时救助。

东西协作扶贫使合作双方发挥比较优势，建立起长期的互利互惠关系，精准助力脱贫攻坚，为脱贫攻坚注入了强大动能。脱贫摘帽，并不意味着脱贫攻坚任务全面完成。站在转向全面推进乡村振兴的新起点上，要设立与乡村振兴有效衔接过渡期，做好衔接工作，实现平稳过渡，让脱贫基础更加稳固、成效更可持续。党的十八大以来，以习近平同志为核心的党中央团结带领人民为创造自己的美好生活进行了长期艰辛奋斗，立足我国国情，正确把握减贫规律，出台一系列超常规政策举措，构建了一整套行之有效的政策体系、工作体系、制度体系，走出了一条中国特色减贫道路，形成了中国特色反贫困理论。这些重要经验和认识是我国脱贫攻坚的理论结晶，是马克思主义反贫困理论中国化的最新成果，是习近平新时代中国特色社会主义思想的重要组成部分，必须长期坚持，并在实践中不断发展创新。

知识链接和特别关注

东西部协作"组团式"教育帮扶

东西部协作背景下的"组团式"教育帮扶意指由对口协作的东部地区根据贫困县教育帮扶需求，组团选派支教团队和培训指导团队，通过按需帮扶、协同用力的方式，专门针对一个贫困县或一所薄弱学校实施管理输入、示范引领和培训指导，进行"重塑性"和"植入式"帮扶的模式。此种模式摒弃了单打独斗的传统帮扶弊端，能够实现帮扶理念从单独到合作、帮扶主体从一元到全员、帮扶内容从支教到管理、帮扶目标从扶智到志智双扶、帮扶结果从输血到献血的转向，并从"好组织+好党员""好机制+好团队""好老师+好学生""好资源+好平台" 四个层面对中国教育帮扶的运行逻辑进行建构。"组团式"教育帮扶实现了帮扶理念从单独到合作、帮扶主体从一元到全员、帮扶内容从支教到管理、帮扶目标从扶智到志智双扶、帮扶结果从输血到献血的转向。

家庭医生

家庭医生是指对服务对象实行全面的、连续的、有效的、及时的个性化医疗保健服务和照顾的新型医生，是具有全面系统的预防、保健、医疗、康复知识，具有较强语言表达能力、人际沟通能力、工作协调能力，能提供及时、有效服务的，对工作认真负责，对人们非常热情的新型医疗顾问和健康管理者。以家庭医疗保健服务为主要任务，提供个性化的预防、保健、治疗、康复、健康教育服务和指导，使患者足不出户就能解决日常健康问题和保健需求、得到家庭治疗和家庭康复护理等服务。

现阶段家庭医生主要包括：基层医疗卫生机构注册全科医生（含助理全科医生和中医类别全科医生），具备能力的乡镇卫生院医师、乡村医生和中医类别医师；执业注册为全科医学专业或经全科医生相关培训合格、选择基层医疗卫生机构开展多点执业的在岗临床医师；经全科医生相关培训合格的中级以上职称退休临床医师。原则上每名家庭医生签约人数不超过2000人。

共同富裕

共同富裕思想的最初提出，以邓小平《解放思想，实事求是，团结一致向前看》的讲话为标志。此时，邓小平提出了“允许先富”思想。1984年11月9日，邓小平明确提出“共同富裕”的问题。他在会见来自意大利的外宾时指出：“我们党已经决定国家和先进地区共同帮助落后地区。在社会主义制度下，可以让一部分地区先富裕起来，然后带动其他地区共同富裕。”以1992年邓小平发表南方谈话为标志，邓小平将“消除两极分化，最终实现共同富裕”纳入“社会主义本质”的范畴，标志着邓小平共同富裕思想的正式形成。

动员式减贫

在大规模减贫过程中，中国共产党全方位调动国家资源进入减贫领域，向行政科层制注入大量动员要素，实行“动员式治理”，创造了独具特色的“动员式减贫”模式，发起了继新民主主义革命和社会主义建设后第三次大规模、长时间的国家动员。动员式减贫以中国共产党领导的政治优势和中国特色社会主义制度优势为基础，遵循“无边界”调动资源的核心理念，采取纵向控制、横向整合、跨层级渗透、跨区域联动的运行机制，彰显了中国特色社会主义的优越性。

案例主题二：加强和创新社会治理

加强和创新社会治理，是完善和发展中国特色社会主义制度、推进国家治理体系和治理能力现代化的重要内容。我国社会领域的治理方式经历了“社会管控—社会管理—社会治理”三个演进阶段。新中国成立初期，为巩固新生政权，社会领域的治理方式表现为政府强势的“管控”。改革开放后，为了释放经济社会发展的活力，我国大力推动社会治理方式由“社会管控”向“社会管理”转型。新时代以来，社会建设被置于更加突出的位置，社会治理方式也从“社会管理”升级为“社会治理”。社会治理方式的变革更符合时代特色和人民需求，也反映了以习近平同志为核心的党中央对社会建设规律把握得更加科学。党的十八大以来，以习近平同志为核心的党中央坚持以人民为中心的发展思想，顺应人民对美好生活的期待，提出要“完善共建共治共享的社会治理制度”“加强和创新社会治理”，构建社会治理新格局，为更好推进新时代中国特色社会主义社会建设提供了科学引领和基本遵循。“十四五”时期我国进入新发展阶段，要坚持问题导向、需求导向、发展导向有机结合，围绕切实影响人民安居、社会安定、国家安全的重点难点问题，不断创新社会治理的理念思路、体制机制和方法手段，继续探索一条具有中国特色、体现时代特征的社会治理之路。

案例43，描述了四川成都锦江区沙河街道五福苑小区积极开展院落“坝坝会”，汇聚人民群众力量和智慧，加强社区治理，这体现了人民群众积极参与社区治理，自治意识得到不断增强，我国的社会治理社会化水平在不断提高。案例44，讲述了内蒙古自治区阿拉善左旗花园社区通过自治、德治、法治“三治融合”社会治理模式，凝聚了社区治理的社会力量，激发了基层自治活力，体现了人民群众积极参与社会治理，形成了人人参与、人人尽力、人人共享的良好局面，社区综合治理得到了深入推进。案例45，介绍了安徽省天长市引入“1+N+X”协商机制，多措并举，推进城乡“三治”融合，创新了基层治理，展现了社区居民充分协商民主的优势，积极探索打造共建共治共享的社会治理格局。这三个案例都强调了人民群众在党中央的领导下，结合本地特色，广开民智，探索基层治理新模式，回答了基层群众如何在新时代加强和创新社会治理，积极推进社会治理现代化，打造共建共治共享的社会治理格局的重大问题。

案例43：四川成都锦江区沙河街道五福苑小区：社区治理，画好同心圆

几把椅子，简陋白墙，窗外虫鸟嘶鸣。成都市锦江区沙河街道沙河社区五福苑小区的党群服务站里，风扇左右摇着脑袋，发出“嗡嗡”的声音。

“苏阿姨，小区基础设施改造马上结束，后期治理成了关键，今天想先听听您的意见。”沙河社区党委书记高丽开门见山。

这种被称为“坝坝会”的意见交流会，在沙河社区已十分寻常。社区居民和干部面对面，就像拉家常，有话不藏着掖着，目的是寻求社区治理的最大公约数，画出最大同心圆。

77岁的苏阿姨本名苏绸华，已经在五福苑小区住了25年。“这一改造，和以前相比确实大变样，必须得管好，让大家生活更舒心，我看首先得把物业的问题解决了。”她说。

过去，五福苑小区也有过物业，可一直管理得不咋地。后来，小区干脆陷入了没有物业的困境，水管坏了没人修，乱搭乱建没人管，空中线网没人理。矛盾纠纷频发，不少居民心里有怨气。

“习近平总书记在‘七一’重要讲话里强调，发展全过程人民民主。社区治理也是这个理。物业管理的事，小区改造前我们社区干部就反复入户征求意见，院落‘坝坝会’也没少开，意见收集了一箩筐。”接过话头，应邀参加这次“坝坝会”的沙河街道办事处主任邓姗姗开了腔，“根据大家的意见，我们已经着手引入专业物业公司，由社区联系协调指导，到时还要请大家伙监督把关。”

锦江区公园城市局干部王伟，正巧到小区联系工作，忍不住插句嘴:“以后院落绿化也不用担心,日常维护都是物业的分内事。”

老住户张仪生退休两年,平日里没事就在小区里里外外转悠,总是觉得少点啥。“小区里老年人不少,得有个活动区,社区有啥子计划?”

“有有有,养老扶幼是社区服务的本职。您瞅瞅,那边由自行车棚改造的活动室,有大用处呢。”高丽说,老年活动室、幼儿托育室、老年食堂,全都安排上,“这事也征求了大家意见,很快就能开展下一步工作。”

“推进国家治理体系和治理能力现代化,社区治理只能加强,不能削弱。”听了大家的发言,邓姗姗当场表态,“搞好社区治理工作,必须把党的领导贯穿全过程、各方面。接下来我们要成立小区党支部、物业公司党支部,还要依照法律规定成立业主委员会,真正形成党建引领、共建共治共享的格局。”

话越说越亲,心越拉越近。不大的房间里,爽朗的笑声此起彼伏。虽然到沙河社区工作不久,但在高丽心中,一张完善社区治理的“路线图”已越来越清晰。

（王永战:《人民日报》,2021 年 7 月 18 日）

43.1 案例思考讨论

（1）四川成都锦江区沙河街道五福苑社区以院落“坝坝会”的形式,如何体现人人参与、人人尽力、人人共享的社会治理局面?

（2）结合成都锦江区沙河街道五福苑小区人民群众广泛参与的社区治理经验,谈谈如何提升社会治理现代化水平?

43.2 案例分析启示

长期以来,成都市高度重视城乡社区服务、建设及治理,坚持以党建为引领,以人民为中心,动员多元力量参与社会治理,积极探索社区治理方式的创新,形成了“一核多元、赋能基层”的社区发展治理模式,为其他城市的社区治理提供了可借鉴的经验。成都锦江区沙河街道五福苑小区以院落“坝坝会”的形式,拉近了社区居民和干部的距离,在推进社会治理现代化过程中一以贯之听民声、察民意、解民难、化民忧,坚持从群众中来,到群众中去,积极寻求社区治理的最大公约数,画出最大同心圆,创新了社区治理模式,亮出了民声、民情和民意，保障了人民群众在社区治理中的参与权、话语权和监督权，积极开发民智民策，激发了人民群众参与社会治理的积极性、主动性和创造性，体现了社会治理主体一主多元的特征，实现了政府治理和居民自治良性互动，是形成党建引领、共建共治共享的格局的一次成功实践。

社会治理是国家治理的重要领域，社会治理现代化是国家治理体系和治理能力现代化的题中应有之义。社会治理现代化以改善人民群众根本利益为核心，秉持以人民为中心的治理理念，重视吸纳民意，激发民智，激发了社会活力，在社会领域较好地实现了人民民主。在党的坚强领导下，我国社会治理体系不断完善，广大人民群众的安全感和满意度不断增强。但也要清醒看到我国社会主要矛盾的变化，人民群众对美好生活的向往更加强烈，不仅对物质文化生活提出了更高要求，而且在社会治理方面的要求也日益增长，人民群众对社会事务参与意愿更加强烈。

在社会治理面临如此复杂环境的情况下，如何强化底线思维，进一步开创社会治理新局面呢?第一，创新社会治理理念。新时代进一步加强和创新社会治理，要求推陈出新、有所突破，坚持问题导向，坚持把专项治理与系统治理、综合治理、依法治理、源头治理结合起来，始终贯彻以人民为中心的治理理念，更好满足人民对美好生活的需要，向着美好社会迈进。第二，创新社会治理体制机制。面对新形势新要求，创新社会体制机制要完善党委领导、政府负责、社会协同、公众参与、法治保障、科技支撑的社会治理体系，完善政府治理和社会调节、居民自治良性互动的体制机制，打造社会治理人人参与、人人尽力、人人共享的良好局面，不断提高社会治理社会化、法治化、智能化、专业化水平，加快推进市域社会治理现代化，打造抵御现代风险、预防风险外溢的“应急中枢”。第三，推动社会治理数字化。“数字治理”是推进社会治理现代化的重要引擎，大数据时代，要将通信技术、应用软件技术、物联网技术、人工智能、区块链、云计算等现代科技融入社会治理，拓宽社会治理渠道，打破“信息壁垒”、消解“信息孤岛”，凝聚多元主体，实现社会协同治理，持续推进社会治理的科学化、精细化，不断提高社会治理智能化水平。

社区治理以基层党建为领导，以居民需求为导向，充分表达和满足了社区群众的利益诉求，推动了社会治理体系和治理能力现代化。加强和创新社会治理，是完善和发展中国特色社会主义制度、推进国家治理体系和治理能力现代化的重要内容。新时代进一步加强和创新社会治理，要求推陈出新、有所突破，坚持问题导向，坚持把专项治理与系统治理、综合治理、依法治理、源头治理结合起来，探索一条符合中国社会发展实际、更可持续的中国特色社会主义社会治理之路，打造共建共治共享的社会治理格局。

案例44：内蒙古自治区阿拉善左旗："三治融合"推进社区治理现代化

近年来，内蒙古自治区阿拉善左旗（下简称阿左旗）持续深入推进社区综合治理，通过自治、德治、法治"三治融合"社会治理模式，凝聚社会力量全面参与社区治理，居民尊法守法意识增强，社区卫生干净整洁、环境优美舒适、邻里互帮互助、和谐相处，"我为人人、人人为我"的良好风气正在形成，社区居民生活得越来越幸福。

激发基层自治活力

"过去我们小区栽种的树苗管护跟不上，成活率不高。现在小区居民都有绿化认领任务，有的人会把洗菜的水存起来浇灌花草树木。"阿左旗西花园小区居民赵惠玲说。该社区尝试推行公种私养保障绿化成果，激发了居民参与的积极性。在西花园小区整治的空闲地，小区居民买来核桃、苹果、桃、杨梅等树种栽种并长期管护，不仅提高了树木的成活率，提升了绿化率，同时增强了居民群众主人翁意识和获得感，促进了小区文明和谐建设。

据了解，为推进群众自治组织的建立，各小区成立社区党员群众监督议事委员会，组织召开社区协商议事会议，以此保障社区居民知情权、建议权、评议权和决策权，使民意得到充分及时的表达，民主决策社区事务；此外，各小区定期召开业主委员会会议和物业工作联席会议，开展学习交流，促进小区管理，提升群众满意度。

西花园社区充分发挥社区党员、志愿者队伍以及群团组织的作用，营造邻里互助、居民自治的良好氛围，把群众文化活动中心的管理服务工作交给小区党员群众管理，责任落实到人，事务专人负责；聘请社区义务图书管理员、邻里调解员、心理疏导员、事务监督员等，给居民自治搭建平台让群众积极主动地参与到社区和小区事务管理中，使居民成为社区治理的主力军。

厚植群众道德底蕴

“去年,我陪丈夫在银川、北京治病,30 多岁的儿子身患残疾在家里无人照料,邻居们每天给我儿子送饭、买水果,甚至接到他们家里一起吃饭……”近日,在王府街道西花园社区举办的“夸夸我的好伴侣、好邻里、好儿媳、好婆婆”最美家庭、最美邻里故事会上,小区居民付凤莲用朴素的语言、真挚的感情讲述自家的经历,赢得在场居民的阵阵掌声,有的居民感动得掉下了眼泪。

俗话说,远亲不如近邻。为拉近居民的距离、增进邻里之间的感情,西花园社区连续 2 年举办了百家宴、邻里节等具有社区特点的群众活动。这些平时忙于自己事务的小区居民围坐在同一饭桌,品尝各家饭菜,谈心拉家常,从前陌生的人变得亲近了。小区居民以前见面不过点头示意就各自匆匆离去,如今肩并肩坐在一起聊聊家长里短、大事小情,却有了说不完的话题,感情迅速升温、升华、交融。“过去同住在一个小区,好多邻居我都不知姓啥叫啥,通过社区的各种活动不仅相互之间熟悉了,谁家有个大小事情,说一声邻居都会上门帮忙。”西花园小区居民阿丽玛说。

额鲁特街道安达社区以培育和践行社会主义核心价值观为主线,围绕“凝聚群众、引导群众,以文化人、成风化俗”目标和要求,开展文明创建活动,广泛开展文明创建和各类志愿服务活动。目前,社区已组建 7 支志愿者队伍,根据群众需求开展一系列志愿服务活动,成为社区一道亮丽的风景。

“我们以党建为引领,利用党(工)委书记讲党课、居民大讲堂等平台,组织物业公司党员职工进行社会主义核心价值观、物业管理条例、劳动服务技能等专题培训, 提升物业公司员工的思想道德修养和为民服务水平。”阿左旗组织部门负责人介绍,通过开展系列道德大讲堂、评选最美家庭、道德模范以及“传家训、立家规、扬家风”故事分享等活动,该旗涌现出许多先进人物和典型事迹,不断提升居民群众道德素养,厚植基层社会治理的道德底蕴。

营造依法处事氛围

“赵主任,我编写的《西花园小区业主大会议事规则》已完成,请你征求一下大家意见,看还需要哪些修改和补充。”退休干部、西花园小区业委会主任孟克巴图把一个小册子交到西花园社区党委书记、主任赵丽霞的手里。这个小册子涉及小区公共卫生、机动车停靠、宠物饲养、房屋装饰装修等70多条规定，以此规范小区居民活动行为。

近年来，西花园社区着力推进小区的制度建设，通过开展一系列工作，激发各方工作积极性，撰写印发各小区《业主章程》《议事规则》《居民公约》，不断提升小区居民的法治思维与法治意识，提升群众参政议政能力与主动性、积极性。西花园社区以开展法治社区建设活动为载体，引导教育居民群众自觉守法，遇事找法，解决问题靠法，不断提升广大居民群众的法治意识和法律素养。

安达社区邀请法律工作人员进社区普及法律知识，为群众从法律上答疑解惑，树立依法处事的良好习惯。"我们运用'枫桥经验'解决辖区矛盾纠纷20多起。"安达社区负责人说。

阿左旗落实"谁执法谁普法"责任制，深化法律进企业、进社区、进学校等基层普法活动，提升基层群众法治观念和法律素养，积极营造良好的社会氛围。"我们做到小事不出小区，大事不出社区。"该旗组织部门负责人告诉记者。

（叶中华：《中国城市报》，2020年7月20日）

44.1 案例思考讨论

（1）内蒙古自治区阿拉善左旗采用"三治融合"模式，充分尊重人民群众在社会治理中的主力军地位，凝聚了参与社区治理的社会力量，持续深入推进了社区综合治理，谈谈人民群众是如何积极参与社会治理，实现自我管理的？

（2）内蒙古自治区阿拉善左旗的社区善用"德治"，厚植群众道德底蕴，营造了互帮互助的邻里氛围，这如何体现中华传统美德和现代管理理念的有机结合？

44.2 案例分析启示

党的十八大以来，内蒙古自治区深入贯彻落实党中央决策部署，从制度上加强改革和创新，积极寻求社会治理转型，推动社会治理现代化，为建设模范自治区积累了丰富经验，为"建设亮丽内蒙古、共圆伟大中国梦"夯实了社会基础。内蒙古自治区阿拉善左旗推行了自治、德治、法治"三治融合"社会治理模式，首先，西花园社区推行公种私养保障绿化成果，推进群众自治组织的建立，充分发挥社区党员、志愿者队伍以及群团组织的作用，激发基层自治活力，使居民成为社区治理的主力军。其次，开展了系列道德大讲堂、评选最美家庭、道德模范以及“传家训、立家规、扬家风”故事分享等活动，以先进人物和典型事例着手，提升居民道德素养，形成互帮互助的良好邻里氛围，厚植基层社会治理的道德底蕴。最后，群策群力，共同编写修订《西花园小区业主大会议事规则》《业主章程》《议事规则》《居民公约》等，不断提升小区居民的法治思维与法治意识，营造依法处事氛围。

基层群众自治，根据群众需求开展各种活动，能够发挥人民群众社区治理主力军的作用，使民意得到充分及时的表达，也保障了社区居民的知情权、建议权、评议权和决策权，凝聚了社区治理的社会力量，增强了居民尊法守法意识，形成了“我为人人、人人为我”的良好风气，大幅度提升了人民生活的参与感、幸福感和满意度。“三治融合”凝聚了社会力量全面参与社区治理，提升了社会综合治理水平，创新了基层治理体系和社会治理现代化的路径。党的十八大以来，以习近平同志为核心的党中央牢牢把握推进国家治理体系和治理能力现代化的总要求，创新社会治理，保障人民的全面发展，推动了基层治理的持续性创新，创造了基层社会治理的新奇迹。

我国的社会治理现代化是以习近平同志为核心的党中央团结带领全党全国各族人民立足中国的国情，结合时代特点，走出的一条符合中国社会发展实际、更可持续的中国特色社会主义治理之路，具有中国特色，积累了独特的治理经验。第一，巩固和加强党对社会治理的全面领导。充分发挥党总揽全局，协调各方的领导核心作用，统筹多元治理主体，整合社会资源，以党的思想理论的守正创新推进社会治理理念现代化，以党的组织机制与队伍优化推进社会治理能力的现代化，以党的制度建设科学化推进社会治理法治化、规范化，以党的自我革命提升社会治理现代化的引领力。第二，牢固树立以人民为中心的根本立场。要时刻回应群众对美好生活的诉求，尊重群众在社会治理中的主体地位，发挥人民群众在社会治理中的主力军作用，畅通民众意见表达渠道，创新群众自治组织，充分激发人民群众的内生动力，以凝聚共识寻求社会治理的“最大公约数”，不断满足群众的多元化和个性化需求。第三，织密社会治理多元主体的共治网络。坚持弘扬和衷共济、团结互助的中华传统美德，推动社会治理主体由单一走向多元共治，盘活多元力量激发群体活力，让政府、企业、市场主体、公众、社会组织及各种自组织等更多的利益相关者参与到社会治理中来，以协商互动的形式进行集体决策，通过凝聚共识实现对社会治理的高度认同，汇聚合力推进社会治理现代化，构建社会治理主体多元共治的网络。

“三治融合”以社会治理主体的一体多元性，社会治理的过程性、协调性以及相互配合的互动性，创新了基层治理机制，推动了社会治理体系的完善，加速了社会治理现代化进程。站在新的历史起点上，社会治理必须在“中国式现代化”的思想旗帜的指引下，牢牢把握推进国家治理体系和治理能力现代化的总要求，坚持一手抓保安全、护稳定，一手抓打基础、谋长远，始终秉持以人民为中心的社会治理理念，构建“共建共治共享”的社会治理制度，完善“三治融合”的社会治理机制，深化“一轴多元共治”的社会治理体系，建构“自上而下”与“自下而上”双向互动的社会治理形态，时刻居安思危，强化底线思维，进一步开创社会治理崭新局面，促进第二个百年奋斗目标的如期实现，加速中华民族的伟大复兴。

案例 45：安徽省天长市：“1+N+X”协商机制创新基层治理

城乡社区治理是基层治理末梢，是党联系群众的“最后一公里”。近年来，安徽省天长市以党建引领，协同多方力量，聚焦协商共治，改进村（居）民自治，健全自治、法治、德治相结合的乡村治理体系，提升城乡社区治理水平和治理能力，助力乡村振兴。

党建引领：创新社区协商机制

“这下好了！以后不用每年为修水渠犯愁了。”8 月 11 日，天长市金集镇谕兴社区草房居民组小组长朱三龙指着路边刚修好的水渠说。

70 多岁的朱三龙担任小组长已有 40 多年。他口中的这条水渠叫五星站渠，看上去不大，但作用可不小，它既是多个居民组抗旱的灌溉渠，又是防汛的排水渠。前些天下了一场暴雨，高处汇流而下的洪水，将途经草房组的 100 多米渠道冲垮了。

“水渠不修，秋种怎么办？”草房组的土地大多已流转，种田大户急了，找到朱三龙理论。这条水渠几乎每年汛期过后都要由居民自发小修小补，但今年损毁100多米，工程确实有点大。朱三龙和居民代表商议决定：本组居民出人工不出钱，问题请社区帮助解决。

“我们把这件事作为一项民心工程列入协商议题，社区协商委员会多次召集相关人员现场勘查，并对施工方案及预算资金进行共议。”社区党总支书记俞礼兵说，“最终达成一致意见，由社区和共建单位天翔集团共同出资2.5万元，沿渠居民组负责出工。目前这段渠道已改为水泥涵管铺设，一劳永逸地解决了年年冲毁年年维修的难题。”

据悉，天长市从制度层面建立了“11355”协商共治机制，即一个主体、一套目录、三个层级、五个步骤和五个清单。

所谓“一个主体”，即组建村级层面的协商委员会并制定组织章程和议事流程，明确协商委员会怎么组成以及怎么议事协商，这也是协商共治机制的关键环节。

记者了解到，协商委员会实行“1+N+X”的人员结构制。天长市副市长陈学文向记者介绍，“1”是委员会主任，由村级党组织书记担任。“N”包含村（社区）“两委”、村（居）务监督委员会、村（居）民小组、“两代表一委员”、驻村（居）单位、辖区社会组织、农村集体经济组织等7类人员，建立人员信息库。“X”指利益相关方。每一项协商事项都有不同的利益方，根据协商事项，从“1”“N”选取人员，与“X”组建一个协商委员会。协商事项结束后，该协商委员会自动解散。

这种模式既体现协商主体的多元性、代表性与开放性，又符合协商的精髓，切合农村实际，简化基层工作负担。同时，依托村（社区）干部包组包片，建立村级以下协商委员会，实现网格化全覆盖。

此外，“一套目录”即村（社区）协商共治目录库，明确村（社区）哪些内容需要协商，分为公共事务类、基础设施类、乡风文明类、公共服务类、权益保护类等5大类30余项具体事务。

“三个层级”即构建镇（街道）、村（社区）和自然村（村民小组）“三级协商机制”。

“五步五单”即协商事项的采集、交办、办理、结果公示、成果评议及相对应的五个清单，明确村级议事协商怎么做，绘制了《天长市协商事项办理流程图》，实施标准化、系统性协商治理模式。

双向约束:增强村民自治能力

“以前,农村大事小情都要办酒随礼,既增加老百姓的负担,又造成铺张浪费。现在,社区红白理事会订立了规矩、定了标准,浪费现象少多了,我们的钱袋子鼓多了。”铜城镇高庙社区的居民欢喜地说。“还有十来天,大学就要开学了,往年一场接一场的谢师宴今年不复存在,我们的压力也小了很多。”当地群众纷纷点赞。

今年以来,天长市抓住疫情防控的有利时机,深化推进移风易俗工作,全市174个村(社区)全部建立健全红白理事会、移风易俗志愿服务队和红白喜事公约工作机制。红白理事会以村(社区)协商委员会“1+N+X”中的“1+N”为基础会员,另外将热心公益事业人员吸纳为会员,总数不低于50人。移风易俗志愿服务队也是依托“1+N”为基础成员。

天长市扎实开展村规民约(居民公约)“大体检”活动,规范修订村规民约(居民公约)。天长市民政局局长朱宏文告诉记者,明确村规民约(居民公约)制定和修订要有8个步骤,必须纳入协商,至少要有2次村(居)民会议(征集民意阶段和表决通过阶段),至少要有4次以上修改。目前,174个村(社区)全部完成村规民约(居民公约)的制定和修订,《社区协商村规民约(居民公约)编制指南》正在申报安徽省地方标准。

为推动村(社区)干部“按清单办事、依规范用权”,天长市2015年起推行村级小微权力“清单+积分”管理。2020年,天长市对村级小微权力清单开展修订和完善,引入“1+N+X”模式,对重大决策事项、工程建设管理事项、财务管理事项等,在清单流程上进行固化,确保民主协商在民主决策之前。全市16个镇(街道)已完成修订并张榜公布,让“小微权力”晒在“阳光”下,关进“笼子”里。

多措并举:推进城乡“三治”融合

“若您违反《殡葬条例》和居民公约,我们将建立您的个人诚信档案,希望您能作出正确选择。”2019年9月,郑集镇向阳社区居民王某在其父去世后偷埋土葬,社区干部上门宣传法律、政策。经过一番说服教育,最终该居民自行对亡父遗体进行火化,并写下一份检讨书,张贴在社区红黑榜公示栏中。

村规民约(居民公约)是经村(居)民会议制定的村(社区)的“小宪

法”，村(居)民如有违反，都可从中寻找到约束性条款，明确执行主体。

实施过程中，道德与法律的双重作用被巧妙发挥。在依法协商方面，各地加强城乡公共法律服务体系建设，落实“一村一警”“一村一法律顾问”，让其列席相关协商会议，确保协商合规合法。在德治方面，各地挖掘传统家风家训，吸纳德高望重的乡贤能人参与协商，将乡土习惯变成协商规则；建立信息、信用、信贷“三信联动”诚信体系，将信用户评定指标纳入村规民约(居民公约)，设立“信用红黑榜”，使村规民约(居民公约)真正落地生根，不再是一张“白纸”。

据悉，天长市各地积极营造自治、法治、德治“三治”融合的浓厚社会氛围：将村规民约(居民公约)、村容村貌、好人好事典范等印成小册子、告知书等，入户宣传，力求家喻户晓；组织有一定法律知识的在职和离退休法官、检察官、警察等组成“便民法律服务团”“普法讲师团”，进行普法教育；举办村(社区)道德讲堂、红色文化大讲堂，评选“星级文明户”“好婆婆”“好媳妇”等，开展“一刻钟”宣讲和道德模范与身边好人故事汇巡演活动，发挥模范好人典型引领和示范表率作用。

“社区协商共治从源头上减少了信访问题的发生，真正做到了关口前移、源头治理。”天长市信访局主任科员朱安玲表示。截至目前，全市累计协商事项5314件，逐步实现“大事不出镇、小事不出村、矛盾不上交”。

(叶中华：《中国城市报》，2020年8月17日)

45.1 案例思考讨论

(1)安徽省天长市的“1+N+X”协商机制为何能汇聚多方力量，提升社区治理能力和治理水平？

(2)安徽省天长市以党建引领，协同多方力量，聚焦协商共治，提升了城乡社区治理水平和治理能力，结合天长市的“1+N+X”协商机制，谈谈如何打造共建共治共享的社会治理格局？

45.2 案例分析启示

安徽省天长市动员基层人民群众积极参与社区治理，建设人人有责、人人尽责、人人享有的社会治理共同体，先后获评全国文明城市、国家森林城市、中华环境优秀奖等国家级荣誉，成功走出一条以党建引领推进城市治理体系和治理能力现代化的新路子。安徽省天长市以党建引领，协同多方力量，聚焦协商共治，从制度层面建立起“11355”，即一个主体、一套目录、三个层级、五个步骤和五个清单的协商共治机制。同时，协商委员会实行“1+N+X”的人员结构制，涵盖不同主体，体现了协商主体的多元性、代表性与开放性，又符合协商的精髓，切合农村实际，简化了基层工作负担。这种模式不仅改进了村(居)民自治，健全了自治、法治、德治相结合的乡村治理体系，增强了村民自治能力，还提升了城乡社区治理水平和治理能力，推动了共建共治共享的社会治理格局的打造，在一定程度上助力了乡村振兴，是实现大事不出镇、小事不出村、矛盾不上交，落实关口前移、源头治理的一次成功探索。

当前，我国社会结构正在发生深刻变化，社会矛盾多元多样多发，打造共建共治共享的社会治理新格局，实现社会治理现代化，是建设社会文明、促进社会和谐的必然要求。共建共治共享是执政党对公共治理理念的吸纳认同，是上层建筑对经济基础的一个积极适应，是对社会主要矛盾变化的正确回答。共建共治共享要求构建起多元参与的共建体制，汇聚社会治理主体的力量；创新社会矛盾化解的共治机制，打造全民参与的开放治理体系；健全人民共享的社会制度，不断增强人民的获得感、幸福感、安全感。在党的十九大报告中，党明确提出要“打造共建共治共享的社会治理格局”，为新时代进一步加强和创新社会治理指明了方向，提供了行动指南。

打造共建共治共享的社会治理格局必须结合中国实际，探索具有中国特色，并且可持续发展的社会治理体系，以更加有效地整合社会资源，防范风险和维护社会稳定。基于社会治理的发展现状，如何立足伟大实践，打造共建共治共享的社会治理格局呢?第一，健全公共安全体系，加快社会治安防控体系建设。树立安全发展理念，时刻把人民群众生命安全放在第一位，建立起公共安全事故预防体系、应急反应体系，安全事故的控制与善后处理体系，编织起立体化、信息化社会治安防控体系，构建全方位的公共安全防控网络，坚决遏制重特大安全事故频发势头。第二，培养积极向上的社会心态，加强社会心理服务体系建设。加强和改进思想政治工作，促进社会心态研究常态化，更加注重人文关怀和心理疏导，以切实有效的措施，着力促进公民道德素质的提升，提高人民群众感受美好生活的能力，提高社会的文明程度。第三，推动社会治理重心向基层下移，加强社区治理体系建设。要尽可能把资源、服务、管理放到基层,使基层有职有权有物,完善以基层党组织为核心、全社会共同参与的基层社会治理新格局,强化社区建设,实现政府治理和社会调节、居民自治良性互动,引导各类社会力量广泛参与,健全城乡社区的服务功能和管理功能。

"1+N+X"协商机制以多元主体共同协商、协作治理的方式,在社区治理中发挥着独特的作用,有助于把制度优势更好地转化为治理效能,推动了共建共治共享的社区治理新格局的形成和发展。共建是基础,突出制度和体系建设在社会治理格局中的基础性、战略性地位;共治是关键,要求树立大社会观、大治理观,结合社会多元主体的不同优势,打造全民参与的开放治理体系;共享是目标,要使社会治理的成效更多、更公平地惠及全体人民,不断增强人民的获得感、幸福感、安全感。打造共建共治共享的社会治理格局,共建的力量来自人民、共治的智慧出自人民、共享的成果为了人民。新时代,进一步加强和创新社会治理,必须以人民为中心,坚持走中国特色社会主义社会治理之路,把党的领导和我国社会主义制度优势更好转化为社会治理效能,打造高质量的共建共治共享社会治理格局,努力建设更高水平的平安中国。

知识链接和特别关注

"坝坝会"

"坝坝会"是四川成都的一种民间议事方式,就是在开阔的地方摆上一张桌子、几张板凳,三五个人或者几十人都可以,拉家常、摆笑话,谈发展方向及今后的思路。作为一种基层民主的创新形式,"坝坝会"通过党建引导居民参与,从而达到共同治理的目标,党建引领和居民自治形成一种共生关系。"坝坝会"在四川农村基层越来越多见,形式也趋于多样化。近年来,众多地方通过召开"坝坝会",拉近了干群之间的距离,提升了工作效率,推动了问题解决,"坝坝会"也由此越来越受到基层百姓的欢迎。

现代熟人社区

现代熟人社区不同于传统农耕经济条件下以血缘、宗法制为纽带的熟人社会和计划经济时代以单位为枢纽的熟人社会,而是一种"在法治框架之下，基于认同、互信、互利，在社区自身需要的基础上，所形成的良好联结与有效互动的高水平社区自治共同体”，是在基层党组织的整合下将自治、法治、德治“三治融合”的治理共同体，它既选择性地延续了传统熟人社会中的优良美德，又深刻遵循着以善治为目标的现代法治原则和“一核多元”的共治性要求。

2011年8月，广东佛山市南海区桂城街道率先提出创建“熟人社区”，围绕社区党建、基层自治、社会治理、关爱桂城、道德建设、同城融入等研究课题，运用“助人自助与适切服务”的社会工作方法，动员公众参与社区治理。历经十年探索，广东佛山市南海区探索出以“楼长制”为基础的熟人社区建设模式；上海市静安区南京西路街道提出“社区自治+”新思路，坚持将星级楼组创建作为社区自治的基础；江苏南京市红梅街道凯旋城社区开展了“熟人社区+自组织”微治理项目，发挥邻里乡亲桥梁纽带作用；山东青岛市城阳区探索出一条“党建引领、群团助力、区域联建、社会组织参与、公益力量投入”的社区善治之路。

网格化管理

网格化管理是指“运用数字化、信息化手段，以街道、社区、网格为区域范围，以城市部件、事件为管理内容，以处置单位为责任人，通过城市网格化管理信息平台，实现市区联动、资源共享的一种城市管理新模式”。网格化管理的重心在基层，以社区（村）级网格为建设着力点，向上拓展至街道（乡镇）、县（市、区）、市（地）等层级，形成职能整合、上下联动的网络式治理格局。2004年，北京市东城区率先启动了基层社会网格化管理实践，并取得了突出的成效，随后网格化管理便被作为基层社会管理创新的一种模式在全国推广。

第七章
新时代中国特色社会主义生态文明建设

中国特色社会主义进入新时代，以习近平同志为核心的党中央从实现中华民族伟大复兴和可持续发展的全局出发推动生态文明建设新实践，在协同推进人民富裕、国家强盛、中国美丽的进程中，提出了关于生态文明建设的一系列新理念新思想新战略，形成了习近平生态文明思想，进一步发展和完善了我国生态文明建设的理论体系和制度体系，为新时代中国特色社会主义生态文明建设提供了根本遵循，开辟了马克思主义人与自然关系理论的新境界，把党对生态文明建设规律的认识提升到一个新高度。

生态文明建设是中国特色社会主义事业的重要内容。党的十八大以来，以习近平同志为核心的党中央把生态文明建设摆在“五位一体”总体布局的重要位置，以前所未有的力度抓生态文明建设，彰显出生态文明建设在中国特色社会主义事业中的重要地位；在目标上提出“建设美丽中国”，到本世纪中叶把我国建设成为富强民主文明和谐美丽的社会主义现代化强国，体现了中国共产党对社会主义现代化建设目标的把握；在思想上提出“绿水青山就是金山银山”，阐明经济发展与生态保护的辩证统一关系，深化了对人与自然关系的规律性把握，推动建设人与自然和谐共生的现代化；在理念创新上提出“绿色发展”，推动经济社会发展全面绿色转型，推动形成绿色的生产方式和生活方式，满足人民日益增长的美好生活需要；在全球治理上提出“共建地球生命共同体”，坚持生态治理的多边主义，推动构建公平合理、合作共赢的全球环境治理体系，为全球可持续发展贡献中国智慧、中国方案、中国力量。

新时代中国特色社会主义生态文明建设，要在马克思主义理论的科学指导下，在科学把握人与自然和谐共生规律的基础上，从中国新发展阶段的实际出发，推动绿色经济社会绿色转型，建设美丽中国，推动全球生态治理，共谋全球绿色发展之道。

案例主题一：坚持人与自然和谐共生

党的十八大以来，以习近平同志为核心的党中央应对世界变局、顺应时代潮流、回应人民呼声，把生态文明建设纳入“五位一体”总体布局，并将其提升到关系中华民族永续发展千年大计的高度，彰显了坚持和完善生态文明制度体系在推进国家治理体系和治理能力现代化中的重要意义。在习近平生态文明思想的指导下，中国共产党领导的生态文明建设以前所未有的高度、力度和深度，从认识到实践、从局部到全局、从当前到长远，正在发生历史性、根本性、全局性变化。

历史的发展具有客观规律性。改革开放40多年来，我国全面反思工业文明的结果，提出了一系列生态文明建设理论：1983年，第二次全国环境保护大会中环境保护被确立为我国的一项基本国策；党的十五大提出可持续发展战略；党的十六大以来相继提出发展循环经济，建立“两型”社会等；党的十七大明确提出建设生态文明；党的十八大将生态文明建设纳入党和国家事业总体布局之中；党的十九大报告提出“坚持人与自然和谐共生”，并将其作为新时代坚持和发展中国特色社会主义的基本方略之一。这体现了党对经济社会发展规律的深化认识，展现出我国追求“绿色化”现代化的理性抉择，为科学把握、正确处理人与自然关系提供了基本遵循。“十四五”时期，我国生态文明建设进入了以降碳为重点战略方向、推动减污降碳协同增效、促进经济社会发展全面绿色转型、实现生态环境质量改善由量变到质变的关键时期，同时人与自然发展的不平衡、高质量高效益发展不充分等问题凸显，人民对优美生态环境的需要日益增长。只有坚持人与自然是生命共同体，保护生物多样性，将绿色发展理念贯彻于现代化的各领域、全过程，形成合理的空间格局、产业布局、绿色生产生活方式，才能推动实现更高质量、更有效率、更加公平、更可持续、更为安全的发展，建设人与自然和谐共生的现代化，走出一条生产发展、生活富裕、生态良好的发展新路径。

案例46，以江苏宜兴生态空间优化助推乡村振兴为例，主要讲述了金兰村拆除破旧危房，建立工业区，同时成立村办合作社，周铁镇、周铁村推进“去化行动”、实施控源截污和退圩还湖工程，完成两次转型，张渚镇通过“绿径”把各村单独的建设变成连片成带的整体开发。这些都为“生态计”，体现出人可以认识自然，通过实践改造自然，使自然界为自己服务，也表明绿色发展是推动经济发展的一个重要因素，要在遵循自然规律的基础上发挥生态优势，将绿色发展理念贯穿于现代化的各领域、全过程，从而推动人与自然和谐共生的现代化。案例47，从2021年云南野生亚洲象“北移”事件切入，探寻滇西南亚洲象栖息地的现状，从南坪村村民迁出自然保护区核心区到村民赵金清救助野象“平平”，从亚洲象北迁到国家公园的建设，野生亚洲象在云南得到良好保护，其种群不断扩大，体现出中国政府对生物多样性保护坚决的意志和所取得的丰硕成果，彰显出“生物多样性是人与自然和谐相处的基础”。

案例46：统筹规划、突出优势，江苏宜兴：给绿色留空间　为乡村添活力

乡村生态空间，旨在为乡村生态环境保护、维护生态系统平衡和保障环境承载容量提供空间。

在江苏宜兴，乡村生态空间优化已成为乡村振兴的重要着力点。通过统筹规划、突出优势，当地实现了对乡村重要生态资源的保护利用。

南部是连片山林，北部是湖荡水乡及沃野农田——打开市域地图可见：位于太湖之滨的鱼米之乡江苏宜兴，像一幅“三山二水五分田”的水墨画卷，山水资源非常丰富。

依山傍水也是当地推动乡村振兴中的重要优势和特色——通过对乡村生态空间的统筹规划，在这幅画卷中适当挥洒与留白，勾勒出江南水乡独特的韵味风貌……

沃野农田:有序耕织美丽乡村

站在宜兴芳桥街道金兰村村部眺望，东面是工业集中区，厂房林立;北面,沿着蒋史港、李沙浜等河道,分布着27个村民小组,被黑色柏油路面与彩色路灯勾连起来,房前屋后种植着红枫与香樟。

“十多年前,村里还不是这个样子。”65岁的村民邓小华回忆,过去村里连像样的路都没有,村民们晴天一身灰、雨天一身泥,各家零散的农田大量抛荒,年轻人一半都外出打工了。

“环境不好,人留不住,产业不行;没有产业,缺乏人气,环境更糟,这是一个恶性循环——必须要在乡村空间布局上破题。”金兰村党总支书记蒋仲良说,从2003年开始,他带着乡亲们肩挑背扛,从将道路修好、基础设施建好、卫生死角清理好做起,努力营造出更有吸引力的村容村貌。

在此基础上,金兰村梳理乡村肌理、重新规划空间布局,这些年主要做了两件大事。头一件，是将位于村庄东部的废弃破旧农房有序拆除,利用闲置土地或土地置换,建立起工业集中区,引进机械、汽车材料等乡镇企业,部分村民到镇上安置,部分村落向西部集中。目前,金兰村全村已入驻54家企业、年销售额11亿元,越来越多年轻人被吸引回乡,到企业上班。

另一件,就是2014年起在全市率先成立了村办合作社,近400户农户把2780亩土地以承包权入股,小田连成大田。合作社进行绿色种植、统一经营,还发展了稻米加工生产线,现代农业蓬勃发展。

“土地流转以后,我到合作社进行田间管理,除了入股分红之外还能打工挣钱,年收入有6万多元,比过去多了一倍多。”村民邓小华说。屋前是蒋史港生态驳岸,屋后是千亩良田风吹麦浪,村里还有健身娱乐广场和综合服务中心,如今工作像在景区,生活像在花园。

宜兴市自然资源和规划局空间规划科科长王烨峰介绍，乡村的功能首先是粮食等农产品的生产基地，要转向绿色有机、生态的生产方式;其次,乡村是广大村民生活居住地,要让村民有健康宜居的生活环境;此外,乡村还承担着作为生态本底、为区域提供生态产品的功能。

“在金兰村,这些都是我们努力的方向。”蒋仲良说,金兰村通过生态空间的优化布局,助推生产空间、生活空间的持续调整,形成乡村发展的良性循环，带动了农业产业的兴旺和人居环境的改善。

湖荡水乡：一湖清水两次转型

水产自然村口的太湖边上，几艘船一字排开，60 岁的徐荣法正指导工人们到打捞点进行巡查。徐荣法说："我们采用人机结合的方式，一般是自动化机器打捞，边边角角、芦苇荡里的或者应急打捞则可以人工开船。"

船是渔船改造的，生活半径也未改变，徐荣法在水上工作了半辈子——最早在太湖里围网养殖，后来为治理水环境改为湖面捕鱼，现在则成了蓝藻打捞队的"徐队长"。

徐队长的两次转型，也对应着他所在的宜兴市周铁镇、周铁村的两次转型。

周铁镇紧贴太湖西岸，呈狭长状分布。本世纪初，化工和养殖是当地发展的"两条腿"。全镇有化工企业 300 多家；在各水产村，渔民们则以围网养殖、捕鱼为生。2007 年开始，周铁镇重新布局国土空间规划，倒逼出一条"淘汰落后产能 + 生态修复优先 + 产业结构绿色转型 + 生态文明共建共治共享"的发展新路径。

这次转型，形成了镇村空间的"一增一减"。增减之间，都是为生态计。

周铁镇党委书记陈忠强介绍，一方面，持续推进"去化行动"。截至目前，全镇累计关停化工企业 149 家，减少年应税销售超 50 亿元、税收超 2 亿元，腾出化工土地 2250 余亩。

另一方面，实施控源截污和退圩还湖工程，整治沿太湖 3 公里缓冲带水产养殖户 300 户，涉及鱼塘面积 4060 余亩，关停整治规模畜禽养殖场 134 家，还湖水域面积超过 3000 亩。

空间腾出来了，新的发展从哪里来？"也要'两条腿'走路。"陈忠强介绍，第一次转型瞄准的是机械装备产业。在周铁镇 73.2 平方公里的土地空间内，聚集了一批行业龙头企业。目前，全镇已有近 300 家机械装备生产企业。

第二次转型则是发力文旅产业。总面积 8828 亩的大拈花湾文化旅游康养项目，由 15 家化工企业腾退而来，于去年底开工建设，目标是打造太湖生态保护"新引擎"和文化旅游"升级版"。

徐队长未来的家，也已规划在图纸上，即将建造在景区里。根据空间布局，包括上岸渔民在内的626户拆迁农户，将在大拈花湾景区内南部150亩的安置小区居住、在景区全域各岗位工作。“那时，满眼都会是湖光山色、水清岸绿！”徐荣法说。据介绍，大拈花湾项目去年10月签约，目前正在规划建设阶段，预计将用6年左右建设完成。

连片山林：美丽风景串点成链

从空中俯瞰，在宜兴南部山区张渚镇东线，有一条全长近20公里、由川善线—善龙线—善林线构成的“绿径”，像一条项链，串起沿线的和谐五洞、蝶舞上东、安逸石罗等特色村落景点。来自南京的背包客朱翔沿途骑行，玩了三天还意犹未尽。

这条“绿径”名叫“美丽乡村连片示范带”，在张渚镇共有4条：东部梁祝风情人文运动带、南部窑湖小镇旅居休闲带、西部禅意栖居农耕体验带、中部桃花积翠飘香风情带。从2018年起因地制宜分段建设，涵盖13个行政村、129个自然村，带动175平方公里、7.5万人口发展。

宜南山区美丽村庄众多，旅游资源丰富，“绿径”有何作用？

“自然生长的乡村，因经济发展水平所限或产业导入作用不够等原因，实施空间规划的科学性和刚性不足。”张渚镇党委书记张敏介绍，例如，村落之间的道路宽窄不一、朝向不同，因为缺乏规划，无法修建大路，车辆往来不便，另一方面，因缺少规划，村落之间甚至会出现同质竞争，限制了乡村旅游在更大空间内整合资源的潜力。

张敏继续解释，建设“绿径”，就是对原先碎片化的乡村进行系统化的建设，把各村单独的建设变成连片成带的整体开发。

如今，翻建的五洞村就生长在“绿径”上、融进产业中：栋栋农房点缀在山水之间，配套设施齐全，四周果树环绕；农户们办起民宿、开起农家乐，让自然风光延伸到家前屋后。

春有花、夏有荫、秋有果、冬有绿……四条“绿径”连缀起山水城林，打开了乡村空间，张渚镇也成为无锡首批城乡发展一体化先导示范区，下属各村获国家级生态村、全省最美乡村等荣誉。

（姚雪青：《人民日报》，2021年7月20日）

46.1 案例思考讨论

(1)从江苏宜兴市金兰村的土地和农田优化改造、周铁镇和周铁村的两次转型、张渚镇“绿径”建设的事例中,如何理解人与自然之间的关系?

(2)结合江苏宜兴生态空间优化助力乡村振兴,谈谈如何建设人与自然和谐共生的现代化?

46.2 案例分析启示

改革开放40多年以来,人民群众从“盼温饱”到“盼环保”,从“求生存”到“求生态”,对清新空气、绿色食品、优美环境的需求日益迫切,为新时代生态文明建设工作增添了无穷动力。江苏宜兴市在遵循自然规律基础上,金兰村进行土地农田改造,带动农业产业的兴旺和人居环境的改善,周铁镇和周铁村着眼生态计,优化化工产业布局,打造太湖生态保护“新引擎”,张渚镇建设“绿径”,整合生态资源,走出了一条绿色发展道路,助力乡村振兴。江苏宜兴的乡村生态空间优化,既带来美的享受,又启迪智的思考:选择绿色发展道路,就是选择绿水青山成伴侣、清风明月为知己的美丽家园,就是选择人与自然和谐共生的现代化生活。

习近平总书记指出:“我们要建设的现代化是人与自然和谐共生的现代化,既要创造更多物质财富和精神财富以满足人民日益增长的美好生活需要,也要提供更多优质生态产品以满足人民日益增长的优美生态环境需要。”我国已开启全面建设社会主义现代化国家新征程,建设人与自然和谐共生的现代化是中国式现代化的重要内容、重要追求和重要特征,是推进我国生态治理体系和治理能力现代化的重大战略任务,是基于人与自然是生命共同体的马克思主义生态哲学理念,强调人的实践活动要遵循自然规律,对建设美丽中国、实现中华民族伟大复兴以及构建人类命运共同体具有重要意义。党的十八大以来,以习近平同志为核心的党中央始终以全心全意为人民服务为一切工作的出发点和落脚点,将生态环境与民生福祉紧密联系,把解决突出生态环境问题作为民生优先领域,并将其上升到政治层面,从讲政治、重民生、求实效的高度着力推进生态文明建设,不断满足人民群众日益增长的优美生态环境需要。当前,中国特色社会主义已进入发展关键期、改革攻坚期和矛盾凸显期,伴随着的能源紧缺、环境污染、生态退化等表明人类发展物质文明的实践活动已超出了环境承载力,这些生态问题的凸显势必影响人民生活幸福感的提升和社会的进一步发展。因此,“十四五”时期,如何建设人与自然和谐共生的现代化,在统筹协调中推动生态文明建设实现新进步,是现代化发展中必须要面对的重大课题。

第一,以遵循自然规律为人的活动准则。“天育物有时,地生才有限。”在马克思看来,实践活动过程中,人并不是以自己为中心来使对象无条件地服从,而是要遵循自然规律来进行。正如习近平总书记所说:“人因自然而生,人与自然是一种共生关系,对自然的伤害最终会伤及人类自身。只有遵循自然规律,才能有效防止在开发利用自然上走弯路。”甘肃祁连山生态破坏、陕西秦岭北麓违建别墅、青海木里矿区非法开采等典型案例,便是很好的例证。实践表明,中国特色社会主义生态文明建设要始终遵循自然规律,在尊重群众认识与改造历史规律的基础上,最大限度地调动人民群众的能动性、积极性与创造性,从而促进人与自然和谐新格局的有序发展、科学推进。

第二,以追求民生福祉为价值旨归。建设人与自然和谐共生的现代化,体现了党对现阶段中国社会主要矛盾的准确把握与科学回应,其价值旨归在于为民谋福祉。中国特色社会主义进入新时代,我国社会主要矛盾已经转化为人民日益增长的美好生活需要和不平衡不充分的发展之间的矛盾,“盼环保”“求生态”越来越成为人民群众的迫切要求,必须立足人民群众,以人民群众的“生态需要”作为生态文明建设的基本考量,让生态文明建设成果惠及全体人民,使广大人民群众在“成物”的同时“成己”。

第三,以绿色理念引领新型工业化、农业现代化。回望苏联式工业化道路,十月革命胜利后,苏联优先发展重工业,短短三十年内实现了工业化,成为世界第二大工业国。但是随着苏联模式僵化,高消耗和高污染等问题也显现出来。在总结苏联模式经验教训和反思传统工业化道路的基础上,我国坚持以绿色理念为导向,走中国式现代化发展道路。一方面,构筑人与自然和谐共生的创新动力系统。对传统工业、农业进行绿色化改造,以绿色科技创新为支撑,优化资源配置和资源利用率,建立和完善生态化的科技体系和范式。另一方面,完善生态文明制度体系。立足国情,协调推进绿色制度创新,以法规标准制度建设为保障,大力发展绿色产业,构建绿色发展格局,提高绿色转型质量,以推动工业文明与生态文明和谐共融,实现人与自然和谐共生的现代化。

党的十九大提出，“我们要建设的现代化是人与自然和谐共生的现代化”。党的十九届五中全会将生态文明建设提升到新的高度，党对新时代经济社会与自然生态和谐发展规律的认识不断深化。建设人与自然和谐共生的现代化是一项创新系统工程，表明新时代中国特色社会主义现代化决不走西方现代化所走的先污染后治理的老路，而是要走出一条将人与自然当作生命共同体，在遵循自然规律的基础上创造更多的物质财富和精神财富、提供更多优质生态产品以满足人民日益增长的美好生活需要的现代化道路，凸显出在生态文明体系中实现经济高质量发展的新特征。

案例 47：给亚洲象一个温馨的家园：滇西南亚洲象栖息地保护透视

2021 年，云南 15 头亚洲象的向北迁移之旅，吸引着国内外关注的目光。这群被称为“短鼻家族”的亚洲象来自西双版纳国家级自然保护区勐养片区。一年前，它们就走出保护区，直至今年 6 月，跋山涉水北上 500 公里到达昆明市晋宁区，“象”临城下。

“短鼻家族”为什么要走出保护区？滇西南亚洲象栖息地的现状如何？如何为亚洲象建设一个温馨美好的家园？带着公众关切，记者深入滇西南的西双版纳州和普洱市，实地探访亚洲象栖息地。

“看见大象，就像看见自家放养的牛一样自然”

亚洲象的家园，过去就在西双版纳国家级自然保护区。保护区的 5 个片区中，4 个都有亚洲象繁衍生息。然而近几年来，亚洲象走出保护区之外活动已成常态。

南坪村是一个距中老边境不到 2 公里的瑶族村。1998 年，为保护包括亚洲象在内的热带雨林生态系统，全村村民从保护区核心区搬迁到保护区外面的南坪。“前几天一大早外出，也就 7 点左右，看到 3 头大象来吃河边的芭谷。”西双版纳州勐腊县勐满镇南坪村村民小组长赵金宝 6 月 27 日告诉记者。

村民们没想到，搬迁 20 多年来，野象经常走出保护区，在南坪村附近觅食逗留。赵金宝把记者带到距离村子几百米的山坡下南满河边，河边那片玉米地正是大象常来觅食之处。河上有一座吊桥，仅供村民和摩托车通过。走上吊桥，赵金宝指着桥下河边的草丛说：“这里就是象道，大象经常从桥下经过，有时10多头，有时3、4头，经常是‘人在桥上走，象从桥下过’。”

“野象离村民和寨子这么近，你们不害怕吗？”记者问。

“习惯就不怕了，在桥上很安全。这里的大象从来不进村、不攻击人，我们也从来不伤害大象。看见大象，就像看见自家放养的牛一样自然。”赵金宝笑呵呵地回答。

“在西双版纳，根据某一时段监测的最新数据，目前有2/3的野象在自然保护区外活动。夏秋季节庄稼成熟，野象出来较多，全州31个乡镇中，23个乡镇都有野象活动；冬春季节庄稼少，野象就回到保护区内了。”西双版纳州林草局副局长刀建红如此描述亚洲象的活动规律。

据云南省林草局动植物处处长向如武介绍，随着保护力度加大，近30年来，云南野生亚洲象种群数量由150头左右增长至300头左右。长期活动范围从西双版纳、普洱2个州市14个乡镇扩大到西双版纳、普洱、临沧3个州市55个乡镇。

救助中心开展两次“陆地上最大的妇科手术”

显然，亚洲象活动范围大幅度扩大，明显增加了人象冲突的概率。而化解人象冲突，有赖于保护亚洲象的理念深入人心。多年来，在云南与亚洲象共同生活在同一片土地上的各族群众，对亚洲象给予了充分的包容。尽管有时庄稼会被野象啃食、踩踏，但当地群众不曾攻击报复，始终怀有仁爱之心。

在西双版纳，流传着许多当地人救助野象的感人故事。在南坪村，记者遇到了曾经救助过大象的村民赵金清。2007年10月10日，赵金清去山上放牛时，突然有一头野象冲了出来。他慌忙丢下背篓跑到高坡上躲避，定下神来才看清，这头野象的屁股上有一个红彤彤的伤口，不时流淌着脓水。赵金清马上向保护区管护所报告，管护所人员赶来将野象麻醉后开展现场救治，赵金清也主动参与到照顾野象的工作中。有专家分析，野象是被求偶不成的公象用象牙刺伤的。随后，它被送到亚洲象种源繁育及救助中心进一步救治。

“这头野象是在我们南坪村被发现救治的，所以取名叫‘平平’。它现在还生活在野象谷救助中心，前几年我专门去看望它，正赶上它外出，错过了。”说起“平平”，赵金清像在说自己的孩子。

救治野象“平平”的亚洲象种源繁育及救助中心（简称救助中心）是我国首个亚洲象种源繁育基地，位于勐养保护区野象谷内。救助中心经理、“象爸爸”熊朝永告诉记者，当年，25 岁的平平转移到救助中心后，医护团队为它开展了两次“陆地上最大的妇科手术”，这也是中国首次为野象施行妇科手术。最终，经过医护人员的努力及“象爸爸”的悉心照料，平平的伤势半年就恢复了，如今它已 39 岁了。

自 2009 年建成以来，救助中心专门组建了亚洲象野外救护技术支持团队，参与野生亚洲象救助救护 21 次 24 头，填补了我国在亚洲象伤、病、遗弃孤儿的收容、救治、抚养等方面的空白。中心还采用人工辅助自然繁育的方式，先后成功繁育 9 头亚洲象，小象的生长状况均良好。“目前，救护中心正在对 7 头收容救助的亚洲象进行护理饲养，每天坚持野化生存训练，为今后的野化野放做准备。”熊朝永说。

为亚洲象建设温馨的家园，除了国家公园还需要爱心

1958 年，我国建立了西双版纳国家级自然保护区。从此，亚洲象开始有了自己的家。20 世纪 80 年代以来，西双版纳国家级自然保护区加入联合国教科文组织世界人与生物圈保护区网络。同时，云南率先在全国开展亚洲象等极小种群物种拯救保护，组织实施亚洲象栖息地恢复、监测预警和安全防范三大工程，使亚洲象等野生种群数量稳定增长。

在滇西南的亚洲象栖息地，有了人们的爱心救助和日益完善的保护网络，为什么还有 2/3 的亚洲象会走出保护区呢？

“这是一个生态系统变化的问题。”西双版纳州野生动植物保护站站长李中员认为，由于保护力度不断加大，保护区森林覆盖率提高到 95%以上，致使原有的生态系统（高大乔木—灌丛—草地）林况单一化，森林几乎被乔木占据，适合亚洲象等食草动物取食的草本植物减少退化，从而产生了亚洲象向保护区四周辐射扩散取食农作物的情况。

“一个保护区究竟能承载多少大象，一片森林里亚洲象的食物够不够……这些环境承载率的问题亟待研究。”云南大学生态与环境学院教授陈明勇指出。

事实上，为了给亚洲象提供更好的栖息地，近些年来，云南采取多种措施努力建设亚洲象的家园。西双版纳成立了一批州、县级保护区，使自然保护区实际面积从360万亩增加到现在的622.8万亩。普洱市计划建设1万亩食源基地，为食物短缺季节的亚洲象提供重要补给。西双版纳已修复8000余亩亚洲象的栖息地和食源地，广泛种植粽叶芦、芭蕉、竹子等亚洲象喜食植物。

陈明勇认为，从长远来看，保护亚洲象的根本办法应是建立专门的亚洲象国家公园，分区分类管理，面积覆盖西双版纳、普洱等亚洲象活动的区域，"这样更有利于保护、改造亚洲象栖息地，让公众参与进来"。

2016年，云南省曾委托国家林业和草原局昆明勘察设计院牵头制定亚洲象国家公园的设想方案。该院副院长张光云表示："建立亚洲象国家公园，代表性更强，面积更大，生态系统的完整性更明显，但还需要更多的科研支撑。"

彼时的呼吁正在变成今天的行动。今年1月，云南省林草局将起草的《关于加强亚洲象保护构建人象和谐发展的意见》向社会公开征求意见，目前已经报省政府审查，即将出台。意见提出：到2022年，在亚洲象分布区建成权责明晰的象长制，初步划定亚洲象重要栖息地范围。到2025年，亚洲象重要栖息地保护修复模式基本成型，亚洲象国家公园列入全国国家公园规划布局。到2035年，现代亚洲象保护机制基本建成，亚洲象基本稳定在保护区和重要栖息地内繁衍生活。

"设立象长制、建立亚洲象国家公园……这份征求意见稿创新性亮点很多。但亚洲象保护不是单一问题，需要更多部门共同参与和努力。"征求意见稿的起草人之一向如武说。

采访中，不少专家指出，亚洲象国家公园是科学家为亚洲象设计的崭新家园，或将是实现人象和谐共处的新途径。但为亚洲象建设一个温馨美好的家园，同样需要人们的爱心，需要更多人积极参与到保护亚洲象的行动中。

（张勇：《光明日报》，2021年7月3日）

47.1 案例思考讨论

（1）在滇西南的亚洲象栖息地，随着自然保护区的建设与日臻完善，为何还有 2/3 的亚洲象会走出保护区,出现“象”临城下的现象?

(2)根据南坪村村民赵金清救助野象“平平”,云南省设立象长制、建立国家公园的行为实践,谈谈如何保护生物多样性,促进人与自然的和谐共生?

47.2 案例分析启示

近年来,七彩云南生物多样性保护迈出“绿色和谐”步伐,亚洲象得到良好的保护,其种群不断扩大,绘就出生机勃勃的“画卷”,彰显出中国保护野生动物、维护生物多样性的坚定决心和取得的显著成效。在滇西南的亚洲象栖息地,南坪村村民迁出自然保护区核心区,为亚洲象营造良好的栖息环境。从自然保护区设立到象长制、国家公园的设立,云南的诸多举措,表明我国生态保护网络日趋完善,生物多样性保护成效显著,但仍有 2/3 的亚洲象走出保护区,生态系统功能退化的问题尚未得到根本解决,“象”临城下背后的原因值得我们深思。归根到底,只有保护生态环境,才是生物多样性保护的切入点。以此次亚洲象北迁为契机,深入宣传中国及云南生态文明建设举措成效,讲好生物多样性故事,让生态保护意识深入人心,助力生物多样性保护,促进人与自然的和谐相处。

生物多样性是人类赖以生存和发展的基础, 是地球生命共同体的血脉和根基,为人类提供了丰富多样的生产生活必需品、健康安全的生态环境和独特别致的景观文化。立足新发展阶段,坚持绿色发展理念,构建新发展格局,将生物多样性保护融入生态文明建设和高质量发展全过程和各方面,推动人与自然和谐共生的现代化。2021 年,中国官方首次发布的《中国的生物多样性保护》白皮书指出,我国提出并实施国家公园体制建设和生态保护红线划定等重要举措,不断强化就地与迁地保护,加强生物安全管理,持续改善生态环境质量,协同推进生物多样性保护与绿色发展,生物多样性保护取得显著成效。现今,我们清醒认识到生物多样性对进化和保持生物圈的生命维持系统的重要性, 意识到生物多样性的保护是全人类共同关切的事项等问题,并根据国情制定且及时更新国家有关战略、计划或方案,以促进人与自然和谐相处。

“万物并育而不相害,道并行而不相悖。”“保护生物多样性”是一个宏观系统工程,在多个领域形成“独立成篇且有机相连”的联系,彼此之间有着“宏观”与“个体”的勾连。从亚洲象北迁到国家公园的设立,生物多样性该如何保护？

第一，保护生物多样性，人是力量来源。马克思主义把人的实践活动作为一切知识的根本前提和依据，建构了以人的生存为核心、以“改变世界”为根本任务的新的哲学形态。历史唯物主义认为，人民群众是历史的创造者，是物质财富和精神财富的创造者，是社会发展的决定性力量。保护生物多样性，关键在于人的实践活动，并将实践的成果惠于人。生态文明是人民群众共同参与共同建设共同享有的福祉，要把保护生物多样性、建设美丽中国转化为全体人民的自觉行动。

第二，保护生物多样性，最严格的制度和最严密的法治是保障。改革开放以来，特别是党的十八大以来，我国生态环境保护成效显著，但物种多样性的减少仍处于持续不可逆转的趋势，生态系统的功能也正在衰退，而这些问题的产生，归根到底与体制不全、制度不严、法治不足密切相关。一方面，要加快制度创新，增加制度供给，完善制度配套，强化制度执行，让制度成为刚性的约束和不可触碰的高压线，才能为生态文明建设保驾护航；另一方面，法律法规是实现国家治理体系和治理能力现代化的重要内容和重要方式，我们坚持用最严密的法治保护生态环境，不断完善生态文明领域法治体系，为生态文明建设提供强有力的法治保障。

第三，保护生物多样性，协同保护模式是关键。从世界百年未有之大变局环境来看，国际可持续发展挑战日趋复杂，环境问题政治化趋势不断增强，我国在国际环境治理中的合作、竞争和挑战并存，使得不稳定因素增多。从实现中华民族伟大复兴的进程来看，我国生态文明建设取得重大成就，建设美丽中国进程加快，但是生物多样性恶化趋势未得到根本遏制。为实现生物多样性整体系统保护，要在立足生物多样性保护的领域广泛性、利益多元性等特征前提下，调动企业、科研机构、社会组织、社会公众等利益相关方的积极性，与政府部门建立协同对话和信任，还要建立跨区域的保护联盟和伙伴关系，实施联合行动等，提供区域协同的制度保障，以加强生态系统保护修复，遏制生物多样性丧失，建设清洁美丽的世界。

生物多样性是人与自然和谐相处的基础，其丰富程度是衡量生态文明建设质量的重要指标。正如习近平总书记在《生物多样性公约》第十五次缔约方大会领导人峰会上所说：“人与自然应和谐共生。我们要尊重自然、顺应自然、保护自然，构建人与自然和谐共生的地球家园。”踏上新征程，必须在习近平生态文明思想的科学指引下，秉持人与自然是生命共同体理念，以自然之道，养万物之生，把生物多样性保护作为生态文明建设重要内容，持续推进生物多样性治理体系和治理能力现代化，共建万物和谐的美丽家园。

知识链接和特别关注

改革开放以来的生态文明建设

改革开放初期，在邓小平同志的倡导和推动下，国家制定了《环境保护法(试行)》《森林法(试行)》，这是新中国成立以来我国生态环境保护立法具有先河性质的法律。1983 年第二次全国环境保护会议召开，将环境保护确立为我国的一项基本国策。

党的十四届五中全会明确提出：“在现代化建设中，必须把实现可持续发展作为一个重大战略。”以江泽民同志为核心的党中央实施了西部大开发战略。自此，走生产发展、生活富裕、生态良好的文明发展道路，成为判断生态文明建设成效的一个重要标志。

党的十六大后，以胡锦涛同志为总书记的党中央提出了科学发展观、构建社会主义和谐社会、资源节约型和环境友好型社会的发展理念和战略任务；在党的十七大，“生态文明”首次写入党代会报告，并使之成为实现全面建设小康社会奋斗目标的新要求，掀开了建设人与自然和谐共生现代化完全意义上的“生态文明”及其建设的新的历史大幕。

党的十八大以来，中国特色社会主义进入新时代，生态文明建设成为中国特色社会主义“五位一体”总体布局的重要组成部分；党的十九届五中全会把“生态文明建设实现新进步”作为“十四五”时期经济社会发展主要目标之一，将“广泛形成绿色生产生活方式，碳排放达峰后稳中有降，生态环境根本好转，美丽中国建设目标基本实现”作为到 2035 年基本实现社会主义现代化远景目标之一。

不断对社会主义现代化建设目标的认识

1949 年新中国成立，中国共产党开始了建设中国工业化、现代化的历史进程。1949 年 3 月党的七届二中全会，毛泽东提出“迅速地恢复和发展生产,使中国稳步地从农业国转变为工业国”的现代化任务。1964年第三次全国人民代表大会,周恩来的政府工作报告提出了“把我国建设成为一个具有现代农业、现代工业、现代国防和现代科学技术的社会主义强国,赶上和超过世界先进水平”的目标。

党的十一届三中全会以后,以邓小平同志为核心的党中央领导集体将“四个现代化”的社会主义现代化建设目标发展成为建设“富强、民主、文明”的社会主义现代化建设目标;明确指出社会主义现代化建设要坚持物质文明和精神文明协调发展,坚持“两手抓,两手都要硬”的方针,进行我国社会主义现代化建设。

以江泽民同志为核心的党的第三代中央领导集体把“富强、民主、文明”这三大目标拓展为党在社会主义初级阶段的基本纲领。在建设物质文明和精神文明的同时,强调建设政治文明。把发展社会主义民主政治,建设社会主义政治文明,作为社会主义现代化建设的重要目标,从而形成了“三个文明”一起抓的思想。

党的十六届六中全会上明确指出:“要把我国建设成为富强、民主、文明、和谐的社会主义现代化国家。”至此,“富强、民主、文明、和谐”的社会主义现代化建设目标最终形成。

党的十九大提出了国家发展的新目标:到本世纪中叶,把我国建成富强民主文明和谐美丽的社会主义现代化强国。新目标的提出,彰显了实现社会主义现代化奋斗目标的新内涵,明确了新时代中国特色社会主义的历史方位,展现了实现这个新目标的基本策略,并确立了实现中华民族伟大复兴中国梦的具体路径。

《生物多样性公约》第十五次缔约方大会

《生物多样性公约》第十五次缔约方大会,是联合国首次以生态文明为主题召开的全球性会议,于2021年10月11日—15日和2022年上半年分两阶段在中国昆明举行。大会以“生态文明:共建地球生命共同体”为主题,旨在倡导推进全球生态文明建设,强调人与自然是生命共同体,强调尊重自然、顺应自然和保护自然,努力达成公约提出的到2050年实现生物多样性可持续利用和惠益分享,实现“人与自然和谐共生”的美好愿景。

其他有效的区域保护措施(OECMs)

OECMs,英文全称:Other Effective area-based Conservation Measures,即“其他有效的区域保护措施”。这个概念最早出现在《生物多样性公约》(CBD)“爱知目标”的第11个目标中。CBD对OECMs定义为,保护地以外的地理区域,其治理和管理是为了实现积极、持续、长期有效地保护生物多样性及其生态系统功能和服务,并且在适用情况下实现文化、精神、社会经济和其他相关的当地价值。

案例主题二：
建设美丽中国

党的十九大报告提出，在本世纪中叶把我国“建成富强民主文明和谐美丽的社会主义现代化强国”，体现了以习近平同志为核心的党中央进行战略规划的全局性、前瞻性、指导性，为社会主义现代化强国注入新的时代内涵，丰富和完善了中国特色社会主义的整体布局。

绿色发展理念是新发展理念的重要组成部分，推进绿色发展是生态文明建设的必然要求，也是建设美丽中国的重要基础和推进社会主义现代化建设的重大原则。《中共中央关于党的百年奋斗重大成就和历史经验的决议》中，对新时代我国生态文明建设和生态环境保护取得的历史性成就进行了高度概括：党的十八大以来，党中央以前所未有的力度抓生态文明建设，全党全国推动绿色发展的自觉性和主动性显著增强，美丽中国建设迈出重大步伐，我国生态环境保护发生历史性、转折性、全局性变化。当前，生态文明建设正处于压力叠加、负重前行的关键期，已进入提供更多优质生态产品以满足人民日益增长的优美生态环境需要的关键期，到了有条件有能力解决生态环境突出问题的窗口期。面对建设美丽中国任务艰巨的现实，必须积极践行“绿水青山就是金山银山”的发展理念，推动绿色低碳发展，着力解决突出环境问题，加强生态系统保护修复，努力实现2030年前碳达峰、2060年前碳中和的目标，促进经济社会发展全面绿色转型，不断开创中国特色社会主义生态文明建设新局面。

案例48，以广西北海的“养海”护沙滩为例，介绍了北海市的党、政府、企业、北海人不同的主体在以“生态立市”理念的指导下，协同发力，多措并举，改善生态环境，打造了“生态北海”金字招牌，迎来了更多的发展空间。这揭示了绿水青山既是自然财富、生态财富,也是经济财富、社会财富,只有坚持绿水青山就是金山银山的理念,保护和利用好生态环境,才能实现人与自然的和谐共生,实现富强民主文明和谐美丽的现代化强国目标。案例 49,以中国宝武钢铁集团有限公司的碳达峰、碳中和为例,讲述了在国家提出“2030 年前碳达峰、2060 年前碳中和”目标的战略布局下,中国宝武钢铁集团有限公司统筹布局,将绿色作为企业的战略基色,率先发布“双碳”目标,以科技创新优化产业结构,大力推进绿色低碳发展、绿色钢铁精品制造,以智慧制造支撑绿色发展,为构建碳中和社会作出积极贡献,体现出产业的绿色低碳转型和高质量发展,为中国钢铁企业绿色低碳转型提供了全新范本,有利于推动美丽中国的建设。案例 50,聚焦“十四五”规划地表水质新目标,讲述了生态环境部总工程师、水生态环境司司长张波和生态环境部环境规划院副总工程师王东对“到 2025 年,地表水达到或好于Ⅲ类水体比例要达到 85%”这一目标的认识,以及对提升地表水治理的举措和保证生态环境取得的成就不反弹进行了分析,反映出治理水生态环境的长期性和艰巨性,体现出打好碧水保卫战是关系党的使命宗旨的重大政治问题,也是关系民生的重大社会问题。

案例 48:“养海”护沙滩,生态金不换

造物偏爱北海。它三面环海,地处北部湾东北岸,风景极美。这里海岸线长达 668.98 公里,滩涂、港湾、河口众多。

7 月 2 日,本报记者在广西北海采访,偶遇甘肃游客杜先生。天空的蓝、银滩的白、红树林的绿、涠洲岛的红,让他沉醉。

他知道很多景点,但不知道的是:这份美来之不易。北海生态保护,尤其滩涂保护,一度压力极大,而今仍不敢松懈。

曾经,“天下第一滩”银滩遭遇垃圾围困。“浪骨起,反海底”,每年农历三月底“浪骨起”,海底垃圾翻上海面,不堪入目。

曾经,一些村民用高压水枪捕捞沙虫,私自在滩涂插桩围网,非法设立沙虫、贝类养殖场,把公共滩涂海域占为己有。

曾经,北海一些公司废渣露天堆放,大肆堆填侵占滩涂,铁山港约 1400 亩区域满目疮痍、狼藉一片。

曾经，冯家江沿岸有2000亩散养虾塘、24个养猪场，每年1650万吨养殖污水，未经处理直排入江入海。

曾经，合浦县采石场违规采石破坏生态，出现近百个“天坑”，成为北海人不堪回首的记忆……

吃海不养海，到头一场空。痛定思痛，北海决定：必须“生态立市”。保护环境，守好滩涂，谁也不能糊涂！这些年，北海治理滩涂、修复海岸、整治黑臭水体、保护红树林，对非法捕捞、非法开采、非法排污、工业污染等坚决“说不”。

党和政府，头脑清晰。

“生态是北海的金不换。”北海市委书记王乃学说，守住红线才能守护好碧海蓝天。优异的生态资源禀赋，是释放“海”的潜力、打造向海经济、谱写海上丝路新篇章的前提。

“对环境伤害大的企业，税收再高也不能落户。”北海市长蔡锦军说。近年，石英砂加工厂、旧轮胎加工厂、粗加工型玻璃厂等企业，看中北海的沙石、港口资源优势，希望进驻。但无一例外，它们被拒之门外。

企业也在行动。

日前，北海铁山港固废循环利用环保综合体项目一期工程投产。每年可消纳废渣170万吨，变废为宝，还能给港口带来2万标箱新增吞吐量。“要修复生态，首先得治理污染，企业要当生力军。”北海北排水环境发展有限公司董事长万成仁发现，北海全方位打响污染防治攻坚战。

“绿色理念”自觉于行。

6月8日，是“世界海洋日”及“全国海洋宣传日”。当天，在海洋产业园区岸段滩涂处，自然资源部第四海洋研究所和北海市海洋局70名志愿者种植了百株嫩绿的红树苗。这是北海人爱护生态的缩影。

北海人在努力。

张清琪，土生土长北海人，家住银滩镇红树林边上。他记得，小时候的滩涂上，放眼望去，能看到很多中国鲎慢慢挪着，有脸盆大。后来，鲎越来越少，个头也越来越小。这个存活了4亿年、蓝色血液的物种，已成为濒危物种。再后来，为了护鲎，“爱鲎及栖校园保护行动”“不吃鲎消费倡导行动”“第四届IUCN国际鲎科学与保护研讨会”等活动，在北海出现。

制度保障是压舱石。

高压水枪打沙虫、船舱油污直排入海等顽疾，曾经“反复发作”。对此，北海推进生态环境领域地方立法，先后出台《北海市涠洲岛生态环境保护条例》《北海市沿海沙滩保护条例》《北海市红树林保护条例》……这些“硬核”措施，为生态保护筑起屏障。

生态伤疤正一个个愈合。

沿海滩地越来越绿，红树林面积由2011年的3038公顷，增加到2018年的3888.8公顷。企业违法排污有效控制，挖掘泥丁、捕鸟、电鱼等行为大幅下降。生态旅游快速发展，周边社区民众从环境保护中获益……

历史在给北海新的机会。

北海人最难忘的，是2017年4月19日，习近平总书记到北海金海湾红树林生态保护区考察，提出殷殷嘱托，指明绿色方向。

“生态北海”金字招牌，正越来越亮眼，绿色发展迎来多重利好。

对于这一点，北海人感受到了！世界也看到了！

〔庞革平、陈振凯：《人民日报》（海外版），2020年7月15日〕

48.1 案例思考讨论

（1）从“吃海不养海，到头一场空”到“生态立市”，广西北海发展理念的转变体现了什么？

（2）根据“生态北海”金字招牌的建成过程中，广西北海党、政府、企业、北海人不同主体纷纷采取的具体行动，谈谈对“生态是北海的金不换”的理解？

48.2 案例分析启示

2005年，时任浙江省委书记的习近平到湖州安吉余村考察时，首次提出“绿水青山就是金山银山”的论断，昭示了“两山论”的起点，为破解发展生态危机指明了方向，不断推动形成人与自然和谐发展的现代化建设新格局。从“吃海不养海”，用绿水青山去换金山银山，到以“生态立市”，用绿水青山源源不断带来金山银山，绿色成为北海高质量发展“主色调”。北海党、政府、企业、北海人不同主体把“绿水青山就是金山银山”的发展理念贯穿于北海市发展的全过程、各领域，推进地方立法，构筑生态保护屏障，释放“海”的潜力、打造向海经济、谱写海上丝路新篇章，增强生态发展优势，打造“生态北海”的金字招牌，加快构建新发展格局，催生北海发展之变。

“绿水青山就是金山银山”理念是重要的发展理念，也是推进现代化建设的重大原则，关系经济社会发展潜力和后劲，为人民群众正确认识和改造自然，建设社会主义生态文明提供理论指引。从“用绿水青山去换金山银山”“既要金山银山，但是也要保住绿水青山”到“绿水青山本身就是金山银山”，表明人们对生态环境和经济发展的关系认识是一个从低级向高级发展的过程，是人与自然关系不断调整、趋向和谐的过程。党的十八大以来，习近平总书记从战略高度更加重视生态文明建设，开创中国特色社会主义生态文明建设新格局。党的十九大，将“两山”理念写入党章，彰显了将“绿水青山就是金山银山”作为新的发展观、历史方位的价值取向。在“十四五”时期，生态文明建设更加全面地融入党和国家发展的大局之中，为实现经济高质量增长、满足人民对美好生活的需求，就要在“绿水青山就是金山银山”理念的指引下，正确处理生态环境与经济发展的关系，将生态优势转化为发展优势，保证可持续发展。那么，我们应如何理解“绿水青山就是金山银山”这一科学理念？

第一，“绿水青山就是金山银山” 是对当前人的存在状态的一个整体性关照。“绿水青山”指的是人类生存的环境，“金山银山”指的是人与自然的协调发展，“绿水青山就是金山银山” 实质上指明了马克思主义生态自然观下的人类生存、发展的前提与旨归，揭示了我国经济结构转型升级的现实需要。自建党以来，中国共产党始终把全心全意为人民服务镌刻在自己的旗帜上，不断深化对人与自然基本规律的认识。面对当前我国经济进入高质量发展的新发展阶段，旧的发展模式已无法满足当前的发展需求，同时社会主要矛盾转变，人民对美好生活环境的需要日益增长。只有从历史观的维度把握中国共产党的立党之本、执政之基、力量之源，立足当代中国发展的阶段性特征和新时代人民群众对美好生态环境的需求，顺应人民群众的美好期待，才能在更高层次上实现人与自然的和谐，建设人与自然高度和谐的生态文明社会。

第二，“绿水青山”与“金山银山”是辩证统一的。其核心是生态环境保护与经济发展的形象化表达，在发展中保护生态环境，用良好的生态环境保证可持续发展。从自然价值来看，“绿水青山”为“金山银山”的实现创造可能。保护生态环境就是保护自然价值和增值自然资本，就是保护经济社会发展潜力和后劲，只有拥有“绿水青山”才能换来“金山银山”。从经济价值来看，生态环境优势可转化为生态经济优势，良好生态本身蕴含着无穷的经济价值，能够不断带来金山银山，实现经济社会可持续发展。当前，我国工业从高污染高排放的粗放型经济增长模式向绿色化转型，绿色生态已经成为最大财富、最大优势、最大品牌。为建设美丽中国、实现中华民族伟大复兴的目标，必须坚持走生态优先、绿色发展之路。

第三，践行“绿水青山就是金山银山”理念的关键，在于将观念转化为行动，将共识转化为合力。党的十九大报告中强调“人与自然是生命共同体，人类必须尊重自然、顺应自然、保护自然”，人来自自然、从属于自然，只有坚持自然价值与人类价值的共融共生，守住绿水青山，才能拥有金山银山。首先，坚持党的全面领导，推动生态文明建设。“绿水青山”不仅是经济问题，也是政治问题。必须深刻把握“两个确立”，坚决做到“两个维护”，切实担负起生态文明建设的政治责任，发挥党总揽全局、协调各方的领导核心作用，明确政治方向，大力推进生态文明建设，为开创美丽中国建设新局面而努力奋斗。其次，加快生态文明体制改革，为建设美丽中国提供动力。解决历史交汇期的生态问题，不仅要牢固树立生态理念，更重要的是把理念落实在行动上，落实到制度上，要建立最严格的环境保护制度，统筹山水林田湖草系统治理，形成绿色发展方式和生活方式。最后，多元主体协同，发挥生态治理合力。人与自然是生命共同体，要坚持联盟式思维，在中国共产党的领导下，积极构建政府为主导、企业为主体、社会组织和公众共同参与的环境治理体系，把绿水青山建得更美，把金山银山做得更大，确保美丽中国目标基本实现。

“绿水青山就是金山银山”是习近平生态文明思想中极具标识性的概念，是 21 世纪马克思主义的人与自然关系新学说。这一科学理念以生态保护破题，深刻揭示出经济发展与生态环境保护之间的关系，从根本上把握了人与自然动态性统一的辩证关系，阐明保护自然就是保护和发展生产力的道理，将良好生态环境视为最普惠的民生福祉，体现出以人民为中心的发展思想，有力回应了建设美丽中国的现实需要。面向未来，我们要牢固树立“绿水青山就是金山银山”理念，并在中国共产党的领导下，探索发展新路，实现经济社会发展与生态环境保护共赢，为子孙后代留下可持续发展的“绿色银行”。

案例49：坚定不移走绿色发展道路，率先实现碳达峰、碳中和目标

习近平总书记在2021年3月15日主持召开中央财经委员会第九次会议时强调，实现碳达峰、碳中和是一场广泛而深刻的经济社会系统性变革，要把碳达峰、碳中和纳入生态文明建设整体布局，拿出抓铁有痕的劲头，如期实现2030年前碳达峰、2060年前碳中和的目标。

我国力争2030年前实现碳达峰，2060年前实现碳中和，是党中央经过深思熟虑作出的重大战略决策，事关中华民族永续发展和构建人类命运共同体。我们要深刻学习领会习近平总书记重要指示精神，认真贯彻落实党中央决策部署，进一步增强抓好绿色低碳发展的本领，进一步树立引领行业绿色低碳发展的信心，为我国打好实现碳达峰、碳中和这场硬仗，贡献中国宝武广大钢铁职工的智慧和力量。

2021年1月，中国宝武钢铁集团有限公司党委制定了在国内钢铁行业率先实现碳达峰、碳中和目标的时间表，提出力争2023年实现碳达峰、2050年实现碳中和。作为我国钢铁行业龙头企业，中国宝武必须坚决贯彻新发展理念，服务构建新发展格局，主动担当、积极作为，以改革精神、创新举措、责任意识，不断提高早日实现碳达峰、碳中和目标的思想自觉、行动自觉。

争做国有企业实现碳达峰、碳中和的引领者。加快推进绿色低碳冶金创新工程，积极探索并掌握绿色低碳冶金关键核心技术，构建面向行业及世界的知识共享平台，打造未来钢铁技术领先优势。要倒逼产业转型发展智慧升级，全面构建中国宝武绿色发展新优势，加快推进我国钢铁业绿色发展，推动钢铁业早日实现碳达峰、碳中和，助力提升全球钢铁业低碳发展水平和整体竞争力。

当好钢铁行业绿色低碳可持续发展的推动者。实现碳达峰、碳中和是一项复杂的系统工程，需要统筹各方力量，付出艰苦努力。我们要积极探索一条既能保证经济持续稳定增长、又能实现碳减排的绿色低碳发展路径；实现多产业协同降碳，协同构建循环经济产业链；发挥市场机制作用，整合企业资源，协同政府力量，推动社会参与，坚定不移带动钢铁行业、推动全社会早日实现碳达峰、碳中和目标。

成为以科技创新引领钢铁业低碳发展的先行者。我们要把绿色作

为可持续发展的底色和生命色，加快创新步伐，以科技创新引领全球钢铁业低碳发展。近年来，中国宝武在前瞻性、突破性绿色低碳技术方面已取得一定突破，率先提出冶金—煤化工耦合发展技术，加快建设全球低碳冶金创新试验平台，通过化解产能每年减少二氧化碳排放约4000万吨，通过能效提升每年减少二氧化碳排放约1100万吨。今后，我们要着力突破关键技术，开发绿色低碳冶金创新工艺，依靠智慧制造打造极致效率，实现钢铁生产过程、钢铁产品使用过程的绿色化，在7个方面为构建碳中和社会作出积极贡献：

一是统筹策划安排，科学制定碳达峰行动方案。进一步完善钢铁产业规划与布局，处理好减排和发展的关系，加大存量联合重组，持续提升产业集中度，实施专业化整合和分工，加大节能减排，优化能源结构。

二是增强系统优化，推进深度减污降碳。把降碳作为源头治理的“牛鼻子”，积极开展碳排放和污染物排放协同治理研究，应用先进适用、成熟可靠的清洁生产工艺技术，促进高能效转化工艺、装备、管理技术创新开发及应用，全面推进能源配置智慧化，通过能源精益化管理为节能降碳赋能。

三是深化智慧制造，助力生产过程绿色化。推动数智化技术与钢铁制造过程的融合，加快实施智慧制造，实现生产操控集约化、少人化、远程化，推动工序互联共享，减少中间环节，助力资源能源高效利用，减少生产过程的碳排放。

四是开发绿色产品，推动材料使用端绿色化。围绕建筑、交通、能源、桥梁等重点行业需求，从材料使用全生命周期的资源消耗和碳排放评价出发，开展钢铁产品绿色设计，研发高强、耐蚀的绿色钢铁新产品，拓展钢铁产品应用领域和应用场景，促进建立更绿色的用材标准体系，打造绿色产品供应链。

五是优化产业布局，构建绿色低碳产业链。充分发挥冶金富氢煤气低碳优势，加快氢能产业布局，优化再生钢铁原料产业布局，以冶金炉渣建材化、城市固废资源化、环境治理生态化助推低碳循环发展，统筹推进钢铁与石化、化工、建材等多行业协同降碳。

六是突破核心关键技术，探索实现碳中和愿景路径。加快绿色低碳关键工艺创新，开发氢冶金、生物质能使用及二氧化碳资源化利用等重大行业性颠覆性技术，加快形成具有自主知识产权、在全球钢铁行业领先的关键核心技术。

七是搭建国际合作平台，促进关键性技术创新。筹备全球低碳冶金创新联盟，凝聚全球冶金同行、上下游企业、装备制造商、研究机构等钢铁生态圈共同智慧，搭建绿色低碳冶金开放共享合作平台，围绕富氢碳循环氧气高炉、富氢或氢基竖炉等低碳冶金创新工艺技术，合作探索低碳转型技术方案和路线图。

（陈德荣：《人民日报》，2021 年 4 月 2 日）

49.1 案例思考讨论

（1）中国宝武钢铁集团有限公司响应党中央的号召，率先提出“双碳”发展目标。为实现这一目标，中国宝武钢铁集团有限公司从哪些方面做出了努力？

（2）结合中国宝武钢铁集团有限公司为构建碳中和社会作出的七方面积极贡献，谈谈我国应如何推进绿色发展，促进经济社会发展全面绿色转型？

49.2 案例分析启示

从碳排放现状来看，我国是世界第一大排放国，实现碳中和目标所需的碳排放减量远高于其他经济体，而我国碳强度较高主要是源于能源结构中碳占比大、产业结构中重工业比重大，实现碳达峰、碳中和需要付出更多努力。中国宝武钢铁集团有限公司响应党中央号召，立足高质量钢铁生态圈建设，坚定不移走绿色发展道路，率先提出“2023 年实现碳达峰、2050 年实现碳中和”的目标，突破绿色低碳技术，通过化解产能、提升能效每年减少二氧化碳排放量上千万吨，为构建碳中和社会作出的七方面积极贡献，为产业绿色转型提供了范例，为推动绿色发展提供新样本、新方向，体现出我国坚定不移走绿色发展道路的坚定决心和信心。

习近平总书记强调：“中国将以新发展理念为引领，在推动高质量发展中促进经济社会发展全面绿色转型，脚踏实地落实 2030 年前二氧化碳排放达到峰值，努力争取 2060 年前实现碳中和目标，为全球应对气候变化做出更大贡献。”进入新发展阶段，“双碳”目标的提出，不仅是基于我国应对全球气候变化的国家战略，也是科学论证的选择，充分显示了中国坚定不移走绿色低碳发展的现代化道路的道路自信、理论自信、制度自信和文化自信，并且这一目标的实现必将推动经济社会发展的绿色转型和高质量发展，形成绿色的生产生活方式。“十四五”时期，我国进入新发展阶段，贯彻新发展理念、构建新发展格局、推动高质量发展、创造高品质生活，对加强生态文明建设、加快推动绿色低碳发展提出了新的更高要求。在这样的背景下，如何推进我国的绿色发展，实现2030年前碳达峰、2060年前碳中和的目标，促进经济社会发展全面绿色转型？

第一，在体制机制上，加强生态文明制度体系建设，为构建人与自然和谐共生的绿色经济社会提供制度之治。首先，强化顶层设计。统筹策划、合理布局，建立跨部门协调机制，研究制定碳中和科技创新顶层设计，建立绿色生产和消费的法律制度和政策导向，为绿色发展提供方向、依据和保障，使我国经济发展质量和效益显著提升，确保到2035年美丽中国目标基本实现，到21世纪中叶建成美丽中国。其次，建立健全绿色低碳循环发展的经济体系。要以绿色发展理念引领产业结构转型，赋予传统产业新的发展动能，以技术创新引领低碳发展新格局，推动绿色低碳技术实现重大突破，以实现“双碳”目标为战略契机，推进高效节能、先进环保的产业体系建设，推动绿色产业链的形成和产业链智能化升级，着力提升产业创新能力和创新活力，形成绿色发展新动能。最后，推动能源生产和消费革命，构建清洁低碳、安全高效的能源体系。要调整能源结构，把能源技术及其关联产业培育成带动我国产业升级的新增长点，扎实做好碳达峰、碳中和各项工作，建设美丽中国。

第二，在协同联动上，以全要素全过程全天候为要求，为贯彻绿色发展理念护航。面对世界百年未有之大变局，站在历史与未来的交汇点，开启全面建设社会主义现代化国家新征程的第一个五年计划，我们要贯彻绿色发展理念，加强与发达国家、发展中国家的技术创新、产业升级、能源转型、气候政策等方面的合作，搭建面向行业及世界的绿色低碳开放共享合作平台，以各行为主体的合力构建人与自然和谐共生的绿色经济社会。

第三，在行为方式上，倡导简约适度、绿色低碳的生活方式，为绿色发展提供行为动力。生态问题并不是生态本身的问题，而是人们的行为方式问题，人们非绿色、根本违背自然规律的行为方式是引发生态危机的重要根源。因此，推动形成绿色生活方式，要强化生活方式绿色化理念，开展全民绿色行动，转变消费观念，形成良好的生活风尚，强化相关政策机制创新，增加绿色供给，全面构建推动生活方式绿色化全民体系，打造绿色生活新局面。

绿色发展作为“五大发展理念”的重要组成部分，以生态文明为内在价值指向，是富有中国特色的生态话语表达，充分体现了马克思共产主义生态图景的实践观，对建设美丽中国和推进社会主义现代化建设具有重大现实意义。进入新发展阶段，站在实现中华民族伟大复兴和推动构建人类命运共同体的新起点上，必须继续贯彻新发展理念，坚持不懈推动绿色发展，建立健全绿色低碳循环发展经济体系，推进资源全面节约和循环利用，推动形成绿色低碳的生产生活方式，努力实现2030年前碳达峰、2060年前碳中和的目标，促进经济社会高质量发展，指引美丽中国宏伟蓝图的稳步推进，构建中国特色社会主义生态文明建设的新格局。

案例50：地表水达到或好于Ⅲ类水体比例将提高至85%：持续打好碧水保卫战

水是生命之源，也是经济社会发展的必须要素。“十三五”时期，我国水生态环境保护发生历史性、转折性、全局性变化，碧水保卫战取得显著成效。截至2020年底，全国地表水水质达到或好于Ⅲ类的国控断面比例提高到83.4%。

“十四五”规划纲要提出，到2025年，地表水达到或好于Ⅲ类水体比例要达到85%。如何看待这一约束性指标，为实现目标需要付出哪些努力，又会面临哪些困难？记者采访了相关部门和专家。

考核的国控断面增至3641个，已逐一分析未达标情况

5年需提高1.6个百分点，这个目标容易实现吗？

2019年，在1940个国家地表水考核断面中，水质优良断面比例为74.9%，一年内这一比例升至83.4%。生态环境部环境规划院副总工程师王东表示，根据估算，即便扣除疫情影响，“十三五”末期，“好水”比例也在80%左右。此外，水污染治理效果有一定滞后性，水质跃升是长期治理成果的集中显现。

在生态环境部总工程师、水生态环境司司长张波看来，85%这一指标的设定有两点考虑：一是要稳中求进。“十四五”时期，不单纯追求以水环境理化指标评价为主的优良水体比例，不鼓励各地设定过高的水质目标，地方可以将工作重心放在巩固成果、提升质量上，推动实现水生态环境持续改善，力争在水资源、水生态、水环境等流域要素统筹推进系统治理上实现突破。二是要实事求是。水质目标的设定坚持从实际出发，科学合理考虑河湖衔接、自然背景影响等实际情况，充分吸纳地方的合理意见。

差异不仅体现在水质指标上，“十四五”时期考核的国控断面从1940个增加到3641个，这意味着地方面对的考核压力更大了。

“从目标可达性出发，环境规划院对3641个国控断面中未达到Ⅲ类断面的水质现状类别、超标指标项、超标频次及超标倍数等逐一进行了深入分析。”王东说，天然本底导致超标的断面具有不可控性，人为因素导致超标的断面应作为“十四五”时期的工作重点。

由污染治理为主向流域要素系统治理转变

大规模建设污水处理厂，提升处理能力；强化管网建设，努力提升污水收集率；以水专项为依托，以科学技术应用推动水环境质量改善……过去几个五年规划，我国水污染防治路径清晰，也取得了较好成效。但最近一段时间，因为管网建设滞后、污泥处置不力等涉水环境问题，多地被中央生态环境保护督察通报，也折射出当前水环境治理中依旧存在的问题。

王东表示，虽然碧水保卫战成效显著，为“十四五”目标的实现奠定了坚实基础，但我国水生态环境保护结构性、根源性、趋势性压力尚未根本缓解，一是水环境治理任务依然艰巨，二是水生态破坏问题比较普遍。

未来5年，如何直面问题、补足短板，以刚性指标为抓手，推进地表水质持续提升？

“我们将继续坚持山水林田湖草沙系统治理，坚持精准、科学、依法治污，以水生态保护修复为核心，统筹水资源、水生态、水环境等要素，巩固深化碧水保卫战成果。”张波表示，未来，将按照“河湖统领、三水统筹”的思路，指导地方搞清楚问题、症结、对策、落实等“四个在哪里”，有针对性地明确重点任务和项目并扎实推进。

将水生态保护修复作为中心很有深意。“良好的水生态系统既是水环境治理的高级目标,也是改善水质的有力手段。”王东说,生态环境部日前发布《人工湿地水质净化技术指南》,很好体现了以生态的方法改善水环境的理念,这也表明治理思路正在由污染治理为主向水资源、水生态、水环境等流域要素系统治理、统筹推进转变。

令人欣慰的是,补短板的工作正在提速。日前印发的《“十四五”城镇污水处理及资源化利用发展规划》明确,将新增和改造污水收集管网8万公里。在上海、昆明等地,雨水初级处理试点已展开;在浙江,河湖生态缓冲带正助力水生态修复;在嘉陵江、汾河等重点水域,农业面源污染长期观测已经起步……

着力解决老百姓身边突出的水生态环境问题

清晨,贵州省贵阳市南明区南明河东畔,不少市民在滨水休闲公园晨练。“童年的清澈河水又回来了!”市民颜春艳对南明河的变化非常感慨。

“我们在南明河流域建设了16座下沉再生水厂，每年向南明河生态补水达4.5亿吨，彻底消除了黑臭水体,2020年Ⅲ类水质达5个月以上。”中国水环境集团董事长侯锋说。

临水而居、亲水戏水,一直是民众的期盼,也是水生态环境治理的目标之一。张波表示,生态环境部要继承发扬好“十三五”时期的好经验好做法,深入打好城市黑臭水体治理、长江保护修复等攻坚战,着力解决老百姓身边突出的水生态环境问题。“巩固提升治理成效，推进县城黑臭水体治理,推进‘美丽河湖’保护和建设,为百姓创造更多更好的亲水空间和体验。”

“十四五”规划没有设置劣Ⅴ类水体的具体指标。如何确保已有成效不反弹?

王东说,在重点流域水生态环境保护“十四五”规划技术大纲中,设计了劣Ⅴ类水体比例控制指标,与“十四五”规划中基本消除劣Ⅴ类国控断面的任务相呼应。不仅如此，专项规划里还专门设计了“亲民指标”,更加关注群众身边的水体,让群众对水质变化更易感、易监督,从而有更多获得感。

“治水”不仅有约束性指标这根指挥棒,及时传导压力、压实地方主体责任,推进全国水生态环境质量持续改善,还有工作机制保障。

据介绍，生态环境部正在不断完善问题发现和推动解决工作机制，通过分析预警、调度通报、独立调查、跟踪督办等方式，逐月分析水生态环境形势，精准识别突出问题和工作滞后地区，并及时发出预警。适时开展水环境达标工作滞后地区调度会商，督促相关地方分析滞后原因，落实整改措施；针对久拖不决的问题，组织开展独立调查，实行清单管理，逐一销号。

（孙秀艳：《人民日报》，2021 年 8 月 11 日）

50.1 案例思考讨论

（1）在“十三五”时期碧水保卫战取得显著成效的基础上，实现“十四五”规划新目标，如何补足短板，以刚性指标为抓手，推进地表水质持续提升？

（2）从生态环境部总工程师、水生态环境司司长张波和生态环境部环境规划院副总工程师王东对“十四五”规划没有设置劣Ⅴ类水体的具体指标”的认识中，谈谈如何着力解决突出环境问题，打好碧水保卫战？

50.2 案例分析启示

打好碧水保卫战，是打好打赢污染防治攻坚战的重要内容，是一项功在当代、利在千秋的工程，关系到中华民族永续发展的根本大计，更关系到人与自然的和谐共生。生态环境部发布《关于 2022 年一季度全国水环境情况通报的函》的数据显示，国家地表水评价考核断面中，Ⅰ－Ⅲ类断面比例为 88.2%，同比增加 5.2 个百分点，劣Ⅴ类断面比例为 1.0%，同比减少 1.1 个百分点。我国水环境质量持续改善，但仍存在不平衡不协调的问题。案例聚焦“十四五”的新目标，即“到 2025 年，地表水达到或好于Ⅲ类水体比例要达到 85%”，生态环境部总工程师、水生态环境司司长张波和生态环境部环境规划院副总工程师王东对这一目标进行阐述，提出实现目标需要转变治理思路，补齐短板，推进地表水质持续提升，同时要着力解决老百姓身边突出的水生态环境问题，保证已有成效不反弹，充分体现了“生态优先，绿色发展”的环保理念。

碧水保卫战，是满足人民日益增长的优美生态环境需要的迫切之举，也是推进绿色发展、实现经济高质量发展的必然要求。2021 年，全国水质优良水体比例为 84.9%，“十四五”时期，立足新发展阶段，我国对水生态环境保护提出了更高的发展要求，将实现优良水体比例的目标定为85%，比“十三五”结束时（2020年）的83.4%上升了1.6个百分点。在贫穷的情况下不能实现复兴，在污染的情况下同样不能建成现代化强国。立足当下，我们要清醒认识到，我国水生态环境质量改善的成效还不稳固，持续改善的难度加大，与人民群众期待还有较大差距，生态文明建设和生态环境保护仍需加大力度。站在全面建设社会主义现代化国家新起点，响应人民对美好生态环境的期待，我们必须贯彻新发展理念，着力解决突出生态环境问题，以更高的站位、以更实的举措，抢抓“十四五”机遇，着力打好碧水保卫战。

第一，加强污水治理，提升环境质量。从人类现代化历史进程来看，世界上那些先行发达国家大多走“先污染后治理”的道路，随之而来的是诸多不可逆的生态环境问题，埋下了难以预测和估量的发展隐患。“十四五”时期是我国水生态环境保护的关键时期，要积极推进污水治理，坚决消除城市黑臭水体，创新建立精准治污、科学治污、依法治污模式，统筹水生态环境治理，补齐污水治理设施短板，提升治理效能，保障生活用水质量。

第二，强化制度建设，提供环境治理保障。近几年，部分地区对生态环保的重视程度有所减弱、行动有所放松。面对生态环境治理困境，要建立健全体制机制，修订和完善水环境保护的相关法律法规，充分发挥法律制度的刚性约束作用，提升水环境监管力度，推动水环境质量的改善。同时，要建立多元协同治理体系，集中优势兵力，动员各方力量，群策群力，群防群治，为人民群众提供优质的水资源和人居环境。

第三，推进技术创新，改善产业内部结构。技术创新助力生态治理，为绿色经济发展提供动力。作为改革开放的先行地，珠三角地区过去在经济发展上长期起到示范引领作用，但也曾深刻体会到牺牲生态环境的代价。在高质量发展的强音下，必须要依托生态技术创新，培育和发展新兴产业，优化产业结构，推动绿色生产方式的形成，减少污水排放，推进污水资源化利用，改善水环境质量，构建美丽的人居环境，增强人们的生态环境获得感、幸福感、安全感。

水是生存之本、文明之源、生态之要，水资源保护是生态环境治理和保护中的重要议题。站在新起点，开启新征程，党的十九届五中全会提出，“深入打好污染防治攻坚战”，体现出党建设美丽中国的战略定力和坚强决心，也昭示了人民群众对优美生态环境的热切期盼。为深入打好污染防治攻坚战，提升水环境质量，我们必须贯彻新发展理念，聚焦污染防治重点领域、关键问题和薄弱环节，集中力量攻克老百姓身边的突出生态环境问题，统筹水资源、水环境、水生态治理，注重系统治理、源头治理，坚决消除城市黑臭水体，补齐短板，持续改善环境质量，建设人与自然和谐共生的美丽中国。

知识链接和特别关注

两山论

“两山”理念萌发于浙江省安吉县余村，也最早践行于浙江省。2005年8月15日，时任浙江省委书记的习近平同志在安吉县余村考察时，明确提出了“绿水青山就是金山银山”这一著名的科学论断。时隔9天，习近平在《浙江日报》“之江新语”专栏发表评论文章《绿水青山也是金山银山》，科学阐述了绿水青山与金山银山的辩证统一关系。在两山论的指引下，浙江省率先创建成功全国第一个生态省，率先创建成功全国第一个生态县——浙江省安吉县。这为中国特色社会主义生态文明建设打造了一个新样板，推动中国生态文明建设开创新格局。

碳达峰、碳中和

碳达峰指特定时间区间内二氧化碳排放总量达到最大值，随后进入平稳下降阶段的过程，包括达峰路径、达峰时间和峰值水平三个关键要素，是二氧化碳排放量由增转降的历史拐点，标志着碳排放与经济发展实现脱钩，达峰目标包括达峰年份和峰值。碳中和，也称为净零二氧化碳排放，一般是指国家、企业、产品、活动或个人在一定时间内直接或间接产生的二氧化碳或温室气体排放总量，通过植树造林、节能减排等形式，以抵消自身产生的二氧化碳或温室气体排放量，实现正负抵消，达到相对“零排放”。碳达峰是碳中和的前置条件，只有实现碳达峰，才能实现碳中和。碳达峰的时间和峰值水平直接影响碳中和实现的时间和难度：达峰时间越早，实现碳中和的压力越小；峰值越高，实现碳中和所要求的技术进步和发展模式转变的速度就越快、难度就越大。

2020年9月22日，习近平总书记在第七十五届联合国大会一般性辩论上，明确提出“中国力争 2030 年前二氧化碳排放达到峰值，努力争取 2060 年前实现碳中和目标”，这是以习近平同志为核心的党中央统筹国内国际两个大局作出的重大战略决策，是着力解决资源环境约束突出问题、实现中华民族永续发展的必然选择，是构建人类命运共同体的庄严承诺。2021 年 4 月 30 日，中共中央政治局第二十九次集体学习时，习近平总书记指出，实现碳达峰、碳中和是我国向世界作出的庄严承诺，也是一场广泛而深刻的经济社会变革，绝不是轻轻松松就能实现的。

CCUS 技术

CCUS，即二氧化碳捕集、利用与封存，是指将二氧化碳从工业过程、能源利用或大气中分离出来，直接加以利用或注入地层以实现二氧化碳永久减排的过程，是实现碳中和的关键核心技术。该技术最初受到 CO_2 驱油技术的启发，于 1989 年由麻省理工学院正式提出，当前已成为世界各国应对气候变化和碳减排的重要手段。

地表水环境质量分类

我国地表水依据地表水水域环境功能和保护目标，按功能高低依次划分为五类：**Ⅰ** 类主要适用于源头水、国家自然保护区；**Ⅱ** 类主要适用于集中式生活饮用水地表水源地一级保护区、珍稀水生生物栖息地、鱼虾类产场、仔稚幼鱼的索饵场等；**Ⅲ** 类主要适用于集中式生活饮用水地表水源地二级保护区、鱼虾类越冬场、洄游通道、水产养殖区等渔业水域及游泳区；**Ⅳ** 类主要适用于一般工业用水区及人体非直接接触的娱乐用水区；**Ⅴ** 类主要适用于农业用水区及一般景观要求水域。

案例主题三：
共同推进全球生态治理

习近平总书记在党的十九大报告中指出，“各国人民同心协力，构建人类命运共同体，建设持久和平、普遍安全、共同繁荣、开放包容、清洁美丽的世界”。全球生态治理关乎人类未来，建设绿色家园是人类的共同梦想。人类只有一个地球，保护生态环境、推动可持续发展是各国的共同责任，任何一个国家都没有足够的能力独自应对生态系统受到的威胁，世界各国要同心协力，抓紧行动，共建人与自然和谐共生的美丽家园。

党的十八大以来，习近平总书记多次在不同国际场合发表重要讲话，深刻阐明保护全球生态环境的重要性，倡议人与自然和谐共生，呼吁全世界共同推进生态环境治理，推动共建公平合理、合作共赢的全球气候治理体系，为共同构建美丽地球家园提供中国主张、中国方案、中国智慧、中国力量，彰显了大国领袖的世界视野和天下情怀。立足当下，全球气候变化加剧、自然灾害频发，生物多样性丧失和生态系统退化形势严峻，人类站在了保护生物多样性、实现全球可持续发展的十字路口。面对全球生态危机，作为全球生态文明的重要参与者、贡献者、引领者，我国始终坚持生态治理的多边主义，积极参与全球环境治理，与世界携手前行，努力推动全球生态治理体系的完善，共谋全球生态文明建设之路，守护好人类共同的绿色家园，共创人类美好未来。

案例 51，以美国一些政客的任性行为为例，讲述了美国退出气候变化《巴黎协定》，对多个环境条约“签署但不批约”，阻挠国际环境合作，奉行双重标准，妨碍多边环境进程，践踏国际社会规则，严重损害了美国人民、世界人民和子孙后代的利益，损害了全球环境治理的公平、效率和成效。这从反面警示了世界各国要重信守诺，携手合作，坚持生态治理多边主义，维护国际规则尊严和权威，共筑生态文明之基、同走绿色发展之路。案例52，以十二位国际人士对中国生态文明建设成就的积极评价，表明中国在发展理念、战略规划、国际合作方面为全球生态治理做出了巨大贡献，进一步彰显中国作为全球生态文明建设参与者、贡献者、引领者的地位和作用，展现出中国愿与国际社会携手共同推进全球生态治理的坚定决心，对实现中华民族永续发展、推动全球可持续发展具有重要的现实意义。

案例51：阻碍环境治理，威胁全球生态安全：美方威胁全球安全的真面目

人类对大自然的伤害最终会伤及人类自身，这是无法抗拒的规律，美国一些政客的任性妄为不仅有悖美国人民意愿，而且损害了世界人民和子孙后代的共同利益。

2019年11月4日，美方正式启动退出气候变化《巴黎协定》程序。按照有关退约条款规定，美方于今年11月4日正式退出《巴黎协定》，成为迄今为止189个缔约方中唯一退出的一方。这是不光彩的记录，其危害性已经引起国际社会高度警惕。

《巴黎协定》被誉为近年来多边主义重大成果中的“一颗璀璨明珠”，代表了在全球气候治理问题上形成的广泛国际共识。美国是全球历史第一排放大国、全球累计温室气体排放最多的国家。大国更应该有大国的样子，应当承担大国责任、展现大国担当。更何况，美国2017年人均化石燃料排放二氧化碳14.6吨，是全球平均水平的3.3倍，理应承担更大的减排责任。然而，总是自诩为“向善之力”的美方却一再撂挑子——既不批准《京都议定书》，又退出《巴黎协定》，否认自身约束性量化减排义务，彻底游离于全球减排体系和安排之外，严重阻碍全球减排进程。

在气候环境问题上，美国一些政客毫不介意给本国贴上“言而无信”的标签。作为《联合国气候变化框架公约》缔约国，美国温室气体减排进展已经落后于预期。美方拒不履行本国曾经确立的“到2025年在2005年温室气体排放基础上排放下降26%~28%”的气候行动目标承诺。更有甚者，据美国《纽约时报》统计，美国现任政府执政以来直接或以其他方式撤销了近70项重大环境政策，还有30多项处于撤销进行中，预计将极大增加美国温室气体排放和空气污染致死人数。世界资源研究所主席安德鲁·斯蒂尔批评美方这种“非常短视”的行为是“对后代的残忍”。美国《世界政治评论》网站刊文指出，美方在气候变化领域的“鸵鸟政策”集中体现出“美国已沦为不负责任的利益攸关方”。

美国一些政客扮演着多边环境领域的“共识破坏者”和“麻烦制造者”角色，踩着油门开倒车，极大地损害了全球环境治理的公平、效率和成效。美方对《生物多样性公约》《京都议定书》等多个环境条约“签署但不批约”，凸显其不愿受国际环境条约约束、逃避自身国际责任的单边主义心态。美方不但拖欠《联合国防治荒漠化公约》《联合国气候变化框架公约》等会费，而且大幅削减或切断对全球环境基金、绿色气候基金的捐款，极大削弱了相关机制向发展中国家供资能力，掣肘全球气候环境合作。美方虽然宣布了“退群”，但还持续无理搅局《巴黎协定》后续问题谈判。由于美方立场消极，2017年以来的二十国集团领导人峰会都无法就气候变化内容达成共识。英国《卫报》评论指出，在解决有关地球生死存亡的危机上，美国一些政客让世界倒退了一大步。

美国一些政客在全球环境治理上一贯奉行双重标准，霸道无理。美方不履行温室气体减排义务，却频频要求发展中国家加大减排力度；美国是野生动物及其制品贩运的最大目的地国和消费国之一，美方高调呼吁全球开展打击野生动物非法贸易，却对自身违反《濒危野生动植物种国际贸易公约》避而不谈；美国是最大的固体废弃物出口国和人均塑料消费大国，美方迄今未批准《控制危险废物越境转移及其处置巴塞尔公约》，还为解决自身垃圾出口需求，多次攻击指责中国将废塑料等“洋垃圾”纳入《禁止进口固体废物目录》……大量事实表明，美方漠视自身在气候环境领域的斑斑劣迹，还不知羞耻地上演极具破坏性的政治闹剧，践踏国际法和国际规则，将其威胁全球生态安全的真面目暴露无遗。

人与自然是生命共同体。人类对大自然的伤害最终会伤及人类自身，这是无法抗拒的规律，美国一些政客的任性妄为不仅有悖美国人民意愿，而且损害了世界人民和子孙后代的共同利益。应当充分认识到，生态环境是人类生存和发展的根基，生态环境变化直接影响文明兴衰演替。共同努力保护生态环境、应对气候变化、提升全球环境治理水平，各国义不容辞。

（《人民日报》，2020 年 11 月 13 日）

51.1 案例思考讨论

（1）美国退出气候变化《巴黎协定》，在生态治理中开倒车，对多个环境条约“签署但不批约”，给全球生态治理造成了哪些危害？

（2）结合在全球生态治理中，美国一些政客拒不履行目标承诺、奉行双重标准等种种行为，谈谈世界各国如何践行全球生态治理的多边主义，共同推进全球生态治理？

51.2 案例分析启示

随着全球环境治理进程中自下而上、共商共建方式的深入，多元化、共治化的治理模式兴起，越来越多的国家以实际行动加入建设蓝色星球、绿色世界的进程中。在国际社会的共同努力下，全球生态治理取得诸多成效，但也不乏一些国家在全球环境治理领域坚持单边主义，阻碍国际环境合作。作为当今世界最先进发达的国家，美国一些政客在生态问题上频频大开“倒车”，以自己的利益为标准，退出气候变化《巴黎协定》、拒不履行目标承诺、持单边主义心态、奉行双重标准，不仅为全球生态治理“拖后腿”，还争当“绊脚石”，严重损害了人类的共同利益。这从反面昭示了人与自然是生命共同体，人类对大自然的伤害最终会伤及人类自身，在全球生态治理中要摒弃单边主义，坚持生态治理的多边主义。

习近平总书记指出：“地球是我们的共同家园。我们要秉持人类命运共同体理念，携手应对气候环境领域挑战，守护好这颗蓝色星球。”作为一个负责任的大国，中国始终是全球生态治理多边主义的捍卫者和践行者。党的十八大以来，中国共产党坚持走绿色发展道路，立足全人类的共同福祉，坚持多边主义理念，积极参与全球生态文明建设合作，在构建中国绿色发展模式的同时，为共建清洁美丽世界提供了中国方案和中国智慧。世界百年未有之大变局下，国际合作的前景、全球性挑战的出路、人类社会的未来，引起越来越多有识之士的思考，解决问题之道就是维护和践行多边主义，推动构建人类命运共同体，警惕以多边主义之名，行单边主义之实。

第一,从中国发展的角度出发,中国应有世界眼界和人类胸怀,坚持生态治理的多边主义,走绿色发展道路。新发展阶段面临很多新挑战新问题,新冠肺炎疫情更加暴露了当前国际体系和国际秩序的问题,增加了世界发展的不稳定性和不确定性。进入新发展阶段,中国以习近平生态文明思想为指导,贯彻新发展理念,以经济社会发展全面绿色转型为引领,以能源绿色低碳发展为关键,坚持共建人与自然生命共同体,坚持以人民为中心,提出“双碳”目标,积极参与全球生态治理,为全球提供更多公共产品,承担大国责任。同时,坚持共同但有区别的责任原则、公平原则和各自能力原则,明晰国家利益边界,坚决维护我国发展利益,尊重他国利益,认真履行《联合国气候变化框架公约》《巴黎协定》,积极践行生态治理多边主义。

第二,从世界各国发展的角度出发,各国要同心协力,维护多边主义,抓紧行动,共建人与自然和谐的美丽家园。“众力并,则万钧不足举也。”保护生态环境、推动全球生态可持续发展、构建清洁美丽家园是各国共同的责任,需要各国人民的共同努力。当前,绿色发展已成为世界发展的潮流和趋势,各国都在反思工业文明带来的生态环境问题,积极探寻以科技创新为主导的绿色可持续发展道路。世界各国要坚定捍卫以联合国为核心的国际体系,积极践行生态治理的多边主义,同心协力,积极探索合作共赢、公平合理的全球生态治理体系,共同推动全球可持续发展。

多边主义是全球治理的运行之基,是中国推进全球生态治理、应对世界百年未有之大变局的基本遵循,对实现中华民族伟大复兴和推进全球生态文明建设具有重要意义。随着全球化进程的加快,生态全球化走向已经成为一种时代需求,作为一个负责任的大国,中国与世界各国建立广泛双多边合作机制,广拓生态“朋友圈”;同时,世界各国是同舟共济的命运共同体,要守望相助,坚持生态治理的多边主义,继续秉持人类命运共同体理念,遵循合作共赢的原则,遵守《生物多样性公约》,维护国际规则尊严和权威,坚持走生态文明的发展道路,携手共谋全球生态治理之路,构建人类命运共同体,共建清洁美丽的世界。

案例52:中国绿色发展为全球生态治理作出重要贡献:国际人士积极评价中国生态文明建设成就

良好生态环境是全面建成小康社会的重要体现。近年来,中国污染防治攻坚战取得关键进展,主要污染物排放量继续下降,生态环境总体改善。中国在统筹推进疫情防控和经济社会发展工作中,将坚定不移贯彻绿色发展理念,走生态优先、绿色发展之路。接受本报记者采访的国际人士认为,中国生态文明建设成绩显著,同时积极参与全球生态治理,为全球可持续发展贡献了中国智慧和中国方案。

"深刻认识到环境和经济发展之间的辩证关系,绿水青山就是金山银山"

实践证明,生态本身就是经济,保护生态就是发展生产力。只要坚持生态优先、绿色发展,锲而不舍,久久为功,就一定能把绿水青山变成金山银山。

过去40多年来,日本湖泊污染治理专家稻森悠平几乎每年都要访问中国多次,为中国湖泊治理出谋划策。他认为,绿水青山就是金山银山的理念,对中国生态文明建设起到重要指导作用。"这些理念根植于中国传统文化,又立足中国国情,对国家生态环境保护具有重要意义。中国不断加大生态保护力度,生态环境持续改善,朝着人与自然和谐共生的方向发展。"

"我对中国发展绿色经济非常关注。这几年我前往贵州、四川、浙江等地采访,发现绿水青山就是金山银山的理念深入人心。"比利时财经杂志《走进比利时》总编辑弗朗索瓦·曼森说:"中国一些农村地区通过生态文明建设改善了生活环境,蹚出一条脱贫致富的新路子。去年,我到浙江松阳县采访,那里山青水绿,茶园飘香。由于当地生态环境好,茶叶品质高,茶产业成为当地经济的主要支柱。"

柬埔寨新快新闻网记者唐·占勒提拉多次赴华采访,眼见中国城市里的绿色日益增多。"我看到很多地方的生态环境越来越好。中国不断完善环保法律制度,民众的环保意识日益增强。中国政府和人民都深刻认识到环境和经济发展之间的辩证关系,绿水青山就是金山银山。"

俄罗斯科学院远东研究所首席研究员弗拉基米尔·彼得罗夫斯基

经常往来于俄中之间参加交流活动，对中国近年来特别是十八大以来生态环境的可喜变化深有感触。他认为，中国政府积极落实环保政策，在推动经济社会发展的同时，让生产生活环境更加良性循环，这符合坚持人与自然和谐共生的自然观。

“制定长期规划和发展战略，并严抓落实，值得其他国家学习借鉴”

生态治理必须遵循规律，科学规划，因地制宜，统筹兼顾，打造多元共生的生态系统。从探索城市绿色发展到推进美丽乡村建设，从退耕还林到荒漠变森林，中国走出一条绿色发展之路。

日本地球环境战略研究机构北京事务所所长小柳秀明用专业数据说明北京空气质量大幅改善。他注意到，近年来中国高度重视生态文明建设，不断完善各项法律制度并严格执行，建立健全促进生态文明建设的考评机制，生态环境考核指标在政绩考核体系中的权重有所增加。“中国生态文明建设经验值得很多国家学习和参考。”

“中国在保护生态方面制定长期规划和发展战略，并严抓落实，值得其他国家学习借鉴。”中国清华大学与巴西里约联邦大学共建的中巴气候变化与能源技术创新研究中心巴方负责人苏珊娜·卡恩认为，中国大力投资清洁能源等技术研究，为相关领域的科学进步作出贡献。“中巴中心的建立促进了两国在气候变化和清洁能源领域的技术合作，其中生物柴油是我们合作研究的课题之一。中国专家研发的酶法制备生物柴油技术，具有良好的经济效益和生态环境效益。”

蒙古国科学院国际关系研究所中国室主任旭日夫和该所博士贺西格图雅去年曾赴中国多地考察。“鉴于地理位置相近、气候条件相似，塞罕坝从荒漠变森林的经验对蒙古国很有借鉴意义。”旭日夫感受到，中国将发展经济和保护自然协同推进，积累了成功经验。贺西格图雅表示，中国很多农村实施净化、绿化、亮化、美化工程，效果显著。“比如浙江省‘千村示范，万村整治’工程不仅在中国，在世界上也属于范例。发展中国家可以从中有所借鉴。”

在泰国正大管理学院院长助理洪风看来，中国加速推进生态文明建设，不但有利于自身经济发展，也让周边国家从中受益。“中国和中南半岛国家山水相连，中国加强水资源保护等工作，也促进了东南亚国家的生态环保。”

“保护全球生态环境，需要各国齐心协力，拿出更多实际行动”

人类只有一个地球。建设全球生态文明，需要各国齐心协力，共同促进绿色、低碳、可持续发展。

弗朗索瓦·曼森注意到，“在中国全国两会期间，习近平主席强调要保持加强生态文明建设的战略定力，牢固树立生态优先、绿色发展的导向。我们希望中国继续为世界经济可持续发展发挥积极作用”。

“各国应携手合作，人类才能实现真正的可持续发展。”唐·占勒提拉表示，去年的北京世园会成为中国促进绿色产业国际交流与合作的重要平台，也让其他国家从中国生态文明建设成就中受到启发。中国绿色发展为全球生态治理作出重要贡献，彰显了中国推动构建人类命运共同体的责任担当。

德国能源观察集团主席汉斯—约瑟夫·费尔访华时，中国在戈壁周边植树造林、退耕还林还草给他留下深刻印象，“这些举措将带来巨大的生态优势，通过碳汇为环境保护作出重要贡献”。费尔认为，中国不断推动太阳能、风能和电动汽车等清洁能源应用，使零排放技术的价格更低廉，有助于在全球范围内更多推广。

墨西哥国立自治大学海洋与湖沼科学研究所研究员赫尔南德斯·贝塞里尔强调：“保护全球生态环境，需要各国齐心协力，拿出更多实际行动。尤其在当下全球面临疫情挑战，各国都应在促进人类健康和福祉的共同目标下，加强团结合作。”

“中国带头落实温室气体减排承诺、坚定支持气候变化《巴黎协定》。在推进共建绿色‘一带一路’方面，中国技术、中国方案造福沿线国家和地区人民。”埃及国家科研中心环境研究所研究员叶哈雅表示，中国推进绿色发展的成功探索，为全球生态环境治理作出重大贡献。

（《人民日报》，2020 年 6 月 3 日）

52.1 案例思考讨论

（1）在统筹推进经济社会发展工作中，我国生态文明建设以斐然成绩为全球可持续发展贡献了哪些中国智慧和中国方案？

(2)结合十二位国际人士对中国生态文明建设成就的积极评价,谈谈我国如何推动全球生态治理体系的完善,守护好人类共同的绿色家园?

52.2 案例分析启示

21 世纪以来，生态危机并未得到有效遏制，继续在全球蔓延并持续恶化,西方先污染后治理、转嫁污染的发展模式已经走不通,而新时代中国绿色发展理念直面工业革命以来现代化模式的弊端，在绿色低碳发展方面取得的进展和显著成效,绿色版图不断扩大。稻森悠平、弗朗索瓦·曼森、唐·占勒提拉、弗拉基米尔·彼得罗夫斯基、小柳秀明、苏珊娜·卡恩、旭日夫、贺西格图雅、洪风、汉斯—约瑟夫·费尔、赫尔南德斯·贝塞里尔、叶哈雅,十二位国际人士从“绿水青山就是金山银山”的发展理念、长期规划和发展战略的制定与落实、各国携手保护生态环境三个主要方面对我国生态文明建设取得的成就给予了肯定性评价，昭示了我国生态文明建设对全球生态治理的贡献,彰显出中国作为负责任大国的国际形象。

党的十八大以来,我国开展了一系列根本性、开创性、长远性生态工作,环境保护成效显著,公众参与范围之广、对全球生态贡献之大前所未有。然而在风云激荡的世界舞台中,责任缺失、监督缺位、协调不畅等问题削弱了全球生态治理的效能。面对全球生态危机和全球生态治理的困境，各国已“退无可退”,而此时中国正探索出一条绿色发展新路,以“中国之为”回答了“全球生态治理之问”。那么,“中国之为”体现在何处?

第一,“中国之为” 体现于我国绿色发展理念的中国主张。思想引领行动,理念指导实践。党的十八大以来,以习近平同志为核心的党中央高度重视生态文明建设,在全球生态治理议题上进行理念创新,从“绿色发展”置于五大发展理念之列,到生态文明建设摆上“五位一体”总体布局战略位置,从“人类命运共同体”理念到“共商共建共享”的全球治理观等,绿色越来越成为普遍形态。习近平生态文明思想总结了我国生态文明建设的理论和实践经验,深化了对人类文明发展规律、自然规律、经济社会发展规律的认识,对推动全球生态和谐构建具有重大现实意义。

第二,“中国之为” 体现于生态文明顶层设计和制度体系建设的中国行动。在促进人与自然和谐共生、实现生态保护与经济社会发展相互促进等方面,我国既有先进的价值理念,更有务实的行动举措。从 1972 年参加联合国人类环境会议以来,中国积极参加国际环境会议,参与了许多重要国际文件的谈判和起草工作,如《联合国气候变化框架公约》《京都议定书》《巴黎协定》等。中国特色社会主义进入新时代,以习近平同志为核心的党中央高度重视生态文明建设,加快生态文明制度体系建设,造就了库布齐沙漠、塞罕坝等中国绿色奇迹,美丽中国建设迈出重大步伐,在国际上共谋全球生态文明建设,体现出中国的全球视野和大国担当,为全球生态治理提供中国智慧。

第三,"中国之为" 体现于数字化赋能高效生态治理图景构建的中国创意。党的十八大以来,我国积极推动高新技术企业的发展,打造了一批生态产业,既推动了经济发展,又减少资源的消耗和污染物的排放,有效协调了经济发展与生态环境之间的矛盾。随着大数据、人工智能、云计算等数字技术的发展,中国特色社会主义生态文明建设迎来了发展机遇。我们必须抓住新一轮科技革命和产业变革的历史性机遇, 利用好信息技术, 通过智能研判、精准管控来优化治理决策,建构开放共享的生态治理机制。同时,攻克关键核心技术、建设科技强国,建立节能环保科技支撑体系,积极抢占全球绿色技术制高点,走可持续发展之路。

第四,"中国之为"体现于我国推进绿色"一带一路"建设的中国倡议。在全球生态治理中,中国积极构建交流合作平台,推进共建绿色"一带一路",加强与世界各国的合作,为发展中国家提供援助,深度参与全球环境治理,增强我国在全球环境治理体系中的话语权和影响力, 推动新冠肺炎疫情后世界经济"绿色复苏",形成可持续发展的解决方案。截至 2020 年底,中国与 60 多个国家、国际组织签署约 150 项生态环境保护合作文件,已签约或签署加入的与生态环境有关的国际公约、议定书等 50 多项,为全球生态治理作出积极贡献。

在社会主义现代化建设进程中, 中国从中华民族永续发展和构建人类命运共同体高度,提出从全球事业加快推进生态文明建设主张,完善生态文明制度体系,加强南南合作以及同周边国家的合作,为发展中国家提供支持与帮助,自觉走出了"绿水青山就是金山银山"的成功之路,推动由工业文明向生态文明范式转型,并且坚持以中国立场、世界眼光、人类胸怀积极探索合作共赢的全球生态治理体系,为全球生态文明建设作出了巨大贡献。为建设全球生态文明和美丽地球,全人类要秉承人类命运共同体理念,抓住新一轮科技革命和产业革命的历史性机遇,凝聚合力,共同推动全球生态文明建设行稳致远。

知识链接和特别关注

多边主义与单边主义

多边主义是适应经济全球化、世界多极化时代要求的产物,其要义是国际上的事由大家共同商量着办,世界前途命运由各国共同掌握。国际社会应该按照各国共同达成的规则和共识来治理,而不能由一个或几个国家来发号施令。单边主义是指举足轻重的特定大国,不考虑大多数国家和民众的愿望,单独或带头退出或挑战已制订或商议好了的维护国际性、地区性、集体性和平、发展、进步的规则和制度,并对全局或局部的和平、发展、进步有破坏性的影响和后果的行为与倾向。

世界正在经历百年未有之大变局,国际力量对比深刻变化,国际体系和国际秩序深度调整,新一轮科技革命和产业变革深入发展,国际关系中的不稳定性、不确定性突出,走多边主义道路是唯一的正确选择。

二十国集团(G20)领导人峰会

G20峰会是一个国际经济合作论坛,于1999年12月16日在德国柏林成立,属于布雷顿森林体系框架内非正式对话的一种机制,由原八国集团以及其余十二个重要经济体组成。它是主要经济体领导人就全球治理议题申明本国立场和政策、深化多边合作的平台,相较于G20的诸多部长级会议聚焦具体领域的政策磋商,G20峰会更侧重展示政治意愿和表达战略立场。随着G20峰会向长效治理和综合治理机制转型,G20峰会不仅正在引领全球绿色治理进程,而且正在呈现出以绿色治理引领全球发展与治理的新趋势。

G20峰会的主办方为20国集团,成员包括:八国集团成员国有美国、日本、德国、法国、英国、意大利、加拿大、俄罗斯,作为一个实体的欧盟和澳大利亚、中国,以及具有广泛代表性的发展中国家即南非、阿根廷、巴西、印度、印度尼西亚、墨西哥、沙特阿拉伯、韩国和土耳其。

2008年11月15日,二十国集团在美国华盛顿举行第一次峰会。峰会就各国合作应对国际金融危机、维护世界经济稳定达成重要共识，通过了47条金融领域改革行动计划。从2008年至2021年，G20峰会共举行了十六次，而二十国集团领导人第十七次峰会于2022年11月在印度尼西亚举行。

巴黎气候大会

2015年11月30日至12月11日，《联合国气候变化框架公约》第21次缔约方大会于巴黎举行。按照计划，一项新的全球气候协议将在气候大会上达成，为2020年后全球应对气候变化行动作出安排。第21届联合国气候变化大会目的是促使196个缔约方（195个国家+欧盟）形成统一意见，达成一项普遍适用的协议，并于2020年开始付诸实施。

《巴黎协定》

《巴黎协定》于2015年12月12日在第21届联合国气候变化大会（巴黎气候大会）上通过，于2016年4月22日在美国纽约联合国大厦签署，于2016年11月4日起正式实施。《巴黎协定》是由全世界178个缔约方共同签署的气候变化协定，是对2020年后全球应对气候变化的行动作出的统一安排，是第一份涵盖所有国家并获得一致同意的气候协定，首次使发达国家和发展中国家在统一的制度框架内，以有区别的方式承担各自的义务和作出贡献。它指明了全球绿色低碳转型的大方向，勾画了构建清洁美丽世界的宏伟蓝图。

第八章
新时代坚持和发展
中国特色社会主义的重要保障

中国特色社会主义进入新时代，是承前启后、继往开来、在新的历史条件下继续夺取中国特色社会主义伟大胜利的时代。新时代下，要继续坚持和发展中国特色社会主义的重要保障，要准确把握我国国家安全形势变化新特点新趋势，坚持既重视外部安全又重视内部安全、既重视国土安全又重视国民安全、既重视传统安全又重视非传统安全、既重视发展问题又重视安全问题、既重视自身安全又重视共同安全，切实做好国家安全各项工作，为新时代中国特色社会主义的向前发展而保驾护航。

在当前世界不稳定不确定因素日益增多、国际格局复杂多变的关键期，保障国家安全发展的环境，对于坚持和发展中国特色社会主义，实现中华民族伟大复兴是不容忽视的。习近平总书记强调，“要准确把握国家安全形势，牢固树立和认真贯彻总体国家安全观，以人民安全为宗旨，走中国特色国家安全道路，努力开创国家安全工作新局面，为中华民族伟大复兴中国梦提供坚实安全保障”。新时代首先要进一步加强党对国家安全工作的集中统一领导，以总体国家安全观为指导，构建中国特色国家安全体系，全方位维护好国家安全，其次要坚持走中国特色强军之路、全面推进国防和军队现代化，捍卫国家主权、安全、发展利益，最后坚持全面准确贯彻“一国两制”方针，坚定实现祖国完全统一。这对于我国妥善应对新问题新挑战，努力开创国际合作新局面具有重要指导意义和重大现实意义。

案例主题一：坚持总体国家安全观

中国共产党诞生于国家内忧外患、民族危难之时，对国家安全的重要性有着刻骨铭心的认识。从新民主主义革命时期的以主权安全为中心的国家安全观，接着是社会主义革命和建设时期的以军事安全为根本的国家安全观，再到改革开放时期和社会主义现代化建设新时期的以综合安全为基础的国家安全观。如今进入中国特色社会主义新时代，自党的十八大以来，以习近平同志为核心的党中央加强对国家安全工作的集中统一领导，把坚持总体国家安全观纳入坚持和发展中国特色社会主义基本方略，从全局和战略高度对国家安全作出了一系列重大决策部署，强化国家安全工作顶层设计，完善各重要领域国家安全政策，健全国家安全法律法规，形成一条中国特色国家安全道路，成功应对了一系列重大风险挑战。

增强忧患意识，做到居安思危，是治党治国治军必须始终坚持的一个重大原则。我们党要巩固执政地位，要团结带领人民坚持和发展中国特色社会主义，保障国家安全是头等大事。做好新时代国家安全工作，必须贯彻总体国家安全观，统筹发展和安全，抓住和用好我国发展的重要战略机遇期，深刻认识我国社会主要矛盾变化带来的新特征、新要求和错综复杂的国际环境带来的新矛盾、新挑战，把国家安全贯穿到党和国家工作的各方面全过程，同经济社会发展一起谋划，一起部署，坚持系统思维，构建大安全格局，为坚持和发展新时代中国特色社会主义提供重要保障。

案例 53，以长期以来深受恐怖主义威胁的尼日尔的蒂拉贝里大区以及塔瓦大区等多地发生恐怖袭击造成 300 余名平民死亡事件为例，尽管国家社会对尼日尔安全形势高度关注，但是尼日尔事件中显示出整个国际社会安全环境形势不容乐观，表明新时代党要深刻认识到错综复杂的国际环境带来的挑战，增强忧患意识，做到居安思危，构建大安全格局；案例 54，以采访最早修建的丹东志愿军烈士陵园、最大规模的沈阳志愿军烈士陵园以及文物资料最丰富的丹东抗美援朝战争纪念馆为例，无数的党员群众来到这里感受到抗美援朝战争的艰辛以及抗美援朝精神的伟大，再现了新中国的和平与稳定来之不易，证明“国家安全是国家生存发展的基本前提，是安邦定国的重要基石，没有国家安全，就不可能实现经济社会可持续发展”，昭示新时代要统筹好发展和安全两件大事。

案例 53：尼日尔发生多起恐袭事件

连日来，尼日尔多地发生恐怖袭击事件。2021 年 3 月 24 日，尼西南部蒂拉贝里大区的两个村庄遭遇恐怖袭击，截至发稿时已有至少 10 人死亡。

3 月 21 日，塔瓦大区的 3 个村庄遭遇恐怖袭击。当时恐怖分子驾驶多辆摩托车，持自动武器向平民扫射，造成 137 人死亡。15 日，一群骑摩托车的武装人员袭击了蒂拉贝里大区的居民。当时人们正从尼日尔与马里交界的一处乡镇集市返回，袭击者从不同方向拦停并引燃汽车，同时向平民开枪，造成 65 人死亡。1 月 2 日，蒂拉贝里大区的村庄还遭受过另一起袭击，恐怖分子杀害了约 100 名平民。

目前，尼日尔政府尚未确认一系列恐怖袭击的幕后主使，但安全部门表示，极端组织“伊斯兰国”近期在尼日尔和马里交界地区很活跃，“基地组织”分支机构和当地少数民族武装的活动也使该地区的安全形势进一步恶化。尼日尔政府发言人阿卜杜勒—拉赫曼表示，“恐怖分子正系统性地针对平民展开袭击，其恐怖和野蛮程度令人发指”，政府会将这些恐怖分子绳之以法，恢复当地的和平稳定。

国际社会对尼日尔安全形势高度关注。联合国秘书长古特雷斯 23 日呼吁尼日尔政府全力查明真相并迅速将肇事者绳之以法。他重申，联合国支持尼日尔政府和人民为防止和打击恐怖主义、暴力极端主义和有组织犯罪所做的努力。他敦促萨赫勒地区各国继续努力，与区域组织和国际伙伴密切合作，应对恐怖主义、暴力极端主义和有组织犯罪的严重威胁。非盟委员会主席马哈马特 22 日对尼日尔再次发生针对平民的恐怖袭击表示愤慨和关切，强调“迫切需要加强萨赫勒地区的反恐斗争”。

尼日尔地处萨赫勒地区，长期以来深受恐怖主义威胁。据联合国难民署统计，萨赫勒地区正成为世界上难民增长速度最快的地区之一，目前该地区已收容约 85 万难民。在今年 2 月的萨赫勒五国峰会上，乍得宣布将向布基纳法索、马里、尼日尔三国交界地带派遣 1200 名士兵，以加强地区反恐力量。

（邹松：《人民日报》，2021 年 3 月 26 日）

53.1 案例思考讨论

（1）从尼日尔恐怖袭击事件中，谈谈当今世界范围内正处于一个怎样的环境之中？

（2）从尼日尔恐怖主义分子严重危害了当地政府的政治安全中，理解中国应该怎样维护好国家安全的政治安全？

53.2 案例分析启示

长期以来深受恐怖主义威胁的尼日尔的蒂拉贝里大区以及塔瓦大区等多地发生恐怖袭击造成 300 余名平民死亡，当地政府以及国际社会方面对发生在尼日尔蒂拉贝里大区的恐怖袭击事件表示强烈谴责，向遇难者致以哀悼，向遇难者家属表示慰问，并坚决反对一切形式的恐怖主义，将继续坚定支持尼日尔政府维护国家稳定和人民安全的努力。尽管和平与发展已经成为当今世界的主题，然而世界面临的不稳定性不确定性突出，世界经济增长动能不足，贫富分化严重，地区热点问题此起彼伏，恐怖主义、网络安全、重大传染性疾病、气候变化等非传统安全威胁持续蔓延在世界各地，严重阻碍了经济的发展和国家的安全。

在新的时代背景和世界格局之下，我国国家安全面临诸多挑战，安全威胁呈上升趋势，维护国家安全的任务更加复杂艰巨。针对国家安全面临的新形势，为了适应新形势下有效维护国家安全的需要，2014 年 4 月，习近平总书记在中央国家安全委员会第一次会议上，首次提出了总体国家安全观，而其中政治安全在国家安全体系中是根本、是核心。习近平总书记在党的十九大报告中明确提出了“以政治安全为根本”“完善国家安全制度体系”的执政要求。党的十九届四中全会再次强调维护国家政治安全的根本性意义，尤其要“坚决防范和严厉打击敌对势力渗透、破坏、颠覆、分裂活动”。

如何才能维护国家的政治安全稳定？首先，必须维护国家的主权独立和领土完整，政治安全最基础的就是确保中华人民共和国主权和领土不受侵犯、国家不被分裂，这是国家生存发展的前提和基础，同时也需要每位公民参与到维护国家统一和各民族团结中来。其次，必须维护政权安全和制度安全，就是必须坚持中国共产党的领导，坚持社会主义制度，这是维护国家政治安全的核心。最后，必须维护国家政治秩序稳定和巩固主流意识形态的指导地位，确保国家政权政策运转、政治制度不受干扰破坏，坚持中国共产党在各项工作中的领导地位，坚持马克思主义在主流意识形态领域的指导地位，坚持人民民主专政，坚持社会主义道路，同时维护国家政治秩序稳定还需要人民群众的支持和拥护，否则政治秩序将会受到危害，进而危害国家政治安全。

总体国家安全观是习近平新时代中国特色社会主义思想的重要组成部分，坚持总体国家安全观是坚持与发展中国特色社会主义的基本方略之一。总体国家安全观作为新时代我国国家安全事业的指导思想和行动指南，对我国应对新时代国内外各种安全挑战，维护国家安全、地区稳定、世界和平具有重要指导意义。在实现中华民族伟大复兴的新征程中，我们要进一步提高政治站位，深入学习和把握总体国家安全观的丰富内涵、理论要义和科学体系，进一步用总体国家安全观武装头脑，坚持以总体国家安全观指导国家安全各方面工作，努力走出一条中国特色国家安全道路，开辟新时代国家安全事业新局面，为推进和保障新时代中国特色社会主义建设和中华民族伟大复兴作出新的更大贡献。

案例 54：抗美援朝精神在这里直击心灵

“雄赳赳，气昂昂，跨过鸭绿江……”这首曲调激昂的《中国人民志愿军战歌》是很多人心中难忘的旋律。71 年前，中国人民志愿军抗美援朝出国作战，同朝鲜人民和军队一道，历经两年零 9 个月艰苦卓绝的浴血奋战，赢得了抗美援朝战争伟大胜利。这是一场保卫和平、反抗侵略的正义战争，伟大的抗美援朝精神成为中华民族弥足珍贵的精神财富。

在辽宁，沈阳抗美援朝烈士陵园、抗美援朝纪念馆、丹东市抗美援朝烈士陵园是有关这场战争最重要的纪念馆和陵园。如今一批又一批党员群众来到这里缅怀英烈，重温历史，感悟伟大的抗美援朝精神。

丹东最早修建志愿军烈士陵园

丹东市锦江山公园北麓，丹东市抗美援朝烈士陵园庄严肃穆，这是国内最早修建的中国人民志愿军烈士陵园，也是早期安葬志愿军烈士最多的陵园。在松柏常青的山坡上，长眠着292位志愿军烈士。如今，修葺一新的墓碑向人们讲述着志愿军战士舍生忘死、浴血奋战的英雄气概，也书写着志愿军凯旋的骄傲与荣光。

1950年10月，中国人民志愿军"雄赳赳，气昂昂，跨过鸭绿江"，经过两年零九个月的浴血奋战，1953年7月27日迫使侵略者在朝鲜停战协定上签字，抗美援朝战争取得胜利。

在抗美援朝战争中，中国人民志愿军在极其艰苦的条件下，完成了重大的作战任务，涌现出大批英雄、模范和功臣。在这场战争中，丹东是大后方的最前沿。中国人民志愿军从这里跨过鸭绿江，又在这里进行休整和救治志愿军伤病员。

丹东抗美援朝烈士陵园安葬的部分志愿军烈士和功臣，包括特等功臣、一级战斗英雄陈德忠，一等功臣、二级战斗英雄于占和，特等功臣陈亮等。在陵园内的纪念馆里，记载着这些英烈的英雄事迹。

占地面积1.4万平方米的丹东市抗美援朝烈士陵园内青松掩映，沿着陵园台阶缓步而上，在半山腰处，有一座于1951年中国人民志愿军第五十军回国休整时修建的纪念碑，这是国内最早修建的抗美援朝烈士纪念碑。烈士墓与墓碑整齐地排列在苍松翠柏之间，墓前有整齐的步道。

丹东市抗美援朝烈士陵园负责人石计书告诉记者，1987年陵园被确定为省级烈士纪念建筑物保护单位，并先后被命名为辽宁省爱国主义教育示范基地、辽宁省中共党史教育基地。

陵园内的讲解员吴琼在来到这里工作之前，曾在丹东鸭绿江断桥景区担任讲解员。吴琼告诉记者，先烈们用热血铸就了伟大的抗美援朝精神，每一次讲解对于她和参观者来说，都深受震撼，都是一次心灵的洗礼。在纪念馆的留言簿上，许多参观者写下了自己的参观感受，字里行间表达出对烈士的怀念与敬仰，以及被激发的浓浓爱国热情。

如今，每年2万余人到丹东市抗美援朝烈士陵园瞻仰。石计书告诉记者，为了更好地宣传抗美援朝精神，该陵园正在筹备拍摄有关抗美援朝战争及英雄事迹的系列短视频，希望能将英雄故事讲给更多人听。

沈阳建最大的志愿军烈士陵园

在沈阳抗美援朝烈士陵园采访，记者正赶上一场捐献活动。烈士陵园内的纪念馆收到了由中国兵器辽沈工业集团有限公司捐赠的反坦克爆破筒等4件武器展品。据悉，这是抗美援朝战争时期试制武器过程中留下的实物，这几个型号的武器曾在抗美援朝战场上立下赫赫战功。中国兵器辽沈工业集团有限公司党委书记、董事长杨万林表示，这几件展品展示了沈阳国防工业的历史成就，把它捐献出来，希望能激发更多人的爱国热情，铭记那段历史。

据沈阳抗美援朝烈士陵园宣教科科长王春婕介绍，纪念馆有藏品6000余件，主要为烈士遗物、革命文物以及志愿军战士在战场上使用过的生活用品等。有蔡正国烈士的血衣、吴国璋烈士幼子的抚恤证、饶惠谭烈士的枕套等。

除了捐赠，多年来，沈阳抗美援朝烈士陵园征集小组走访全国各地寻找志愿军烈士遗物。“2014年第一批归国的在韩志愿军烈士冉绪碧，我们找到他的亲人后，工作人员前往他的家乡，征集到了他参军前使用过的三件学习用品。”王春婕介绍，“看到陵园的工作人员后，冉绪碧68岁的侄子冉方章非常激动，他将冉绪碧用过的书箱、算盘和煤油灯都捐献给了沈阳抗美援朝烈士陵园，他说他们全家都以叔叔为荣，也希望让更多人记住叔叔。”

像这样的故事还有很多，在沈阳抗美援朝烈士陵园，每一件藏品都记载着英雄的故事。如今越来越多的人在党史学习教育中受到英雄事迹的鼓舞。王春婕已经在沈阳抗美援朝烈士陵园工作近17年的时间，刚到陵园时她担任讲解员。“现在，前来瞻仰、缅怀英烈的人越来越多，陵园每年的接待量超过15万人次。今年清明节期间，陵园共接待群众1.5万余人。”王春婕说。

作为全国最大的志愿军烈士陵园，沈阳抗美援朝烈士陵园安葬着抗美援朝战争中牺牲的特级战斗英雄杨根思、黄继光，一级战斗英雄邱少云、孙占元、杨连第等。陵园始建于 1951 年，1999 年 10 月 15 日改建落成。陵园内设有抗美援朝纪念碑、烈士墓群、烈士纪念广场、烈士纪念馆等。

烈士墓群位于纪念碑后面和两侧。烈士广场位于烈士纪念碑中轴线以北 60 米处，为下沉式建筑。广场中央建有一组雕塑，造型取自喜马拉雅山，寓意英雄如山。广场上修建的烈士英名墙，镌刻了烈士的英名。

沈阳抗美援朝烈士陵园是全国重点烈士纪念建筑物保护单位。为了让更多人了解这段历史，将伟大的抗美援朝精神更好地传承下去，沈阳抗美援朝烈士陵园组织多名讲解员加入“红色讲师团”，深入学校为学生讲述抗美援朝战争史和战斗英雄故事。

文物资料：最丰富的纪念馆

在丹东市锦江山西麓的英华山，全国唯一一座全面反映抗美援朝历史的国家级重大战争纪念馆——丹东抗美援朝纪念馆就坐落在这里。

抗美援朝纪念馆是目前国内收藏有关抗美援朝文物与资料最全面和最系统的纪念馆，共收藏文物 2 万余件，其中国家一级文物 58 件、二级文物 203 件、三级文物 1145 件，包括志愿军参谋长解方在谈判时期使用的照相机，志愿军政治部主任李志民的一级国旗勋章、一级自由独立勋章，第十九兵团司令员杨得志的一级国旗勋章、第九兵团司令员宋时轮的卡宾枪，魏巍的《汉江南岸的日日夜夜》手稿等。另外还有各类抗美援朝资料 3 万余份。这里堪称抗美援朝战争历史资料的宝库。

抗美援朝纪念馆始建于 1958 年，作为全国爱国主义教育示范基地、辽宁省中共党史教育基地，自 1993 年 7 月新馆落成至今，已经累计接待国内外参观者 1200 万余人次。在近 3 万平方米的陈列馆里，“冰雪长津湖”“钢铁运输线”等写实场景，以及各主题雕塑和油画等，真实客观地再现了抗美援朝战争和抗美援朝运动的光辉历史。

“现在，每天都有近 4000 人来纪念馆参观。”抗美援朝纪念馆副馆长宫绍山告诉记者，馆内共有近 20 位讲解员，但是人均一天六七场讲解都有些应接不暇。

在纪念馆的临时展厅，有一组名为“开国第一战”的主题展览，宫绍山告诉记者，这是为了庆祝中国共产党成立 100 周年特意组织策划的。值得一提的是，以往讲述抗美援朝战争往往更多的是涉及战争史，今年布展宣讲的重点是更全面地展示抗美援朝精神，从而激发人们的爱国热情。

除了特色展览，抗美援朝纪念馆今年还推出系列党课。党课的内容突出民族精神和民族智慧。“我们希望通过这样的党课内容能够真正做到见精神、见党性，从而让党的历史和抗美援朝精神能更深入地根植于人们心中。”宫绍山说，为了让更多的团队能够来这里学习党史，纪念馆还专门开设了党史学习参观团队通道。

抗美援朝纪念馆研究部负责人关小宇告诉记者，今年纪念馆的讲解词进行了更新，加入了更多党史学习教育的新内容。“抗美援朝战争打出了我们的国威，极大增强了民族自豪感和自信心，我们希望加入更多这样的精神内核，能更好地体现中国共产党人的精神谱系。”关小宇说。

（人民网，2021 年 7 月 15 日）

54.1 案例思考讨论

（1）抗美援朝战争的胜利，给新中国的经济社会发展带来了稳定与安全保障，在当前实现中华民族伟大复兴的战略全局背景下，我国的发展与安全面临哪些潜在的危险？

（2）当前世界范围内仍然充斥着强权政治和霸权主义等外在因素，在面临世界百年未有之大变局时，我国应如何更好统筹发展和安全两件大事？

54.2 案例分析启示

在参观辽宁沈阳抗美援朝烈士陵园和丹东抗美援朝纪念馆、抗美援朝烈士陵园的过程中，可以看到中国人民志愿军在极其艰苦的条件下，完成了重大的作战任务，展现了新中国成立初期中国人民志愿军为维护国家安全以保障国家发展稳定所做出的艰辛努力。抗美援朝战争的胜利，充分证明，正义必定战胜强权，和平发展是不可阻挡的历史潮流。习近平总书记指出：“中华民族的血液中没有侵略他人、称霸世界的基因，中国人民不接受‘国强必霸’的逻辑，愿意同世界各国人民和睦相处、和谐发展，共谋和平、共护和平、共享和平。中国将坚持走和平发展道路，同时也将推动各国共同坚持和平发展。”中国坚持和平发展道路，推动构建人类命运共同体，是在深刻总结历史经验、准确把握人类社会发展规律上得出的重要思想。

党的十八大以来，中国特色社会主义进入新时代，这是我国发展新的历史方位。总体来看，我们比历史上任何时期都更接近、更有信心和能力实现中华民族伟大复兴的目标。我国日益走近世界舞台中央，但仍然处于并将长期处于社会主义初级阶段，仍然是世界上最大的发展中国家，发展仍然是解决我国一切问题的基础和关键。在这个阶段，发展内在产生和外在面临的安全风险均在上升，发展与安全的深度交织变得越来越突出。

从国内来看，我国发展不平衡不充分问题仍然突出，创新能力不适应高质量发展要求，农业基础还不稳固，城乡区域发展和收入分配差距较大，生态环保任重道远，民生保障存在短板，社会治理还有弱项。从国际来看，经济全球化大潮滚滚向前，但保护主义、单边主义阴影日显浓厚。新一轮科技革命和产业变革深入发展，但经济增长新旧动能转换尚未完成，全球发展不平衡加剧。这样的形势，使我们面临的改革发展稳定任务之重前所未有、矛盾风险挑战之多前所未有，我国发展进入各种风险挑战不断累积甚至集中显露的时期。

如何统筹发展和安全两件大事呢?第一，坚持党对发展和安全工作的全面领导。发挥党总揽全局、协调各方的作用。着力提高把握全局、谋划发展的战略能力，不断增强驾驭风险的能力，同时加强国家安全系统党的建设，以政治建设为统领建设国家安全队伍。第二，推动经济社会高质量发展。贯彻新发展理念，坚持稳中求进工作总基调，以满足人民日益增长的美好生活需要为根本目的，统筹推进总体布局和协调推进战略布局，加快构建新发展格局。第三，推进国家安全体系和能力现代化。进一步完善国家安全领导体制，健全国家安全体系和运行机制，完善重要领域国家安全立法、制度、政策，健全国家安全审查和监管制度，加强国家安全执法。第四，发挥人民群众的主体作用。通过长期有效的国家安全教育，促进全体人民树立牢固国家安全的观念和意识，营造维护国家安全人人有责的社会氛围，夯实国家安全的社会基础。

处在中华民族伟大复兴战略全局和世界百年未有之大变局，必须注重总体谋划，坚持统筹发展和安全。安全是发展的前提，发展是安全的保障。统筹发展和安全要求，抓好发展和安全两件大事。坚持统筹发展和安全，要求提高发展质量和国际竞争力，增强国家综合实力，有效维护国家安全；要求坚持底线思维、居安思危、未雨绸缪、主动防范化解各类风险隐患，增强斗争精神和风险意识，提高斗争本领和抵御风险能力，积极应对外部环境变化对我国发展带来的冲击挑战。

知识链接和特别关注

抗美援朝

抗美援朝，又称抗美援朝运动或抗美援朝战争，是20世纪50年代初爆发的朝鲜战争的一部分，仅指中国人民志愿军参战的阶段，也包括中国人民支援朝鲜人民抗击美国侵略的群众性运动。

1950年7月10日，“中国人民反对美国侵略台湾朝鲜运动委员会”成立，抗美援朝运动自此开始。10月，中国人民志愿军赴朝作战，拉开了抗美援朝战争的序幕。在抗美援朝战争中，志愿军得到了解放军全军和中国全国人民的全力支持，得到了以苏联为首的社会主义阵营的配合。1953年7月，双方签订《朝鲜停战协定》，从此抗美援朝胜利结束。1958年，志愿军全部撤回中国。10月25日为抗美援朝纪念日。

案例主题二：加强新时代国防和军队建设

新时代世情国情军情持续发生深刻复杂变化，强军兴军面临着一系列重大问题。从外部环境来看，世界百年未有之大变局加速演进，国际战略竞争特别是大国博弈日益激烈，新一轮科技革命和军事革命加速发展，周边安全形势复杂多变，对军队维护国家安全的需求更加迫切。

习近平总书记在党的十九大报告中指出，国防和军队建设正站在新的历史起点上，面对强国强军的时代要求，必须全面贯彻新时代党的强军思想，贯彻新形势下军事战略方针，建设强大的现代化陆军、海军、空军、火箭军和战略支撑部队，打造坚强的战区联合作战指挥机构，构建中国特色现代化作战体系，担当起党和人民赋予的新时代使命任务。习近平总书记统筹“两个大局”、把握历史主动，围绕新时代建设一支什么样的强大人民军队、怎样建设强大人民军队这一重大时代课题，作出一系列新的重大判断、新的理论概括、新的战略安排，回应了时代发展和战争形态演变对军队建设提出的新要求。习近平强军思想，通篇贯穿着建设强大人民军队的不懈追求，蕴含着以强军支撑强国的深远考量，以引领时代潮流、走在时代前列的胸怀气魄，把强军事业提升到全新位势。

案例55，以庆祝中国人民解放军建军90周年的朱日和阅兵为例，阅兵中所展现的中国人民解放军是野战化、实战化的沙场点兵，彰显我国武器装备优质战斗力，是人民军队整体性、革命性变革后的全新亮相，这一新时代中国特色社会主义的重大标志性事件，表明在新时代新征程上必须坚持走中国特色强军之路，坚持党对人民军队的绝对领导，把人民军队建设成为世界一流军队，以更强大的能力、更可靠的手段捍卫国家主权、安全和发展利益。案例56,讲述了国防科技大学、陆军军医大学、空军工程大学、战略支援部队航天工程大学等四所不同军队院校青年学生们的日常故事，他们刻苦钻研、努力提升、从军报效祖国,可见青年是新时代强军和国防建设的重要后备力量,体现了新时代加强军队院校教育,大力实施人才战略工程,把人民军队全面建设成世界一流军队的目标。

案例55:向世界一流军队挺进的庄严宣誓:庆祝中国人民解放军建军90周年阅兵侧记

5:00,内蒙古朱日和训练基地练兵场已经迎来朝阳,漫天的云层透着青蓝色,占据着人们大部分的视野,但橙红色的霞光已跃出地平线,美丽耀眼。

今日,这里将迎来庆祝中国人民解放军建军90周年盛大阅兵。

此次阅兵依托于参加实战化训练的部队。受阅官兵走下训练场,便走上阅兵场。此时官兵们按照方队各自有序地进行受阅前的准备。

野战条件下的沙场阅兵,从场地、设施到指挥全是野战化的。没有修筑专门的检阅设施，检阅台是临时搭建的，正中鲜明标注着“1927”“2017”,代表着中国人民解放军走过90年的光辉历程。

9:00,阅兵正式开始。

中共中央总书记、国家主席、中央军委主席习近平身着迷彩作训服、头戴作训帽,检阅三军。

习主席站在检阅车中央,向着受阅部队驶去。受阅官兵排列两旁,受阅装备位于身后,光芒熠熠。再往远处,是一望无际的戈壁与远山。

“同志们好——”“主席好!”

“同志们辛苦了——”“为人民服务!”

习主席的亲切问候和受阅官兵的响亮回答,汇聚成历史与现实的交响。

1927年8月1日,南昌城头一声枪响,标志着人民军队的诞生,中国共产党开始独立领导武装斗争。

1929年12月,古田会议召开,人民军队脱胎换骨。

长征,抗日战争,解放战争,抗美援朝战争……一座座丰碑彪炳史册。

而此刻,在空旷的练兵场,“听党指挥,能打胜仗,作风优良”的口号声无比雄浑,震撼人心。这是党在新形势下的强军目标。

阅兵式结束,9个作战群队、34个地面方队和空中梯队严阵以待。分列式开始,40%的新型装备首次亮相,高潮迭起。

由海陆空火箭军组成的护旗方队护送着党旗、国旗、军旗。红旗猎猎,迎风飘扬,庄严雄壮。党旗、国旗、军旗交相辉映、迎风招展,昭示着人民军队永远是党领导下的军队,永远是社会主义国家的捍卫者,永远是人民利益的捍卫者。

随后,17架直升机组成的“八一”标识和24架直升机组成的“90”字样由远及近,出现在人们的视野中。纪念标识梯队的展现,象征着人民军队走过90年光辉历程,征程阔步,从胜利走向胜利。

第一个驶来的是陆上作战群,打头阵的是空中突击梯队。这支梯队主要从空中突击旅抽调人员组成。空中突击旅打破传统陆军以地面力量为主作战的传统体制形态。在未来作战背景下,陆军必须要有一支“快速反应、精干顶用、出奇制胜”的立体突击力量,空中突击旅正是这样的存在。

18架运输直升机呈作战队形超低空飞行,8架武装直升机掩护。飞机降落后,战士们一跃而出,向预定地域迅速集结,进入战斗状态。不同寻常的阅兵,令人震撼。

穿过官兵们激起的如硝烟般的尘土,我们的目光与思绪回到党的十八大以来的非凡五年。

2014年至2016年,同样是在朱日和训练基地,3场以“跨越”命名的实兵对抗系列演习拉开战幕,19支劲旅千里赴战,轮番与专业化“蓝军”激烈厮杀。“红方六负一胜!”首轮演习战报传来,震动全军,暴露了诸多问题,最重要的是说明我军实战化还差得很远。

“能打仗打胜仗”是深化国防和军队改革的逻辑起点和核心指向。这次改革不是修修补补,而是整体性革命性的,它不同于人民军队历史上历次的改革,难度可想而知。

体制性障碍在哪里?结构性矛盾是什么?政策性问题有多少?经过军内军外、国内国外广泛调研、集中智慧,调整修改150多次,一整套解决深层次矛盾问题的改革设计破茧而出。打破总部体制、大军区体制和大陆军体制,构建联合作战体制。军委—战区—部队作战指挥体系和军委—军种—部队领导管理体系立起人民军队新体制的“四梁八柱”,指挥层级更扁平,作战编组更灵活,合成化模块化程度更高。

空中突击旅就是在这样的改革背景下诞生的，由一个步兵团和一个陆航团组合而成,首次进入人民军队序列。机降步兵由“双腿闯山头”的传统步兵训练而来。原先的陆航部队只有直升机,机降步兵并不属于他们,现在实现了人机合一,具备侦查、火力打击、护航等多种能力。空中突击旅成为一支可以灵活抽调的模块化、合成化部队。

现代战争信息主导、体系支撑、精兵作战、联合制胜的特征鲜明,武器装备向精确化、智能化、隐身化、无人化发展。

坦克方队由22辆99A坦克呈箭形前进,象征着“陆战之王”勇往直前。作为我国自主研发的主战坦克,99A实现了火力、机动力、防护力和信息力的有效融合,体现了陆战装备的新水平。

陆上作战群之后是信息作战群。2015年的最后一天,战略支援部队宣告成立,是我国新质作战能力的重要增长点。信息支援方队、电子侦察方队、电子对抗方队、无人机方队全部来自于此。电子对抗,切断敌人的信息流,保证我军的信息自由通畅。

在特种作战群、防空反导作战群、海上作战群之后,地上的隆隆作响变为空中的阵阵轰鸣。备受期待的歼-20战机、运-20大型运输机首次参阅,展示人民空军新质战斗力。

此次阅兵，在有限的航道以战斗群编组井然有序地飞过100多架飞机,实属不易。中部战区空军作战处研究员范慧宇介绍,空中作战群参阅部队多是原地部署，横跨大江南北，最远的距离朱日和约1000公里。同时,这是空军首次在高原接受阅兵,高原地区气候条件复杂,草原雷暴、低云降水、气流扰动大对飞行构成极大挑战。能够成功受阅,体现了联合指挥体系的优势和实战化成果。

威震四方的战略打击群压轴出场。核导弹方队是我国大国地位、国防实力的显著标志,是震慑对手的王牌底牌。

“我们的英雄军队有信心、有能力打败一切来犯之敌!我们的英雄军队有信心、有能力维护国家主权、安全、发展利益!我们的英雄军队有信心、有能力谱写强军事业新篇章,为实现‘两个一百年’奋斗目标、为实现中华民族伟大复兴的中国梦、为维护世界和平作出新的更大的贡献！”滚滚尘土似硝烟弥漫，掩不住目光如炬、昂首挺立的官兵们。他们聚精会神聆听讲话，热烈鼓掌，经久不息。

今天的人民军队，已经从单一兵种发展成为诸军兵种联合、具有一定现代化水平并加快向信息化迈进的强大军队，成为保卫祖国的钢铁长城，成为捍卫正义的和平之盾。

（陈慧娟：《光明日报》，2017 年 7 月 31 日）

55.1 案例思考讨论

（1）为什么说“能打仗打胜仗”是深化国防和军队改革的逻辑起点和核心指向？

（2）从朱日和阅兵中人民解放军的军种以及武器的变化发展，谈谈中国人民解放军为什么要成为保卫祖国的钢铁长城，成为捍卫正义的和平之盾？

55.2 案例分析启示

中国人民解放军以一场气势磅礴的沙场阅兵庆祝 90 岁生日，在朱日和训练基地参加实战化训练的三军将士沙场列阵，以战斗姿态接受中共中央总书记、国家主席、中央军委主席习近平检阅，接受党和人民检阅，接受检阅的共有 12000 名官兵、600 余台（套）装备，共有 1 个护旗方队、27 个地面方队和 9 个人员方队，陆海空三军航空兵 100 多架战机编成 1 个纪念标识梯队、1 个空中突击梯队和 6 个空中梯队，从东北、华北 6 个机场起飞，歼-20 战机、运-20 大型运输机、新型防空导弹等先进武器装备首次亮相阅兵场，展现了中国军队向世界一流军队迈进的坚定步伐，中国人民解放军及其军事实力从人力密集型转向科技密集型，以精锐作战力量为主体的联合作战力量正在形成。当前，世界军事领域围绕人才和科技的竞争日趋激烈，我国安全形势正在发生新的深刻变化，我军建设正加快向质量效能型和科技密集型转变，这对我们培养军事人才和办好军事教育提出了更高要求。新时代我们如何建设一支听党指挥、能打胜仗、作风优良的人民军队，如何实现把人民军队建设成为世界一流军队的强军目标呢？

第一，准确把握新时代人民军队的使命任务，党中央强调，强国必须强军、军强才能国安，必须建设同我国国际地位相称、同国家安全和发展利益相适应的巩固国防和强大人民军队。这是由近代中国落后挨打的惨痛历史教训得来的，也是党领导中国人民站起来、富起来、强起来的重要历史经验。第二，准确把握加快国防和军队现代化的战略安排，党的十九大着眼于国家安全和发展战略全局，形成了国防和军队现代化“三步走”战略。党的十九届五中全会进一步制定了建军一百年奋斗目标。从 2027 年到 2035 年再到 2050 年，形成了近、中、远目标梯次衔接、科学清晰的图景，体现了国防和军队现代化同国家现代化进程相适应，体现了军事能力同实现中华民族伟大复兴的战略需求相适应。第三，国防和军队现代化建设是个系统工程，千头万绪，因此必须找准战略重点，以重点突破带动整体提升，主要以八个方面为重点进行建设：一是构建联合作战指挥体系，打造战区联合作战能力提升，打通联合作战全系统全流程指挥链路，带动全军联合作战能力提升；二是构建新型军事管理体系，完善“需求——规划——预算——执行——评估”战略管理链路；三是构建现代军事力量体系，统筹各方向各领域建设，统筹作战力量、支援保障力量建设；四是构建新型军事训练体系，坚持实战实训、联战联训，坚持以训促建、训用结合；五是构建新型军事人才体系，实施人才战略工程，加强“三位一体”新型军事人才培养体系建设；六是构建国防科技创新体系，加快发展高新技术武器装备；七是构建现代军事政策制度体系，营造约束有力、激励有效的制度环境；八是构建军民融合发展体系，逐步实现国家各领域军民融合深度发展格局。与此同时，大力弘扬军爱民、民拥军的光荣传统，完善和落实军人荣誉制度体系，加强退役军人管理保障，维护军人军属合法权益，加强全民国防教育，完善国防动员体系，巩固发展坚如磐石的军政军民关系，凝聚起建设世界一流军队的强大力量。

唯此才能建成巩固国防和强大军队，从而为巩固中国共产党领导和我国社会主义制度提供战略支撑，为捍卫国家主权、统一、领土完整提供战略支撑，为拓展我国海外利益提供战略支撑，为促进世界和平与发展提供战略支撑。这是党和人民赋予人民军队的新时代使命任务，是支撑中华民族伟大复兴的战略要求，也是我军使命价值之所在。

案例 56：我们的军校生活：探访四所军队院校

强国兴军，关键靠人才，基础在教育。

军队院校是人民军队序列中一个特殊的重要方阵，每年都有大批有志青年报考军队院校,锤炼本领、提升自我,大批军队院校毕业生奔赴战位、从军报国。军队院校如何培养德才兼备的高素质、专业化新型军事人才,大学上军校是一种什么体验?近日,记者探访4所军队院校,聆听军校学员青春追梦的故事,感受军队院校向战而行的使命。

国防科技大学:向战研学,精准对接需求

前不久,“兆易创新杯”第十六届中国研究生电子设计大赛“研电之星”挑战赛落下帷幕。国防科技大学参赛团队从百余所高校的参赛队伍中脱颖而出,以第一名的好成绩夺得最高奖项“研电之星”。该团队队长、国防科技大学电子科学学院研究生宋永坤兴奋地说:“我们要继续锤炼本领,争取更大的创新突破!”

大学上军校是一种什么体验?所学所思与同龄人相比有哪些不同?国防科技大学学员们纷纷给出了自己的答案:学完高级语言程序设计,一串串代码成为制胜“绝招”;擂台上操纵机器人一决高下,瞄准打赢未来战争;学完军事地形学,山峦河流都化作线条、数字与符号,作战地图“铺”在脑海……国防科技大学学员的大学生活,有着满满的“军”味和科技感。

“作为高素质新型军事人才培养和国防科技自主创新高地,我校努力打造未来战争制胜人才‘示范区’。”国防科技大学教务处处长雍成纲表示,近年来,贴近部队、贴近实战的理念成为学校全体师生员工的共识,授课内容聚焦部队所需,论文选题瞄准实战难点成为一种自觉,人才培养供给侧和未来战场需求侧的对接日益精准。

“我们向战研学,苦练制胜本领,对未来战场有了更加清晰的认知。”这个学期,2019级学员谢桦泽新接触了“联合作战基础知识”课程。这门课程引入联合作战推演系统等多种软件辅助理论学习,锻炼提升学员的统筹协调能力。

起初,谢桦泽对推演软件有些不以为意,然而,一次与教员对抗赛的失利改变了他的看法。“如果推演软件上都不能打赢,以后怎么面对纷繁复杂的真实战场呢?”谢桦泽总结经验教训,寻找战友组队练习,深入琢磨经典战例,积极向教员请教……经过一段时间的刻苦钻研,谢桦泽的推演水平有了质的飞跃。

用知识丰满羽翼，用理论指导实践，为的是学好本领，献身国防。在科研院所、在高原哨所、在荒漠孤岛……大江南北的不同战位上，都有国防科大人用热血书写的青春华章。

火箭军某基地排长丁洋就是其中之一。丁洋是国防科技大学2017级本科学员，在面临毕业时，他果断选择了去基层建功立业。

“4年军校时光，让我从懵懂新生成长为满腔热血的男子汉，是我前进路上的宝贵财富。”展望未来，丁洋干劲十足，“基层部队是能让人快速成长的地方，我愿在这里为强军兴军奉献自己的青春力量！”

陆军军医大学：救死扶伤，实习就是实战

春末夏初，一批军医大学学员从学校奔赴祖国各地，在军队医院、集团军卫生处等业务一线开始临床实习的锻炼。“能不能准确判断患者的病情，准确做出诊断？”回忆起踏出校门的那一刻，陆军军医大学学员刘梓阳既忐忑又激动。

实习中，刘梓阳第一次与患者面对面问诊。听患者自述病症后，他快速调用所学知识，为患者分析病因，没几分钟就出了一头汗。“这和曾经以观察学习为主的见习期不同，实习就是实战。”刘梓阳感慨。

“身为军校学员，学好医术、救死扶伤是我们义不容辞的责任。”学员史恒宇印象最深刻的是2020年初，军队支援湖北医疗队在武汉抗击新冠肺炎疫情期间，大学把网络授课和实战教学隔空对接，让学员们第一时间了解救治案例。

那时，医疗队员既是战斗员又是教员，他们抓住任务间隙，为千里外屏幕另一端的年轻学员讲授一线救治案例，让学员们受益匪浅。

那几天熄灯后，史恒宇都会像“过电影”一样反复回忆这些无比珍贵的第一手学习资料。“教员们不只是教授知识，也是在用行动告诉我们，作为军医面对的是什么、职责是什么。”史恒宇说，“人民军医是军人，也是医生。哪里有需要、有危险，我们就应该战斗在哪里。”

去年年底，陆军军医大学“红色军医边关行”医疗队实习学员夏志顺，来到海拔4600多米的某边防驻训点巡诊，遇到了扎根边防单位工作的学长。“当时，看到学长在认真地为训练受伤的战士开展诊疗，我更加坚定了自己的信念——未来要到基层去，到军队建设发展最需要的地方发挥才能。”夏志顺说。

传帮带，是陆军军医大学的好传统。每年，大学都会邀请毕业学员返校分享成长故事。作为第一个分配到西藏军区总医院的女博士，杨思思感慨：“从校园到边防、从实验室到练兵场，我真切感到，军医大学的舞台比想象的还要广阔。”

“在这里，我们不仅有学习尖端医疗技术的机会，还拥有丰富多彩的校园生活！”学员徐磊表示。全军军事建模竞赛、国际学术论坛海报展、病理笔记手绘……通过这些有趣又有意义的活动，学员们收获了成长和知识。学员潘莹紫说：“从医学生到医生、从军校学员到红色军医，需要迈过无数关卡，经历许多磨砺，但我们很享受这个过程。‘战味’的青春，别样精彩！”

空军工程大学：钻研创新，最爱“第二课堂”

“儿子，你上学这大半年，变化真不小！”视频里，母亲赞许的话语让空军工程大学防空反导学院大一学员王锦泽心里美滋滋的。

经过短短半年的历练，过年回家时，王锦泽不经意间把军校的作风带回了家里：被子叠成豆腐块，主动帮忙做家务，腰杆挺得直直的……他的成长写在脸上，落在言行间，父母看在眼里，喜在心头。亲戚朋友夸他成熟，同学更是对他考取军校感到羡慕。

在该校鹿塬校区，空军院校中首个国防科技重点实验室静静矗立，中科院院士李应红领衔的科研团队，目光紧盯着空天战场，为战鹰翱翔注入持久动力。

“大学的学科覆盖理、工、军、管4个学科门类，形成了空天网智融合发展的学科专业体系，正在加速培养年轻的‘准军官’。”空军工程大学有关负责人表示，“在全国第四轮学科评估中，我们的航空宇航科学与技术、兵器科学与技术两个学科都排在全国前列，电子科学与技术学科排在军队院校前列。”

走出教室，漫步菁菁校园，大二学员韩卫航最喜欢独具空天特色的“第二课堂”——学员俱乐部。“学校有40多个学员俱乐部，包括感知装备前沿动态、介绍装备研发故事的军事科技装备发展俱乐部，制作操控航模、无人机自由飞行的空中机器人俱乐部，以及国际关系问题研究俱乐部……”韩卫航说，这些俱乐部为学员们搭建了平台，让大家在感兴趣的领域施展才能。

“如今，校园里‘为战科研’‘科技力就是战斗力’的观念深入人心，学员搞小发明、小创造蔚然成风。”该校相关部门负责人介绍，仅去年，学校先后涌现出全国优秀共产党员、全军备战标兵个人、全军科技工作先进单位和先进个人等众多典型标杆，学员获得重点学科竞赛奖励近千项，斩获多项高端赛事国家大奖。

在校史馆里，学员王雪倩正在刻苦练习解说。“我们每届都有优秀的班长参加珠海航展或长春航展，承担解说任务。在全世界面前展示人民空军形象，对我们是很大的鼓舞。”她说。

去年毕业季，该校大批毕业学员志愿奔赴战备一线、边疆海岛扎根奋斗，还有不少学员投身科研院所或留校任教，用实际行动为强军事业贡献力量。

“守护蔚蓝，决胜空天战场！”校园里，一张张稚嫩的面孔，发起对未来的宣誓。强军路上，他们信念坚定、步履铿锵。

战略支援部队航天工程大学：实践锻炼，课堂连接战位

“点火！”随着口令发出，巨大的轰鸣声响起，搭载9颗卫星的长征六号运载火箭直上云天。

同一时刻，在数百公里外的战略支援部队航天工程大学，6名学员正实时播报火箭在空中的状态。他们所做的工作，对应着前方卫星发射中心现场的相应技术员岗位。

“目标跟踪正常！”

“测控站信号接收正常！”

学术厅内，台上学员清晰的报告声接连传来。这是战略支援部队航天工程大学结合重大任务开展的一次实践公开课。基于该校建立的测运控大平台中心系统，6名学员与卫星发射中心的工作人员同步，实时播报箭星状态。一旁，聂万胜和马宏两位专家适时进行航天科普教学。

这堂实践公开课面向该校600余名师生，真实的任务背景，让全场人员仿佛置身卫星发射中心指挥大厅一般。体验到如此特别的课堂，学员们表示：“以前看电视直播会很激动，但是这堂课让我们对如何完成好发射任务有了更多思考。”

坐落在京郊雁栖湖畔的战略支援部队航天工程大学，主要面向全国全军培养航天领域指挥军官、技术军官、军士、文职人员等人才，承担航天领域关键技术研究、国际合作等任务，先后培养了以航天工程指挥长、总师为代表的一大批优秀人才。

为精准对接新型作战力量人才培养需求，战略支援部队航天工程大学在本科生培养中，着眼部队一线指挥员所需能力，创建“钱学森空间技术实验班”，坚持全程导师制和小班教学，组织学员常态化赴部队实践锻炼，将课堂与一线战位连接，不断提升学员科技创新和工程实践能力。

2018级学员马骁驿是首批“钱学森空间技术实验班”的学员，从小他就对宇宙和航天有着浓厚的兴趣，高考考入战略支援部队航天工程大学后，马骁驿感觉自己离梦想从未如此之近。

去年，马骁驿参与了学校用于服务相关教学训练的卫星——太空试验1号天健卫星的研制和测试发射任务。这次任务让他获益匪浅：“在这个过程中，我得以将课堂所学的知识与实装进行对照，对于卫星的总体设计、测试实验、在轨操作等有了更深的认识。”

去年7月，学校为调整组建后招收的首批本科学员举行毕业典礼。毕业学员全部奔赴各军兵种部队基层一线，其中一半以上学员进入新域新质战位。在签名宣誓仪式现场，学员们集体表达心声：“将青春烙印在一线战位，融入强军兴军伟大实践！”

（杨龙霄、左胜男、徐腾跃、胡闽超：《人民日报》，2022年5月15日）

56.1 案例思考讨论

（1）结合国防科技大学教务处处长雍成纲关于“注重建设培养高素质新型人才和国防科技创新高地”的谈话，谈谈为什么我国军事高校需要高素质新型军事人才培养和国防科技自主创新？

（2）结合空军工程大学中报道中“科技力就是战斗力”，如何理解创新对于强军和军队现代化建设的作用？

（3）结合陆军军医大学史恒宇所述“人民军医是军人，也是医生。哪里有需要、有危险，我们就应该战斗在哪里”，谈谈我国进行人才强军的目标是什么？

(4)结合四所国防高校加紧加快对于新时代国防科技人才的培养,谈谈新时代我国如何加快国防和军队建设?

56.2 案例分析启示

军队院校是人民军队序列中一个特殊的重要方阵,军队院校作为军事人才培养的摇篮,是知识创新、传播和应用的主要基地。每年都有大批有志青年报考军队院校,锤炼本领、提升自我,大批军队院校毕业生奔赴战位、从军报国。国防科技大学、陆军军医大学、空军工程大学、战略支援部队航天工程大学等四所军事院校的学生精钻学习,练就一身过硬本领,在祖国的国防和军队现代化建设事业上发光发热。

习近平总书记指出,军队院校因打仗而生、为打仗而建,必须围绕实战搞教学、着眼打赢育人才。这一重要论述,为军队院校建设发展和人才培养工作立起了为战育人、为战抓教的根本指向。第一,军队院校必须深入学习贯彻习近平强军思想特别是习近平总书记关于军事教育和人才培养重要论述,全面贯彻新时代军事教育方针,始终坚持把培养能打仗打胜仗人才作为第一要务,推动人才培养供给侧与未来战场需求侧精准对接,推动为战抓教在院校真正立起来、落下去。第二,加强高素质干部队伍建设,大规模培养高素质新型人才,是实现强军目标的战略性要求。要把培养干部、培养人才摆在更加突出的位置,构建具有我军特色的素质培养体系、知事识人体系、选拔任用体系、从严管理体系、正向激励体系,着力锻造忠诚干净担当的高素质干部队伍,着力集聚矢志强军打赢的各方面优秀人才。第三,要牢固树立人才资源是第一资源的理念,深入实施人才强军战略,按照能打仗、打胜仗的要求,切实在人才培养上投入更大精力,集中更多资源,构建新型军事人才体系,建强联合作战指挥人才、新型作战力量人才、高层次科技创新人才、高水平战略管理人才等各方面人才队伍,推动人才建设水平整体跃升。第四,要贯彻新时代军事教育方针,健全军队院校教育、部队训练实践、军事职业教育三位一体的新型军事人才培养体系,锻造高素质专业化军事人才方阵,为建设世界一流军队提供坚强人才支撑。

面对国家安全环境的深刻变化,面对强国强军的时代要求,要实现党在新时代的强军目标,把人民军队全面建成世界一流军队,光依靠人才是远远不够的,这是一项开拓性的事业,是一场广泛而深刻的军事变革。必须始终坚持党对军队的绝对领导，这关系我军的性质和宗旨、关系社会主义前途命运、关系党和国家的长治久安。必须全面贯彻习近平强军思想，贯彻新时代军事战略方针，坚持政治建军、改革强军、科技强军、人才强军、依法治军，加快机械化信息化智能化融合发展，全面加强练兵备战，提高捍卫国家主权、安全、发展利益的战略能力，把新时代强军事业不断向前推进。

知识链接和特别关注

朱日和阅兵

朱日和阅兵一般指庆祝中国人民解放军建军 90 周年阅兵。庆祝中国人民解放军建军 90 周年阅兵，于 2017 年 7 月 30 日上午 9 时在朱日和训练基地举行，是庆祝中国人民解放军建军的重要纪念活动之一。这是习近平主席首次在野战化条件下亲临沙场检阅部队，是我军首次以庆祝建军节为主题举行的专项阅兵，也是我军革命性整体性改革重塑后的全新亮相。

中共中央总书记、国家主席、中央军委主席习近平检阅部队并发表重要讲话。接受检阅的共有 12000 名官兵、600 余台（套）装备，组成 1 个护旗方队、27 个地面方队和 9 个人员方队；陆海空三军航空兵 100 多架战机编成 1 个纪念标识梯队、1 个空中突击梯队和 6 个空中梯队，从东北、华北 6 个机场起飞。

强军目标

2013 年 3 月，强军目标是中共中央总书记、中央军委主席习近平在出席十二届全国人大一次会议解放军代表团全体会议时提出，建设一支听党指挥、能打胜仗、作风优良的人民军队，是党在新形势下的强军目标。听党指挥是灵魂，决定军队建设的政治方向；能打胜仗是核心，反映军队的根本职能和军队建设的根本指向；作风优良是保证，关系军队的性质、宗旨、本色。

2020 年 10 月 29 日，中国共产党第十九届中央委员会第五次全体会议通过《中国共产党第十九届中央委员会第五次全体会议公报》。全会提出，加快国防和军队现代化，实现富国和强军相统一。

案例主题三：
坚持“一国两制” 坚定推进祖国完全统一

“一国两制”是中国特色社会主义的一个伟大创举，是中国为国际社会解决类似问题提供的一个新思路新方案，是中华民族为世界和平与发展作出的新贡献，凝结了海纳百川、有容乃大的中国智慧。党的十九届六中全会审议通过的《中共中央关于党的百年奋斗重大成就和历史经验的决议》，从13个方面总结新时代中国特色社会主义的伟大成就，其中一个重要方面就是坚持“一国两制”和推进祖国统一。

维护国家主权和领土完整，实现祖国完全统一，是全体中华儿女的共同愿望，是中华民族根本利益所在。实践证明，有中国共产党的坚强领导，有伟大祖国的坚强支撑，有全国各族人民包括香港特别行政区同胞、澳门特别行政区同胞和台湾同胞的同心协力，香港、澳门长期繁荣稳定一定能够保持，祖国完全统一一定能够实现。

案例57，以粤港澳大湾区建设为例，从大湾区建设的方案提出，到加快对于大湾区交通基础设施连接建设的“硬联通”以及持续优化营商环境，推进市场互联互通的“软联通”，再到提出横琴、前海合作区建设方案，为中国内地和港澳带来经济发展的繁荣，展现出香港、澳门与祖国内地的命运始终紧密相连。案例58，以《中华人民共和国香港特别行政区维护国家安全法》（以下简称“香港国安法”）的颁布和实施为例，其中泰国暹罗智库主席洪风，墨西哥前驻香港总领事爱德华多·罗尔丹，埃及外事委员会委员、《金字塔报》专栏作家贾巴拉，俄罗斯战略研究所高级专家伊韦塔·弗罗洛娃都高度赞扬了香港国安法的制定与实施，表示香港国安法的实施为香港的长治久安、经济稳定发展、民生福祉提供了制度保障。无论是粤港澳大湾区的建设还是香港国安法的制定与颁布都表明了实行“一国两制”是香港、澳门能够实现长期繁荣稳定的制度保障，体现了“一国两制”作为中国特色社会主义的一个伟大创举，被历史和人民证明是完全行得通、办得到、得人心的。

案例 57：大湾区建设不断丰富“一国两制”实践内涵

中国发展研究基金会日前发布的《中国城市群一体化报告》显示，粤港澳大湾区经济总量今年有望达到 14.76 万亿元，超越东京湾区成为世界经济总量第一的湾区。粤港澳“9+2”城市群启动建设以来，特别是《粤港澳大湾区发展规划纲要》发布 3 年多以来，大湾区建设日新月异，不断加快“硬联通”和“软联通”，探索区域协调发展新机制新路径，重大合作平台、利好政策层出不穷，也不断丰富着“一国两制”实践内涵。

香港、澳门与祖国内地的命运始终紧密相连。实施粤港澳大湾区建设，是立足国家发展大局作出的重大谋划，也是推动“一国两制”事业发展，保持香港、澳门长期繁荣稳定的重大决策。从推进基础设施互联互通到提升市场一体化水平，从探索科技创新合作到谋划构建协同发展的产业体系，粤港澳三地同心，紧抓机遇，深入合作，有序推进。

建设好大湾区，联通不可少。从港珠澳大桥、广深港高速铁路到正在建设的深中通道，重大交通基础设施让港澳与湾区其他城市之间联系日益紧密。如今，覆盖 11 个城市的立体交通网络越织越密，“轨道上的大湾区”加快推进，“1 小时生活圈”基本形成，从香港到珠海、澳门仅需 30 分钟车程。

三地“软联通”不断深化，持续优化营商环境，推进市场互联互通。“深港通”、债券“南向通”“跨境理财通”等措施落地实施，人民币成为粤港澳跨境收支第一大结算货币。目前，广东基本实现与港澳服务贸易自由化，港澳企业在法律、会计、建筑等领域投资营商享受内地同等待遇。随着职业资格认可、标准衔接范围持续拓展，3000 多名港澳专业人士取得内地注册执业资格。“港澳高校—港澳科研成果—珠三角转化”的科技产业协同发展模式逐渐形成。

建设好大湾区，关键在创新。大湾区是在一个国家、两种制度、三个关税区、三种货币的条件下建设的，国际上没有先例。通过坚守“一国”

之本，善用“两制”之利，湾区发挥粤港澳综合优势，不断向区域协调发展和改革开放新高地迈进，开辟出一条体制机制创新的道路。

如今，湾区内部规则衔接、机制对接不断深化，资本、技术、人才、信息等关键要素加速流转，“制度之异”正变为“制度之利”。三地创新实施“一站式通关”“合作查验、一次放行”等便利通关模式；深圳前海累计推出600多项制度创新成果，率先实行“港人港税、澳人澳税”；横琴累计推出逾620项改革创新措施，逾10项在全国复制推广。在“一国两制”框架下，粤港澳各方正相互借鉴，各展所长，实现优势叠加效应，在创新驱动和深度融合上迈出新的步伐。

在香港和澳门各界人士眼中，粤港澳大湾区走在高质量发展的前沿，不但是重要的先进制造产业基地，也是进入国家内循环的最佳切入点。加快融入大湾区，并通过融入大湾区融入国家发展大局，成为推动两地经济进一步发展的必由之路。这是“一国两制”的应有之义，是改革开放的时代要求，也是香港、澳门探索发展新路向、开拓发展新空间、增添发展新动力的客观要求。

2021年9月出台的横琴、前海合作区建设方案，是中央着眼于新时代丰富“一国两制”实践作出的重大部署，再为粤港澳大湾区建设尤其是香港澳门的长期繁荣稳定注入强大动力。与此同时，珠海澳门之间的青茂口岸启用，澳门轻轨延伸横琴线项目建设如火如荼，“港澳药械通”“跨境理财通”相继落地，“湾区社保通”正式上线……新时代，新开拓，新成就，粤港澳凝心聚力谋发展的“向心力”越来越强。

伶仃洋碧波万顷，珠江口千帆竞发。在以习近平同志为核心的党中央坚强领导下，粤港澳大湾区必将迎来广阔发展空间。有祖国的全力支持，有广大爱国爱港爱澳同胞的共同努力，香港、澳门一定能与祖国内地同发展共进步，明天一定会更好！

〔任成琦：《人民日报》（海外版），2022年6月15日〕

57.1 案例思考讨论

（1）材料中提到粤港澳大湾区能够取得“经济总量今年有望达到14.76万亿元，超越东京湾区成为世界经济总量第一的湾区”这样的成就，那么应该怎样保持香港、澳门的长期繁荣稳定呢？

（2）材料提到“大湾区是在一个国家、两种制度、三个关税区、三种货币的条件下建设的，国际上没有先例”，那么“一国两制”这样的国家制度对于世界有何意义？

57.2 案例分析启示

粤港澳大湾区发展战略是习近平总书记主导制定的，为推进内地与香港、澳门之间的合作发展，进一步深化“一国两制”新探索的重要举措。党的十九大报告明确提出，“香港、澳门发展同内地发展紧密相连。要支持香港、澳门融入国家发展大局，以粤港澳大湾区建设、粤港澳合作、泛珠三角区域合作等为重点，全面推进内地同香港、澳门互利合作”。在中央的支持下，香港的经济增长速度在发达经济体中位居前列，在最新发布的《全球金融中心指数》报告中，评估了全球119个金融中心，而香港的总排名为全球第三位，可见香港的国际金融、航运、贸易中心地位进一步巩固，是亚洲最具活力的城市之一、全球最自由的经济体之一、全球最具竞争力的经济体之一。而澳门自回归以来，社会安定、经济发展、居民安居乐业，多元文化得到很好发展，正努力实现成为世界旅游休闲中心。

习近平总书记在庆祝香港回归祖国25周年大会暨香港特别行政区第六届政府就职典礼上的讲话中提到，需要不断增强发展动能，利用香港独特的地理位置，抓住国家发展带来的历史机遇，主动对接“十四五”规划、粤港澳大湾区建设和“一带一路”高质量发展等国家战略，与世界各地开展广泛的交流合作，积极稳妥推进改革，促进香港的经济社会繁荣发展。实践证明，要想保持香港、澳门长期繁荣稳定，首先，必须全面准确贯彻“一国两制”方针，在坚持维护国家主权、安全、发展利益是“一国两制”方针的最高原则长期不变的前提下，香港、澳门保持原有的资本主义制度长期不变，享有高度自治权。其次，必须坚持依法治港治澳，维护宪法和基本法确定的宪制秩序，把坚持“一国”原则和尊重“两制”差异结合起来，落实中央对特别行政区全面管治权，完善特别行政区同宪法和基本法实施相关的制度和机制，坚持“爱国者治港治澳”原则，提高特别行政区依法治理能力和水平，维护国家主权、安全、发展利益，维护特别行政区社会大局稳定。最后，必须坚持中央全面管治权和保障特别行政区高度自治权相统一，中央政府对特别行政区拥有全面管治权，这是特别行政区高度自治权的源头，同时中央充分尊重和坚定维护特别行政区依法享有的高度自治权。落实中央全面管治权和保障特别行政区高度自治权是统一衔接的，也只有做到这一点，才能够把特别行政区治理好。

“一国两制”作为一种极富政治想象力的制度创建，立足中国国情，顺应时代潮流，关照人民福祉，把原则性和灵活性、现实性和长远性、一致性和差异性统一起来，凝结了中国共产党为解决国家统一问题展现出的超凡勇气和卓越智慧，为国际社会解决国家领土统一问题提供了一个新思路，为政治制度的创新和发展提供了一条基本经验，同时也为人类的文明进步提供了独特的中国智慧，是人类政治文明史上的伟大探索，是当之无愧的中国特色社会主义制度创新的重要成果。

案例 58:“香港国安法让香港的明天更美好”

香港特别行政区近日顺利举行了 2021 年选举委员会界别分组选举，这是香港特别行政区在国安法实施、选举制度修改完善后的第一场重要选举，意义重大，影响深远。密切关注香港发展的外国专家学者表示，这次选举是全面贯彻落实“爱国者治港”原则的一次生动实践，充分展示出香港由乱转治、由治及兴的新气象、新希望，有利于香港的长治久安，有利于香港民生福祉的改善，有利于“一国两制”实践行稳致远。香港国安法给香港带来了稳定与发展，香港的明天将更加美好。

泰国暹罗智库主席洪风说，香港国安法为香港长治久安提供了坚实保障，有效维护了香港社会稳定及经济增长。随着中国不断深化改革开放，香港把握粤港澳大湾区等发展机遇，集中精力发展经济民生，必将保持国际金融中心、物流中心和贸易中心等优势地位，继续向全世界展示东方之珠亮丽的成绩。

墨西哥前驻香港总领事爱德华多·罗尔丹表示，今年第一季度，香港 GDP 同比增长 7.9%，结束连续 6 个季度收缩的走势。香港一直是重要的国际金融中心之一。毋庸置疑，香港国安法有效惩治和防范了危害国家安全的罪行，有效维护了社会稳定，显现拨乱反正的强大威力。

埃及外事委员会委员、《金字塔报》专栏作家贾巴拉表示，社会稳定是经济发展、繁荣昌盛的保障。要实现稳定，就必须有法律作为后盾。香港国安法实施一年多来，香港政治稳定，经济民生改善，投资者对发展前景充满信心。“香港国安法让香港的明天更美好。”

在俄罗斯战略研究所高级专家伊韦塔·弗罗洛娃看来，香港国安法实施和特区选举制度的完善，让香港迎来由乱及治、由治及兴的历史性转折，“香港历史正开启新的一页”。她强调，香港事务是中国内政，部分西方国家企图通过炒作、抹黑、实施制裁等方式干涉香港事务，只会影响自身的国际形象和信誉。随着新选举制度全面付诸实施，香港特别行政区的民主必将稳健向前发展，政府治理效能必将不断提高，香港居民对美好生活的向往必将逐渐变为现实。

（《人民日报》，2021 年 9 月 27 日）

58.1 案例思考讨论

（1）香港国安法的制定如何体现“一国两制”的内涵？

（2）香港国安法的制定体现了“一国两制”是解决香港问题的最佳方案，那么新时代应当如何解决台湾问题，推进实现祖国完全统一呢？

58.2 案例分析启示

自 2019 年香港发生“修例风波”以来，反中乱港势力公然鼓吹“港独”“自决”“公投”等主张，从事破坏国家统一、分裂国家等活动，严重挑战“一国两制”原则底线，严重损害法治，严重危害国家主权、安全、发展利益。在党的十九届四中全会中明确提出：建立健全特别行政区维护国家安全的法律制度和执行机制，支持特别行政区强化执法力量。绝不容忍任何挑战“一国两制”底线的行为，绝不容忍任何分裂国家的行为。2020 年 6 月 30 日，十三届全国人大常委会第二十次会议通过《中华人民共和国香港特别行政区维护国家安全法》（简称“香港国安法”）。2021 年 3 月 30 日，十三届全国人大常委会第二十七次会议全票通过新修订的《中华人民共和国香港特别行政区基本法附件一香港特别行政区行政长官的产生办法》和《中华人民共和国香港特别行政区基本法附件二香港特别行政区立法会的产生办法和表决程序》，对香港特别行政区行政长官和立法会两个产生办法作出系统修订。这是继制定实施香港国安法之后，全国人大及其常委会坚持和完善“一国两制”制度体系,从国家层面推动香港特别行政区制度完善发展的又一重大举措。这一重大举措，堵住了香港现行选举制度漏洞，为确保香港长期繁荣稳定和“一国两制”实践行稳致远提供了坚实有力的宪制保障。

2022 年 7 月 1 日,习近平总书记在庆祝香港回归祖国 25 周年大会暨香港特别行政区第六届政府就职典礼上的讲话中提到，必须坚持中央全面管治权和保障特别行政区高度自治权相统一，在落实中央全面管治权的同时充分尊重和维护特别行政区依法享有的高度自治权,并且必须落实“爱国者治港”,将香港特别行政区管治权掌握在爱国者手中,这关系到香港经济社会发展的繁荣稳定,关系着成千上万香港居民的切身利益。如今,处在世界百年未有之大变局下,坚持和推进“一国两制”事业面临着更为复杂的国际局势,面对以美国为首的西方国家对港台问题的干涉和掣肘,必须始终坚持一个中国原则,深入推进“爱国者治港”“爱国者治澳”的贯彻落实,依托中华儿女大团结的力量推进祖国统一进程。

解决台湾问题、实现祖国完全统一,是党矢志不渝的历史任务,是全体中华儿女的共同愿望,是实现中华民族伟大复兴的必然要求。第一,探索“两制”台湾方案,丰富和平统一实践。在确保国家主权、安全、发展利益的前提下,必须充分考虑台湾的现实情况,充分吸收两岸各界的意见和建议,充分照顾台湾同胞的利益和情感。要在一个中国原则基础上开展两岸政治协商。第二,坚持一个中国原则,维护和平统一前景。坚持寄希望于台湾人民的方针,创造和平统一的广阔空间,但不承诺放弃使用武力,保留采取一切必要措施的选项,针对的是外部势力干涉和极少数“台独”分子及其分裂活动,绝非针对台湾同胞。第三,深化两岸融合发展,夯实和平统一基础。坚持推进两岸经济合作制度化,打造两岸共同市场,为发展增动力,为合作添活力,壮大中华民族民族经济。第四,实现同胞心灵契合,增进和平统一认同。国家之魂,文以化之,文以铸之。中华优秀传统文化植根在两岸同胞内心深处,是两岸同胞的“根”与“魂”,坚定不移地推进两岸文化认同感,促进国家统一。

“一国两制”不仅是解决历史遗留的香港、澳门问题的最佳方案,更是解决台湾问题,实现祖国完全统一的最佳方式,两岸统一后保持台湾长期繁荣稳定的最佳制度。维护国家主权和领土完整,实现祖国完全统一,是全体中华儿女的共同愿望,是中华民族根本利益所在。“一国两制”是中国共产党领导中国人民实现祖国统一的一项重要制度，是中国特色社会主义的一个伟大创举。面向未来，我们必须全面准确贯彻“一国两制”“港人治港”“澳人治澳”高度自治的方针，不断推进“一国两制”的成功实践，这符合港澳居民的利益，符合港澳繁荣稳定和实际需要，符合国家根本利益，符合全国人民的共同意愿。

知识链接和特别关注

“一国两制”

“一国两制”即“一个国家，两种制度”的简称。“一国两制”指的是在中华人民共和国内，国家的主体实行社会主义，香港、澳门和台湾实行资本主义，是中国共产党为解决祖国大陆和台湾和平统一的问题以及在香港、澳门恢复行使中国主权的问题而提出的基本国策。即在中华人民共和国内，大陆坚持社会主义制度作为整个国家的主体，同时允许台湾、香港、澳门保留资本主义制度。邓小平同志是中国改革开放的总设计师，也是“一个国家、两种制度”构想的创造者。

粤港澳大湾区

粤港澳大湾区是指由广东省的广州、深圳、珠海、佛山、中山、东莞、肇庆、江门、惠州九个城市和香港、澳门两个特别行政区组成的城市群，与美国纽约湾区、旧金山湾区和日本东京湾区相抗衡的世界四大湾区之一。粤港澳大湾区总面积 5.6 万平方公里，总人口 6600 万，2017 年湾区国内生产总值达 101834 亿元。粤港澳大湾区的建设目标是：努力将粤港澳大湾区建设成为更具活力的经济区、宜居宜业宜游的优质生活圈，和内地与港澳深度合作的示范区，携手打造国际一流湾区和世界级城市群。

第九章
新时代中国特色
大国外交与构建人类命运共同体

党的十八大以来，习近平总书记心系人类前途命运，洞察世界发展大势，以坚定的大国担当，高瞻远瞩地提出构建人类命运共同体重要理念，回应了“建设一个什么样的世界、如何建设这个世界”等关乎人类前途命运的重大课题，具有划时代的伟大意义。构建人类命运共同体理念，揭示了世界各国相互依存和人类命运紧密相连的客观现实和发展规律，反映了全人类共同价值，找到了共建美好世界的最大公约数，为全球治理体系改革和建设贡献了中国智慧、提供了中国方案。

在双多边场合，习近平总书记多次深刻阐述构建人类命运共同体理念和实践路径。从 2013 年 3 月访问俄罗斯时提出当今世界“越来越成为你中有我、我中有你的命运共同体”，到 2015 年 9 月在联合国成立 70 周年系列峰会期间阐述打造人类命运共同体的“五位一体”总体路径；从 2017 年 1 月在联合国日内瓦总部进一步提出建设“五个世界”的总体布局，到 2021 年 9 月在第七十六届联合国大会一般性辩论上首次提出构建全球发展命运共同体……构建人类命运共同体从理念迈向实践，路径日渐清晰，内涵日益丰富，已成为新时代中国特色大国外交的鲜明旗帜。

从构建双边命运共同体，到打造周边、亚太、中国－东盟、上合组织、中非、中阿、中拉命运共同体、中国同太平洋岛国命运共同体；从构建网络空间命运共同体、核安全命运共同体、海洋命运共同体到打造人类卫生健康共同体、人与自然生命共同体……在共迎挑战、共谋发展中，构建人类命运共同体汇聚起强大合力。

以人类命运共同体理念为指引，新时代中国特色大国外交的脚步更加坚实有力：中国积极参加联合国维和行动，累计派出维和人员 5 万余人次，足迹遍布全球 20 多个国家和地区，被广泛赞誉为“维和行动的关键因素和关键力量”；设立中国—联合国和平与发展基金，设立南南合作援助基金并整合升级为“全球发展和南南合作基金”，成立南南合作与发展学院，为广大发展中国家提供资金、技术、人才支持；向 120 多个国家和国际组织提供了超过 22 亿剂新冠疫苗，以实际行动履行将疫苗作为全球公共产品的承诺；通过高质量共建“一带一路”与共建国家共享发展机遇，显著改善当地民生福祉；大力支持发展中国家能源绿色低碳发展，帮助有关国家提高应对气候变化能力……中国以自身发展推动全球发展事业前进，展现出负责任大国担当。

人类是一个整体，地球是一个家园。事实不断证明，中国始终是世界和平的建设者、全球发展的贡献者、国际秩序的维护者。面对共同挑战，人类只有和衷共济、和合共生这一条出路。中国愿同世界各国一道，推动构建人类命运共同体，携手开创共赢共享、发展繁荣、健康安全、互尊互鉴的美好未来。

案例主题一：新时代中国特色大国外交的根本遵循

党的十九届六中全会通过的《中共中央关于党的百年奋斗重大成就和历史经验的决议》(以下简称《决议》),用“十个明确”对习近平新时代中国特色社会主义思想核心内容作了进一步概括，其中习近平外交思想成为这一核心内容的重要组成部分。外交工作是中国特色社会主义事业的重要组成部分。党的十八大以来,以习近平同志为核心的党中央立足中国实际,顺应时代潮流,统筹中华民族伟大复兴战略全局和世界百年未有之大变局,深刻研判国际形势走向和我国所处历史方位,科学提出了一系列富有中国特色、体现时代精神、引领人类发展进步的新理念、新主张、新倡议,鲜明回答了新时代中国外交一系列重大理论和实践问题,形成了习近平外交思想。《决议》指出:“中国特色大国外交要服务民族复兴、促进人类进步,推动建设新型国际关系,推动构建人类命运共同体。”这是对新时代中国特色大国外交重大理念与实践经验的深刻总结，为奋力开创新时代中国特色大国外交新局面指明了前进方向、提供了根本遵循。

伟大思想来源伟大时代,也将引领伟大时代。新时代中国特色大国外交思想深刻把握世界之变、时代之变、历史之变,为开展新时代中国特色大国外交实践树立了思想旗帜、擘画了宏伟蓝图,为破解人类面对的世界难题贡献了中国智慧、中国方案和中国力量。案例 59,展现了中埃两国在抗击疫情中互帮互助、同舟共济的团结合作局面,从中国援助口罩、防护服和核酸检测试剂盒等抗疫物资，到中埃双方加强抗疫经验交流和医疗合作，赋予了“邦域相异,休戚与共”新的时代意义。在世界百年未有之大变局中,疫情是对全人类的考验,是世界各国面临的共同问题,中国充分认识到人类前途命运休戚与共的真理，在全球性问题的应对上展现了大国担当。案例 60 中，我国援助塞内加尔修建捷图高速，不仅提高了当地的交通运输水平，还极大带动内陆城市经济社会发展，成为改变塞内加尔人民的致富路。在“一带一路”框架下，我国援助塞内加尔，再一次体现了我国始终致力于深化同发展中国家的团结合作，践行新时代中国特色大国外交思想，塑造中国外交的独特风范。案例 61 中，中国“蓝盔”30 多年来为和平解决争端、维护地区安全稳定、促进驻在国经济社会发展作出重大贡献，得到联合国负责维和事务的副秘书长——皮埃尔·拉克鲁瓦的高度赞扬。中国“蓝盔”深刻诠释了中华民族和衷共济、和合共生的历史基因，体现了中国始终坚持走和平发展道路，将自身发展与世界发展相统一的全球视野、世界胸怀和大国担当。

案例 59：邦域相异，休戚与共

“这是中国赠予埃及的礼物，更是埃中人民兄弟般情谊的见证。我们感谢中国并珍视埃中友谊！”5 月 10 日，在中国政府援助埃及第二批抗疫物资交接仪式上，埃及卫生部部长助理瓦埃勒·萨艾动情地说。

一箱箱援助物资整齐地堆放在现场，写有“邦域相异，休戚与共”的中阿双语横幅格外醒目。那是埃及著名诗人艾哈迈德·邵基写下的诗句，也是当下中埃两国人民合作抗击疫情的写照。本次援助的物资包含 N95 口罩、防护服和核酸检测试剂盒等。此前，中国政府援助埃及的首批抗疫物资已于 4 月 16 日运抵开罗。

“中国政府、社会团体和企业积极向埃及捐赠抗疫物资。”中国驻埃及大使廖力强表示，中方始终坚定支持埃方经济社会发展，相信中埃两国携手合作，一定能经受住此次疫情的考验。中国援助埃及的第三批抗疫物资将于近期运抵开罗。萨艾表示，埃方愿继续与中国加强抗疫经验交流和医疗合作，尽早战胜疫情。相信此次疫情过后，埃中各领域合作将继续深化。

埃中两国以实际行动互帮互助。两国卫生专家召开应对新冠肺炎疫情视频会，在“云端”深入讨论疫情下的医院管理、医护人员防护、患者检测与诊治等问题，交流中国抗疫经验。“当前，埃及面临如何提高检测能力、如何改进医护人员防护措施等问题，感谢中国专家及时与我们分享经验,这对我们来说至关重要。”埃及前卫生部长阿什拉夫·哈特姆说。

“中方援助的物资、中国分享的经验,这些中国帮助对埃及疫情防控发挥积极作用。”埃及高等教育和科学研究部部长哈立德表示,中国政府有效的组织动员以及中国人民的团结努力,给世界各国抗击疫情树立了典范。埃及将继续同中国加强传染病防治等领域的科研合作,共同维护埃中两国以及国际公共卫生安全。哈立德还表示,埃及将全力支持和保障在埃中国教师及留学生的正常工作和生活。

“团结与合作是抗击疫情最有力的武器。”埃及《今日新闻》网站刊文称,在中国政府的强有力领导下,14 亿中国人民团结一心,疫情防控阻击战取得重大战略成果。中国政府积极开展疫情防控国际合作,向世界各国提供了力所能及的帮助。埃及祖国未来党议会议员穆罕默德·马苏德表示,埃中长期相互支持是国际社会团结合作的典范。

（周輖:人民网,2020 年 5 月 12 日）

59.1 案例思考讨论

(1)结合中埃双方长期相互支持、同舟共济,成为国际社会团结合作典范的抗疫实践,谈一谈疫情是如何推动世界百年未有之大变局加速演进的?

(2)从中国政府、社会团体和企业积极向埃及捐赠抗疫物资,到两国加强抗疫经验交流和医疗合作,结合案例谈谈如何理解“团结与合作是抗击疫情最有力的武器”?

59.2 案例分析启示

自 2020 年以来,来势汹汹的新冠肺炎疫情给包括中国在内的世界绝大多数国家造成强烈冲击。中国以胸怀天下的使命担当,以实际的人道主义行动,同世界各国一道共克时艰,为世界人民的安全筑牢屏障。埃及发生疫情后,中国率先驰援,向埃方提供多批次防疫物资、核酸检测试剂盒,于“云端”深入探讨交流中国抗疫经验。中埃两国疫情虽有“时差”,但依然成为“全天候”战“疫”伙伴,这是对“邦域相异,休戚与共”的最佳诠释,也是世界同舟共济、守望相助的良好示范。中埃两国人民合作抗击疫情,让我们更加深刻意识到病毒没有国界,疫情不分种族,重大传染性疾病是人类公敌,各国生活在一个地球村,人类实际上是一个休戚与共、紧密相连的命运共同体。

疫情对当前国际关系走向产生了重大影响。中国作为负责任的大国，以实际行动援助埃及，不仅深化了中埃友谊，还给世界各国抗击疫情树立了典范。但疫情也放大了不同制度之间的差异性，加剧了世界政治格局的变化，突出表现为美国政府官员对中国抗疫行动恶毒攻击，蓄意让中国成为疫情严峻局势的“替罪羊”，不仅阻碍了美中两国本来应该开启的合作抗疫进程，更是进一步恶化了美中关系。可以说，本次疫情是对所有国家和社会制度前所未有的大考，不仅将健康、安全、经济、政治、社会、文化等各个方面的社会矛盾集中地暴露出来了，还使个体、群体、民族、政党、国家乃至全人类的关系一目了然，推动世界百年未有之大变局加速演进。

大变革带来大机遇，也带来大挑战。当前，世界多极化、经济全球化、社会信息化、文化多样化深入发展，新一轮科技革命和产业变革蓬勃兴起，全球治理体系和国际秩序变革加速推进，和平、发展、合作、共赢的时代潮流不可阻挡。但同时世界面临的不稳定性不确定性突出，全球发展深层次矛盾尖锐，世界经济增长乏力，数字鸿沟和贫富差距扩大，单边主义、保护主义不断抬头，霸权主义、强权政治依然存在，传统安全和非传统安全问题复杂交织，极端主义和恐怖主义蔓延，网络安全、重大传染性疾病、气候变化等全球性威胁上升。国际社会正面临治理赤字、信任赤字、和平赤字、发展赤字的挑战。特别是2020年以来，新冠肺炎疫情全球大流行使这个大变局加速变化，全球产业链、供应链因非经济因素而面临冲击，国际经济、科技、文化、安全、政治等格局都在发生深刻调整，西方资本主义及其主导的国际体系的严重弊端进一步凸显，国际力量对比变化加快，国际变局不断向纵深发展。

面对世界百年未有之大变局，尤其是新冠肺炎疫情全球大流行的叠加影响，全人类一荣俱荣，一损俱损。团结与合作是抗击疫情最有力的武器，是世界各国的唯一选择，也是绝大多数国家的共同期盼。我们必须心怀“国之大者”，保持战略定力，高举和平、发展、合作、共赢的旗帜，坚持走和平发展道路，既要发扬斗争精神，绝不屈服于任何外部压力，把中华民族的根本利益维护好、实现好；又要沉着应对，把握战略主动，从疫情防控中总结经验教训，加快补齐治理体系的短板和弱项，为抗击新冠肺炎疫情贡献中国智慧与中国方案。

案例60:这是一条改变我们生活的致富路

“从前这里是成片的荒地,周边交通十分不便。中国企业建设的高速公路建成以后,这里发生了巨大变化。”驾车行驶在宽阔的捷斯—图巴高速公路(以下简称“捷图高速”)上,塞内加尔司机阿里·恩迪亚耶难掩喜悦之情。

捷图高速位于塞内加尔首都达喀尔东部,将塞第二大城市捷斯与重要城市图巴连接起来,全线长约113公里,双向四车道,由中国路桥工程有限责任公司(以下简称“中国路桥”)承建。2018年12月公路建成通车后,由中国路桥负责管理运营。

在高速公路运营控制室,大屏上数十个画面实时反映着道路状况。“我们有24小时待命的巡逻车队。行车遇到紧急情况时,车主可随时拨打热线求助,我们会第一时间赶到现场处置。”运营控制室负责人马桑巴—法耶说。

项目运营路段经理阿卜杜·卡里姆·迪亚涅说,过去每到节假日,返乡的人群和车流会让捷斯和图巴之间的道路变得拥挤不堪。高速公路通车后,两地车程由以往的5小时缩短至1小时,出行变得快速又舒适。“高速公路周边农产品的运输更加便利了。疫情防控期间,医疗和生活物资的调配也有了可靠的交通保障。”

随着交通运输日益繁忙,高速公路沿线逐渐聚集起一个个市场,越来越多当地人摆摊做起了小生意,服务往来车辆。“川流不息的车辆带动了沿线经济发展,这是一条改变我们生活的致富路。”村民阿布·索瓦说。

项目建设和运营期间,中国企业为当地创造了数千个工作岗位,在附近村庄招聘了不少当地村民。此外,中方还资助当地学生赴中国学习、打通水井供沿线居民使用,持续为当地社会公益作出贡献。

“10年间,从翻译到技术工人,再到经理助理,我不断学习成长,实现了自我价值。”里昂·科西维来自多哥,由于在中国路桥多哥项目工作表现优异,跟随中企来到塞内加尔参与捷图高速建设。“如今,我已在捷斯成家立业,最近准备自己盖一座房子。未来我还会继续努力,给家人创造更好的生活。”

塞内加尔总统萨勒表示,作为塞独立以来最大的单体基础设施建设项目,捷图高速已成为塞政府打造“振兴塞内加尔计划”的标志性工程,极大带动内陆城市经济社会发展。塞内加尔前总理迪奥纳评价说,捷图高速不仅是塞中友谊的体现,也成为西非公路建设领域的标杆。

(周輖、黄培昭:《人民日报》,2022年2月14日)

60.1 案例思考讨论

(1)中国援助修建的捷图高速,不仅给当地的交通运输带来了便利,还极大带动了内陆城市经济社会发展,成为西非公路建设领域的标杆,这体现了我国的哪些国际发展合作观?

(2)结合中国援助塞内加尔修建捷图高速,使其成为改善当地人民生活的“致富路”,谈一谈在国际交往与合作中如何彰显中国特色外交的鲜明旗帜?

60.2 案例分析启示

2013年,习近平总书记提出“一带一路”国际合作倡议,旨在共商共建共享原则基础上,加强沿线各国全方位互联互通,为世界经济增长挖掘新动力。作为“一带一路”的历史和自然延伸,非洲是世界上发展中国家最集中的大陆,也是世界上贫困人口最集中的地区之一。消除贫困、改善民生、推动经济发展一直是非洲国家孜孜以求的奋斗目标,也是共建“一带一路”所致力实现的愿景。塞内加尔是与中国签署“一带一路”合作备忘录的非洲国家之一,两国虽然远隔万里,但“一带一路”倡议拉近了两国之间的距离,增进了两国人民的相互了解。在“一带一路”框架下,我国援助塞内加尔修建捷图高速,不仅为当地创造了数千个工作岗位,还极大带动了内陆城市经济社会发展,使其成为改变人民生活的致富路。

捷图高速不仅是塞中友谊的体现,也是我国秉持初心积极开展国际发展合作的一个缩影。自新中国成立以来,在国家百废待兴、财力紧张的情况下,中国即开始向有关国家提供援助,为发展中国家争取民族独立和解放、促进经济社会发展提供有力支持,奠定了中国与广大发展中国家长期友好合作的坚实基础。改革开放以来,中国对外援助内容更加丰富、形式更加多样,促进了中国与其他发展中国家的共同发展。党的十八大以来,中国发展进入新时代。习近平总书记从全球视角思考责任担当,提出构建人类命运共同体、共建“一带一路”等新思想新倡议,倡导正确义利观和真实亲诚、亲诚惠容理念，在一系列重大国际场合宣布务实合作举措，为破解全球发展难题，推动落实联合国2030年可持续发展议程提出中国方案、贡献中国智慧、注入中国力量。中国的国际发展合作在实践中不断深化发展，逐渐形成了相互尊重、平等相待、授人以渔、自主发展、开放包容、交流互鉴等国际发展合作观。

当今世界，各国相互联系、相互依存日益紧密，人类越来越成为你中有我、我中有你的命运共同体，强化国际交往合作是顺应时代的必然选择。习近平总书记作为中国特色大国外交的总设计师，站在人类历史发展进程的高度，科学辨析时代潮流和国际大势，明确了新时代我国对外工作的历史使命、总目标和必须坚持的一系列方针原则，深刻揭示了新时代中国特色大国外交的本质要求、内在规律和前进方向，概括起来主要有以下10个方面：一是坚持以维护党中央权威为统领加强党对对外工作的集中统一领导；二是坚持以实现中华民族伟大复兴为使命推进中国特色大国外交；三是坚持以维护世界和平、促进共同发展为宗旨推动构建人类命运共同体；四是坚持以中国特色社会主义为根本增强战略自信；五是坚持以共商共建共享为原则推动"一带一路"建设；六是坚持以相互尊重、合作共赢为基础走和平发展道路；七是坚持以深化外交布局为依托打造全球伙伴关系；八是坚持以公平正义为理念引领全球治理体系改革；九是坚持以国家核心利益为底线维护国家主权、安全、发展利益；十是坚持以对外工作优良传统和时代特征相结合为方向塑造中国外交独特风范。

捷图高速深刻诠释了中华民族和衷共济、守望相助的文化基因，彰显了我国历来富有正义感和责任心的大国形象，也体现了我国致力于深化同发展中国家团结合作的外交布局。思想引领方向，实干铸就辉煌。站在"两个一百年"奋斗目标的历史交汇期，我们要紧密团结在以习近平同志为核心的党中央周围，始终以习近平新时代中国特色社会主义思想和习近平外交思想为指引，不忘初心、牢记使命，奋发进取、攻坚克难，不断开创新时代中国特色大国外交新局面，为实现中华民族伟大复兴的中国梦、为推动构建人类命运共同体作出更大贡献。

案例61：中国守护和平贡献"值得大书特书"

近日，联合国驻南苏丹特派团（联南苏团）西战区司令授予中国第

12 批赴南苏丹维和工兵分队 15 名官兵西战区司令嘉奖，表彰他们近段时间在维和工作中的突出成绩和巨大贡献。一直以来，中国“蓝盔”彰显大国担当，为维护冲突地区和平筑起一道坚固的“蓝色防线”。

和平是人类的共同愿望和崇高目标。联合国维和行动为和平而生，为和平而存，成为维护世界和平与安全的重要途径。始于 1948 年的联合国维和行动，旨在帮助遭受冲突的国家创造实现持久和平的条件。70 多年来，联合国维和人员在世界上最为艰苦和危险的地区无私地奉献与牺牲，“蓝盔”成为战乱地区和平与希望的象征。在这其中，中国“蓝盔”是一支关键力量。

1990 年 4 月，中国军队向联合国停战监督组织派遣 5 名军事观察员，开启了中国军队参加联合国维和行动的历程。1992 年 4 月 16 日，中国派出首支成建制的“蓝盔部队”赴柬埔寨参加维和行动。30 多年间，从最初的军事观察员，发展到工兵分队、医疗分队、运输分队、直升机分队、警卫分队、步兵营等成建制部队以及参谋军官、军事观察员、合同制军官等维和军事专业人员，一批又一批中国维和官兵前赴后继，使中国“蓝盔”成为和平的守护者。

一组数据可以直观展现中国在维和行动中的积极作用：自 1992 年以来，中国先后参加了 25 项联合国维和行动，累计派出维和官兵近 5 万人次，足迹遍布柬埔寨、刚果（金）、利比里亚、苏丹、黎巴嫩、塞浦路斯、南苏丹、马里、中非等全球 20 多个国家和地区；中国是联合国第二大维和摊款国和会费国，安理会常任理事国第一大出兵国。

许多生动感人的故事，定格了中国维和官兵如何用实际行动，为饱受战火摧残国家的人民带去和平与安全，送去希望与温暖：在马里，2013 年以来，中国先后派出 9 批维和部队履行维和责任，出色完成武装巡逻和警戒护卫责任，被联马团东战区誉为“战区王牌”；在黎巴嫩，中国维和部队部署 16 年来，出色完成了扫雷、排爆、工程建筑维护、医疗救助和人道主义援助等任务，创造了零伤亡的扫雷排爆奇迹；在刚果（金），19 年来，中国维和医疗分队与驻地布卡武市“国际儿童村”结成对子，中国维和女官兵被孩子们亲切称作“中国妈妈”；在南苏丹，中国维和部队向当地人民传授农业技术、赠送农具菜种，并应邀到当地中学开设中国文化和汉语课程……

中国维和官兵也是友谊的传播者。正如联合国负责维和事务的副秘书长皮埃尔·拉克鲁瓦所言，在维和领域，“中国的贡献值得大书特书”。

和平需要争取，和平需要维护。中国始终是世界和平的建设者、全球发展的贡献者、国际秩序的维护者，中国军队始终是维护世界和平的正义力量。中国“蓝盔”为世界和平注入源源不断的正能量，也将继续以高度的纪律性和责任心，为维护世界和平英勇出征、砥砺前行。

（严瑜：人民网，2022 年 4 月 23 日）

61.1 案例思考讨论

（1）基于中国“蓝盔”30 多年来为维护世界和平英勇出征、砥砺前行的事例，如何理解联合国负责维和事务的副秘书长皮埃尔·拉克鲁瓦所言，在维和领域，“中国的贡献值得大书特书”？

（2）自 1992 年以来，中国先后参加了 25 项联合国维和行动，累计派出维和官兵近 5 万人次，足迹遍布全球 20 多个国家和地区，结合上述数据谈一谈中国为什么要始终坚持走和平发展道路？如何继续坚持走和平发展道路？

61.2 案例分析启示

1990 年 4 月，中国向联合国停战监督组织派出 5 名军事观察员，开启了中国军队参加联合国维和行动的光辉历程。30 多年来，中国军队派出维和官兵的数量和类型全面发展，在联合国维和行动中，始终牢记履行大国担当、维护世界和平、构建人类命运共同体的初心和使命，为推进和平解决争端、维护地区安全稳定、促进驻在国经济社会发展作出了重要贡献，中国“蓝盔”成为联合国维护和平的关键力量。

和平与发展，是当今时代的主题，也是人类永恒的追求。30 多年来，中国维和官兵的足迹遍布 20 多个国家和地区，他们在充满危险动荡、条件艰苦的异国他乡修路架桥、扫雷排爆、救死扶伤、支援重建，为遭受战火摧残的人民带去了和平、点亮了希望。习近平总书记强调：“中华民族热爱和平，中国人民深知和平之可贵，中国坚定不移走和平发展道路，永远是世界和平的建设者、全球发展的贡献者、国际秩序的维护者。”世界史也告诉我们，西方大国崛起的过程，与掠夺史、殖民史和战争史分不开。而中国是在遵守现有国际规则的前提下,坚持走独立自主的道路,通过本国人民的努力,自力更生、艰苦奋斗,从而实现和平发展的大国。中国的和平发展道路最鲜明的特征,就是坚持科学发展、自主发展、开放发展、和平发展、合作发展、共同发展。中国和平发展的不懈追求是,对内求发展、求和谐,对外求合作、求和平。具体而言,就是通过中国人民的艰苦奋斗和改革创新,通过同世界各国长期友好相处、平等互利合作,让中国人民过上美好生活,并为全人类发展进步作出应有贡献。

70多年来,中国以脚踏实地的努力,维护世界和平与全球发展。随着越来越多的国家深入了解中华文明的精神实质, 中国负责任大国的形象也日益深入人心。然而在中国的发展过程中,也总是有形形色色的所谓“中国崩溃论”“中国威胁论”“国强必霸论”等臆测。基于此,中国应如何继续坚持走和平发展道路呢?第一,坚持走和平发展道路,必须奉行独立自主的和平外交政策。其主要内容包括:始终奉行独立自主的原则;反对霸权主义,维护世界和平;主张顺应世界多极化和经济全球化的历史潮流,积极推动建立公正合理的国际政治经济秩序;愿在互相尊重主权和领土完整、互不侵犯、互不干涉内政、平等互利、和平共处五项原则的基础上,同所有国家建立和发展友好合作关系;实行全方位的对外开放政策,愿在平等互利原则的基础上,同世界各国和地区广泛开展贸易往来、经济技术合作和科学文化交流,促进共同繁荣; 积极参与多边外交活动, 做维护世界和平和地区稳定的坚定力量。第二,坚持走和平发展道路,必须坚决捍卫国家核心利益。中国坚定不移走和平发展道路,始终不渝倡导合作共赢理念。但是走和平发展道路、倡导合作共赢是有底线的,这就是坚决维护国家核心利益。坚决维护国家核心利益是新时代中国特色大国外交工作的基本出发点和落脚点。国家核心利益是特定国家最根本、最重要的利益,是主权国家生存和发展的前提和基础。不同国家在不同历史时期的国家核心利益包含的内容有所不同。中国的核心利益包括国家主权、国家安全、领土完整、国家统一、中国宪法确立的国家政治制度和社会大局稳定、经济社会可持续发展的基本保障等内容,在涉及国家核心利益的问题上,中国敢于划出红线、亮明底线。

坚持走和平发展道路,反映了世界人民的共同要求,符合中华民族的根本利益。历史和现实也反复告诉我们,只有坚持和平发展、携手合作,才能真正实现共赢、多赢。无论国际风云如何变幻，无论我国发展到什么程度，我们都要始终坚持走和平发展道路，努力为世界和平贡献自己的力量。中国人民愿意同世界各国人民和睦相处、和谐发展，不断推动壮大维护世界和平的力量，一道共谋和平、共护和平、共享和平。

知识链接和特别关注

两个大局

两个大局，指的是实现中华民族伟大复兴的战略全局和世界百年未有之大变局。2020年以来，无论是地方考察，还是发表重要讲话，习近平总书记都多次提到“两个大局”，强调要清醒认识国际国内各种不利因素的长期性、复杂性，妥善做好应对各种困难局面的准备。

“两个大局”相互交织、相互激荡、相互影响。中华民族复兴既是世界大变局的有机组成部分，也是其重要推动因素；世界大变局则为实现中华民族伟大复兴既提供了条件和机遇，也带来了潜在风险和挑战。在中国特色社会主义进入新时代、中华民族前所未有地接近伟大复兴目标、中国日益走近世界舞台中央的背景下，中国与世界的关系正在发生历史性变化。在这样的当口，尤其需要我们深刻把握“两个大局”之间的内在联系，努力推动二者之间的良性互动和相互促进。

新时代我国对外工作的重点

2018年6月22日至23日，中央外事工作会议在北京召开。中共中央总书记、国家主席、中央军委主席习近平在会上发表重要讲话，明确了新时代我国对外工作的重点。一是要高举构建人类命运共同体旗帜，推动全球治理体系朝着更加公正合理的方向发展。二是要坚持共商共建共享，推动“一带一路”建设走实走深、行稳致远，推动对外开放迈上新台阶。三是要运筹好大国关系，推动构建总体稳定、均衡发展的大国关系框架。四是要做好周边外交工作，推动周边环境更加友好、更加有利。五是要深化同发展中国家团结合作，推动形成携手共进、共同发展新局面。六是要深入推动中国同世界深入交流、互学互鉴。

案例主题二：
推动建设新型国际关系

习近平总书记在庆祝中国共产党成立100周年大会上的重要讲话中指出，在新的征程上，我们必须高举和平、发展、合作、共赢旗帜，奉行独立自主的和平外交政策，坚持走和平发展道路，推动建设新型国际关系，推动构建人类命运共同体，推动共建“一带一路”高质量发展，以中国的新发展为世界提供新机遇。党的十九届六中全会审议通过的《中共中央关于党的百年奋斗重大成就和历史经验的决议》进一步指出，“中国特色大国外交要服务民族复兴、促进人类进步，推动建设新型国际关系，推动构建人类命运共同体”。推动构建相互尊重、公平正义、合作共赢的新型国际关系，是构建人类命运共同体的必由之路。中国本着相互尊重、平等相待的原则，与世界各国增进交流合作，编织起一张遍布全球的伙伴关系网，走出了一条结伴而不结盟、对话而不对抗的国与国交往新路。

新型国际关系意味着坚持合作、不搞对抗，坚持开放、不搞封闭。当今世界正处在大发展大变革大调整时期，也正处在一个挑战层出不穷、风险日益增多的时代。面对国际国内形势的新变化，中国全面发展与世界各国友好合作，不断完善全方位、多层次、立体化的外交布局，积极参与全球治理体系改革和建设，致力于构建以合作共赢为核心的新型国际关系。迈向复兴的中国正与世界携手前进，为推进人类和平与发展事业不断作出新的贡献。案例62，中国政府援助中老铁路搬迁安居村项目，为造福老挝民众、改善当地基建水平作出了重要贡献，展现了中国按照亲诚惠容理念和“与邻为善”外交方针，积极推动构建新型国际关系，做好与周边国家的外交工作。案例63，日本单方面颁布核污染水排海计划，不仅会严重威胁全球生态环境，还将阻碍全球治理体系建设进程。这种罔顾共同利益的自私行为，遭到了国际社会广泛质疑和反对，在日本国内也引发强烈担忧。

案例62：中老铁路搬迁安居村项目移交老方："搬进新家，生活充满希望"

老挝琅南塔省南塔县纳堆村，距离中老铁路纳堆车站以西约3公里，一条水泥路在山间蜿蜒，路的尽头是一片崭新的居民区。朱红色的屋顶，雪白的外墙，平坦的小路，每间新房都水电齐全……即将搬进小区的村民坎莱大妈对新居赞不绝口："移民村在建的时候，我就听大家说非常漂亮，到现场一看，这里比我想象得还要好！"

为了支持修建中老铁路，一些居住在沿线的老挝村民响应安排，搬迁至安居村。安居村项目总计安置349户居民，由上海建工集团股份有限公司等承建。该项目于2021年4月开工，于5月29日正式移交老方。在安居村项目的各个安置点，除了3种户型的349套安置房外，中企还为当地村民配套建设了村办公室、学校、卫生所等公共服务设施，并修建村内外道路、供电等基础设施。

9月开学时，纳堆村的孩子们将搬进新学校。将读小学五年级的女孩坡·巴松约上小伙伴，迫不及待地来到新学校一睹究竟。"透过玻璃窗我们看到，新教室很大很干净，电灯也多。"坡·巴松说。6月中旬，纳堆村村长加棱西将逐步落实村民搬迁工作。她告诉记者，大家马上要搬进漂亮的新房，用上自来水和数字电视，村里还有卫生室和学校，"移民搬迁对我们来说是一件幸福的事情。搬进新家，生活充满希望"。

老挝副总理、老中合作委员会主席宋赛·西潘敦在走访纳堆村时说："安置房错落有致，村内道路整齐方便，公共设施配套齐全，这里非常漂亮！"西潘敦表示，安居村项目极大提高了当地民众的生活水平，改善了基础设施和教育医疗条件，是老中友好合作在民生领域的体现。

琅南塔省省长坎莱·西巴色表示，老中铁路是大工程，安居村项目有助于妥善安置征地移民，给他们创造更好的居住环境，也推动了老挝北部地区的农村减贫工作。项目的4个安置点分布在老挝北部的3个省，干净整洁、现代化的安居村非常受当地村民欢迎，"这是中国政府送给我们的礼物”。老挝公共工程与运输部副部长维莱坎表示，中国政府援助的老中铁路搬迁安居村项目将造福老挝民众，改善当地基建水平，为老挝经济社会发展作出积极贡献。

（赵益普：《人民日报》，2022 年 6 月 7 日）

62.1 案例思考讨论

（1）中国援助中老铁路搬迁安居村项目，极大提高了当地民众的生活水平，改善了基础设施和教育医疗条件，是中老友好合作在民生领域的体现。这对于我国处理好同周边国家关系具有怎样的启示意义？

（2）从两国合作修建中老铁路，到我国承建安居村项目并帮助沿线居民搬迁新家，结合案例谈谈我国应如何更好地完善全方位、多层次、立体化的外交布局？

62.2 案例分析启示

中老铁路是大工程，沿线征地移民数量庞大。中国政府援助的中老铁路搬迁安居村项目，是老挝加快发展的一个代表性缩影，也是中方坚持高标准、可持续、惠民生目标共建“一带一路”、造福老挝百姓的生动体现。新建的安居村生活设施齐全，基建完备，几乎是老挝有史以来最好的一个移民安置村，极大提高和改善了当地民众的生活条件和居住环境，非常受当地百姓的欢迎。

中老铁路与安居村项目是中老两国、两党友好关系的深刻见证，也是新时代中国特色大国外交的一个重要举措。党的十八大以来，中国以周边和大国为重点，以发展中国家为基础，以多边为舞台，以深化务实合作、加强政治互信、夯实社会基础、完善机制建设为渠道，全面发展同各国友好合作，不断完善我国全方位、多层次、立体化的外交布局，打造覆盖全球的“朋友圈”。中国是周边环境复杂的大国，处理好同周边国家关系对中国的繁荣发展十分重要。中国视周边为安身立命之所、发展繁荣之基，将周边置于外交全局的首要位置，视促进周边和平、稳定、发展为己任。按照亲诚惠容理念和“与邻为善、以邻为伴”外交方针深化同周边国家的互利合作和互联互通，共同打造周边命运共同体；努力使周边国家同我国政治关系更加友好、经济纽带更加牢固、安全合作更加深化、人文联系更加紧密；坚持睦邻、安邻、富邻，维护周边和平稳定大局，决不允许在自己家门口生乱生事，决不接受中国的发展进程受到干扰和打断；着力深化互利共赢格局，利用好比较优势，找准同周边国家深化互利合作的战略契合点；着力推进同周边国家的安全合作，主动参与区域和次区域安全合作，深化有关合作机制，增进战略互信；巩固和扩大我国同周边国家关系长远发展的社会和民意基础。

同时，大国关系在国际关系体系中也具有不容置疑的重要意义，也是新时代中国特色大国外交的重要组成部分。保持与大国关系的总体稳定，对于我国深化全方位对外合作、维护良好外部环境至关重要。党的十八大以来，我国着力运筹同主要大国关系。一是深入发展中俄新时代全面战略协作伙伴关系，保持中俄战略协作高水平。俄罗斯是世界大国，也是我国最大的邻国。高水平、强有力的中俄关系，符合双方利益，是维护国际战略平衡和世界和平稳定的重要保障。要始终坚定支持对方维护核心利益，深入开展各领域合作，共同积极参与全球治理，维护世界和平、安全、稳定。二是推动美方与中方相向而行，共同致力于构建不冲突不对抗、相互尊重、合作共赢的中美关系。中国要牢牢把握两国关系发展大方向，坚持不冲突不对抗、相互尊重、合作共赢的原则，尊重和照顾彼此核心利益和重大关切，以平等、协商的方式管控分歧，努力维护双方关系；对于美国挑起的摩擦，有鲜明立场态度：不想打、不愿打，但也绝不怕打，中国不会屈从于任何外来压力，有决心、有能力捍卫自身的正当权益。三是共同打造中欧和平、增长、改革、文明四大伙伴关系。欧洲是多极化世界的重要一极，同我国经济互补性很强。要牢牢把握中欧全面战略伙伴关系正确方向，充分挖掘合作潜力，深化气候变化、环境保护和数字经济等领域合作。四是秉持开放包容、合作共赢精神，同金砖国家深化战略伙伴关系，巩固经贸财金、政治安全、人文交流“三轮驱动”合作架构，推动各领域务实合作不断深入，深化团结互信，增进人民福祉，拉紧利益和情感纽带。

新时代中国特色大国外交要继续坚持多边主义，重视发挥以联合国为代表的国际多边机制的作用，让多边外交成为推动建立新型地区合作格局和世界治理模式、引领国际关系变革的重要平台。我们相信，未来相当长一个时期，中国特色大国外交将乘风破浪，阔步前行，深刻影响世界格局和国际秩序重建，中国在世界舞台中心发挥更大作用的历史新时代已经来临。

案例63:国际社会持续反对日本核污染水排海计划

2021年4月13日,日本政府正式决定将福岛第一核电站超百万吨核污染水经过滤并稀释后排入大海。东京电力公司计划2023年春开始,向太平洋排放所谓“放射性物质达标”的核污染水。日本单方面决定向海洋排放核污染水,遭到国际社会广泛质疑和反对,在日本国内也引发强烈担忧。

日本政府和东京电力公司目前仍在推进排海计划。连日来,日本国内和国际舆论纷纷再次表示反对这一错误决定,指出核污染水处置事关全球生态环境安全和各国人民生命健康。日本方面应秉持公开透明原则,与利益攸关方和相关国际机构充分协商,在认真评估各种核污染水处置方案利弊优劣后再做决策,确保核污染水的安全处置。

日本龙谷大学政策学部教授大岛坚一表示——

“核污染水排入大海不仅破坏当地渔民赖以生存的渔场,还将影响到周边海域,对全球海洋生态环境造成不良影响”

4月5日,在与日本首相岸田文雄就福岛核污染水入海计划进行会谈时,日本全国渔业协会联合会会长岸宏再次明确表示,反对核污染水入海的立场不变。此前,岸宏还就同一话题同日本经济产业大臣萩生田光一举行会谈。岸宏向媒体表示,协会联合会坚决反对核污染水排海计划。

日本全国渔业协会联合会成立于1952年,是由日本各地渔业协会组成的全国性渔业团体。渔业从业人员普遍担心核污染水排海将污染渔业资源,影响当地水产品的安全性,导致水产品失去销路。福岛县渔业协会联合会会长野崎哲表示:“核污染水一旦排海将直接污染海洋,而海洋关系到福岛渔民的就业和生计。我们会继续坚持反对立场。”福岛大学名誉教授今野顺夫表示,福岛县以水产为支柱产业,核污染水排海将给产业发展造成混乱,同时也危害普通民众生活。

“核污染水排入大海不仅破坏当地渔民赖以生存的渔场,还将影响到周边海域,对全球海洋生态环境造成不良影响。”日本龙谷大学政策学部教授大岛坚一表示,福岛核事故是迄今全球发生的最为严重的核事故之一,福岛第一核电站报废问题需要漫长的时间,核污染物质处理等一系列问题也必须谨慎应对。现在进行的核污染水处理方式是事故后仓促做的决定，有很多不合理的地方。“如果为实现不现实的目标，将引起一连串的错误。”

日本非营利组织核能资料信息室联合代表伴英幸日前发表文章指出，核污染水排海将对海洋环境造成放射性污染。根据东京电力公司发布的放射性影响报告书，64 种放射物质每年分别释放的放射能从数万到数十万亿贝克勒尔不等。这只是基于 2 年时间的试验评估。伴英幸表示：“核污染水排海计划将持续 30 年之久，我们并不清楚在整个期间会释放多少放射物质辐射能。如果搞不清楚这一点，人们将无法预见海洋环境会遭受怎样的放射性污染。我们绝不允许海洋环境遭到放射性污染，应采用排海以外的方式处理核污染水。”

日本静冈县民众表示——

“日本政府修改安全标准，认为只要稀释就可以将核污染水排放入海，这并不是认真负责的态度，而是在逃避责任、降低成本”

连日来，日本多个市民组织在东京、大阪等多地街头组织集会反对核污染水排海。他们在人流集中的车站、广场拉起“坚决反对核污染水排海”“勿让核污染水流入海洋”“为了孩子们的未来”等标语横幅，通过散发传单、街头演讲、呼吁签名等形式向路过的市民介绍宣传。

日本福岛县和宫城县的 4 个民间团体不久前向日本经济产业省和东京电力公司递交了约 18 万人的联合署名，反对核污染水排海计划，要求采取其他方法处理核污染水。

4 月 10 日，静冈县民众在当地车站自发组织集会，反对日本政府的核污染水排海计划。据组织者介绍，在静冈县有大约七成民众反对该计划。集会参与者表示：“福岛核事故核污染水并不仅仅是福岛的问题，因为海洋是相连的，所以这是日本全国和全世界的问题。”“用其他方法进行彻底清除需要很高的成本，所以日本政府修改安全标准，认为只要稀释就可以将核污染水排放入海，这并不是认真负责的态度，而是在逃避责任、降低成本。”

面对国内外批评之声和各方的正当合理关切，日本方面置若罔闻，甚至试图掩盖真相。日本经济产业省和复兴厅从去年 12 月开始竟然向全国中小学发放宣传单，强调核污染水的所谓“安全性”。宣传单上用卡通图画显示放射性元素氚通过饮水进入人类体内，并配以文字“不用担心氚元素会影响身体健康”。该事件引发福岛、岩手等地议员、教育界人士和学生家长的强烈不满和抗议。

日本参议院议员岩渕友在国会答辩中批评说，派发这样的传单“践踏了渔业从业者和反对核污染水排海民众的感情”，她要求政府回收这些传单并撤回核污染水排海的决定。

日本《秋田魁新报》发表社论表示，当前核污染水排海决定持续遭到渔业界强烈反对，得不到民众理解。在排海决定是否顺应民意存疑的情况下，政府应改弦易张，继续在陆地上保存核污染水。

俄罗斯自然科学院院士库兹涅佐夫表示——

“排放核污染水是一项非常复杂的全球性难题，更是可能影响太平洋未来数百年生物资源的问题。日方的排海计划是极不负责任的行为”

“日本核污染水排海是对人类的犯罪行为！”日前，在福岛核泄漏事故 11 周年之际，韩国市民团体手举横幅在日本驻韩国大使馆门前举行记者会。市民团体表示，向海洋排放核污染水是对全人类的核恐怖主义，也是最恶劣的犯罪行为。当天，韩国济州道、庆尚南道等地市民团体也纷纷举行抗议活动，敦促日本政府撤回核污染水排海计划。

韩国 KBS 电视台报道指出，不管是通过舆论调查还是媒体报道，日本政府都明确知晓受灾地区的很多居民反对核污染水排海，但是仍然向中小学生发放教育资料，宣称核污染水是“安全”的。“对于经历过或正在经历放射性物质泄漏的居民们来说，这是无法接受的。”

俄罗斯自然科学院院士弗拉基米尔·库兹涅佐夫日前在俄《星周刊》杂志网站撰文指出，从某种角度看，氚可以扩散到整个海洋，并将影响几乎所有类型的海洋生物。如果迁徙洄游的鱼类进入核污染水排放的流域，即使是很短时间内，这些鱼类也会通过植物、浮游动物等食物链累积氚及其他高浓度放射性元素。

文章指出，东京电力公司曾承认自 1977 年起在福岛第一、第二核电站等例行检查中篡改检测数据，隐瞒反应堆故障。甚至是在核事故处置中，该公司也尽可能地在个人防护设备、辐射监测设备等方面“节省一切”。该公司还曾多次被提起诉讼和罚款。虽然东京电力公司声称排放指标是“理想”的，但“因为东京电力公司的声誉已经严重受损”，没有人会知道现实情况最终将会怎样。

库兹涅佐夫认为，排放福岛核污染水的危害要比想象中严重得多，周边国家对日本的计划表示担忧并非巧合。他指出：“排放核污染水是一项非常复杂的全球性难题，更是可能影响太平洋未来数百年生物资源的问题。日方的排海计划是极不负责任的行为，这将严重损害全球海洋环境安全、国际公共卫生体系和周边国家人民的根本利益。”

（岳林炜、马菲、隋鑫：《人民日报》，2022 年 4 月 13 日）

63.1 案例思考讨论

（1）结合日本龙谷大学教授大岛坚一、日本静冈县民众、俄罗斯自然科学院院士库兹涅佐夫的观点态度，分析日本核污染水排海计划对于全球治理体系改革与建设具有怎样的挑战？

（2）日本政府单方面决定将超百万吨核污染水排入大海，企图将核污染风险分摊至全球，谈一谈世界各国在全球治理中应如何应对？

63.2 案例分析启示

2011 年 3 月 11 日，日本东北部海域发生 9.0 级强烈地震并引发海啸，导致福岛第一核电站发生核泄漏，其中 3 个反应堆发生堆芯熔毁。为了冷却受损的堆芯，福岛第一核电站不得不注入大量海水，这些海水与大量渗入反应堆的地下水和雨水形成核废水，并被装在特制的储水罐。2021 年 4 月 13 日，日本政府正式决定将福岛第一核电站上百万吨核污水经过滤并稀释后排入大海，排放在 2023 年后开始。此举遭到国际社会广泛质疑和反对，在日本国内也引发强烈担忧。对于国际社会和国内民众的正当合理关切，日方拒不回应，时至今日仍没有对福岛核污染水排海方案的正当性、核污染水数据的可靠性、净化装置的有效性、环境影响的不确定性等问题作出充分、可信的说明。日方这种自私自利的做法，不仅使全球生态遭受到严峻的考验，还将极大程度破坏全球治理体系改革和建设成果。

福岛核电站事故核废水处置不只是日本国内问题，还是涉及周边国家乃至人类社会共同安全和利益的国际问题。当今世界，随着国际力量对比的此消彼长和深刻变化，以及全球性问题挑战的增多，世界上的事情越来越需要各国共同商量着办,全球性挑战越来越需要各国通力合作来应对,加强全球治理、推动全球治理体系的变革已经是大势所趋。中国主张全球治理体系变革要坚持共商共建共享原则,要更好地反映国际格局的变化,更加平衡地反映大多数国家特别是新兴市场国家和发展中国家的意愿和利益。要积极维护开放型世界经济体制,推动建设和完善区域合作机制,加强国际社会应对全球性挑战的能力。具体而言,各国应该如何积极参与引领全球治理体系改革与建设呢?

在全球经济治理方面,应该以平等为基础,更好地反映世界经济格局新现实,增加新兴市场国家和发展中国家的代表性和发言权,确保各国在国际经济合作中权利平等、机会平等、规则平等;以开放为导向,坚持理念、政策、机制开放,适应形势变化,充分听取社会各界建议和诉求,鼓励各方积极参与和融入;以合作为动力,加强沟通协调,照顾彼此利益关切,共商规则,共建机制,共迎挑战;以共享为目标,提倡所有人参与,所有人受益,不搞一家独大或者赢者通吃。在全球治理体系改革和建设方面,中国强调坚定维护以联合国宪章宗旨和原则为核心的国际秩序,促进全球治理规则民主化、法治化,推动全球治理体制更加平衡地反映大多数国家的意愿和利益,积极参与制定海洋、极地、网络、外空、核安全、反腐败、气候变化等新兴领域治理规则。在应对重大国际热点问题和全球性挑战方面,强调建设性参与政治解决,扩大参与联合国框架下的维和行动,争取为维护世界和平、安全、稳定作出更大贡献。在全球人权治理方面,强调坚持以合作促发展、以发展促人权的新人权观。在加强全球公共卫生治理方面,强调要针对新冠肺炎疫情暴露出的短板和不足,完善公共卫生安全治理体系,提高突发公共卫生事件应急响应速度,建立全球和地区防疫物资储备中心。在参与全球治理能力方面,着力增强规则制定能力、议程设置能力、舆论宣传能力、统筹协调能力。

全球治理体系改革和建设是大势所趋,是顺应时代潮流、推动人类进步的切实需要。日本将本国的核废水倒入太平洋,不是一个负责任国家应有的表现,不仅严重破坏了全球治理规则,更让全世界为此买单。日本应认清自身责任,秉持科学态度,履行国际义务,对国际社会、周边国家以及本国国民的严重关切作出应有回应,重新审视福岛核电站核废水处置问题,同各利益攸关国家和国际原子能机构充分协商。世界各国也应主动参与国际规则制定和完善,推动形成更加包容的全球治理、更加有效的多边机制、更加积极的区域合作,有效应对摆在人类面前的全球性问题,推动国际秩序和全球治理体系朝着更加公正合理方向发展。

知识链接和特别关注

全球治理观

2017年10月18日,习近平总书记在党的十九大报告中指出,中国秉持共商共建共享的全球治理观,倡导国际关系民主化,坚持国家不分大小、强弱、贫富一律平等,支持联合国发挥积极作用,支持扩大发展中国家在国际事务中的代表性和发言权。中国将继续发挥负责任大国作用,积极参与全球治理体系改革和建设,不断贡献中国智慧和力量。5年来,习近平总书记多次在重大外交场合阐述中国关于全球治理的新理念新思想,提出中国解决全球治理重要议题的新方案新举措,推动全球治理体系向更公正合理方向发展。愈来愈多的中国方案从为世界所知到为世界所用,向世界展现了一个社会主义大国坚持走和平发展道路、推动构建新型国际关系和人类命运共同体的抱负和担当。

多边主义

2019年6月27日至29日,国家主席习近平应邀赴日本大阪出席二十国集团(G20)领导人第十四次峰会。习近平主席接连出席20多场活动,高举多边主义旗帜,倡导伙伴合作精神,践行互利共赢理念,阐释共同发展主张。在各方共同努力下,G20大阪峰会发出支持多边主义的主流声音,为国际形势发展注入稳定性和正能量。多边主义是适应经济全球化、世界多极化时代要求的产物,其要义是国际上的事由大家共同商量着办,世界前途命运由各国共同掌握。国际社会应该按照各国共同达成的规则和共识来治理,而不能由一个或几个国家来发号施令。

案例主题三：推动构建人类命运共同体

理念引领行动，方向决定出路。以习近平同志为核心的党中央深刻洞悉国际格局演变的规律，准确把握世界潮流浩荡的脉动，提出构建人类命运共同体，弘扬全人类共同价值，推动共建“一带一路”高质量发展，为解决一系列世界重大问题提供了中国方案。构建人类命运共同体作为习近平外交思想的重要组成部分为新时代中国特色大国外交树立了鲜明旗帜，彰显了以习近平同志为主要代表的中国共产党人，立足中国、胸怀天下，为中国人民谋幸福、为中华民族谋复兴、为世界人民谋大同的全球视野和博大胸襟，也彰显了中国外交致力于世界和平发展、促进人类共同进步的坚定信念。这一科学理念为人类社会实现共同发展、持续繁荣、长治久安指明了方向和途径，为各国超越冷战思维、探索对话合作新模式、共谋和平发展新未来擘画了美好蓝图。

党的十八大以来，在习近平总书记的倡导下，构建人类命运共同体理念在国际社会日益深入人心，中国高举构建人类命运共同体旗帜，不断为世界和平发展作出新的重大贡献。特别是近几年来，世界大变局加速向纵深发展，各种新问题新挑战层出不穷，国际环境更趋复杂多变。构建人类命运共同体愈加彰显出璀璨的真理光芒，指引着中国和世界前进的正确方向。案例64，从各国合作发展、国际抗疫合作、全球数字经济发展等维度展示了“一带一路”的建设成果，突出体现了我国高举和平发展的旗帜，积极发展与沿线国家的经济合作伙伴关系，推动“一带一路”高质量发展，共同打造政治互信、经济融合、文化包容的利益共同体、命运共同体和责任共同体。

案例64：一带一路，开创共同发展的光明未来

7月1日上午，庆祝中国共产党成立100周年大会在北京天安门广场隆重举行。中共中央总书记、国家主席、中央军委主席习近平发表重要讲话强调，必须高举和平、发展、合作、共赢旗帜，奉行独立自主的和平外交政策，推动建设新型国际关系，推动构建人类命运共同体，推动共建"一带一路"高质量发展，推动历史车轮向着光明的目标前进。

自2013年习近平主席提出共建"一带一路"倡议以来，从谋篇布局的"大写意"到精耕细作的"工笔画"，共建"一带一路"绘就了一幅共享机遇、共同发展的美好图景。正如联合国秘书长古特雷斯所说："各国应当抓住'一带一路'合作带来的机遇，实现互利共赢。"

建设成果丰硕：为合作共赢注入强动力

习近平主席强调："我提出共建'一带一路'倡议，旨在传承丝绸之路精神，携手打造开放合作平台，为各国合作发展提供新动力。"

8年来，共建"一带一路"从理念化为行动，得到国际社会积极响应和支持。共建"一带一路"成为当今世界范围最广、规模最大的国际合作平台，迄今已有140个国家和32个国际组织加入。

8年来，共建"一带一路"从愿景化为现实，为世界各国带来巨大机遇和红利。中国与"一带一路"合作伙伴贸易额累计超过9.2万亿美元，中国企业在沿线国家直接投资累计超过1300亿美元。

8年来，共建"一带一路"一大批重点项目全面推进，造福沿线国家和地区人民。从中巴经济走廊到中白工业园，从中老铁路到中欧班列，从中亚最大风电场到"非洲第一高楼"……一个辐射全球各大陆、连接世界各大洋的互利合作网已初步形成。

8年来，共建"一带一路"秉持共商共建共享合作原则，坚持开放、绿色、廉洁、合作理念，致力于高标准、惠民生、可持续的合作目标。沿线各国携手共进，收获了丰硕成果。

津巴布韦前驻华大使克里斯托弗·穆茨万古瓦认为，"一带一路"倡议和人类命运共同体理念的本质都是为全人类谋幸福、谋发展。智利瓦尔帕莱索大学公共管理学院学者毛里西奥·罗德里格斯表示，不久前举行的"一带一路"亚太区域国际合作高级别会议彰显出多边合作的潮流。

共建“一带一路”为全球合作抗疫作出重要贡献，也将继续推动亚太区域国家保持紧密合作。

开展抗疫合作：向国际社会传递正能量

面对突如其来的新冠肺炎疫情，“一带一路”合作不但没有按下“暂停键”，反而逆风前行，展现出强大韧性和旺盛活力，向国际社会传递了信心和力量，为促进国际抗疫合作和全球经济复苏作出了重要贡献。

携手构筑国际抗疫“防火墙”——中国与各方举行了100多场疫情防控经验交流会。截至6月中旬，中国已向全球供应了2900多亿只口罩、35亿多件防护服、45亿多份检测试剂，向90多个国家提供了超过4亿剂疫苗和原液，其中大多数是“一带一路”合作伙伴。

合力打造全球经济稳定器——中方先后举行数十场“一带一路”国际会议，交流发展经验、协调发展政策、推进务实合作。去年，中国与“一带一路”合作伙伴货物贸易额达1.35万亿美元，创历史新高，为各国抗疫情、稳经济、保民生作出了积极贡献。

齐心搭建世界联通新桥梁——中国与22个伙伴国开展“丝路电商”合作，有力促进了疫情形势下的贸易畅通。连接亚欧大陆的中欧班列成为名副其实的“钢铁驼队”，为助力各国抗疫发挥了重要作用。

6月初，巴基斯坦本地灌装生产的中国康希诺新冠疫苗正式发布，标志着该国首次实现新冠疫苗本地化生产。巴负责国家卫生服务的总理特别助理费萨尔·苏丹高度称赞：“面对疫情，巴中两国守望相助，包括疫苗合作在内的抗疫合作为其他国家树立了典范。”

巴西布坦坦研究所临床研究医学总监帕拉西奥斯表示，国际疫苗合作是战胜这场疫情的最主要手段之一，中国给其他国家和地区抗疫提供援助是“雪中送炭”。

在“一带一路”亚太区域国际合作高级别会议期间，与会29国共同发起“一带一路”疫苗合作伙伴关系倡议，再次强调团结合作是战胜疫情的关键，疫苗是应对疫情的重要工具。

促进绿色复苏：与沿线各国共谱新愿景

这场疫情启示我们，人类需要一场自我革命，加快形成绿色发展方式和生活方式，建设生态文明和美丽地球。

习近平主席4月22日在北京以视频方式出席领导人气候峰会并发表重要讲话时指出，中方还将生态文明领域合作作为共建“一带一路”重点内容，发起了系列绿色行动倡议，采取绿色基建、绿色能源、绿色交通、绿色金融等一系列举措，持续造福参与共建“一带一路”的各国人民。

安装太阳能路灯，铺设地下综合管网，实现中水智能灌溉，中老正在合作建设的低碳示范区，受到老挝当地民众的热烈欢迎；由中国援助埃塞俄比亚的卫星在轨运行一年多，为埃塞俄比亚提高应对气候变化能力提供数据和科技支撑；由中企承建的哈萨克斯坦东哈州图尔古松水电站正式投产发电，当地百姓开始用上源源不断的清洁电能……“一带一路”合作正成为全球低碳转型和疫后绿色复苏的重要动力。

数字产业化、产业数字化让生产生活悄然蝶变，共建“数字丝绸之路”成为经济复苏的新引擎。在卢旺达与中国电商企业共建的电子贸易平台，3000包卢旺达咖啡瞬间销完；在中国企业的积极参与下，拉美电子商务和数字支付业务快速增长；中国—中东欧国家电子商务合作对话机制日前正式启动，捷克科学院全球化研究中心主任马雷克·赫鲁贝克认为，“这必将对中东欧国家数字经济发展产生积极作用。”

从“绿色丝绸之路”“空中丝绸之路”到“数字丝绸之路”“冰上丝绸之路”“健康丝绸之路”……“一带一路”倡议内涵不断深化，外延更加扩展。国际金融论坛2021年春季会议发布的报告显示，87%的受访“一带一路”国家央行认为“一带一路”项目有助于后疫情时代经济复苏，其中75%表示这些项目有助于绿色复苏和可持续发展。

今年是中国共产党成立100周年，也是实施“十四五”规划、开启全面建设社会主义现代化国家新征程的第一年。中国进入新发展阶段、贯彻新发展理念、构建新发展格局，为“一带一路”合作伙伴提供了更多市场机遇、投资机遇、增长机遇。在新的历史起点上，各方共同努力，继续高质量共建“一带一路”，必将为增进各国人民福祉、促进世界经济稳定复苏、推动构建人类命运共同体作出新的更大贡献。

（俞懿春：《人民日报》，2021年7月9日）

64.1 案例思考讨论

(1)案例指出,共建"一带一路"迄今已有140个国家和32个国际组织加入,贸易额累计超过9.2万亿美元,中国企业在沿线国家直接投资累计超过1300亿美元。结合上述数据分析"一带一路"为什么能开创共同发展的光明未来?

(2)习近平总书记强调"我提出共建'一带一路'倡议,旨在传承丝绸之路精神,携手打造开放合作平台,为各国合作发展提供新动力",如何理解案例中这一句话?

(3)共建"一带一路"为强化国际交流合作、抗击新冠肺炎疫情、促进绿色复苏作出了重要贡献。当前中国进入新发展阶段,应如何巩固"一带一路"建设成果,扎实推动共建"一带一路"高质量发展?

64.2 案例分析启示

2013年秋,习近平主席出访期间先后提出共建"丝绸之路经济带"和"21世纪海上丝绸之路"的倡议。秉持共商共建共享原则,共建"一带一路"政策沟通不断深化、设施联通不断加强、贸易畅通不断提升、资金融通不断扩大、民心相通不断促进。"一带一路"倡议从理念转化为行动,从愿景转变为现实,为强化国际交流合作、抗击新冠肺炎疫情、促进绿色复苏作出了重要贡献,得到了国际社会的积极响应和大力支持。

作为中国与世界各国构建人类命运共同体的伟大实践,共建"一带一路"继承和发扬丝绸之路精神,把我国发展同沿线和世界各国发展结合起来,把中国梦同沿线和世界各国人民的梦想结合起来,赋予古代丝绸之路全新的时代内涵。"一带一路"已经成为各方合作共赢的全球公共产品和广受欢迎的国际合作平台。首先,"一带一路"成为破解人类发展难题的新平台。2008年国际金融危机后,世界经济深度调整、贫富分化加剧,反全球化、民粹主义等思潮抬头,其深层次根源仍然是发展不平衡问题。共建"一带一路"倡议抓住发展这个最大公约数,着眼于世界各国人民追求和平与发展的共同梦想,致力于推动经济全球化朝着更加开放、包容、普惠、平衡、共赢的方向发展,致力于打造不同文明和谐共融的利益共同体、责任共同体、命运共同体,成为有关各国实现共同发展的巨大合作平台。其次,"一带一路"成为深化中国同周边国家经贸、人文等领域交流合作的新平台。无论是发展经济、改善民生，还是应对危机、加快调整，许多沿线国家都同中国有着共同利益。“一带一路”建设可以加强传统陆海丝绸之路沿线国家基础设施互联互通，深化贸易投资合作，加强创新能力开放合作，构筑多层次人文交流平台，推动沿线国家和地区实现经济共荣、贸易互补、民心相通。最后，“一带一路”是探索和创新全球经济治理新模式的重要平台。推动建立公正合理的国际秩序，实现持久和平与繁荣开放，一直是人类社会努力的方向。在共建“一带一路”建设过程中，中国主动参与和引领全球经济议程，参与全球治理和公共产品供给，推动现有国际秩序、国际规则增量改革，支持扩大新兴经济体和发展中国家在国际事务中的代表性和发言权。

共建“一带一路”是中国打造全方位开放格局和开放型经济的郑重选择，既推动中国走向世界、重构对外开放格局，又将中国发展机遇同沿线和世界各国分享，让各方搭乘中国发展的“快车”和“便车”。在党中央坚强领导下，各方共同努力下，共建“一带一路”成果显著。当前中国进入新发展阶段，要继续坚持稳中求进工作总基调，完整、准确、全面贯彻新发展理念，准确把握新形势下共建“一带一路”的总体要求，落实好“五个统筹”，扎实推动共建“一带一路”高质量发展。具体而言，要坚持共商共建共享原则，以高标准、可持续、惠民生为目标，聚焦重点国别、重点区域、重点领域、重点项目，抓紧抓实各项工作任务；要把风险防控作为重中之重，建立健全制度和机制，加强对重大项目的动态监测和风险预研预判，织密扎牢风险防控网络；要稳扎稳打抓好项目建设，优质打造标志性工程，更加注重民生工程，提升共建国家民众获得感；要营造良好舆论氛围，讲好“一带一路”故事；要加强共建“一带一路”同国家区域重大战略、区域协调发展战略深度融合，为畅通国内国际双循环提供有力支撑。

知识链接和特别关注

“一带一路”

“一带一路”（The Belt and Road，缩写 B & R）是“丝绸之路经济带”和“21 世纪海上丝绸之路”的简称，2013 年 9 月和 10 月由中国国家主席习近平分别提出建设“新丝绸之路经济带”和“21 世纪海上丝绸之路”的合作倡议。依靠中国与有关国家既有的双多边机制，借助既有的、行之有效的区域合作平台，“一带一路”旨在借用古代丝绸之路的历史符号，高举和平发展的旗帜，积极发展与沿线国家的经济合作伙伴关系，共同打造政治互信、经济融合、文化包容的利益共同体、命运共同体和责任共同体。

“一带一路”建设秉承共商、共享、共建原则。恪守联合国宪章的宗旨和原则。遵守和平共处五项原则，即互相尊重主权和领土完整、互不侵犯、互不干涉内政、平等互利、和平共处。坚持开放合作。“一带一路”相关的国家基于但不限于古代丝绸之路的范围，各国和国际组织均可参与，让共建成果惠及更广泛的区域。坚持和谐包容。倡导文明宽容，尊重各国发展道路和模式的选择，加强不同文明之间的对话，求同存异、兼容并蓄、和平共处、共生共荣。坚持市场运作。遵循市场规律和国际通行规则，充分发挥市场在资源配置中的决定性作用和各类企业的主体作用，同时发挥好政府的作用。坚持互利共赢。兼顾各方利益和关切，寻求利益契合点和合作最大公约数，体现各方智慧和创意，各施所长，各尽所能，把各方优势和潜力充分发挥出来。

第十章
新时代坚持和加强党的全面领导与全面从严治党

坚持党的领导和坚持自我革命，既是第三个历史决议总结的党百年奋斗的重要经验，又是习近平新时代中国特色社会主义思想的核心理论观点，开辟了马克思主义基本原理同中国具体实际相结合，同中华优秀传统文化相结合的新境界，这是以习近平同志为主要代表的中国共产党人对丰富和发展马克思主义党建理论作出的原创性贡献。坚持党的领导、加强党的建设，来自解决党内存在的突出矛盾和问题的现实需要，来自保持党的先进性和纯洁性、增强党的创造力凝聚力战斗力的现实需要，来自永葆党的性质和宗旨、保持党同人民群众血肉联系的现实需要，来自坚持党的执政地位、提高党的执政能力、扩大党的执政基础的现实需要。

中国共产党的领导直接关系着中国特色社会主义的性质、方向和命运，党的领导是中国特色社会主义制度的最大优势，是实现社会主义现代化和中华民族伟大复兴的根本保证。坚持党的领导，必须不断推进党的建设新的伟大工程，也就是坚持党的自我革命。新时代党的建设新的伟大工程，要结合伟大斗争、伟大事业、伟大梦想的实践来进行，以政治建设为统领，全面推进党的政治建设、思想建设、组织建设、作风建设、纪律建设，把制度建设贯穿其中，深入推进反腐败斗争，推动全面从严治党向纵深发展。

案例主题一：
党是最高政治领导力量

在党的十九大报告中，习近平总书记提出以党的初心和使命为起点、以党的领导为根本、以党的建设为基础“三位一体”的中国化马克思主义党建理论体系，强调“党政军民学，东西南北中，党是领导一切的”这个本质属性，深刻阐述了“党是最高政治领导力量”这个根本政治原则，体现了对马克思主义政党理论、科学社会主义理论的重大创新。

中国共产党是中国特色社会主义事业的领导核心，处在总揽全局、协调各方的地位。在当今中国，党是领导一切的，没有大于中国共产党的政治力量或其他什么力量，党是最高的政治领导力量。党作为最高政治领导力量，党的领导是全面领导，要求发挥党的领导核心作用。党的领导不是抽象的、空洞的，坚持中国共产党的坚强领导，必须通过党的领导制度体系来实现，熔铸于中国特色社会主义制度体系中。

案例65，以安徽医科大学第一附属医院举行“中青年医师论坛”、安徽成立卫生健康行业党建工作指导委员会等为例，说明安徽省公立医院坚持和加强党对医院的全面领导，充分发挥党建引领作用，用事实证明党的领导是中国特色社会主义最本质的特征，是中国特色社会主义制度的最大优势，其他优势的发挥都离不开党的领导；案例66，以十三届全国政协全体会议期间召开工商联界别协商会议、民革界别协商会议等为例，通过界别协商的形式搭建起基层与政策制定、执行部门交流沟通的桥梁，印证了党的领导是全面领导，政协履行政治协商、民主监督、参政议政的职能离不开坚持党对一切工作的领导。

案例 65:安徽成立卫生健康行业党建工作指导委员会让公立医院党建强起来

安徽医科大学第一附属医院日前举行的一场“中青年医师论坛”引人关注,16 位不同专业的骨干分别围绕临床中遇到的疑难危重病例谈心得体会,5 位科室主任、8 位老教授逐一点评。青年医师苏倩说:“交叉学科知识能这样学,对我们临床医生来说太有收获了!”

医院党总支书记、内分泌科主任章秋说,平时少有机会让各细分学科在一起交流,如今由党组织搭台子,青年党员唱主角,不仅提高了大家的医学水平,也提升了党建工作水平。

基层党建工作质量关系公立医院发展水平和服务能力。近年来,安徽省坚持把支部建在科室上,推动“双带头人”“双培养”等机制落地,全省公立医院超过 95%的临床医技科室党支部书记由业务骨干担任,学科带头人、优秀青年医务人员占 2021 年度发展党员数的 66.5%。

“去年,医院不少学科面临重组、机构需要整合,每次党委会、院长办公会前,书记、院长都充分交换意见,形成共识再上会,医院系列改革稳步推进。”合肥市第一人民医院院长唐智国说,党委会上统一思想形成决议,再难的事都能解决。

为破解党建工作难题,安徽省成立了省卫生健康行业党建工作指导委员会,将 16 个地市卫生健康部门负责人纳入党建工作指导委员会,形成党建和业务同频共振、行业系统和举办单位同向发力的公立医院党建工作格局。

疫情防控一线,党员骨干立起标杆表率;科研攻关前沿,党员专家带头“冲锋陷阵”……党组织和党员作用充分发挥,让安徽省公立医院高质量发展动力十足。

(吴储岐:《人民日报》,2022 年 6 月 7 日)

65.1 案例思考讨论

(1)安徽省成立省卫生健康行业党建工作指导委员会,如何体现出党的领导核心地位?

(2)在安徽省公立医院高质量发展动力十足的背后,如何理解“党的领导是中国特色社会主义制度的最大优势”?

65.2 案例分析启示

公立医院是我国医疗服务体系的主体，是党领导的卫生健康事业发展的生力军。2021年国务院办公厅印发了《关于推动公立医院高质量发展的意见》,指出要加强党对公立医院的领导,推进党建工作与医院治理深度融合。以安徽医科大学第一附属医院、合肥市第一人民医院等为代表,安徽省的公立医院紧抓基层党建工作,加强党对医院的全面领导,通过举行医师论坛、把支部建在科室上、成立卫生健康行业党建工作指导委员会等多种方式,持续推进医院党建工作制度化、规范化、常态化、融合化,使医院党委更好发挥把方向、管大局、作决策、促改革、保落实的领导作用。党员骨干也在疫情防控一线和科研攻关前沿奋力贡献，充分发挥安徽省公立医院党组织和党员作用,党建与业务形成互融互促的良性循环。

医院高质量发展需要高质量党建的引领和推动，坚定不移地坚持中国共产党的领导,不断加强和深化公立医院党的建设,是公立医院高质量发展的根本要求,是中国特色社会主义优势在国家医疗卫生事业的集中体现。党的领导保证了人民当家作主，保证了集中力量办大事，保证了社会长治久安。只有坚持党的领导,才能有效协调党和国家事业各领域重大关系,确保大政方针的稳定性和持续性，更好发挥我国国家制度和国家治理体系各方面的显著优势,更好推进中国特色社会主义事业不断向前发展。

党的十九届六中全会通过的《中共中央关于党的百年奋斗重大成就和历史经验的决议》指出,“中国特色社会主义最本质的特征是中国共产党领导,中国特色社会主义制度的最大优势是中国共产党领导,中国共产党是最高政治领导力量,全党必须增强‘四个意识’、坚定‘四个自信’、做到‘两个维护’”。这些论断深刻揭示了中国共产党领导与中国特色社会主义的内在关系,指明了坚持和发展中国特色社会主义的基本要求。

一是中国共产党领导决定中国特色社会主义的性质。中国共产党作为中国特色社会主义事业的领导核心，不仅是这一伟大事业的设计者、开创者,而且是这一伟大事业的引领者、推动者,是中国特色社会主义永不变色、永不变质的根本保证。二是中国共产党领导彰显中国特色社会主义的优势。中国特色社会主义的优势体现在理论、道路、制度、文化等多方面,中国共产党领导使这些方面的优势得以产生或更好地发挥作用。三是中国共产党领导保障中国特色社会主义的发展方向。既不走封闭僵化的老路，也不走改旗易帜的邪路，而是坚持走中国特色社会主义道路，始终保持正确方向，关键在于中国共产党的领导。四是坚持和发展中国特色社会主义必须加强中国共产党领导。坚决做到“两个维护”，坚持和完善党的领导制度体系，不断进行自我革命，确保党在新时代坚持和发展中国特色社会主义的历史进程中始终成为坚强领导核心。

案例66：政协界别协商会生动诠释“中国式民主”

两个小时，议程紧凑。讨论热烈、自由；观点交锋、融通。

坐下来、面对面，掏心窝、解难题。当委员与部委相关负责人在一起，会发生什么奇妙的反应？

7日下午，北京会议中心，一场探讨“民营企业在落实‘十四五’规划中的积极作用”的界别协商会正在进行。

与会的是全国政协工商联界别委员和来自国家发改委、科技部、市场监管总局、工信部的相关负责人。

“我要向四个部委各提一个意见。我希望发改委在国家工业互联网产业创新中心、研究中心的授予上能打开通道，让民企在面对国际形势变化时，能尽快锁定方向、拿出成果……”

国家特种计算机工程技术研究中心主任陈志列委员一口气分别向四部委抛出四条具体建议。

话音刚落，国家发改委副主任连维良就表了态：“在解决‘卡脖子’问题方面，民营企业创新机制灵活，创新效率高，是重要力量。我们将制定出操作性办法，使更多民营企业参与关键核心技术攻关，参与国家产业创新中心、技术创新中心、工程研究中心等建设，为我国技术和经济安全作出积极贡献。”

全国政协全体会议期间召开界别协商会议，是十三届全国政协的创新举措。

当天下午，共有五场界别协商会在不同驻地同步举行，委员们分别围绕各自关心议题开展界别协商。逾十个中央和国家机关有关单位的负责同志参会，听取委员们的意见和建议。

在民革界别协商会议现场，委员们围绕“新就业形态劳动者服务保障”的话题，展开热议。

“新就业形态从业者面临就业不稳定、收入水平低、职业伤害等风险”“很多平台都不和劳动者签订劳动协议，劳动者权益得不到保障”“职业安全健康权益难以得到合法保护”……

委员们把调研成果与日常所思所想相结合，融入各自专业特长，在发言中，举例子、摆数据、提建议。

前来参与界别协商会议的相关部门负责人连连点头，手中的笔始终没有停下。人社部副部长汤涛现场直言，委员们的发言很有深度，很有见地，希望能把发言材料带回去，“这对我们的工作会很有帮助”。

“如果劳动权益保障问题不解决，平台企业是走不远的。”“我们还需要不断探索这方面的法制建设，我们执法的方式和手段也需要改善。”……

人社部、工信部、市场监管总局的相关负责人对委员们求真务实的真知灼见表示感谢，并表示将认真研究，及时采纳。

委员们了解了部门的关注和最新动作，部门负责人们带回了委员们的调研报告与建议。这也是界别协商会的作用——让来自基层的声音，直接传递到政策制定、执行部门，让问题得到加快解决。

协商，就是共同商量以取得共识。界别协商作为一种实践、探索中的民主协商形式，正在成为“中国式民主”新的生动诠释。

〔任沁沁等：《人民日报》（海外版），2021 年 3 月 9 日〕

66.1 案例思考讨论

（1）在十三届全国政协全体会议期间，召开工商联界别协商会议、民革界别协商会议等共五场界别协商会议，如何生动诠释了“中国式民主”？

（2）从中国共产党领导开展政协界别协商会议来看，应如何进一步坚持和加强党的全面领导？

66.2 案例分析启示

协商民主是实现和改进党的领导的重要方式，协商的过程既是广泛听取各种不同声音、充分吸收有益意见建议、不断改进领导和执政方式的过程，同时也是让社会各方面了解和接受党的政治主张和路线方针政策的过程。界别协商作为一种实践、探索中的民主协商形式，正在成为“中国式民主”新的生动诠释。在十三届全国政协全体会议期间，召开了探讨“民营企业在落实‘十四五’规划中的积极作用”的界别协商会、讨论“新就业形态劳动者服务保障”话题的民革界别协商会议等共五场界别协商会议，委员们分别围绕各自关心议题开展界别协商，让来自基层的声音，直接传递到政策制定、执行部门，充分发挥界别协商的作用。

中国共产党是中国协商民主成长的领导力量，党的领导借助于协商民主，有效实现了党对国家和社会的全面领导。党作为最高政治领导力量，党的领导必须是整体的、全面的，体现在经济建设、政治建设、文化建设、社会建设、生态文明建设各个领域，体现在党和国家工作的各个方面、各个环节，体现在国家政权的机构、体制、制度等治国理政方方面面的设计、安排、运行之中，确保党的领导全覆盖，确保党的领导始终坚强有力。

党的十九大报告中指出，“党政军民学，东西南北中，党是领导一切的”，明确提出了坚持党对一切工作的领导。坚持党是领导一切的，既是贯穿在中国共产党奋斗历程中一以贯之的政治主题，又是伸展在中国人民和中华民族奋斗历程中一以贯之的实践主题。

一方面，坚持党对自身、国家、社会和人民群众的全覆盖领导。强调党的领导，明确了党对自身、国家和社会的领导，这就是坚持党的政治、思想和组织的领导，通过制定大政方针，提出立法建议，推荐重要干部，进行思想宣传，发挥党组织和党员的作用，坚持科学执政、民主执政、依法执政；强调党的领导，明确了党对人民群众的领导，这表明党既来自人民、依靠人民、为了人民，同时又领导人民、团结人民、组织人民，党对人民群众的领导体现着先进性与人民性的高度统一。

另一方面，坚持党对各领域各行业各方面工作的全方位领导。坚持和发展中国特色社会主义，总任务是实现社会主义现代化和中华民族伟大复兴，总体布局是“五位一体”，战略布局是“四个全面”。这就决定了党的全面领导必须具体体现在总任务的坚定实现、总体布局的统筹推进和战略布局的协调推进上，体现在坚持和加强党对经济、政治、文化、社会、生态文明建设工作，对内政、外交、国防、民族、宗教等工作，对国家立法、行政、司法、监察机关工作的领导上，体现在党的统一领导下协调行动、增强合力，从而全面提高国家治理能力和治理水平上。

知识链接和特别关注

党的领导制度体系

党的领导制度体系是2019年10月在中国共产党十九届四中全会提出的，强调要坚持和完善党的领导制度体系，提高党科学执政、民主执政、依法执政水平。党的领导制度是一个系统完备、内涵丰富的体系，主要涵盖六个方面的制度，即：建立不忘初心、牢记使命的制度；完善坚定维护党中央权威和集中统一领导的各项制度；健全党的全面领导制度；健全为人民执政、靠人民执政各项制度；健全提高党的执政能力和领导水平制度；完善全面从严治党制度。

案例主题二：
全面推进新时代党的建设伟大工程

党的十九大报告明确指出："伟大斗争，伟大工程，伟大事业，伟大梦想，紧密联系、相互贯通、相互作用，其中起决定性作用的是党的建设新的伟大工程。"习近平总书记在庆祝中国共产党成立100周年大会上的讲话中指出："以史为鉴、开创未来，必须不断推进党的建设新的伟大工程。"这既为深入推进新时代党的建设新的伟大工程指明了前进方向，又进一步丰富和发展了马克思主义党建学说，是中国化马克思主义党建理论的新成果，为新时代开创党的建设新的伟大工程新局面提供了根本遵循。

这一重要论断的提出，充分展示了具有强大生命力、切实号召力、远大信念力的中国共产党勇于自我革命的鲜明品格和独特优势，也向全世界昭示了新时代马克思主义执政党治党兴党强党的光明前景。新时代新征程，中华民族伟大复兴正处在关键时期，坚持和发展中国特色社会主义面临着新形势新任务新挑战，迫切需要党继续加强自身建设、全面从严治党。

案例67，以湖南省湘潭市韶山毛泽东同志纪念馆、桂东县"第一军规"教育基地等为例，讲述了伟人故里、将军桑梓、烈士家乡等湖南各地传承红色基因、推动廉洁文化建设，反映出加强党风廉政建设和反腐败斗争的重要性，不断将全面从严治党向纵深推进；案例68，以江苏省仪征市沿江村党群服务中心通过召开专题党员大会、组织年轻党员上门走访等形式以做好党的二十大代表推荐提名工作等为例，说明了江苏在党的二十大代表选举过程中严把人选政治关、身份关，不断加强干部队伍建设和基层组织建设，进而推进新时代党的建设新的伟大工程。

案例67：湖南用好红色资源，推动廉洁文化建设，引导党员、干部守住廉洁自律底线：传承红色基因弘扬廉洁之风

湖南省湘潭市韶山毛泽东同志纪念馆内，一封1954年4月29日毛泽东同志写给石城乡党支部、乡政府的信，引得游客驻足观看。信中写道："我的亲戚唐家圫文家，过去几年常有人来北京看我。回去之后，有些人骄傲起来，不大服政府管，这是不对的。文家任何人，都要同乡里众人一样，服从党与政府的领导，勤耕守法，不应特殊。请你们不要因为文家是我的亲戚，觉得不好放手管理……"

"严于管束亲朋故旧的书信、打满补丁的睡衣、反复维修的家具，这些都是鲜活的廉洁教育素材。"纪念馆讲解员李瑛说。作为首批全国廉政教育基地，韶山毛泽东同志纪念馆着力挖掘、用好革命文化资源，整合资源举办"建党百年毛泽东反腐败思想的传承与发展"论坛、"毛泽东与反腐倡廉专题展"等，努力讲好革命先辈纪律严明、清正廉洁的故事。

"先到沙田镇的军规广场实地参观，再到纪律文化中心观看专题陈列。既有历史回顾，又有理论梳理，还有具体案例，很受教育。"近日，参观桂东县纪律文化中心的专题陈列后，桂东县法院干警何志文说。

桂东县"第一军规"教育基地原来是一个个的点位，如"第一军规"广场、万寿宫、纪念馆等。桂东县精心打造了中国（桂东）纪律文化中心《铁一般的纪律》专题陈列展，以时间为轴，通过图文展板、模型陈列、多媒体演示等形式，集中展现中国共产党的纪律规矩发展历程。"一个多月以来，到这里参观学习的党员干部和公职人员已有5000余人，成为党员干部学党史、明党纪、强党性的重要阵地。"桂东县纪委监委相关负责人说。

在"半条被子"故事发生地汝城县，在红军师长陈树湘壮烈牺牲的道县，在伟人故里、将军桑梓、烈士家乡，红色精神走进了廉政课堂，为干部教育提供了丰富教材。

创新载体形式，让清廉之风吹进千家万户

初夏，走进湖南省长沙县"将军故里清廉村居"石弓湾社区，山清水秀、鸟鸣鱼跃，黄兴会展经济区党工委正在举行清廉文化周暨廉政警示教育活动。

石弓湾社区是开国中将何德全的故乡，与会人员参观石弓湾社区先锋组清廉村居示范点，聆听石弓湾清廉讲堂代表团成员宣讲《百姓将军不忘本》。代表团成员介绍了何德全将军无私支援家乡农业生产、资助农村贫困家庭子弟和烈士孤儿上学的事迹。这种教育方式让大家身临其境，更好地增强了讲廉洁、守规矩的思想自觉。

在这场廉政警示教育活动中，清廉村居、清廉企业、清廉家庭受到表彰；集体观看警示教育片《沉沦与觉醒 2022》；党工委书记还讲授了一堂廉政党课……历史与现实的交汇，让大家对“贪廉一念间，荣辱两重天”有了更深体会。

在湖南，各地不断探索创新形式、载体，让清廉之风吹进千家万户。益阳市编撰出版《益阳红色基因文库》，挖掘益阳籍党史人物故事中的廉洁元素。55 期“益阳家风故事”结集成册，25 期“益阳好家风”微电影推出，引导全市党员干部廉洁修身、廉洁齐家。

今年 3 月中旬，“云上清廉浏阳”平台上线。平台充分挖掘、搜集了浏阳本地生动感人的清廉故事，设置“听·清廉”“观·清廉”“游·清廉”“建·清廉”“学·清廉”5 个栏目，通过云端参观红色景点、趣味问答等形式，弘扬清廉文化。

庄严的红二方面军长征出发地纪念馆、醒目的贺龙元帅铜像、雄伟的长征纪念馆……在桑植县刘家坪白族红色小镇，红色文化已连点成线。桑植县因地制宜建设廉洁文化空间，把辖区红色革命文物、革命遗址、烈士纪念碑串联起来，营造了崇廉拒腐、尚俭戒奢的浓厚氛围。

湖南省文化和旅游厅专门发布了“清廉湖南红色文旅”清廉文化宣传推广活动五年规划方案。根据方案，“十四五”期间，将围绕“清廉湖南红色文旅”主题，每年明确一个推介专题；省级、市州、县市区因地制宜分级每年负责重点建好 5 家、3 家、1 家以上“清廉文化”示范红色景区景点；依托全省文旅大数据平台和智慧旅游标准化建设，还将建立一个以“清廉湖南红色文旅”为主题的网上宣传推介平台。

强化学史力行，促进党员、干部廉洁自律

在向警予的故乡溆浦县，北斗溪镇茅坡村生机盎然。3 年前这里却是另一幅景象，“环境差、没产业，党组织软弱涣散，人心不齐，干啥都困难。”村党支部书记梁杰说。

党组织不强，党员作用发挥不好，甚至出现一些群众身边的腐败现象。除了严肃查处外，溆浦县纪委监委以向警予故居等本地红色教育资源为依托，对党员干部开展廉洁教育。

“向警予少年时代就立志拯救国家民族，最后英勇牺牲。听过、看过、想过后，深感自己与英雄差距太大。”梁杰说。回到村里，他带领村两委抓组织生活、抓服务群众，建立农村合作社、发展土鸡养殖产业……茅坡村焕然一新。

在桑植县，贺龙元帅的“一份入党登记表”帮助一些干部找回初心。桑植县住建局干部明某因在一个项目竣工验收中违反工作纪律受到处分，“受处分后有了思想包袱，怕别人指指点点，怕再犯错。”明某坦言。为了帮明某这样的党员干部重新“站起来”，县纪委监委定制红色文化套餐，推出《一份入党登记表》等精品微党课，并组织重读入党申请书。

“在党的军队生死存亡关头，贺龙同志坚定地选择了中国共产党，展现了革命前辈对党的坚定信念。我虽然在工作中跌倒过，但是信仰不能动摇，意志不能消沉。”明某心里的疙瘩解开了，投身到美丽乡村建设中，浑身充满干劲。

观看家风故事宣传片、分享家风故事、为“最美家庭”颁奖……3 月 7 日，郴州市举办“传承正气家风共建清廉郴州”宣讲会，来自市直副处级以上单位和县市区四大班子成员的近 200 名“一把手”家属，接受廉洁教育。“这是我们推进清廉建设中的一项重要举措——创建‘清廉家庭’。”郴州市纪委监委有关负责人说。

分享家风故事环节，干部家属上台讲述自家事。有的说自己“8 小时内”是监督公职人员的纪检监察干部，“8 小时外”也要做监督丈夫的“纪委书记”；有的分享夫妻二人如何互相监督，让家里正气充盈，清风拂面……平凡而真实的故事感染着在场每一个人。

如今，在湖南，清廉机关、清廉企业、清廉学校、清廉乡村、清廉医院、清廉红色景区示范点创建活动正如火如荼地开展，以扎实的廉洁文化建设和警示教育，引导党员、干部廉洁自律，守好守牢拒腐防变防线。

（孙超：《人民日报》，2022 年 6 月 7 日）

67.1 案例思考讨论

（1）以长沙县石弓湾社区、益阳市、浏阳市、桑植县等为典型的湖南省红色基地不断探索创新廉洁教育的载体形式，对于加强党的先进性和纯洁性建设具有什么启示意义？

（2）以湖南省大力开展清廉机关、清廉企业、清廉学校、清廉乡村、清廉医院、清廉红色景区示范点创建活动为例，谈谈新时代如何推进党风廉政建设和反腐败斗争？

67.2 案例分析启示

党的十八大以来，以习近平同志为核心的党中央，着眼于新的形势任务，始终把党风廉政建设和反腐败斗争作为关系党和国家生死存亡的大事来抓，强力正风肃纪，铁腕反腐惩恶，谱写了壮阔而辉煌的历史篇章。按照党中央要求，湖南省着力挖掘、用好革命文化资源，推动廉洁文化建设，引导党员、干部守住廉洁自律底线。在韶山毛泽东同志纪念馆、桂东县“第一军规”教育基地、“半条被子”故事发生地汝城县、红军师长陈树湘壮烈牺牲的道县，努力讲好革命先辈纪律严明、清正廉洁的故事，为干部教育提供了丰富教材。湖南长沙县、益阳市、浏阳市、桑植县等多地还不断探索创新形式、载体，让清廉之风吹进千家万户。在湖南，清廉机关、清廉企业、清廉学校、清廉乡村、清廉医院、清廉红色景区示范点创建活动正如火如荼地开展，以扎实的廉洁文化建设和警示教育，守好守牢拒腐防变防线。

党风廉政建设和反腐败斗争是党的建设的重大任务。党的优良作风是马克思主义执政党的强大人格力量的集中体现，直接关系着党的形象和威望。党的作风建设始终是摆在党面前的一项重大而紧迫的任务。作风背后反映的是纪律问题。正风必先肃纪。纪律建设是全面从严治党的治本之策，为其他各项建设提供规范和保障。要重点强化政治纪律和组织纪律，带动廉洁纪律、群众纪律、工作纪律、生活纪律严起来。加强纪律教育，强化纪律执行，让党员、干部知敬畏、守底线。在驰而不息正风肃纪的同时，也要旗帜鲜明、坚定不移地开展反腐败斗争，不断推动全面从严治党向纵深发展。进一步推进党风廉政建设和反腐败斗争，要特别注意以下几点。

一是必须坚持以发展着的马克思主义指导党风廉政建设和反腐败斗争。实践启示我们，加强新时代党风廉政建设和反腐败斗争，必须高举习近平新时代中国特色社会主义思想伟大旗帜不动摇，坚持用这一伟大思想武装头脑、指导实践、推动工作。要扎实推进“不忘初心、牢记使命”主题教育，通过普遍的、持续的理论武装，引导广大党员干部群众不断提高马克思主义思想觉悟和理论素养，不断增进对党的理论创新成果的政治认同、思想认同、情感认同，不断推动学习贯彻往深里走、往实里走、往心里走，切实做到学、思、用贯通，知、信、行统一，切实把学习成效转化为推进党风廉政建设和反腐败斗争的信心决心和智慧力量。

二是必须坚持党对党风廉政建设和反腐败斗争的集中统一领导。加强新时代党风廉政建设和反腐败斗争，必须坚决维护习近平总书记这个核心，坚决维护党中央权威和集中统一领导，使之贯穿党风廉政建设和反腐败斗争全过程各方面。习近平总书记深刻指出，“全面从严治党首先要从政治上看”。要强化“四个意识”，增强政治自觉，加强政治训练，提升政治能力，自觉做政治上的明白人。忠诚践行服从核心、维护核心这个最大政治，从事关党和国家前途命运的战略高度，不断增强拥护核心、跟随核心、捍卫核心的思想自觉和行动自觉，始终同以习近平同志为核心的党中央保持高度一致，确保党中央一锤定音、定于一尊的权威。

三是必须把坚持以人民为中心作为党风廉政建设和反腐败斗争的根本政治立场。加强新时代党风廉政建设和反腐败斗争，必须始终坚持以人民为中心这个根本政治立场，以人民的名义打赢反腐败斗争这场攻坚战、持久战。要充分尊重人民的创造，不断从人民群众的实践沃土中汲取反腐败斗争的智慧和力量。坚持把人民拥护不拥护、赞成不赞成、高兴不高兴、答应不答应作为衡量工作得失的根本标准，努力向历史、向人民交出新的更加优异的答卷。只要始终与人民心心相印、与人民同甘共苦、与人民团结奋斗，党就会永远立于不败之地，我们的事业就会风雨无阻、无往而不胜。

总之，党要继续坚定不移地推进党风廉政建设和反腐败斗争，一以贯之加强新时代党风廉政建设和反腐败斗争，推动全面从严治党向纵深发展，把党建设得更加坚强有力，永谋党的初心使命，奋力走好新时代长征路。

案例68：江苏：严把人选政治关、身份关

在江苏省仪征市沿江村党群服务中心，一场推荐党的二十大代表

候选人的专题党员大会召开，村党总支书记汤永军组织全村68名党员集体学习文件精神、推荐提名人选。

党员白德兴说："四合组的周维忠师傅，既是全国劳动模范又是全国道德模范，这些年帮大家做了太多好事！我推荐他！"

气氛一下子热烈起来，大家纷纷发表意见，村里的电工周维忠获得许多人的认同："能吃苦、干活好，不管哪里有突发状况，他都随叫随到，办得又快又好""平时左邻右舍有矛盾纠纷，村里有大事小事，他都主动出力，我也推荐他"……

除了召开专题党员大会，沿江村党总支还组织年轻党员，分组分片上门走访行动不便的党员，发动大家参与推荐提名；对于外出务工的党员，村里还通过电话、视频等方式征询意见。

扬州市委组织部组织处副处长陈寨英介绍，为做好党的二十大代表推荐提名工作，市委组织部印发了1.6万份宣传手册，督促基层党组织通过"三会一课"，让每名党员都知道推荐要求和资格条件，做到推荐有依据、提名有标准、比选有标杆，注重推荐工人、农民和专业技术人员党员中的先进模范。

"政治标准是推荐提名人选的首要标准，政治素质是代表的第一素质。"江苏省委组织部组织一处负责人介绍，江苏坚持逐级遴选、择优，把从严审核把关贯穿全过程，坚持自下而上、上下结合、反复酝酿、逐级遴选，把充分发扬党内民主与发挥党组织领导和把关作用有机结合起来，创新设计《政治素质测评表》，对人选政治素质进行全方位"扫描"，确保政治过硬。

"这位同志同时在多个单位任职，现在认定主要身份要再核实一遍。"工作人员对各级党组织上报的推荐提名人选进行严格的信息审核，严把人选身份关，准确认定身份。

此前，江苏省委组织部统一向基层制发了《多重身份认定表》，从党组织关系、主要从事职业、收入来源、工作地点、户籍性质等方面为人选身份认定提供了参照系。

苏州市委组织部组织一处处长吴堃说，推荐提名工作中，苏州一方面用好《政治素质测评表》，从正反两方面对人选政治素质加强考察；同时用好《多重身份认定表》,准确认定身份,坚决防止“顶帽子”,避免出现身份失真失实,确保把关严格、人选过硬。

(姚雪青:《人民日报》,2022 年 4 月 24 日)

68.1 案例思考讨论

(1)从江苏省仪征市、扬州市、苏州市等各地坚持逐级遴选、择优,加强考察人选政治素质的事例中,如何理解“政治标准是推荐提名人选的首要标准,政治素质是代表的第一素质”?

(2)从江苏在党的二十大代表选举过程中严把人选政治关、身份关来看,应如何加强干部队伍建设和基层组织建设?

68.2 案例分析启示

治国治党之要,首在用人。干部选拔任用关乎党的建设重要问题,是巩固党的全面执政基础和长期执政地位的重要一环。党的十八大以来,以习近平同志为核心的党中央高度重视“好干部”建设工作,多次强调要抓好干部队伍建设。为做好党的二十大代表选举工作,江苏省各地严把人选政治关、身份关,不断加强干部队伍建设和基层组织建设。在江苏省仪征市沿江村党群服务中心,通过召开专题党员大会和组织年轻党员以上门走访、电话通信等形式落实推荐提名工作。扬州市委组织部印发 1.6 万份宣传手册,督促基层党组织通过“三会一课”,做好党的二十大代表推荐提名工作。在推荐提名工作中,苏州市也不断加强对人选政治素质的考察,避免出现身份失真失实。江苏坚持逐级遴选、择优,对人选政治素质进行全方位“扫描”,把从严审核把关贯穿全过程。

党的干部是党和国家事业的中坚力量,党的基层组织是确保党的路线方针政策和决策部署贯彻落实的基础。适应新时代中国特色社会主义发展要求,进行具有许多新的历史特点的伟大斗争,要求加强干部队伍建设,提升基层党组织战斗力。中国特色社会主义进入新时代,党和国家事业的新发展对加强干部队伍建设提出了明确要求,其中最重要的就是突出政治标准。新时代党的组织路线要求坚持德才兼备、以德为先、任人唯贤。党的基层组织是党的肌体的“神经末梢”,不断增强政治领导力、组织覆盖力、群众凝聚力、社会号召力、发展推动力、自我革新力,是新时代对党的基层组织的必然要求。

习近平总书记在庆祝中国共产党成立100周年大会上的重要讲话中指出，“新的征程上，我们要牢记打铁必须自身硬的道理，增强全面从严治党永远在路上的政治自觉，以党的政治建设为统领，继续推进新时代党的建设新的伟大工程，不断严密党的组织体系，着力建设德才兼备的高素质干部队伍”。这一重要论述为新时代加强党员干部队伍建设指明了前进方向。加强高素质干部队伍建设，一是要抓好党对干部队伍建设的领导这一决定工程。各级党员干部队伍必须要坚决维护习近平总书记党中央的核心、全党的核心地位，坚决维护党中央权威和集中统一领导，不断增强“两个维护”的思想自觉政治自觉行动自觉。二是要抓好政治理论学习这一先导工程。政治上的清醒源于理论上的坚定。党员干部要深入学习习近平新时代中国特色社会主义思想的科学内涵、精神实质和重大意义，做到学深悟透，指导实践工作；要时刻聚焦党中央的各项决策部署，始终按照党中央指明的正确路线开展行动、加强管理、推进工作。三是要抓好提升政治能力这一保障工程。政治能力是党员领导干部的首要能力。党员干部要将贯彻党中央精神与实际紧密结合，做到政治方向不偏、政治信仰不变、政治立场不移。

新的征程上，只有科学理解和准确把握加强高素质干部队伍建设的科学内涵和重大意义，坚持把锤炼党性作为加强干部队伍建设的重中之重，把落实全面从严治党要求作为加强干部队伍建设的根本保证，才能建设一支宏大的高素质干部队伍，才能为全面建设社会主义现代化国家、实现中华民族伟大复兴的中国梦提供坚强组织保证。

知识链接和特别关注

伟大建党精神

在庆祝中国共产党成立100周年大会上，习近平总书记首次提出“坚持真理、坚守理想，践行初心、担当使命，不怕牺牲、英勇斗争，对党忠诚、不负人民”的伟大建党精神。

案例主题三：推进新时代党的自我革命

习近平总书记在庆祝中国共产党成立100周年大会上的讲话中强调："勇于自我革命是中国共产党区别于其他政党的显著标志。""坚持自我革命"也被作为党百年奋斗十大经验之一，强调要把新时代坚持和发展中国特色社会主义这场伟大社会革命进行好，我们党就必须勇于进行自我革命，把党建设得更加坚强有力。中国共产党进行自我革命，以伟大自我革命引领伟大社会革命，是马克思主义基本原理同中国具体实际相结合、同中华优秀传统文化相结合的产物，是勇于结合新的实践不断推进理论创新、善于用新的理论指导新的实践的伟大创举。

勇于自我革命是中国共产党最鲜明的品格，是党的最大优势。坚持自我革命一方面能够永葆党的先进性和纯洁性，展现出对政党衰败历史怪圈的跳脱力，另一方面能够持续增强党的创造力、凝聚力、战斗力，展现出党在一次次锻造中更加一往无前的驱动力，在自我净化和自我提高相统一的基础上以伟大自我革命引领伟大社会革命。

案例69，以山东省滕州市纪委监委大力整治鲍沟镇孙岗村景观墙倒塌问题为例，体现了山东省滕州市纪委监委力戒形式主义、官僚主义，坚持自我革命，具有正视问题的自觉和刀刃向内的勇气；案例70，以毕节市开展由党员干部作风积弊"大扫除"工作领导小组带头，市政务服务中心等各机关单位贯彻执行，七星关区、金沙县等各县市区积极探索的作风整治工作为例，切实反映了"打铁必须自身硬"，要通过党的自我革命引领伟大社会革命。

案例69:山东滕州:整治形式主义官僚主义,拆除面子工程遮羞墙

近日,一条关于鲍沟镇孙岗村景观墙倒塌问题线索引起山东省滕州市纪委监委的关注。

第二天一大早,市纪委监委第七纪检监察室工作组来到孙岗村向村民了解情况。原来,孙岗村委会西侧的道路是入村必经路段,路两侧杂草丛生、杂物堆积。然而,为了迎接上级农村人居环境考核验收,村支部书记姜立珠擅自决定垒砌景观墙遮挡脏乱差的环境。在地基松软的路面一侧垒起用徽派青瓦装饰的景观墙,墙外是通透整齐的入村路,墙内是杂草和垃圾充斥的树林。总长度约30米、高1.8米的景观墙刚建好,就因施工质量问题出现局部倒塌。为防止安全隐患,鲍沟镇已责令将剩余围墙全部拆除。

"为应付检查的景观墙,实为遮羞的危墙,欺上瞒下,百害而无一利!"滕州市纪委监委对孙岗村在农村人居环境整治中搞形式主义的违纪人员分别给予党纪处分,并在全市通报曝光,用身边事教育身边人,警示党员干部汲取教训,力戒"走过场""做虚功"等形式主义。

"建景观墙应付人居环境检查,是无视社情民意、无视党规党纪的弄虚作假行为。遮羞墙遮不住劣迹,做无用功的'面子工程'必然遭到群众的质疑和批评。不仅要拆除遮羞的危墙,更要扶正干部的作风。"滕州市纪委监委第七纪检监察室主任曹厚民说。

滕州市纪委监委把整治形式主义、官僚主义作为当前和今后一个阶段整治"四风"的重要任务,聚焦监督首责,严肃追责问责,推动作风建设向纵深发展。截至目前,共查处形式主义、官僚主义典型问题58起,党纪政务处分69人,组织处理9人(次),通报曝光典型问题3期7起。

(中央纪委国家监委网站,2021年1月7日)

69.1 案例思考讨论

(1)山东省滕州市纪委监委对鲍沟镇孙岗村景观墙倒塌问题的大力整治,如何体现了管党治党要求?

(2)从山东省滕州市力戒形式主义、官僚主义,推动作风建设向纵深发展的做法来看,谈谈如何推动新时代党的自我革命?

69.2 案例分析启示

党的十八大以来,党中央持续不断深入整治"四风"问题,使享乐主义与奢靡之风得到了有效控制,但形式主义、官僚主义等"顽瘴痼疾"以一些新面目和形式出现,甚至触目惊心,危害不小,成为党必须着力防范化解的重大风险。当前,形式主义、官僚主义在党风问题中表现较为突出、普遍。在山东省滕州市鲍沟镇孙岗村,为迎接上级农村人居环境考核验收,村支部书记姜立珠擅自决定垒砌景观墙遮挡脏乱差的环境,却因施工质量问题发生局部倒塌。对此,山东省滕州市纪委监委对孙岗村在农村人居环境整治中搞形式主义的违纪人员分别给予党纪处分,并在全市通报曝光,警示党员干部汲取教训。力戒"走过场""做虚功"等形式主义,体现了山东省滕州市坚持自我革命精神,具有正视问题的自觉和刀刃向内的勇气。

形式主义、官僚主义既是思想问题、作风问题,也是政治问题,同中国共产党的性质宗旨和优良作风格格不入,是党和人民事业的大敌,力戒形式主义、官僚主义是中国共产党加强作风建设的重要任务,是党的伟大自我革命的重要内容。通过不断的自我革命,中国共产党才能经受住各种风险考验,始终保持生机和活力,才能在革命、建设、改革各个历史时期始终作为坚强领导核心,团结带领全国各族人民进行伟大社会革命,创造一个又一个彪炳史册的人间奇迹。

党的十九届六中全会通过的《中共中央关于党的百年奋斗重大成就和历史经验的决议》中指出:"先进的马克思主义政党不是天生的,而是在不断自我革命中淬炼而成的。"勇于自我革命,是马克思主义政党的政治品格,是中国共产党永葆先进性纯洁性的奥秘所在。当前,中国共产党团结带领中国人民踏上了实现第二个百年奋斗目标新的赶考之路,面对世界百年未有之大变局、中华民族伟大复兴战略全局的新形势、新挑战,面对全面从严治党的新任务、新要求,中国共产党必须牢记初心使命,坚持不懈把全面从严治党向纵深推进,不断开辟百年大党自我革命的新境界,确保党在新时代坚持和发展中国特色社会主义的历史进程中始终成为坚强领导核心。

一是牢记党的初心使命,始终站稳人民立场。初心使命是党的性质宗旨、理想信念、奋斗目标的集中体现,人民立场是中国共产党的根本政治立场。牢记党的初心使命,站稳人民立场,党的自我革命才能不断形成内生的精神动力，才能在以伟大自我革命引领伟大社会革命的道路上行稳致远。要始终坚定理想信念，弘扬伟大建党精神，确保党不变质、不变色、不变味；牢记人民对美好生活的向往就是我们的奋斗目标，把实现好、维护好、发展好最广大人民根本利益作为一切工作的出发点和落脚点；充分尊重人民的历史主体地位，充分发挥人民群众的主观能动性。

二是坚持不懈加强理论武装，以强大思想武器推进自我革命。思想是行动的先导，理论是实践的指南。推进新时代党的自我革命，就要深刻认识“两个确立”的根本性意义，深入学习贯彻习近平新时代中国特色社会主义思想，不断加深对党的这一创新理论重大意义、科学体系、丰富内涵的理解，学深悟透、融会贯通、真信笃行，让广大党员从思想上统一起来、武装起来、强大起来。

三是永葆正视问题的自觉和刀刃向内的勇气，深入推进全面从严治党。要走好新的赶考之路，必须发扬自我革命精神，永葆正视问题的自觉和刀刃向内的勇气，全面查找党内存在的突出问题，以壮士断腕、刮骨疗毒的决心和毅力彻底加以解决；必须增强政治定力，继续坚持严字当头，严肃党内政治生活，严明党的政治纪律和政治规矩，强化监督执纪问责，毫不动摇落实全面从严治党各项决策部署；必须坚定不移推进党风廉政建设和反腐败斗争，持之以恒整治“四风”，解决好人民群众反映强烈的形式主义和官僚主义、干部不担当不作为、侵害群众利益等突出问题，把全面从严治党贯穿党的建设各方面。

总之，中国共产党只有不断加强自我革命，勇于彻底铲除具有同根性、共生性、同向性的形式主义、官僚主义，才能远离“塔西佗陷阱”的政党风险，从而才能真正跳出“其兴也勃焉，其亡也忽焉”的历史周期律，对黄炎培的“窑洞之问”作出更加圆满的回答，才能真正统揽伟大工程、开展伟大斗争、推进伟大事业、实现伟大梦想。

案例70：毕节：干部作风积弊“大扫除”，加固作风堤坝

“现在干部作风越来越好，办事越来越方便快捷了。”日前，在毕节市政务服务中心，前来办事的群众对窗口工作人员的作风态度表示肯定。市政务服务中心有关负责同志介绍，该单位结合全市干部作风积弊

“大扫除”，开展“优化营商环境，打造毕节投资洼地”专项整治，设置“毕须办”窗口，解决企业、群众“烦心事”5件，梳理咨询帮办代办服务清单808项，开展无偿帮办、代办、陪办服务2000余人次。

今年以来，毕节市聚焦党员干部作风方面存在的党性不纯、作风不纯、漠视群众利益等问题，持之以恒落实中央八项规定精神及其实施细则，在全市党员干部中开展作风积弊“大扫除”工作，着力解决突出问题、弘扬新风正气、提升治理效能。

“我们明确35个行业牵头单位聚焦污染防治、安全生产、教育领域、医疗行风等12个行业领域存在的作风突出问题，分级分类实现专项整治全覆盖。”市纪委监委有关负责同志介绍，纪检监察机关加强与公安、民政、财政、审计等部门之间的密切协作，通过重点抽查、回头督查、明察暗访等方式，同步查找工作推进、日常监管、制度建设等方面的问题和不足。

在具体工作中，该市纪检监察机关加大对党员干部特别是关键少数和“一把手”日常监督力度，通过问题线索受理、明察暗访、约谈函询、参加民主生活会、案件剖析等方式，及时发现和处置被监督、联系地区和部门“四风”问题线索。同时，坚持将问题线索大起底贯穿作风积弊“大扫除”工作始终，对顶风违纪、屡教不改、情节恶劣的严肃惩治，对查处的作风典型案例分县市区、行业领域进行通报曝光，全面释放作风整治越往后执纪越严、处理越严的强烈信号。

为确保责任落实，该市成立由市委书记和市长任组长，各市委常委为成员的党员干部作风积弊“大扫除”工作领导小组，各县市区积极探索，找准整治主题，按照“解决一批突出问题、处置一批问题线索、清缴一批违纪资金、通报一批典型案例、完善一批制度机制”等“五个一批”要求，深入查找“地方病”，采取有力措施开展整治。

七星关区以“七破七立，引领作风建设”为主题，推动解决群众急难愁盼问题903个，整治财政监管突出问题254个。

金沙县以“提升为民服务意识，解决群众急难愁盼问题”为主题，深入整治农民工欠薪问题，化解欠薪事项800余件，督促办理恶意欠薪案件4件，追讨农民工工资200余万元。

截至目前，该市干部作风积弊“大扫除”共发现各类作风问题2873个，督促整改2847个，推动建章立制477个，追缴资金5535万余元。全市纪检监察机关共组建督查组407个，开展监督检查1119次，发现问题1780个，督促整改问题1738个，处理党员干部926人，党纪政务处分93人。

（人民网，2022年5月9日）

70.1 案例思考讨论

（1）在毕节市实施由党员干部作风积弊“大扫除”工作领导小组带头，市政务服务中心等各机关单位贯彻执行，七星关区、金沙县等各县市区积极探索的作风整治工作的事例中，如何切实贯彻了“打铁必须自身硬”？

（2）从毕节市开展作风积弊“大扫除”工作来看，如何理解以党的自我革命引领伟大社会革命？

70.2 案例分析启示

党的作风建设伴随全面从严治党永远在路上，没有间歇的时候，更不允许有丝毫的松懈。党的十八大以来，以习近平同志为核心的党中央把全面从严治党纳入“四个全面”战略布局，把反对“四风”贯彻于从严管党治党的全过程，遏制了不正之风在党内的滋长，扭转了管党治党“宽松软”的局面。以毕节市为例，聚焦党员干部作风方面存在的党性不纯、作风不纯、漠视群众利益等问题，在全市党员干部中开展作风积弊“大扫除”工作，加固作风堤坝。市政务服务中心开展“优化营商环境，打造毕节投资洼地”专项整治，积极实施无偿帮办、代办、陪办服务。毕节市纪检监察机关也加强与公安、民政、财政、审计等部门之间的密切协作，同步查找工作推进、日常监管、制度建设等方面的问题和不足。为确保责任落实，该市成立党员干部作风积弊“大扫除”工作领导小组，各县市区积极探索，找准整治主题。毕节市引领作风建设的做法切实贯彻了“打铁必须自身硬”的理念，生动说明了党的自我革命对党领导人民进行的社会革命的重大意义。

领导社会革命和敢于自我革命是马克思主义政党的双重使命，是实现改造客观世界与改造主观世界有机统一的内在要求。中国共产党人坚持唯物史观，牢牢掌握自我革命引领社会革命的历史主动。可以说，党的自我革命是中国共产党领导人民进行伟大社会革命的内在要求，党在什么意义和程度上实现了自我革命,党的先进性和纯洁性保持到什么水平,党领导的伟大社会革命就能够达到什么样的历史高度和实践深度。

党的十九届六中全会审议通过的《中共中央关于党的百年奋斗重大成就和历史经验的决议》,明确提出"以伟大自我革命引领伟大社会革命"的重大命题。对此,如何正确认识和处理自我革命与社会革命的关系?首先,领导社会革命是马克思主义政党的根本目的,勇于自我革命是马克思主义政党的本质属性,两者有所区别。其次,以党的自我革命引领社会革命,更加强调自我革命和社会革命的内在统一与相互塑造,社会革命要求党必须勇于自我革命,为党的自我革命指明努力的方向,党的自我革命则为社会革命提供了领导力量、政治保证和组织基石,确保党始终成为社会革命的坚强领导核心。最后,党的自我革命和社会革命统一于党带领人民所推进的伟大事业,最终指向实现中华民族的伟大复兴。新时代,以党的自我革命来引领和推动党领导人民进行的伟大社会革命,就是要通过使党不断自我净化、自我完善、自我革新、自我提高,不断增强党的政治领导力、思想引领力、群众组织力、社会号召力,进而推动新时代中国特色社会主义事业行稳致远。

展望前行的路,对中国共产党而言,唯有勇于自我革命,才能避免在中国共产党是什么、要干什么这个根本问题上犯战略性、颠覆性错误。也唯有以党的自我革命引领社会革命,党才能带领人民在新的赶考路上赢得更加伟大的胜利和荣光。

知识链接和特别关注

"四风"问题

2013年6月18日在北京召开中国共产党的群众路线教育实践活动工作会议。习近平在会议上强调,这次教育实践活动的主要任务聚焦到作风建设上,集中解决形式主义、官僚主义、享乐主义和奢靡之风这"四风"问题。四风问题的表现,一是形式主义,群众反映最突出的是追求形式、不重实效,图虚名、务虚功、工作不抓落实。二是官僚主义,群众最不满意的是办事推诿扯皮多,效率低下,不作为、不负责任。三是享乐主义,基层和群众反映最多的是一些领导干部安于现状、贪图安逸,缺乏忧患意识和创新精神。

四是奢靡之风,主要是条件好了,许多方面做过头,大手大脚、铺张浪费。

“两个务必”

“两个务必”是毛泽东同志在党的七届二中全会上提出的,要求全党在胜利面前要保持清醒头脑,在夺取全国政权后要经受住执政的考验,务必使同志们继续地保持谦虚、谨慎、不骄、不躁的作风,务必使同志们继续地保持艰苦奋斗的作风。

参考文献

一、著作

1.《习近平谈治国理政》,外文出版社,2014 年。

2.《习近平总书记系列重要讲话读本》,学习出版社、人民出版社,2016 年。

3.习近平:《决胜全面建成小康社会　夺取新时代中国特色社会主义伟大胜利——在中国共产党第十九次全国代表大会上的报告》,人民出版社,2017 年。

4.《习近平谈治国理政》(第三卷),外文出版社,2020 年。

5.《中共中央国务院关于深化国有企业改革的指导意见》, 人民出版社,2015 年。

6.全国干部培训教材编审指导委员会组织编写:《建设现代化经济体系》,人民出版社、党建读物出版社,2019 年。

7.邹磊:《中国国际进口博览会与全面开放新格局》,上海人民出版社,2018 年。

二、报刊文章

1.习近平:《关于〈中共中央关于坚持和完善中国特色社会主义制度 推进国家治理体系和治理能力现代化若干重大问题的决定〉的说明》,《人民日报》,2019 年 11 月 6 日。

2.习近平:《继往开来,开启全球应对气候变化新征程》,《人民日报》,2020 年 12 月 13 日。

3.习近平:《用新时代中国特色社会主义思想铸魂育人 贯彻党的教育方

针落实立德树人根本任务》,《人民日报》,2019 年 3 月 19 日。

4.《在庆祝中国共产党成立 100 周年大会上的讲话》,《人民日报》,2021 年 7 月 2 日。

5.《中共中央关于党的百年奋斗重大成就和历史经验的决议》,《人民日报》,2021 年 11 月 17 日。

6.本报评论部:《坚定不移走和平发展道路》,《人民日报》,2019 年 9 月 19 日。

7.本刊编辑部:《依法助力打好碧水保卫战》,《环境保护》,2019 年第 15 期。

8.陈锋:《精准扶贫是打赢脱贫攻坚战的制胜法宝——习近平精准扶贫精准脱贫基本方略及其方法论意义》,《人民论坛·学术前沿》,2021 年第 13 期。

9.陈朋颖:《弹幕文化:虚拟社交活动的现象透视》,《新媒体研究》,2022 年第 8 期。

10.陈士勇、黄晓利:《中国特色哲学社会科学话语体系构建的创新路径》,《人民论坛》,2021 年第 32 期。

11.陈笑:《为全球生态文明建设作出中国贡献》,《解放军报》,2021 年 10 月 19 日。

12.陈欣新:《粤港澳大湾区与"一国两制"新探索》,《人民论坛》,2019 年第 10 期。

13.陈永胜、曹雅琴:《试论文化自信的内容谱系、生成逻辑与建构方略》,《科学社会主义》,2018 年第 5 期。

14.程刚:《自媒体时代社会主义意识形态工作的三重向度》,《中共成都市委党校学报》,2020 年第 5 期。

15.崔文龙:《抗美援朝精神的科学内涵和时代价值》,《人民教育》,2021年第 12 期。

16.丁翔、丁荣余、金帅:《大数据驱动精准扶贫:内在机理与实现路径》,《现代经济探讨》,2017 年第 12 期。

17.范玉刚:《建设文化强国的底气》,《红旗文稿》,2022 年第 4 期。

18.方世南:《建设人与自然和谐共生的现代化》,《理论视野》,2018 年第 2 期。

19.方原:《传统家训家风与社会主义核心价值观涵育践行研究》,《学校党建与思想教育》,2018 年第 5 期。

20.房正:《中国共产党自我革命的三重解读》,《中国高校社会科学》,2022

年第2期。

21.冯鹏志:《深刻理解坚持和加强党的全面领导》,《红旗文稿》,2021年第5期。

22.高德毅、宗爱东:《从思政课程到课程思政:从战略高度构建高校思想政治教育课程体系》,《中国高等教育》,2017年第1期。

23.郭晔:《论中国式社会治理现代化》,《治理研究》,2022年第3期。

24.《国务院新闻办发表〈中国的生物多样性保护〉白皮书》,《人民日报》,2021年10月9日。

25.韩爱勇:《中国现代化道路中的政治制度、政治理念及其世界贡献》,《东南学术》,2022年第3期。

26.韩广富、周耕:《我国东西扶贫协作的回顾与思考》,《理论学刊》,2014年第7期。

27.韩晶、蓝庆新:《新发展阶段绿色发展的理论逻辑与实践路径》,《北京师范大学学报》(社会科学版),2022年第2期。

28.韩延明:《党的建设伟大工程的百年回溯与发展进路》,《山东师范大学学报》(社会科学版),2021年第1期。

29.何玉芳:《"五位一体"与"四个全面"的内在逻辑》,《人民论坛》,2019年第15期。

30.侯冬梅:《中国特色哲学社会科学话语体系建构中的守正与创新——以人文社会科学学术期刊为视角》,《学理论》,2022年第3期。

31.胡鞍钢:《中国实现2030年前碳达峰目标及主要途径》,《北京工业大学学报》(社会科学版),2021年第3期。

32.胡洪彬:《"百年未有之大变局"下的国家政治安全建设论析》,《内蒙古社会科学》,2020年第2期。

33.黄恩华、毛智和:《加强新时代高素质干部队伍建设的三重逻辑》,《学校党建与思想教育》,2022年第4期。

34.黄群慧:《新发展格局的理论逻辑、战略内涵与政策体系——基于经济现代化的视角》,《经济研究》,2021年第4期。

35.黄玉国:《推动社会主义协商民主的广泛多层制度化发展》,《中共山西省委党校学报》,2015年第6期。

36.姜辉:《中国特色社会主义为什么“好” 当代中国发展进步的根本方向》,《理论导报》,2019 年第 6 期。

37.金根、王建华:《党的自我革命引领社会革命的内在逻辑——党的十九届六中全会精神学习体会》,《南京大学学报(哲学·人文科学·社会科学)》,2022 年第 2 期。

38.李海涛:《百年未有之大变局:中国判断与世界回响》,《社会科学家》,2021 年第 9 期。

39.李建伟:《总体国家安全观的理论要义阐释》,《政治与法律》,2021 年第 10 期。

40.李军鹏:《建党百年民生建设的历程、成就与经验》,《学习与实践》,2021 年第 6 期。

41.李珺、陶孟祝、高峰:《“健康中国战略”视域下社区教育的功能与路径》,《职教论坛》,2021 年第 10 期。

42.李连宁:《我国人民代表大会制度的特征和优势》,《人民论坛》,2021年第 4 期。

43.李湘黔、董晓辉:《增进民生福祉是发展的根本目的》,《红旗文稿》,2019 年第 15 期。

44.李新潮:《中华优秀传统文化创造性转化创新性发展的运行机理》,《理论学刊》,2022 年第 2 期。

45.李雅丽、蒋余芸:《中国共产党人初心使命的理论品格与实践品格》,《北京教育(德育)》,2022 年第 3 期。

46.李雅兴、姚功武:《中国特色社会主义对“历史终结论”的否定及其意义》,《理论建设》,2022 年第 1 期。

47.林冈、白玉:《“一国两制”的理论与实践研究》,《台湾研究》,2019 年第 6 期。

48.林丽鹂:《激发各类市场主体活力》,《人民日报》,2021 年 9 月 16 日。

49.刘志强、陆娅楠:《“一带一路”交通互联互通稳步推进》,《人民日报》,2021 年 12 月 3 日。

50.龙凤:《建设世界一流军队的科学指南》,《红旗文稿》,2022 年第 6 期。

51.娄勤俭:《坚持“三个一以贯之”交出新时代优秀答卷》,《党建研究》,

2018年第3期。

52.卢风:《绿色发展与生态文明建设的关键和根本》,《中国地质大学学报》(社会科学版),2017年第1期。

53.罗红杰:《弹幕文化的生成逻辑、表意实践与正向建构》,《深圳大学学报》(人文社会科学版),2021年第6期。

54.马超:《论新时代中国在全球治理中的贡献》,《学习与探索》,2022年第4期。

55.苗连营、陈建:《"坚持依宪治国、依宪执政"的时代内涵与实践指向》,《江海学刊》,2021年第3期。

56.欧阳康、余扬:《新时代强化人民代表大会制度优势的路径探析》,《社会科学辑刊》,2022年第1期。

57.潘教峰、万劲波:《新时代科技强国战略》,《中国科学院院刊》,2022年第5期。

58.潘琳、周荣庭:《中国共产党社会治理的历史演进与基本经验》,《理论视野》,2021年第10期。

59.齐鹏飞:《"一国两制":港澳行稳致远的基础和前提》,《人民论坛》,2019年第10期。

60.秦天宝:《论生物多样性保护法律规制的范式转变》,《人民论坛·学术前沿》,2022年第4期。

61.曲婧:《全球生态治理的政治引导与实践》,《理论探讨》,2019年第1期。

62.邵亚萍、昌硕:《新时代中国社会建设的逻辑及路径创新研究》,《北京工业大学学报》(社会科学版),2019年第5期。

63.申曙光、曾望峰:《健康中国建设的理念、框架与路径》,《中山大学学报》(社会科学版),2020年第1期。

64.沈志华、崔连杰:《全面推进新时代强军事业的科学指南》,《解放军报》,2019年5月22日。

65.石欣鹭、田晓膺:《精准扶贫需用好大数据》,《人民论坛》,2018年第22期。

66.时佳佳:《中华优秀传统文化创造性转化与创新性发展的路径探析》,《今古文创》,2022年第26期。

67.孙金龙:《为全球气候治理贡献中国智慧中国方案中国力量》,《当代世界》,2022 年第 6 期。

68.孙艳:《坚持胸怀天下 不断推动构建人类命运共同体》,《红旗文稿》,2021 年第 24 期。

69.唐伟尧:《坚持全面依法治国的根本立场》,《红旗文稿》,2022 年第 10 期。

70.陶林:《论中国特色社会主义政治发展道路的科学内涵、历程、特征与基本经验》,《南京理工大学学报》(社会科学版),2022 年第 2 期。

71.田恒国:《习近平对社会主义意识形态工作的创新性贡献》,《中共福建省委党校(福建行政学院)学报》,2021 年第 4 期。

72.万远英、曾曾:《党建引领城乡社区发展治理的成都实践与思考》,《西华大学学报》(哲学社会科学版),2021 年第 6 期。

73.王金南、苏洁琼、万军:《"绿水青山就是金山银山"的理论内涵及其实现机制创新》,《环境保护》,2017 年第 11 期。

74.王军、曹姣:《脱贫攻坚与乡村振兴有效衔接的现实困境与关键举措》,《农业经济问题》,2022 年第 9 期。

75.王均伟:《为中华民族赢得永续发展的美好未来》,《人民论坛》,2017 年第 31 期。

76.王明成、杨婉茹:《基层党建引领城市社区治理的路径探索——以成都模式为例》,《西南石油大学学报》(社会科学版),2021 年第 4 期。

77.王玭:《在实现中国梦的新征程上奋勇前进》,《江苏教育报》,2022 年 5 月 13 日。

78.王伟、张海洋:《协同治理:我国社会治理体制创新的理论参照》,《理论导刊》,2016 年第 12 期。

79.王幸生:《建设自己的人民军队》,《红旗文稿》,2021 年第 15 期。

80.王雨辰:《人类命运共同体与全球环境治理的中国方案》,《中国人民大学学报》,2018 年第 4 期。

81.王治东:《"四个自信"的逻辑生成》,《毛泽东邓小平理论研究》,2019 年第 4 期。

82.邬晓燕:《数字化赋能生态文明转型的难题与路径》,《人民论坛》,2022 年第 6 期。

83.吴诗佑、李振:《从“历史终结论”看“虚无主义”的真正克服》,《毛泽东邓小平理论研究》,2020 年第 3 期。

84.吴志成:《高质量共建“一带一路”引领全球发展治理》,《当代世界》,2022 年第 4 期。

85.项久雨、刘广乐:《“四个伟大”战略思想的内在逻辑与基本内涵》,《学校党建与思想教育》,2019 年第 5 期。

86.谢治菊:《健康中国战略下脱贫户健康扶贫质量及其治理》,《云南大学学报》(社会科学版),2022 年第 3 期。

87.邢成举、李小云、史凯:《巩固拓展脱贫攻坚成果:目标导向、重点内容与实现路径》,《西北农林科技大学学报》(社会科学版),2021 年第 5 期。

88.熊云:《中国共产党领导与中国特色社会主义》,《红旗文稿》,2021 年第 24 期。

89.徐榕、何得桂、蔡杨:《“健康中国”视域下家庭医生签约服务制度安排与实践思考》,《卫生经济研究》,2020 年第 8 期。

90.许安标:《深刻认识、切实推进全过程人民民主》,《行政管理改革》,2022 年第 6 期。

91.颜晓峰:《新时代增强忧患意识与防范风险挑战》,《中国特色社会主义研究》,2020 年第 2 期。

92.颜旭:《社会主义文化强国的建设路径》,《前线》,2022 年第 3 期。

93.杨美勤、唐鸣:《习近平“两山”论的四重逻辑》,《科学社会主义》,2019 年第 6 期。

94.杨玉成:《马克思主义实践论的人与自然观》,《人民论坛》,2020 年第 19 期。

95.俞倩玲:《新时代生态文明建设的理论自觉》,《环境工程》,2022 年第 4 期。

96.张雷、许和隆:《新发展阶段“四个全面”战略布局的“变”与“不变”》,《浙江理工大学学报》(社会科学版),2022 年第 1 期。

97.张小帅:《坚持依宪治国、依宪执政:学习贯彻落实习近平法治思想》,《毛泽东邓小平理论研究》,2021 年第 7 期。

98.张云飞:《建设人与自然和谐共生现代化的创新抉择》,《思想理论教育导刊》,2021 年第 5 期。

99.赵建军、杨博:《“绿水青山就是金山银山”的哲学意蕴与时代价值》,《自然辩证法研究》,2015 年第 12 期。

100.赵磊:《以夯实文化安全助推建设文化强国》,《人民论坛·学术前沿》,2021 年第 13 期。

101.赵磊:《中国特色大国外交的鲜明旗帜》,《红旗文稿》,2022 年第 5 期。

102.郑会霞:《打造共建共治共享的社会治理格局》,《中国党政干部论坛》,2019 年第 4 期。

103.周俊杰、彭洲飞:《全面准确把握党在新时代的强军目标》,《红旗文稿》,2022 年第 4 期。

104.周明星:《论习近平生态文明思想的四个维度》,《思想政治教育研究》,2022 年第 1 期。

105.周人杰:《更加有效支持实体经济发展》,《人民日报》,2022 年 4 月 21 日。

106.周文翠:《中国共产党推进社会治理现代化的百年历程与成功经验》,《思想战线》,2022 年第 3 期。

107.朱莉涛、陈延斌:《以传统家训家风文化滋养社会主义核心价值观》,《重庆社会科学》,2020 年第 9 期。

108.朱文琦:《从香港国安法看“一国两制”的内在逻辑》,《思想理论教育导刊》,2021 年第 1 期。

109.祝灵君:《深入理解党是最高政治领导力量——学习习近平总书记关于坚持和加强党的领导的重要论述》,《中国党政干部论坛》,2018 年第 10 期。